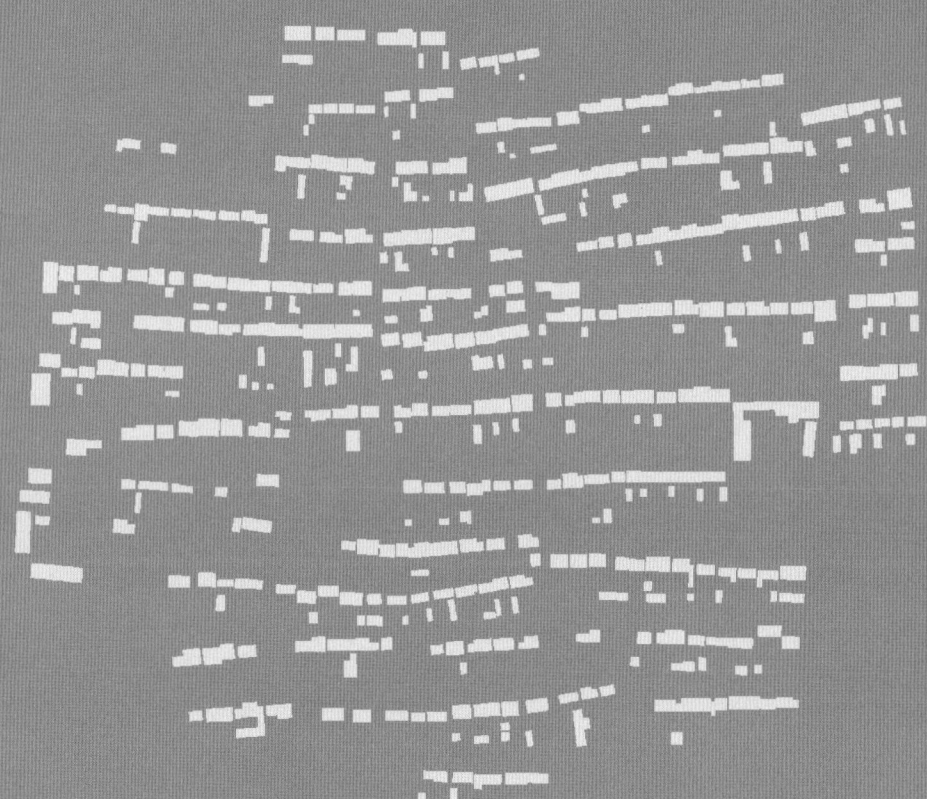

聚
落

中国传统聚落
保护研究丛书

安徽聚落

陆峰 著

中国建筑工业出版社

总编委会

顾　问：

张锦秋　　陆元鼎　　王建国　　孟建民　　王贵祥　　陈同滨

编委会主任：

常　青

编委会副主任：

沈元勤

总主编：

陆　琦　　胡永旭

委　员：（按姓氏笔画排序）

王　军	王金平	韦玉姣	冯新刚	朴玉顺	刘奔腾	关瑞明
李群(女)	李群(男)	李东禧	李树宜	杨大禹	吴小平	余翰武
张兴国	张鹏举	陆　峰	范霄鹏	金日学	周立军	郑东军
单晓刚	赵之枫	姚　赯	贾　艳	高宜生	郭　建	唐　旭
唐孝祥	黄　耘	黄文淑	黄凌江	韩　瑛	靳亦冰	雍振华
燕宁娜	戴志坚	魏　秦				

《中国传统聚落保护研究丛书　安徽聚落》

陆　峰　著

参编人员：（按姓氏笔画排序）

王　惠	艾红娟	付晓惠	李　茜	张　浩	陆祥熠	陈伟煊
陈冰茹	陈继腾	侯琪玮	俞梦璇	梁　楠	薛　梅	

审　稿：储金龙

序一

一、引子

中国传统文化将一个地方的环境气候和风俗民情的特质和韵味称为"风土"。《国语·周语上》韦昭注:"风土,以音律省土风,风气和则土气养也",即从当地方言的乡音民谣中便可感知一方土地、民风的文化气息,因而"风土"一词与英文的Vernacular近义。"风"指风习、风俗、风气,"土"指水土、土地、地方,所谓一方水土养育一方人,供奉一方神,从这个意义上,"风土"与西方的"场所精神(Genius Loci)"也有一定的关联性。日本近代哲学家和辻哲郎著有《风土》一书,他对"风土"的定义是自然环境气候诸因素加上"景观",这里的"景观"应指审美角度的自然和人文两个方面,二者相融合的文化景观就是一种典型的传统聚落。

然而,在当今乡村振兴的时代大潮中,传统聚落最常见的关键词是"乡土"而非"风土",差不多已约定俗成了。"乡土"一词是中国农耕社会中故乡、家乡、老家和乡下的意思,至今中国社会还延续着这个传统的语义。但中文"乡土"与英文Vernacular的语境存在差异,因为西方并不存在以宗法制为基础的传统乡民社会,其乡村也就不会有类似于中国"乡土"的概念内涵。而乡村的发展前景是要走出农耕语境的乡土,留住文化记忆的乡愁,延续场所精神的风土,再造生态文明的田园。再说自近代以来,乡土并不包括城里的传统聚落,比如北京的胡同、西安、成都、苏州的巷子,上海的弄堂等属于"风土"而非"乡土"的范畴。

自1930年朱启钤先生发起成立中国营造学社以来,在梁思成和刘敦桢两位学科巨擘的引领下,我国建筑界对传统民居和乡土建筑的研究持续推进,成就斐然,形成了传统建筑研究的一大专业领域。但如何使这些研究更多地关联和影响城乡建设的进程,对整个建筑类学科都是一个很大的挑战。

二、中国传统聚落的源流与特征

1. "匡居"与城乡同构

中国传统聚落营造的信史可追溯到商周时期的聚落遗址。其中有关"营造"的最早文字记载见于《诗·大雅·灵台》:"经始灵台,经之营之"。这里的"经",是策划、管控的意思;而"营",原意即"匡居",是围而建之的意思,例如"营窟""营市(阛、阓)""营垒""营国"等一系列聚落营造范畴的词汇。因此,古代聚落即以"匡居"的方式,形成血缘的乡村聚落,地缘的城邑聚落,以至作为国家统治中心的都邑聚落——都城。这些华夏聚落以宗庙或祠堂为空间秩序的中心,以城垣壕堑为空间领域的边界，虽层级和功用不同，但从深层构成看却大多同构，保持和发展着"匝居"的聚落营造方式，从而部分地诠释了城乡一体的"亚细亚生产方式"学说。因为，一方面，许多乡村聚落拥有城垣、堡楼、街坊、庙宇等要素，俨如一座座城邑，如从汉代的"坞堡"到明清的庄寨、围堡均是如此；另一方面，城邑甚至都邑虽然看上去坚固伟岸，依然不过是政治权力和经济活动高度集中，等级制度极为森严，壕堑防卫更加严密，水平向扩展开来的巨型村寨而已，是乡村聚落的放大升级版。

2. 聚落原型与变换

从"匝居"的外在方式到聚落的内在构成，可以看到中国传统聚落源于商周"井田制"的"井"字形空间概念及其原型意象。所谓"井田制"，即以王室收取贡赋为目的的土地经营制度和划分方式。如周代王室拥公田，公卿以下据私田，遗有周代理想的营国制度，以百亩为夫，九夫为井，九井为国（都邑）。据此制度，田野的纵横阡陌就演变为聚落内经纬交错的街衢，并围合成间、里等空间尺度及单位。后世的里坊、厢坊、街坊，以及后来的胡同、街巷和弄堂等都是这样演变而来的。但这一"井"状网格空间原型的聚落并非处处趋同，而是因地制宜，异彩纷呈，依循了"因天材，就地利，故城郭不必中规矩，道路不必中准绳"（《管子·立政篇》）的变通法则，适应地理环境和地貌条件的差异而产生拓扑变换。这就犹如某种语言，尽管"方言"各异，但"句法"和"语义"相通。或许以这样的解读，方可辩异认同、知恒通变，把握住中国传统聚落的结构本质及其演变方向。

3. 水系与聚落分布

中国传统聚落源于近水的邑居，据《史记·五帝本纪》："禹耕历山……一年而所居成聚，二年成邑，三年成都"。其中，对水畔、雷泽、河滨等的劳作场所描述，均寓意了聚落是伴水而生的文化地景。甲骨文中的"邑"字右边旁加三撇表示傍水，即"邕"字的金文来历，同样表示聚落即环水的邑居。除了统治与防卫上的考虑，古代聚落选址的首要地理条件，是必须依傍满足漕运需要，方便物资供给的水系。因此，自上古以来聚落选址一般都位于大河的二级台地或其支流的一级或二级台地上。在物流以漕运为主的古代，这些水系可以说是聚落生存的命脉，对于都城而言尤甚，如长安、洛阳、汴梁（开封）沿黄河及其支流东西走向一字排开，建康（南京）、江都（扬州）濒临江淮，北京（涿郡）和临安（杭州）则处于南北大运河的两端。实际上历代中心聚落——都城在空间上的移动，均因应了文化地理的条件和漕运线路的兴衰,并与社会动荡、族际战争和人口迁徙相伴随。

4. 乡村风土聚落

在中国古代,与城邑聚落不同的是,乡村聚落社会是按血缘关系和经济共同体为纽带所形成的聚居系统,聚族而居的社会秩序和居住形式仰赖宗法制度维系,特别是自宋代以来,程朱理学倡导"敬宗收族",形成了以祠堂、族田和族谱为核心的宗族组织及其聚居制度,宗法的社会结构更加趋于自组织化。但由于特定地域下的自然环境(如气候、地貌、水土、材料等)和人文环境(如宗法、宗教、数术、仪式等)的差异,聚落中的宗法秩序和空间布局亦有着同中有异的呈现方式,营造活动很少有统一法式的约束,较之城邑营造更加因地制宜,灵活多变,因而在与自然地景融为一体的有机生长中,保留了纯朴的古风和浓郁的地方性,可以说是千姿百态,谱系纷呈,表现了与西方的"场所精神"相类似的地方特质。以下按地理纬度和等降水量线,将中国各地域的聚落建筑分为四个区段。

1)农耕—游牧混合地区,即400毫米等降水量线以北半干旱北方地区的聚落建筑。如昆仑山南北侧和蒙古草原上游牧民族的帐幕、蒙古包;塔里木盆地周缘突厥语族—东伊朗民族的木构平顶阿以旺住宅;青藏高原上的藏式碉房,甘青地区各族建筑元素相混合的"庄窠"式缓坡顶两合院与三合院,以及青藏高原东部边缘的羌式碉房及合院等。

2)西北、华北和东北地区,即400毫米等降水量线以南至800毫米等降水量线以北之间半湿润北方地区的聚落建筑。如豫、晋、陕、甘各式窑洞,木构坡顶及包砖土坯(胡墼)墙房屋组成的晋系狭长四合院;东北、京、冀、鲁、豫木构坡顶、平顶、囤顶建筑构成的宽敞四合院等。

3)西南、江淮、江南地区,即800毫米等降水量线以南湿润地区的聚落建筑,如川、黔、桂、滇地区,以穿斗体系、干阑—吊脚为显著特征的楼居及合院,藏缅语族各民族的"土掌房""一颗印"("窨子屋")"三坊一照壁"等合院;湘、赣、闽北地区"四水归堂"的天井合院或"土库"建筑;江淮地区介于南北方之间的合院和圩堡;徽州地区以堂楼为中心,高耸的马头墙、墙厦、精工木雕、楼面地砖为特色的天井合院;江浙地区穿斗—抬梁混合式的多进厅堂和宅园等。

4)华南地区,即大部处于1600毫米等降水量线范围的高湿多雨地区聚落建筑,如闽南、粤北地区客家、潮汕(闽系)聚落以夯土墙和木屋架构成的大厝、土楼、土堡、围龙屋;粤南广府地区大屋、天井、冷巷构成的合院群等。

总体而言,延续至今的乡村传统聚落基本上都是明清以来的遗存,说明经过两晋南北朝开始的由北而南为主流的历次民族、民系大迁徙，明清时期各地乡村建筑相对稳定的地域分布格局已基本形成，可以从民间流传的营造匠书和聚落族谱中得到印证。如元明之际的《鲁般营造正式》、明万历年间的《鲁班经匠家镜》和清末民初的《营造法原》等，对江南地方的民间建筑影响尤其广泛。

至于少数民族地区的乡村传统聚落，因源于不同的文化传统，其构成及相互关系比较复杂，与汉民族聚落也存在交融现象。比如，明清两代逐渐推进"改土归流"，在南方的少数民族地区以"流官"管理制取代"土司"世袭制，推进了汉族与少数民族的异质文化交融，但后者的"熟化"（或"汉化"）程度，大大超过了前者的"夷化"。

自1930年中国营造学社成立以来，在梁思成和刘敦桢两位学科巨擘的引领下，建筑史界对乡土民居的研究成就斐然，形成了传统建筑研究的分支领域。跨世纪以来，建筑史界对传统民居的人文地理背景和建筑形态分布区系已有一些学术探讨，并有过以传统建筑结构类型为主线的地域区划专题研究。但是这些研究成果怎样对城乡改造中的遗产保护难题产生积极影响，还有待实践中的借鉴和运用。

三、城乡改造与传统聚落

1. 消亡中的乡愁载体

自19世纪末以来，直到改革开放之前，传统中国逐渐从农耕文明走向了工业文明，演变进程是相对缓慢曲折的。尽管传统聚落的宗法社会结构已经崩解，但血缘和宗族关系依然得以延续，聚落的空间结构和传统风貌依然大致如故。随着近30年来城镇化和城乡改造浪潮的冲击，传统聚落的文化特征已发生巨变，大部分古城只保留着少量的历史文化街区。作为乡村传统聚落的大多数村镇，经过撤并集聚或自发式改造，使原有的自然和社会生态系统瓦解或巨变，残留下来比较完整，较多保留着原生态风貌的多在边远山区，占比很大的部分已破败不堪，或被低质化改造，总体上正以极快的速度趋于消亡。

据中外学者的研究，民国时期的城镇化水平不过10%左右，中华人民共和国成立直到改革开放前也只达到17%左右。20世纪70年代末改革开放以来，城镇化开始飞速地发展，城镇化率2018年已达59.58%，其中城镇户籍人口42.35%（包括拥有宅基地的部分镇人口和城中村人口），与欧美约75%～85%及日本93%的城镇化率相比仍差距明显。截至2016年，我国乡村自然村仍有244.9万个，基层自治管理单位"村民委员会"52.6万个，乡村户籍人口7.63亿，常住人口5.6亿，在本地和外地谋生的农民工约2.88亿。2017年全国城乡人均收入倍差2.72，一些贫困的山区和边远地区农村人均收入与全国城乡平均收入倍差则远高于这个数字，这些地方的衰败或空村化现象更加严重（数据来源自2017年、2018年国家统计局公布的数据）。

虽然这种文明进程在任何一个走向现代化的农耕社会迟早都会发生，但是中国作为人类文明诸形态中唯一保持了连续性进化的国家，文化传统的基因和源头即存在于城乡传统聚落之中。这一"乡愁"载体的消亡，不但会使国家和地方失去身份认同的文化根基，而且会使城乡一体化发展的战略目标发生偏差。

2. 风土建成遗产

在中国传统聚落的话语体系中，"民居"是对功能类型而言，"乡土"是对乡村聚落而言，而"风土"是对城乡聚落及其文化地理背景而言，三者均属同一范畴。因此，乡村聚落也是最具文化载体性的风土聚落，呈现了各个地域环境、气候和民族、民系背景下异彩纷呈的风土特质。西方的风土建筑研究可以追溯到法国18世纪新古典主义理论家德·昆西（Quatremère de Quincy），他最早指出了建筑语言的风土（Vernacular）和习语（Idiom）属性。到了当代，英国建筑理论家兼乡村爵士乐作曲家鲍尔·奥利弗（Paul Oliver，1927—），集风土建筑研究大成，在1997年出版了覆盖全球的《世界风土建筑百科全书》（Encyclopedia of Vernacular Architecture of the World），他认为研究风土建筑不只是为了记录过往，对未来的文化和经济可持续发展也是不可或缺的。随后R. 布伦斯基尔（Brunskill R. W.）在2000年出版《风土建筑：一部图解的历史》一书，把20世纪以前定义为"风土建筑时代"，以大量的插图详解了数百年来英国风土建筑在农耕时期和工业化早期的形态特征。

"建成遗产"是经由营造活动所形成的建筑、聚落、景观等文化遗产本体的总称。1999年，国际古迹遗址理事会（ICOMOS）在《风土建成遗产宪章》（Charter on the Built Vernacular Heritage）中，首次提出了"风土建成遗产"的概念，即特定风俗和土地上所建造的文化遗产，其保护价值今已成为全球共识。首先，"聚落建筑"作为风土建成遗产的第一保护对象，是城乡历史环境的栖居场所，也是民族民系身份认同和乡愁记忆的空间载体，携带着可识别的中国传统文化基因。其次，"营造技艺"蕴含乡遗的工巧智慧精华，是对其进行保护、传承和再生的意匠源泉，而只有将传统聚落的营造技艺真正传承下去，保护才是可持续的，才能使聚落遗产长存下去。再次，"文化地景"（或文化景观Cultural Landscape）呈现聚落的环境因应特征，是人工与天工相交融的在地景观。韩国建筑师承孝相，为了表达地景建筑创意，生造了"Landscript"（地文）一词，本意是强调人的活动在土地上留下的印记，就如大地书写一般。显然,"地文"需要保护和续写,即像日本的"合掌造"民居、中国的西递—宏村那样,严格保护好聚落遗产标本,激活历史环境的"场所精神"(Spirit of Place),在新建筑中创造性地转化风土建成遗产的原型意象。

3. 国家级聚落遗产

根据住房和城乡建设部和国家文物局颁布的最新保护名录,中国传统聚落列入国家保护名录的有三大类,均可看作风土建成遗产。其一为100多处"国家重点文物保护单位"身份的传统聚落;其二为国家历史文化名城、名镇、名村,包括135座"名城"、312个"名镇"和487个"名村";其三为6819个部分由国家财政资助保护的"传统村落"。此外,皖南古村落西递—宏村、福建土楼、开平碉楼与村落,以及红河哈尼梯田文化景观等4项乡村传统聚落及景观被收入世界文化遗产名录。

这其中的传统村落数量最为庞大,部分还同时具有国家级历史文化名村及重点文物保护单位的身份。其分布特点为:南方约占全国总量的78%,大大多于北方;山区多于平原、盆地,如晋、湘、滇、黔、闽的山区占比超过全国总量的二分之一;方言区多于官话区,如晋系方言区约占北方各官话区总和的40%左右;工业化、城镇化起步较晚的地区多于起步较早的地区,如西北地区多于东北地区;城乡人均收入倍差相对较高的地区多于发展水平相近的较低地区,如贵州、云南处于全国传统村落数量排名前列。

上述的三大类传统聚落遗产保护系列中的前两类,有着相应的国家保护法规及实施细则,生存问题相对无虞。而第三类——传统村落量大面广,没有直接的相应保护法规作保障,其生存问题看似有国家财政资助,实际状况则堪忧。

四、传统聚落的保护与活化

1. 模式与问题

对风土建成遗产的专项保护,比较典型的首推北欧斯堪的纳维亚半岛的挪威和瑞典,这里在第二次世界大战前最早以民俗博物馆的方式,保护和展示当地的风土建筑,这种方式随后风靡欧洲大陆和英国。1952年英国"古迹委员会"将18世纪以前的风土建筑均纳入了保护名录，特别值得注意的是，英国将乡村划为120个自然区和181个特色景观区，这是可以借鉴的乡村文化地景谱系保护策略。日本于20世纪70年代兴起的"造村运动"，是通过农业升级改造、乡村特色塑造和技术培训投入，提振乡村经济社会活力和磁力，最终使乡村聚落得到活化和再生。聚落遗产保护和传承是其中的一个部分，如长野县的妻笼宿和岐阜县的马笼宿，其风土建成遗产在存真、修缮、翻建、活化等方面皆有坚定的价值坚守和丰富的保护经验，可供中国乡村风土建成遗产保护和再生实践学习借鉴。

我国城乡风土建成遗产保护与活化前后已历20载左右，经验和教训并存，其中数量占大多数的乡村聚落遗产保护与活化主要有三种模式。第一种为国家文博体系和大型国企主导的乡村博物馆模式，如山西的丁村、陕西的党家村、湖南的张谷英村、福建的田螺坑土楼群及玉井坊郑氏大厝等，经费、法规、导则等条件较为完善，部分村民通过村委会组织参与经营活动受益。第二种为社会企业主导的风土观光综合体模式，乡村聚落遗产由企业与当地政府、村自治体——合作社以契约形式合作及分成，如安徽黟县宏村、浙江松阳县村落、山西沁水县湘峪村、福建连江县杜棠古村三落厝等。第三种为村自治体主导风土生态体验区模式，以由村自治体所属企业及乡村活化能人掌控风土观光资源，进行乡村聚落开发，村民参与其中的相对较多，受益也相对大一些，如安徽黟县西递村、山西平遥县横坡村、陕西礼泉县袁家村、山西晋城市皇城村、福建屏南县北村等。

不可忽视的是，乡村聚落遗产在保护和活化中存在一些带有普遍性的问题和挑战：一是大多没有以乡村经济、社会的改造升级为根本前提，而是过多地依赖于旅游资源的消耗；二是管理政出多门，既条块分割，又一事多管，造成一些村落一村多名，准入标准和处置方式交错低效；三是原住民生活资料——集体土地、宅基地和房屋处于不确定的流转状态，所有权和使用权分离，但土地与房屋租金普遍低廉，收益分配不成比例，原住民的公平共享诉求难以兑现，存在着大量的权益矛盾和法律纠纷，潜在的社会风险已然存在；四是维修和民宿化改造等多为村民自发行为，存在严重的安全隐患，如结构安全意识薄弱，涉及公众安全的强制性技术规范和安全施工监管缺位，消防间距、人身防护不合规范的状况随处可见，声、光、热等室内环境控制指标大都达不到基本使用要求；五是宅基地内滥建低质楼监管缺失，低质翻建率常在一半以上，严重的达70%～80%，使村落风貌严重失控，而招揽观光的利益驱动导致拆真造假现象也随处可见；六是薪火相传趋于中断，大部分营造技艺面临失传，由于种种原因，"非物质文化遗产传承人"名誉并未起到明显的弥补作用，传统意匠及技艺存续与再生尚待突破，新旧修复材料融合手段薄弱等问题普遍存在；七是同质化严重，社会资金普遍投入乡村聚落保护与再生项目的可能性有限，而传统村落依赖国家财政扶持也是很有限的，且不可持续。

2. 标本保存谱系化

当下我国城乡风土建成遗产的保护与活化，首先并不是个建筑学问题，而是涉及保护什么，如何保护，怎样活化的实质性问题，与经济、社会的可持续发展背景息息相关。从物种标本保存的战略眼光看，传统聚落保护与活化的前提是对聚落遗产标本的保存和研究。

少量被定格在某个历史时期或文化样态下的聚落遗产，比如平遥、丽江古城以及各地名镇、名村一类进入各种遗产名录，是受到严格保护的风土建成遗产标本。但这些遗产标本只是聚落遗产中极小的一部分，我们认为，实际上需将我国城乡风土建成遗产按民族、民系的语族区或方言区进行全覆盖，成体系地作分类分级梳理，为后世存续完整的风土建成遗产谱系标本，兹事体大，关及国家和地方历史身份和文化传承的根基。因此，应依风土建成遗产谱系一甄别、筛选和认定聚落遗产，再以地景修复、聚落修补和技艺传承为基础，将之纳入再生过程。当务之急，是应对其谱系构成缘由与分布有比较系统的认知。

由于语言作为文化纽带的重要性仅次于血缘，而风土在语言学上的含义，即连接一个地方聚居群体的交流媒介"语缘"，既可代表不同的文化身份，也可作为判断各文化身份间亲疏关系的参照。因此，从文化地理学和人类学的角度，可尝试以民系方言和语族—语支为参照，对各地风土建筑做出以"语缘"为纽带的谱系分类区划。总体上看，历史上语族相近，说明有相关的文化渊源；语族的方言或语支相通，说明血缘和地缘存在关联性。传统的汉语族—方言和少数民族的语族—语支是在漫长的历史变迁中，由于地理阻隔及民族、民系迁徙所形成的。虽然建筑谱系和语言谱系是否完全对应确是个问题，但设若不同族群在语言上可以交流，则其聚落及建筑一般也会存在交互关系。

参照语言人类学家的语缘区划，汉藏语系的汉语族民族民系聚落及建筑谱系主要可分为：其一，东北、华北、西北、江淮和西南等五大官话区建筑谱系；其二，华北的晋语方言区建筑谱系；其三，江南的吴语、徽语、赣语和湘语四大方言区建筑谱系；其四，华南的闽语、粤语和客家语三大方言区建筑谱系。少数民族语族区聚落及建筑谱系主要可分为：其一，西南地区汉藏语系藏缅语族17个民族的建筑谱系，壮侗语族9个民族和苗瑶语族3个民族的建筑谱系；其二，北方地区阿尔泰语系突厥语族7个民族，蒙古语族6个民族和通古斯语族5个民族的建筑谱系等。此外，还有少量西北地区印欧语系斯拉夫语族和伊朗语族的民族的建筑谱系，以及华南地区南亚语系和南岛语系民族的建筑谱系。以这样的谱系认知方式，对风土建成遗产谱系遗产的标本系列进行谱系化的保护，是有重要意义的一种尝试。

突厥语族区建筑		其他区建筑	蒙古语族区建筑		其他区建筑	通古斯语族区建筑		其他区建筑
定居区	游牧区		定居区	游牧区		定居区	渔猎区	
北方官话区西部建筑			晋语方言区建筑			北方官话区东部建筑		
河西	关中		北部	中部	东南部	京畿	胶辽	东北
西南官话区建筑			北方官话区中部建筑			江淮官话区建筑		
滇	黔	川	鄂	豫	鲁		淮	扬
藏缅语族区建筑			湘语方言区建筑		赣语方言区建筑		徽语方言区建筑	吴语方言区建筑
藏区	羌区	彝区	其他	湘西	湘中	湘东	豫章	临川	庐陵	歙县	婺源	建德	苏州	东阳	台州
壮侗语族区建筑			客家方言区建筑			闽语方言区建筑		
壮区	侗区	其他	西部	中部	东部	闽中		闽东
苗瑶语族区建筑			粤语方言区建筑			闽语方言区建筑（闽南）		
其他区建筑			桂南	粤西	广府	潮汕	南海	台湾

我国民族民系风土建成遗产谱系分布示意图

3. 大量性传统聚落的出路

除了经典传统聚落风土建成遗产谱系的标本保存，大量性的传统聚落，特别是乡村聚落，总体上面临着景象劣化、原有建筑被大量低质改建、乡村经济和民生有待振兴的境况。因此，需要将聚落有机更新和文化地景再造，作为未来发展的主要方向。实际上，对大量性传统聚落的可持续发展而言，实践中应考虑保存有标本价值的聚落典型建筑，延承风土营造谱系所曾依存的地貌特征、空间格局和尺度肌理，再造出隐含着基质原型、适应生活变迁的新风土聚落及文化地景。

此外，传统聚落遗产管理系统和遗产归口的合理化，遗产运作的信托化，遗产基金、社会"领养"

和活化途径的模式化，营造技艺传承的制度化，以及保护技术的系列化等，都应作为传统聚落保护与再生的改进方面加以关注和实施。

五、关于丛书编纂

这部丛书是第一部关于中国传统聚落特征与保护的大型研究集锦，内容覆盖了各省市自治区传统聚落的历史溯源、地域特征与现存状态、保护与活化的方法与途径，以及未来走向的展望等。丛书中的"传统聚落"聚焦于狭义的"村"和"镇"，并可选择性地涉及"城"，即"县"或"市"的老城区，如北京的胡同和上海的弄堂。书中内容兼顾理论观点和叙述方式的历史性、逻辑性和独特性，引述材料要求真实可靠，体例同中有异，充分表达地域特征，并将之纳入史地维度和经济、社会发展的叙事语境。保护与活化内容要求选取兼顾普适性和典型性的工程实践案例，对乡村振兴中的建成遗产存续和再生问题进行全方位的讨论。由于本丛书仍是以行政区划单位作为各分册的研究范畴，难免存在少量跨省市区之间的互涵和重复内容，但作为一部大型丛书，总体上还是完整统一的，其中不少篇章都可圈可点，对乡村振兴和传统聚落的未来探索有多方面的参考价值。

（本文主要内容及参考文献见《建筑学报》2019年12期）

中国科学院院士、同济大学教授
己亥夏至于上海寓所

序二

聚落，是人类聚居和生活的场所，《汉书·沟洫志》曰："或久无害，稍筑室宅，遂成聚落"。聚落这一概念最早出现时是为了描述区别于都邑的居民点，现在已泛指人类生活地域中的村落和城镇。聚落是在各个地域内发生的社会活动、社会关系和特定的生活方式，并且是由共同的人群所组成相对独立的生活空间和领域。传统聚落主要是指具有一定历史性的城乡聚落，拥有物质形态和非物质形态的文化遗产，是先人运用自己的智慧，依据自然、气候、地理、习俗等环境因素建立的适宜的居住空间，同时具有较高的历史、文化、科学、艺术、社会、经济价值，能够反映一定历史时空的社会物质文化与精神文化的重要载体。

传统聚落是人们与自然协调过程中不断地尝试和调整所形成的，是在一定的时空条件下的总结。传统聚落是一定地域空间范围内的人文现象，它既是一种空间系统，也是一种复杂的经济、文化现象和社会发展过程。其起源、形成、发展均在特定地理环境和社会经济背景中，通过人类活动与自然相互作用下的结果，是对自然地理条件、社会治理结构、文化机制作用等多方面的缓慢调整适应，既是人类不断地适应、改造自然环境的实践积淀和智慧结晶，也是特定地域环境人地关系的空间反映。正如本套丛书之一《云南聚落》编写作者杨大禹教授所说："几乎所有的传统聚落，作为联系自然环境和人文环境的中介，从它们的地理分布、外部整体形态、内部空间结构，到聚落与周围自然环境、山水地形的紧密关系，都体现出因地制宜、和谐有机的共同规律。"这些共识是协调当地的地理条件、社会风俗与生活方式等积累而成的。在以聚居为主的生活模式下，都会充分考虑到聚落的环境特点，尽量找到资源配置最为合理、微气候最为和谐的场所。聚落形态与民居建筑形式的存在，与人们应对自然环境的生理、心理需求有着千丝万缕的联系。所以，传统聚落都能反映出在一定的地域空间环境、一定的民族和一定的历史时期所承载的建筑文化底蕴。

传统聚落作为中华文明的一种载体，凝聚着具有地域性、民族性与艺术性的布局特色和建筑风采，以及文化习俗下构成的聚落分布、空间格局、生产模式、景观形态等风情各异、千姿百态的元素。传统聚落是先人们长期适应自然，与自然和谐相处的历史见证，凝聚着中国悠久的农耕文明，展示着人们自古至今的生存智慧，可以说，传统聚落承载着中华文化精华和中华民族精神。所以，保护传统聚落就是维系中国传统文化的延续，就是在保护中华文明的根。

对于聚落空间的研究，既要把控聚落自身各种要素以及各要素之间的相互关系，也要关注聚落内部空间与聚落外部空间之间的关系，从而进一步了解单个聚落与同一个地域内其他聚落之间的关系，以便获得对聚落空间完整概念的把握。通过对传统聚落特色的系统研究，包括将传统聚落的不同历史发展阶段，各种历史文化要素和不同形态载体归纳合一，作为相互交融、贯通的体系来研究，从理论层面上梳理传统聚落各种有关形成、发展、演化的普遍规律和地区特征，挖掘其精神文化及生命智慧，发现其内在的文化价值，尊重其自身的运营机制，肯定其在现代聚落发展中的积极作用，以丰富我们对于人类聚居的认识。

长期以来，我们的先人经过不断的实践，运用了他们的丰富智慧，无论在聚落总体布局或在民居建筑技术、艺术方面都取得了很高的成就，积累了丰富的经验。传统聚落生存智慧拥有中国优秀传统文化的内核，是体现传统建筑智慧最具特色的代表。如何重新再认识传统聚落所具有的地域性、民族性与文化多样性特征，进一步发掘潜藏其中的营建技艺、理论精华和创造智慧，寻求传统聚落的持续发展相应的理论支撑，是我们当前重要的课题。当然，蕴含着中华文化基因的传统聚落更是当代建筑文化特色形成的基础，值得我们去进行研究、总结、学习和借鉴。

"中国传统聚落保护研究丛书"各卷作者综合运用文献研究法、调查研究法、比较研究法、定性分析法等科学研究方法，建构传统聚落研究的基本思路。采用文献分析、田野调查、理论研究与实证分析结合、系统化分析等方法，通过对学术文献、地方志、文书族谱等史料资料进行梳理筛选，对现有传统聚落进行建筑测绘、口述访谈，在吸取前人研究成果的基础上，归纳总结我国传统聚落发展特点及其背后蕴含的丰富文化和物质内涵，从整体上考虑多元文化影响下的传统聚落特征。丛书作者在编写过程中，借鉴历史学、社会学、建筑学、城乡规划学、文化地理学、景观生态学等跨学科交叉的思路，采用融合融贯的研究模式，既对传统聚落的基本共性特点归纳总结，也对受各区域条件影响的传统聚落比较分析，从整体上来把握研究对象。

在新时代的聚落发展和建设中，对传统聚落的保护与研究就显得尤为重要。传统聚落所呈现出来的优秀空间格局与营造技艺，不仅能给聚落的保护更新提供更为合理的方法途径，同时也能为新时代的聚落建设提供更多的方式方法及可能性。探究历史文化基因的内在联系，研究传统聚落的起源、演变、特点和价值，为传统聚落的传承提出依据，以便于更好地加以保护与利用。与此同时，在弘扬与传承优秀传统文化的基础上，探寻传统聚落发展模式及其保护的策略与原则，对保护与更新提出更为具体的要求与措施，构建整体保护的格局理念，以及与其相适应的、分级分类的传统聚落保护体系，更好地把握传统聚落在当代的发展道路与方向。

"中国传统聚落保护研究丛书"的编写希望以准确翔实的史料、精确细腻的测绘、真实生动的图片来全面展示中国传统聚落悠久的历史、灿烂的文化、淳朴的民风。由于各地区的状况不同和民族差异，以及研究基础也会参差不齐，故在编写中并未要求体例、风格完全一致，而以突出各地区传统聚落自身特色，满足各地区建设的需求为主。同时，丛书的编写，也希望对全国各省、直辖市、自治区传统聚落保护与传承、历史街区与传统村落建设，以及城乡人居环境提升起到重要的参考与指导作用，这是本套丛书研究编写的目的和意义所在。

2020年11月16日

前言

安徽省位于中国华东地区，东邻江苏、浙江，西依河南、湖北，北侧接山东，南侧连江西，辖区总面积14.01万平方公里。境内地势由平原、丘陵、山地构成；地跨淮河、长江、钱塘江三大水系。安徽省具有丰富的植物、动物及矿物质资源，皖南山区保存有丰富的植物类型，全省生态环境良好。省内地形有平原、台地（岗地）、丘陵、山地等众多类型；区域内有风景秀丽的黄山、九华山、大别山白马尖、天柱山、齐云山等主要山体，山脉间水系丰富，新安江、水阳江、青弋江等水网交织。考古发现，在繁昌县人字洞发现距今约250万年前可能有人类活动遗址，在和县龙潭洞发掘的三四十万年前旧石器时代的"和县猿人"遗址，表明远古时期已有人类在安徽这块土地上繁衍生息，并创造了远古文明。安徽省内文化丰富多样，社会风貌主要受淮河文化、新安文化、皖江文化等影响，其戏曲、文学、美术、建筑等在全国具有重要影响力。

在这片热土上居住的主要以汉族为主，但安徽省属于少数民族散居省份，55个少数民族成分俱全，其中回族、满族、畲族较多，淮南、淮北地区少数民族人口分布较广，移民文化、多民族文化融合更有助于省内文化繁荣发展，对安徽省传统聚落多样性的形成奠定了文化基础。

传统聚落是指拥有物质形态和非物质形态的文化遗产，具有较高的历史、文化、科学、艺术、社会、经济价值的聚落，包含城镇聚落、乡村聚落。安徽省具有丰富的历史文化遗存，其中传统聚落记录着民族的起伏兴衰，能够反映一定历史时空的社会物质文化与精神文化的发展状况，是反映安徽省地域历史文化的重要载体。传统聚落是不可再生的文化遗产，同时也是先人们长期适应自然、与自然和谐相处的历史见证，承载着中华传统文化的精华，凝聚着中华民族精神，是维系华夏子孙文化认同的纽带，是祖先留给我们的珍贵遗产。然而，随着工业化和城镇化进程的不断加快，不少传统聚落渐渐失去了原有的聚落形态，丧失了鲜活的历史记忆。面对我国传统聚落不断遭到破坏和加快消失的严峻形势，保护传统聚落和传承传统聚落已然迫在眉睫，引起了党和国家的高度关注。

从2012年5月起，住房和城乡建设部、文化部、国家文物局、财政部在全国范围内开展了有史以来第一次传统村落调查，并先后公布了五批次《中国传统村落名录》。截至2018年底，国家总计公布了6819个传统村落。安徽省国家级、省级历史文化名城名镇名村共有89个，其中，国家级历史文化名城7个、名镇11个、名村24个；省级历史文化名城10个、名镇12个、名村25个。截至2018年底，安徽省民政厅颁布的千年古镇、千年古村分别为84个、53个。安徽省省级传统村落第一批、第二批共计754个。以上相关数据中部分村落、城镇有重复叠加，我们最终筛选出约500个村落、城镇作为本次研究的基本对象。

安徽省传统聚落保护研究课题符合从国家到地方层面的对相关优秀历史文化传承与保护、传统村落保护等战略性指导意见。2008年国务院颁布的《历史文化名城名镇名村保护条例》、2014年住房和城乡建设部等国家部门出台的《关于切实加强中国传统村落保护的指导意见》《住房和城乡建设部 文化部 国家文物局关于做好中国传统村落保护项目实施工作的意见》等，这些国家层面指导意见出台后，全国各地区都在加速推动传统村落保护发展工作，也说明党中央、国务院将保护与发展传统村落作为传承中华民族历史记忆、维系中华文明文脉、弘扬优秀传统文化精神、建立社会主义价值观、实现中华民族伟大复兴实现中国梦的重要举措之一。安徽省委、省人民政府高度重视相关指导意见，积极落实住房和城乡建设部等国家部委有关传统村落保护发展要求，结合安徽省实际现状，相继出台了《安徽省传统村落保护发展"十三五"规划》《安徽省人民政府办公厅关于加强传统村落保护利用发展的意见》等政策，对于我省的传统村落保护与发展有积极的推动作用。因此，基于国家政策支持的总体背景，结合我省现有的传统村落、千年古镇古村等资源，对安徽省的传统聚落进行研究符合我省弘扬优秀传统文化的方针策略，对传统聚落历史文化遗存传承与保护具有重要的意义。

本书的研究内容主要由三大部分组成：

第一部分是对安徽省传统聚落的总体概述，主要对安徽省传统聚落形成与发展、传统聚落与历史文化、传统聚落与自然地理环境、传统聚落空间分布等几部分内容进行调研、研究、分析、总结。其主要研究以下问题：

（1）聚落的起源与发展

据考古研究，远古时期已有人类生息繁衍在安徽这块土地上。从区域交通位置、自然地理环境、历史文化及社会经济方面分析安徽省传统聚落起源发展过程，总结各阶段的基本特征；研究安徽省传统聚落形成的历史因素与文化关联；分析安徽省传统聚落与自然地理环境的逻辑关联；探究安徽省传统聚落的功能、作用，从历史、文化、经济、社会等方面对传统聚落的价值进行客观评估，进而厘清安徽省传统聚落历史文化在中华文明中的地位以及人文精神的作用。

（2）聚落空间分布与整体特征

结合研究范围和基础数据，从宏观层面研究安徽省传统聚落形成与整体的空间分布，基本上可以得出安徽省传统聚落数量多、历史年代悠久、物质文化与非物质文化遗产丰富、历史文化类型多样的基本特征。其空间分布受到皖北平原、皖南丘陵山区、皖江流域等地理因素；历史移民大迁徙、区域交通格局体系、商业经济要素等方面因素的影响，进而总结出聚落分布的基本特征。

第二部分是分析探究安徽省传统聚落的类型、空间特征、景观特征，主要通过田野调查、文献综述、史料分析等方法，结合现有村镇航拍、测绘、影像等数据资料进行分析研究。其主要讨论问题如下：

（1）安徽省人文经济与传统聚落的联系

对现有的传统聚落调研，发掘、梳理和提炼现有历史文化、经济资源，分析安徽省传统聚落的人文经济特征，分析人文历史、经济资源对传统聚落形成与发展的重要价值作用，探寻安徽省传统聚落形成、发展与人文经济关联性。

（2）多元文化背景下的传统聚落类型与特征

安徽省传统聚落的类型丰富多样，文化因素从根本上影响传统聚落的形成，因此以安徽省的文化发展为视角，从商贸文化、农耕文化、庄寨文化、移民文化、渔猎文化、王权文化、驿路文化七个方面对现有的传统聚落分类，探究传统聚落在多元文化背景下形成的过程，总结归纳传统聚落的特征。

（3）安徽省传统聚落景观特征分析

对现有聚落进行田野调查分析，总结归纳出聚落景观特征要素为自然环境要素和人工环境要素两大部分。自然环境要素主要是传统聚落区域的自然山水格局，主要以农田山林景观为主；人工环境要素是指聚落居住环境中建筑、街巷、水系、牌坊、亭、公共建筑等景观要素。结合现场调研资料，对各类景观要素进行分析总结，探讨其特征表现以及形成的原因等。

第三部分是安徽省传统聚落保护与发展研究，主要结合国家层面、省级地方层面的相关政策，以及传统聚落的现状，对传统聚落的价值、传统聚落保护与发展的原则及策略、传统聚落保护与发展模式、传统聚落保护与发展的管理机制体系等方面进行研究。其主要探讨的问题如下：

（1）安徽省传统聚落保护与发展的原则与策略

构建安徽省传统聚落保护与发展的基本原则，首先要保护好传统聚落的历史真实性、风貌完整性、生活延续性；其次要重点保护传统村落历史文化环境、自然生态环境；再次要重点保护传统村落空间格局特征、平面布局、街巷骨架、河网水系等；最后要坚持合理有效活化利用传统聚落，实现历史文化资源的活力再生，在保护中利用、利用中发展、发展中保护，做到传统聚落保护与发展有机结合。从自然景观、人工景观以及人文景观三方面建立保护与发展的有效策略。

（2）安徽省传统聚落保护与发展的模式

传统聚落保护与发展模式可以根据实际情况分为：政府主导、外来资本介入、合作社模式、村民自营、多方合作、合理适度开发旅游等模式。选择不同模式一定要结合实际情况，可能是模式中的一种，也可能是两种或两种以上的复合方式，做到因地制宜。

（3）安徽省传统聚落保护与发展的管理机制体系

结合国家层面、地方层面的相关政策，我国对于各类历史文化遗产基本上建立起"政府主导、专家咨询、公众参与、社会监督"等保护机制，对于安徽省传统聚落的保护与发展，建议从管理机制、决策机制、协调机制、监督机制、资金保障机制等方面，建立起完善的传统聚落保护与发展管理机制体系，以有助于传统聚落的可持续性发展。

（4）安徽省传统聚落保护与发展实践案例分析

根据安徽省传统聚落的分布情况，选取典型代表性案例，进行研究分析，总结其保护与发展规划实践案例中的经验与不足，为优化传统聚落保护与发展的原则、模式、管理机制等提供新的思路。

本书的研究方法主要采用田野调查、文献分析、理论研究与实证分析结合、系统化分析等方法。田野调查主要是对现有传统聚落进行航拍、实物拍照、建筑测绘、访谈；文献分析是对地方志、学术著作、期刊文献、文书族谱等史料资料进行整理、分析、总结归纳，从而吸取前人研究成果，扩大学术视野。实际研究过程中，一方面从整体上把握研究对象，结合大量的文献资料，建构传统聚落研究的基本思路方法，在理论层面夯实研究基础；另一方面结合田野调查的代表案例资料，实证分析与理论研究相结合，系统化分析，宏观上以文化辐射区为参考依据，突破行政区划范围的界限，从整体上考虑多元文化影响下传统聚落的特征；传统聚落的微观研究上，结合传统聚落景观特征，进行分析探讨。本书也借鉴建筑学、城乡规划学、设计艺术学、社会学、文化地理学、公共管理学等跨学科交叉的思路，进行综合融贯的研究。

本书的研究主题符合乡村振兴战略背景下乡村文化兴盛的发展思路，也体现出建设美好人居环境的重要主旨。本书力图对安徽省传统聚落的现状进行研究分析，对重点突出问题进行讨论，进而总结出安徽省传统聚落的基本特征、保护与发展的原则策略及发展模式等。期望能够以此抛砖引玉，为学术界同行专家的研究提供一定的参考文本资料，推动传统聚落相关理论与实践研究在深度与广度上的发展，为推动安徽省传统聚落保护与发展研究、传承和弘扬安徽省优秀传统文化而贡献力量。

陈峰

2021年11月8日

目 录

序 一

序 二

前 言

第一章　传统聚落形成与发展

第一节　社会历史文化背景 —— 002
　一、历史沿革 —— 002
　二、地域文化 —— 003
　三、宗教信仰 —— 004
　四、民族人口 —— 005
　五、农业发展 —— 006
第二节　传统聚落起源与演进 —— 007
　一、夏商以前的传统聚落 —— 007
　二、秦汉时期的传统聚落 —— 008
　三、唐宋时期的传统聚落 —— 009
　四、明清时期的传统聚落 —— 010
　五、民国时期的传统聚落 —— 011
第三节　传统聚落空间分布及整体特征 —— 012
　一、传统聚落空间分布 —— 012
　二、传统聚落整体特征 —— 012

第二章　自然地理环境与传统聚落区划

第一节　自然地理环境特征 —— 016
　一、气候 —— 016
　二、水文 —— 018
　三、地形地貌 —— 019
　四、自然资源 —— 019
第二节　传统聚落区划 —— 020
　一、淮北平原区传统聚落 —— 020
　二、沿江平原区传统聚落 —— 022
　三、皖南山区传统聚落 —— 023
　四、皖西大别山区传统聚落 —— 026
第三节　小结 —— 029

第三章　人文经济环境与传统聚落构成

第一节　人文经济环境与聚落特征 —— 032
　一、传统聚落的人文环境特征 —— 032
　二、传统聚落的经济环境特征 —— 041
第二节　多元文化背景下的传统聚落类型与特征 —— 043
　一、商贸文化影响下的传统聚落 —— 043
　二、农耕文化影响下的传统聚落 —— 053
　三、庄寨文化影响下的传统聚落 —— 058
　四、移民文化影响下的传统聚落 —— 068
　五、渔业文化影响下的传统聚落 —— 076
　六、驿路文化影响下的传统聚落 —— 081

七、 王权文化影响下的传统聚落 —— 087
第三节 小结 —— 094

第四章 传统聚落空间结构与形态

第一节 传统聚落空间的生成和演化 —— 098
 一、 单核封闭至多核开放 —— 098
 二、 点状中心至线状中轴 —— 107
 三、 团聚紧凑至疏离协调 —— 114
第二节 传统聚落空间形态 —— 119
 一、 空间形态分类 —— 119
 二、 空间内部组织的地域化差异 —— 148
第三节 小结 —— 149

第五章 传统聚落景观

第一节 农业景观特征 —— 152
 一、 农田景观 —— 152
 二、 林地景观 —— 156
 三、 工程景观 —— 159
第二节 传统聚落水系景观 —— 163
 一、 水系景观布局 —— 163
 二、 传统聚落水系景观类型 —— 167
 三、 传统聚落水系景观功能 —— 175
第三节 公共建筑景观 —— 177
 一、 祠堂 —— 177
 二、 书院 —— 180
 三、 寺庙 —— 180

四、 戏楼 —— 182
五、 茶楼 —— 184
第四节 街巷景观特征 —— 185
 一、 街巷空间尺度 —— 185
 二、 界面 —— 190
第五节 其他景观 —— 195
 一、 牌坊与牌楼 —— 195
 二、 古亭 —— 198
 三、 古桥 —— 199
 四、 古塔 —— 201
 五、 古树 —— 202
第六节 小结 —— 203

第六章 传统聚落的保护传承与发展创新

第一节 传统聚落的价值 —— 206
 一、 历史价值 —— 206
 二、 文化价值 —— 206
 三、 社会价值 —— 206
 四、 技术价值 —— 206
 五、 经济价值 —— 207
 六、 美学价值 —— 207
第二节 传统聚落保护与发展的原
    则及策略 —— 207
 一、 传统聚落保护发展的原则 —— 207
 二、 传统聚落保护发展的策略 —— 207
第三节 传统聚落保护与发展的模
    式及管理机制 —— 209

一、传统聚落保护与发展的模式 —— 209
　　二、传统聚落保护与发展的管理
　　　　机制体系 —— 209
第四节　传统聚落保护与发展的实践 —— 210
　　一、芜湖市西河古镇 —— 210
　　二、黄山市休宁县汪村镇石屋坑村 —— 226
　　三、安庆市太湖县蔡畈村 —— 236
　　四、亳州市涡阳县义门古镇 —— 253

附　录 —— 275

索　引 —— 298

参考文献 —— 299

后　记 —— 302

第一章 传统聚落形成与发展

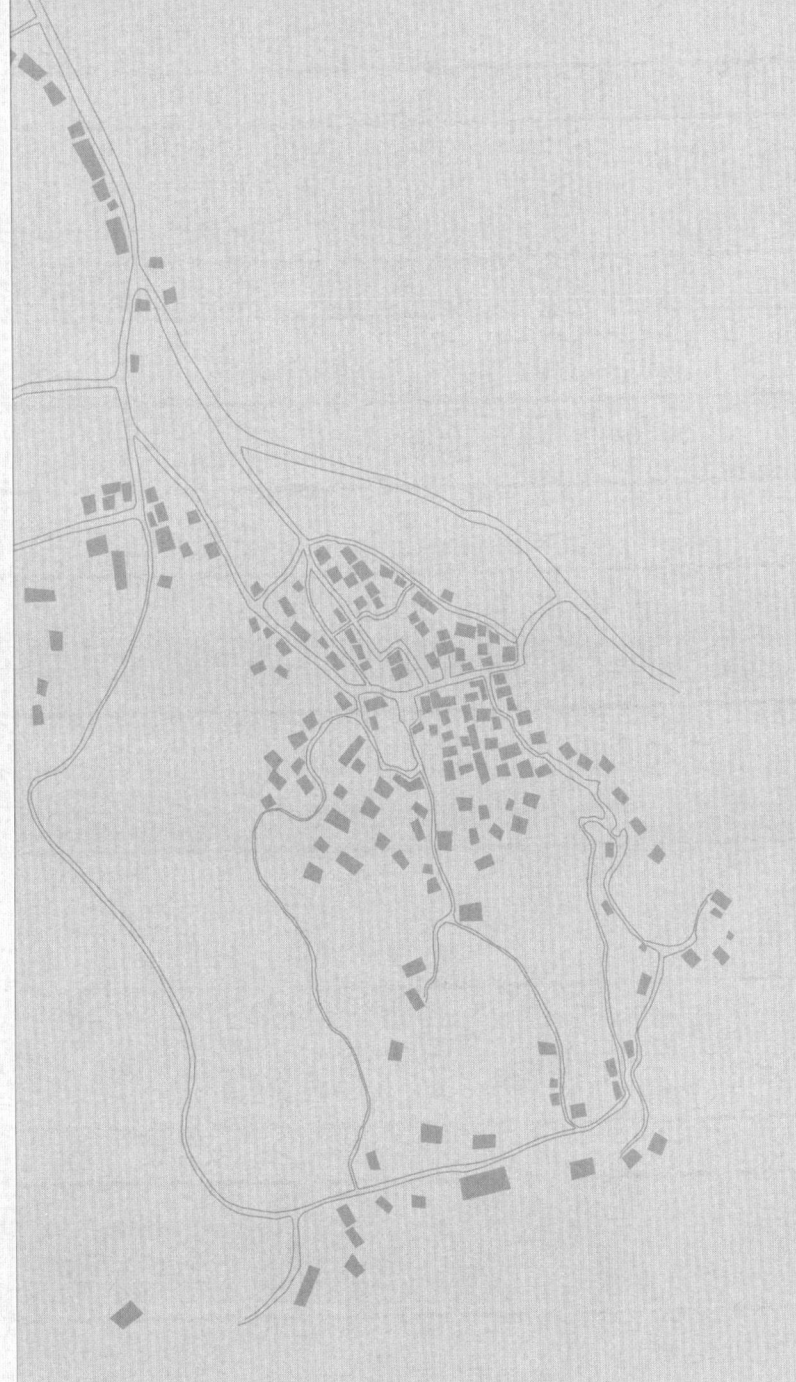

第一节　社会历史文化背景

一、历史沿革

安徽省位于中国中东部，具体经度为东经114°54′~119°37′，纬度在北纬29°41′~34°38′之间，安徽省东面连接江苏，同时西面还连接湖北和河南两省，东南接浙江，南面与江西为邻，北边贴着山东。安徽省全省南北距离约为570公里，东西距离约450公里，总面积约14.01万平方公里，在我国的国土面积中约占1.45%。截至目前，安徽省包含合肥、淮北、亳州、宿州、蚌埠、阜阳、淮南、滁州、六安、马鞍山、芜湖、宣城、铜陵、池州、安庆、黄山16个地级市，以及9个县级市、52个县、44个市辖区。截至2019年，安徽省的户籍人口为7119.4万人，其中常住人口约6365.9万人。安徽不仅襟江带淮，更沿江通海，是长三角经济区的重要组成部分，地处于我国经济发展的重要战略要冲和我国几大经济板块的对接地带，其经济、文化与长三角经济区其他地区有着历史和天然的联系。

安徽省历史源远流长，位置处在沿海和内陆地区的中间过渡地带，长江、黄河两大文化在这里融合过渡，是文化聚集交汇的地区。考古学家曾经在安徽和县龙潭洞遗址找到了人类化石，据相关学者推算，化石至少有三四十万年的历史，这个重大发现，证明这块土地在远古时期曾经有人类居住，说明安徽地区是古人类文化的摇篮之一。

原始社会末期，安徽为淮夷方国、越族等蛮夷部落的领地。

春秋战国时期，这里曾被北方大国和南方的吴、越等大国统领过。

秦时期，境内为九江、泗水、砀郡、陈郡等地方行政区划所管辖。

汉初，境内依然被认定是楚、淮南等异姓王的封地。在东汉时期，境内为扬、豫、徐三州管辖。

三国时期，即上承东汉下启西晋时期，境内则被分割，曾被魏、吴国所设扬州及魏国徐州、豫州管辖。

东晋时期，淮北地区先后为前秦、后秦、后燕等国占领，仍然遵守之前的制度，保持了徐州、豫州统领。

隋朝，境内有庐江、谯郡、汝阴、淮南、钟离、同安、宣城、新安等地。

唐前期，实行州、县二级管理体制。贞观初年，安徽分属河南道、淮南道、江南东道。

五代十国时期，淮北地区先后为后梁、后唐、后晋、后汉、后周，南方（含江淮、江南地区）先后为吴国和南唐国所据有。

北宋政和元年，分属江南东路、京西北路、京东西路、淮南西路、淮南东路5个路。宋室南渡，宋金对峙，金人据有淮北，南宋据有淮南、江南。

元朝，安徽地属河南江北行省、江浙行省。

明朝，境内为南直隶西部地区，涉及凤阳、庐州、安庆、太平、池州、宁国、徽州7府及徐州、滁州、和州、广德4个直隶州。

清初承明制，将原本直隶的南京划为江南省，也就是如今的安徽境内属江南省西部地区。康熙四年（1665年），调整左、右藩辖区，奠定苏、皖两省分治及确定疆界基础；康熙六年（1667年），正式建省；乾隆二十五年（1760年），正式将省会定在安庆并健全省级三司衙门。

中华民国成立后，安徽省被分成了芜湖、安庆、淮泗三道。

中华人民共和国成立初期，安徽又被分为皖北、皖南两行署，皖北行署驻合肥市，皖南行署驻芜湖市。1952年将皖南、皖北行署进行合并，合并后恢复了安徽省，并将合肥市立为省会城市。

1983年，安徽开始实行市管县体制，先设立合肥、蚌埠等8个地级市，后增设黄山、滁州等9个地级市，2011年撤销地级巢湖市，2019年设立县级广德市，2020年设立县级无为市。

安徽行政区划的形成及其管理体制的发展演变，是在安徽社会发展中逐步演变、发展、完善的。它的发展和演变是在多种因素的共同作用下完成的，其中社会生产力对其的促进效果更大，这也是整体经济发展、文化进步形成的必然趋势和必然局面。行政区划的演变及建制变革，有力地推动了安徽省的经济发展和社会发展进程。而聚落在不断发展过程中，对城乡经济、文化等社会因素和自然资源条件的不断利用，也推动行政区域在时代发展的过程中不断优化改善。因此，行政区域的演进与聚落的发展过程是不断融合与传承的。

二、地域文化

安徽被长江和淮河分割开来，从地理位置上来看，主要被分为三块，分别是皖南地区、皖中地区和皖北地区。在淮河领域曾经出现过著名的中原文化（皖北），其代表有老子、庄子和建安文学等；在江淮之间也出现了江淮文化（皖中），其中桐城派文化作为代表；同样在皖南山区的新安江水系是孕育徽州文化（皖南）的重要地域。这三种文化的形成与发展都促进了该区域的聚落演变，例如徽州文化，徽州传统村落的选址、空间格局、建筑功能布局等都受到徽州自然山水与人文历史的浸润，村落选址与山水相依、与自然融合一体，淡雅简约。再如江淮文化影响着皖中地区的聚落，明朝时期，江西移民来到巢湖，在巢湖周围营造出各种"九龙攒珠"的村落，利用长江、巢湖水域资源，形成了各种渔村，例如巢湖岠山岛渔村等。

江淮文化。江淮文化包括了以禅为核心内容的佛教文化，以桐城派为代表的古典文学思潮，以李白、杜牧和欧阳修等诗人为代表的皖江山水诗词文化等。安庆和桐城可以被看作是"江淮文化"的核心之一，它主要是由古皖文化和来自江西、徽州移民的朱子文化二者经过互相融合、互相影响而形成的。这里的文化内容上升至主流文化圈的原因是同时受到多种因素影响，比如交通发达便捷、文化包容性强、开放程度高、注重创新且影响辐射力大，这对皖江聚落演变具有重要促进作用。在皖江文化中，以文载道、以文济世、以文乐民的观念得到世代传承，相对而言能够完整体现其教化功能，将文学、宗教和艺术的力量融合一起，因而产生了广泛而深刻的影响。一提到皖江文化总会令人想到缥缈、有灵气的"水"，具有很强的张力和表现力，感染力也更加显著，其中文学艺术类的成就因受其影响更加有成就。皖江文化涵盖的范围较广阔，综合性比较强，至少包含了实用文化、艺术文化和思想文化这三大类，更涉及了包括宗教、文化、书画等超过十余种的领域，其广阔的种类和丰富的内涵以及深刻的文化底蕴更显辉煌灿烂。

中原文化。皖北地区包括宿州、淮北、蚌埠、阜阳、淮南及亳州等地，也被称为涡淮之地，地势以平原为主，拥有广袤的淮北平原，处在南下北上、东进西出的战略要地，具有明显的过渡性质，因此也容易受到多种文化影响，总体概括为中原文化，包含了诸多文化类型，比如商周时代的东夷（包括淮夷）文化、涡淮两岸产生的老庄文化及道家文化、先秦时期荆楚文化、北宋之后南移的中原文化、明清之际兴起的淮扬文化等。其主要体现在淮河干流两岸空间范围内，反映出南北过渡、兼容并蓄的特色。中原文化对于皖北的聚落发展有促进作用，例如在淮河沿线、涡河沿线出现众多商贸型的古镇，如涡阳义门古镇、龙亢古镇、河溜古镇等，都是由于淮河运河交通发达，逐渐形成以商贸为主的聚落。这些聚落在明清时期商业繁荣，车水马龙，对淮河区域经济文化发展有着重要的交通战略意义。淮河东北连齐鲁、西北接中原、西南接荆楚、东南通吴越，因为受到地理因素的影响，更将诸多地区的文化精华进行交融合并，逐渐衍生出了更丰富、更多元的文化。

徽州文化。徽州文化具有尤为丰富而充实的内涵。聪敏的徽州人更是在不同文化里都有自己的成就，还在原文化的基础上又进行创新，推出了不少新的流派，而这些新流派更是几乎涵盖了全部领域，同时也因为特色鲜明而不断扩大着自身影响。徽商的发展影响徽州村落发展，徽商在外经商，后返回故里，出资修建祠堂、道路、沟渠，捐资教育，对于村落格局的形成有着间接影响；另外徽州的程朱理学影响着徽州文人、教育发展，在明清时期，徽州地区出现大量书院，那时候的徽州各个地方都开始兴起办私塾、书院的风气，一度有着"十户之村、不废诵读"的景象。徽州文化所涵盖的文学种类较多，其中以新安理学、新安志学、文房四宝、徽菜等尤为著名。这些都是徽州（古称新安郡）人经过历代总结、凝练而创造的物质和精神财富的总和，不仅数量庞大、种类繁多，更对我国的文学发展有着极大影响。徽文化的发展巅峰是明清时期，距离现在已经将近800余年。在20世纪90年代之后，我国国学中有三大地方学科，徽学与藏学以及敦煌学并列齐名。而徽文化的主要特点表现为，将中华文化进行凝聚和融合，它更像是我国文化的浓缩载体。它作为中华文化的部分之一，一直受到整体系统制度的影响和约束，同时还具备了中华文化的重要特征，那就是以徽商为代表的"徽骆驼精神"。这种精神所表现出来的顽强和勇敢，正是中华民族开创精神的生动体现，也是中华民族向世界展现我们进取精神和开创精神的重要展现。

三、宗教信仰

安徽省主要有五种宗教，分别是佛教、道教、伊斯兰教、天主教和基督教。安徽境内少数民族中回族人口较多，形成了众多民族村、民族镇等，例如淮南的赖山村、涡河的义门古镇；九华山地区佛教兴盛，不少村落民居的日常生活、村落格局与佛教文化相关。宗教思想深入到一部分群众心中，并且在生活的方方面面，不仅在社会、政治，更在经济、文化方面产生了影响。

佛教大约在东汉后期传入安徽境内。两晋南北朝时期，佛教主要在淮河流域和长江两岸传播，相关史书记载当时寺庙较多。唐开元年间，僧人金乔觉航海来华，卓锡九华，开启了九华山地藏菩萨道场。之后在明代，随着九华山佛教逐渐发展壮大，寺庙数量也开始逐渐增多，鼎盛时期接近100余座，也是从那时候起，九华山开始和山西五台山、四川峨眉山、浙江普陀山合称作中国佛教四大名山。然后在清朝和民国两个时期，安徽的佛教也在不断发展和传播中。

道教在安徽也有很悠久的发展历史。最早在春秋时期，道家的创始人老子来过皖北，经过他的活动和推崇，对当地的道教发展产生了极大的推动和影响。但是唐朝才真正算是道教在安徽发展的鼎盛时期，那时候的统治者极力推崇道教，并且自称是老子的后裔。宋、元时期，安徽道教得到进一步发展，休宁县齐云山道场开始创立，在明嘉靖、万历年间达到鼎盛时期，有宫、观、祠、殿及道院100余处，成为江南道教名山。清朝和民国时期，安徽道教得以延续，到20世纪40年代末，整个省已经建设120余座道教宫观，从事相关职业的人员超过800人。直到中华人民共和国成立后，安徽省的道教发展情况才真正发生了比较大的改变，不仅废除了旧社会时代的大部分封建迷信活动，还取缔了全部具有反动性质的会道门组织，宫观恢复开放并得到保护和维修，道教活动得以正常进行。

宋元时期，安徽有关伊斯兰教的记载明显增多，有众多的回族人在各地任职。明、清时期，伊斯兰教在安徽继续得到发展，重修和新建了许多清真寺。到中华人民共和国成立前夕，全省共有清真寺226座。中华人民共和国成立以后，安徽进行了宗教制度改革，将伊斯兰教中一些制度进行了废除，主要包括封建特权和压迫剥削等制度，使伊斯兰教走上了与社会主义制度相协调的道路。1983年1月，安徽省成立了伊斯兰教协会，它的主要目的是将伊斯兰教的优良传统进行发扬光大并且团结省里全体穆斯林更积极地参与现代化建设，通过这样的方式进一步巩固民族内部团结，指导开展各项活动。

四、民族人口

安徽省其实是个包含很多种少数民族的省份，少数民族大多处于散居状态。在我国第六次全国人口普查时，安徽省居住人口居然包含了全部55个少数民族，截至现在，常驻在安徽省的少数民族还有39.56万人之多，占安徽总人口的0.66%（表1-1-1）。

在安徽人口数量最多、分布面积最广的少数民族是回族，早在唐、宋时期，安徽已有回族先民活动；元代以后，因被签发、调卫、屯田或自然迁徙，回族开始在安徽大量定居；到明末清初时，外省回族大量迁入，省内回族从西北往东南缓慢发展；今皖中、皖南、皖东南一带的回民，不少都是由皖西北迁徙而去。中华人民共和国成立以后，随着安徽建设的发展，回族人口由其他省、市因工作调动、就业分配和联姻等迁入较多，人数迅速增长，甚至达到了每个县市都有回族居住的情况。从整体上看，淮北多且集中，江南少而分散，交通要道、重镇回族人口又明显多于其他地区。从全省情况看，是大分散；从民族乡、村看，是小聚居。

安徽各市主要人口指标表（2020年） 表1-1-1

地区	常住人口数（万人）	城镇人口比重
合肥市	937.34	82.28
淮北市	197.10	64.16
亳州市	499.87	42.50
宿州市	532.65	43.76
蚌埠市	329.76	55.08
阜阳市	820.33	41.97
淮南市	303.47	61.08
滁州市	398.85	61.84
六安市	439.53	48.49
马鞍山市	216.07	71.69
芜湖市	364.58	72.31
宣城市	250.10	60.82
铜陵市	131.22	66.17
池州市	134.33	59.68
安庆市	416.68	55.52
黄山市	133.11	58.29
合计	6105.00	58.33

注：本表常住人口总数及城镇人口比重为2020年年底数。以上数据来源于安徽省统计局公布的2021安徽统计年鉴

回族进入安徽后，由于自身原因和安徽的地域特点，主要从事饮食业、屠宰加工业、制革业、个体商户等行业，种类较多，但在皖南和皖中的小部分地区也有一些纯粹以农业为生的回民。如今居住在安徽的回族居民仍然保持着每周五进行礼拜、把斋、朝觐等宗教活动。同时，安徽回族由于宗教信仰和自身生活环境，形成了在服饰、饮食、礼仪等方面尤为特别的民俗习惯。

回族作为一个人口较大的社会群体，是在长期的社会生活中积累形成的，并通过不同时期丰富了民族特色文化。在历史上，安徽回族也出现过不少英雄人物和杰出人士，如明代的常遇春、蓝玉、沐英，清代的马大用、杨歧珍，民国时期的端木杰等，他们都为国家和民族的发展做出了贡献。在中国共产党领导的抗日战争和

解放战争中，有一大批回族志士浴血奋战，前仆后继，如滁州定远二龙乡的清真营。中华人民共和国成立之后，积极参与祖国建设，争取国家富强。回族人民的爱国拼搏之心，在历史的检验中熠熠生辉，并涌现出一批高级干部和各类专业技术人才，在各个领域为国家建设作出了突出贡献。各级人民代表大会、政治协商委员会中均有回族代表、委员，其在全体代表、委员所占比例高于全省少数民族人口占全省人口总数的比例。安徽建立了回族乡、村和民族居委会，各回族乡乡长均由回族干部担任。

安徽满族主要分布在肥东县完牌坊一带，以完颜为姓，自明朝初期就生活在这里。完颜氏满族来自山西云内州，其祖完随朱元璋征战有功，被封于今合肥肥东一带屯卫，遂居安徽。散居在全省各地的满族多是中华人民共和国成立后由于工作原因、自然迁徙或通婚联姻而来。

畲族的起源是历史古老且悠久的越民族，据说它的发源地原本在广东潮州凤凰山。在大约1879年之后，一部分畲族从浙江桐庐、兰溪等县进行迁徙，并选择在安徽省内落脚，他们及其后代便成为目前安徽畲族的主要来源。散居在安徽其他地方的畲族人口，大多数是通过工作调动、学校分配或通婚联姻而来。安徽畲族主要分布在宁国县，宁国县畲族约占全省畲族的80%以上，有畲族行政村1个，其余主要分布于各省辖市。中华人民共和国成立前很长时间，畲族依旧处于"刀耕火种"的状态，由于山区自然条件恶劣，新垦土地土质贫瘠，生产力极为低下。中华人民共和国成立后，通过大力兴修水利，改造低产农田，农业生产加快发展，畲族依靠山地资源走上了致富之路。畲族虽然有属于自己民族的语言，但是并没有固定的文字。畲族口头文学丰富，有长篇叙事歌、小说歌、杂歌等。畲族"有物必有歌"，内容包罗万象，以杂歌最多。歌唱形式有独唱、对唱和齐唱，以对唱为主要形式。

五、农业发展

安徽是农业大省，自古以来聚落选址必然考虑农业发展条件，诸如水系、土壤地质等因素，安徽有三条主要水系贯穿，长江、淮河、新安江，又有淮北平原、江淮丘陵、皖南山区等多种地形地貌，再加上其襟江带淮，气候比较温和湿润，降水量较大，更适合发展农牧业。因此，农业发展影响安徽聚落的形成，农耕文化是安徽聚落的主要文化类型。尤其是安徽皖南聚落多处于徽州山区，在早期交通不便的情况下，农业劳作是徽州人的唯一生活之本，徽州人自古强调耕读传家，在农业耕作的情况下强化教育，以期入仕而跳出农门，因此农业发展也促进了聚落的演变，影响了居民的日常生活。

在春秋时代，奴隶制社会逐渐开始瓦解，取而代之的是封建制社会，为促进农业生产的发展，两淮地区开始兴修农田水利工程。秦汉时期，安徽农业已有一定规模，特别是到了东汉末年，由于战乱，大量人口开始向南迁徙，也将中原文化和农业生产技术随之引进，庐州一带传入牛犁耦耕，一改过去火耕水耨的落后局面，还发展了经济作物，如种茶、栽桑养蚕。三国时期，东吴在长江南北进行大规模屯田，魏将邓艾在淮河流域也大兴屯田，促进了农业发展。隋末唐初，安徽农民反对苛政，起义频繁，间接导致在唐朝初期时候，统治者为了更好地巩固地位，略有妥协，开始实施"均田制"制度，并通过这样的方式使矛盾在一定程度上有所缓和，推动了农业生产的发展；加之当时在江南垦田兴圩，引进良种，粮食产量有了提高。

南宋以后，由于黄河泛滥的影响，富裕的淮河流域从此成为多灾多难的贫困地区，于是安徽经济文化中心转向江南。在农业方面，沿江和江南一带兴建圩田，不断改进耕作技术，生产力有了提高。茶叶生产由于焙制法的发明而大有发展，不仅名茶济济，产量也因之大增。明清时期，对畜牧业的发展也比较注重，鼓励民间饲养六畜。清朝中叶以前，由于当时统治者也采取一些奖励垦荒、兴修水利和减免田赋等休养生息的政策措施，使明末清初一度受战火摧残的农业得到了一定的恢复和发展，出现了一段"康乾盛世"。清末民初，社会有识之士注重对农业科学的重视，兴办农业教育，创造农事试验场，引进农作物良种，推广现代农业科学技术，水利的修建对于农田的种植产生很大益处，并间接推动了整体的农业发展。

第二节　传统聚落起源与演进

早在旧石器时代，安徽境内就出现居民聚集而居活动，安徽聚落历经起源、形成、发展，最终形成稳定的格局，这与安徽的社会经济发展息息相关；从现存的古城址、大别山庄寨聚落、皖中圩堡、皖南传统村落来看，安徽境内的聚落发展与中华大地的聚落演进过程、特征相吻合，但也在独特的自然与人文环境下，衍生出了具有地域特色的聚落类型与风貌特征。

一、夏商以前的传统聚落

相传远古之世，人少而禽兽众，为防御野兽侵害，有巢氏教人构木为巢，有巢氏族发展到大禹时期，其后裔建立自己的氏族方国——巢国，巢国在现安徽省巢湖流域一带。20世纪80年代以来，随着和县猿人遗址、银山智人遗址和凌家滩遗址被相继发现，巢湖流域被公认为古人类最早的发源地之一。有巢氏教人们不再住在地面洞穴中，在树上用枝叶建造出简陋的篷盖作为示范，这就是原始的房屋了，至少可以躲避野兽和洪水。筑巢为室，华夏先民得以安居一处，家园的梦想终成现实，最早的巢居又称为"树上居"，后来才延伸到了平地上形成房屋。

安徽境内拥有被誉为"中国原始第一村"的聚落遗址。经发现亳州市蒙城县尉迟寺遗址是原始社会新石器晚期的聚落遗存。经过多次挖掘，总共发现房间接近78间左右，并且还有大量的灰坑和祭祀坑等，以及300多座墓葬坟地，这里也被冠名为"中国原始第一村"。并且在尉迟寺遗址中发现了非常明显的聚落生活痕迹。首先是围沟，在遗址周围发掘出一条大型环形围沟，围沟近似椭圆形，南北跨度约230米、东西跨度为200米、沟宽约20米、深4.5米左右，紧紧围绕遗址中心区，形成时代为大汶口文化晚期，其特征和内容反映出当时聚落的初步形态，围沟起到了界定范围和防御的功能作用；其次是在遗址发现了成排的大型红烧土房基，从遗址大型围壕和广场、目的等分布格局看，说明当时该聚落经过较为严密的规划；部分红烧土房建筑成群排列组合，房间面积有的11~12平方米，有的5~7平方米，最大的有近20平方米；各房址由墙壁、门、居住空间、灶、室内柱子及屋顶组成；墙体分为主墙和隔墙，房门有单门和双门两种，室内柱子均与室内灶台相连。从现有房址看，整体聚落结构清晰，布局合理，而且规划统一、因地制宜，这一发现给相关历史文化的研究提供了极有帮助的历史资料，更是难得珍贵、不可复制的历史遗产。

战国时期，整个社会的生产力发展，特别是生产技术的提高，带动土地的大量开发，从而也推动了人口的增长；水陆交通的发展带来交往与贸易的增多，交通便利的地方逐渐聚集更多的人口，也形成一定规模的聚落，最后发展成人口繁盛的都市。安徽境内同样出现了一大批城市聚落，诸如：相（今淮北相山）、铚（今濉溪临涣镇）是春秋时期就有的古城。相城因为地理上的原因，战国时期还是宋国的都城，成为淮北的都会，古城遗址已经发现，是目前已知仅次于楚都寿春古城的先秦古城址。江淮地区因为地理位置的缘故，所以无论水路还是陆路都非常方便，春秋时期已经出现一些古城，像潜山的皖、六安东北的六城、寿县的州来、巢湖的柘皋等。战国时期这些城市进一步发展，同时又出现了一批新的城市，如合肥地处南方特产向北方转运的通道上，因而成为规模较大的商业都会，安徽的沿江也出现了松阳这样的水陆大码头。

二、秦汉时期的传统聚落

西汉时期，安徽地区的交通比较方便，在农业、手工业发展的基础上，商业与城市也有了显著的发展。安徽凭借淮水大江之利，与中原地区交通顺畅。当时人口密集的城市是寿春和合肥。寿春，地处淮河南岸、江淮要冲，是江淮、江南与中原地区南北贸易交通的枢纽，这里自战国中后期以来直至秦汉，就是江淮地区的经济、文化中心，寿春水陆交通都很发达，其交通、经济、文化上的地位声名远播（图1-2-1）。

西汉时期江淮移民，促进了江淮地区聚落的发展，为当地带来了社会发展的新动力。江淮一些地区和江南地区开发较晚，而这里的农作物产量低主要是因为生产

图1-2-1　寿县古城（古称之寿春）（来源：张浩 摄）

力水平限制，如果能够得到发展提高，其实这些地区的发展空间还是很大的。西汉中期以后，江淮和江南地区因地理位置上的优势，逐渐受到汉中央政府的重视，水利兴修的重点也逐渐转移到淮河流域与江南。西汉时期，江淮地区的户口有很大变动，淮河流域经过秦末汉初的战乱，人口大减，西汉政府为大力开发江淮地区，采取移民江淮的方式。汉武帝时，曾对江淮地区两次移民。一次是秦汉之际，汉武帝将浙江南部的越人安置到庐江郡境内，第二次是公元前92年左右，黄河泛滥不断，山东遭受水灾，老百姓苦不堪言，西汉政府将灾民送至江淮，筹集粮食加以救济。因此，当时的移民涌入推动了江淮聚落形成和社会发展。

隋代大运河的开凿，使古代中国西东流向的黄河、淮河、长江等主要大河联系一体，这有利于王朝的漕运，亦有利于民间的城镇聚落发展。20世纪90年代末，隋唐大运河遗址首次考古发掘在安徽淮北市濉溪县境内展开，很多相关专家都聚集而来，希望能收到好消息。濉溪县百善镇柳孜大运河有一处"石构建筑"，其时代应为唐末至北宋时期所建造，此石构建筑是大运河岸的一座货运码头或桥墩，当地群众称其为码头，经考察初步认定是一座古代货运码头；发现沉船八艘，沉船的年代为唐代。由货运码头、沉船分布比较密集、陶瓷器数量之多等可以推断，曾经的柳孜镇，聚集了很多人口，游客和商人都很多，不仅是一个中转码头，更是一个面积极大、影响较广的商品交易地点。大运河联系着黄淮、江淮海乃至长江以南的漕运与商旅，势必带来运河流域经济的发展并惠及运河南北岸城镇的发展。例如，柳孜、百善、临涣、蕲县、蕲泽、甬桥、灵璧等。这些城镇聚落的历史，多与运河兴盛历史息息相关。

三、唐宋时期的传统聚落

唐代安徽水陆交通的良好条件、手工业的兴盛、手工业产品的丰富，对于市场流通提出了迫切的需求，各种类型的市场因此被培育起来。很多港埠、驿站发育成为新兴城镇，有的港埠、城镇发展成为工商业都会，成为著名的城市。

沿水港埠、都会的兴起与进一步繁荣兴盛，新兴的城镇不断发育。其中水陆交通要道上由港埠发育、发展起来的城镇尤多。在淮河运输系统中，淮河沿线由"淮南军"保护，沿线驻军三万五千人，沿淮三十八城，实际是要道、军港，例如埇桥、涡口、濠口、颖口等。连接淮水的汴水沿线，有许多驿站，实际上已渐渐发育起来，发展为城镇。唐宋安徽南部沿长江航道航运事业也得到迅速发展，沿江各个支流的航运范围逐渐扩大，大大小小的港埠随着航运的兴盛不断增生，沿江两岸大大小小的渡口、津、浦、镇等有数十处，例如当涂县的采石矶（今属马鞍山市），原为镇，唐代改镇为城，成为沿江港埠城镇。另外，各州县治所廓城也逐渐在发育与发展。淮北地区的亳、颖、宿州，江淮之间的寿、海、滁、舒等，江南的池州普遍发展，其下辖诸县城邑随之繁荣兴盛。诸如寿州，是军事经济重镇。颖州，为淮西重要城市。亳州，位于涡河，得南北交通发展之利，发展很快。这些新兴城市的繁荣，又在推动唐代南北社会经济发展中产生了巨大作用。

北宋安徽城镇聚落主要有几种类型。一是像庐州的合肥、宿州的符离、宣州的宣城等，既是地方政府州、军所在地，又以交通便利、居民繁盛、商贾云集而成为所在地域的经济中心，属于综合性城市。另外就是镇，镇是由唐代的军镇和草市发展演变而来的，有的是民间自为聚落、私相贸易的集市，入宋以后，随着商业和手工业日趋繁荣兴盛，集镇也如雨后春笋般大量涌现。从镇的分布情况看，一种是位于交通运输线上，如正阳、柘皋、灵璧等皆是，因交通的兴衰而兴衰，故或名之为交通型镇市，其特点往往表现为交通繁忙，商贾云集，居民成分复杂等；另一种是产业型镇市，如白土、昆山、开顺、矾山、霍山等。白土、符里窑以陶瓷业兴，昆山最著名的是矾的生产，大通最著名的是炼铁，而霍山、开顺和麻步则因为盛产茶叶而成为著名的茶场。这些镇往往随着主导产业的兴衰而兴衰，镇市对于整个安徽的经济生活发展有着很重要的作用，更是商业和工业的聚集点。这样的集散交流，主要是为了进行农副产品和手工产品的买卖交易，但是无形中也促进了周围乡村的经济发展和与城市的频发联系。商品交换关系通过镇市悄悄地侵蚀着自然经济的封闭体系，这不仅为商品经济的进步发展开辟了更加广阔的道路，也改变着传统的观念。

四、明清时期的传统聚落

明代安徽经济的发展和商品流通的加强，使得一些商业城市逐渐繁荣起来，也催生了不少市镇。安徽一直处于高度的商业化，传统手工业也一直有着良好的发展，再加上水路、陆路都十分发达便捷，所以省内的经济都得到了相应的发展，并进一步推动了农业的发展和传统自然经济的繁荣，而且在清代之前，安徽人口一直处于高度增长的状态，在此背景下，安徽集镇聚落迅速发展。

首先，必须提及的是芜湖和凤阳，它们代表了安徽明代商业城市发展的最高水平。芜湖作为一个县城，在经历了元末的战乱之后，百姓所剩无几，甚至最后仅剩下不到83户的居民。不过在此之后的明朝初期又得到了缓和复苏，并且逐渐开始恢复曾经的繁华。芜湖的地理位置是两江的交接处，交通尤为便利，优越的地理位置吸引了众多的商人，这里已成为商品集散中心。长江中上游的四川、湖北、江西，甚至湖南的木材、粮食，还有从皖南运来的木材、茶叶等都运到这里集散或中转，再运往浙江、江苏仪征、扬州、清江浦等处，转行北方五省销售。长江下游所产的盐、布绸运往上游销售的也在这里中转集散，所以芜湖集中了大批商人，如徽商、晋商、鲁商等。正因为如此，芜湖早在明代就兴建有山东会馆、陕西会馆等，各地的商人尤其是徽商大批来到芜湖，经营盐、茶、木材、粮食、布绸、药材、陶瓷等各种商品。

凤阳在明代由于是龙兴之地，得到明初统治者的特殊关照，安徽的酒粮大多通过淮河航道向北运输，经商的船队也是循着这个航道北上逐利，所以这个淮上重镇具有特殊的地位。即使在酒粮运输改道之后，凤阳地区也因为商品种类繁多，贸易仍然繁荣。凤阳关的税收，在设立之初不断增长，后稳定在每年10万两白银左右，这反映了皖北城市经济具有了一定的繁荣。

明清时期，皖南地区的城镇与乡村聚落发展迅速，这与当时的政治稳定、经济繁荣、文化兴盛的背景有密切联系，更得益于明清徽商的经营与发展。当时随着人口出现大量的增长和赋税的增加，以及接连恶劣的农业条件使得徽州人民像南宋时期一样开始商业活动。在明朝中叶万历年之后，大量的徽州人开始离开自己的故乡，到其他地方进行商业活动，徽州作为劳动力市场的同时，还是各种商品的资源发源地。在明朝，皇室为了能够巩固地位，并增加财政收入，因此提出了"盐引制"制度，将原先国家对于盐业的绝对垄断进行了废除，将经营权交给商人。而徽州的商人则快速抓住机会，应运而上，将盐的售卖变成了自己的主要利润点，并通过这样的方式逐渐进行了资本的原始积累。而这样的商品运输方式也在沿海沿河、沿江城市迅速发展，成为当时商人贸易的主要渠道，最有代表性的是歙县的渔梁、深渡等。

明清时期，皖南的聚落发展也进入了新的发展阶段。并且徽州商人在本地文化的熏陶下，通常会在功成名就之后，带着资源和财力返回家乡进行建设。而古徽州也在众人的慷慨解囊和众志成城中逐渐发展得越发繁荣。在那一时期，古徽州的建筑风格变得非常讲究，也将徽派建筑风格深深烙印在那个时代。但是随着聚落的空前发展，开始出现与农业发展不相匹配的状态，当时因为经济发展而带来的人口流动也使得周边开始逐渐出现更多新的村落。综上所述，那时的聚落发展并不是来自于内部的发展，而是主要依靠商业，聚落类型也多以居住为主，所以和同期的其他聚落相比，古徽州的聚落虽然繁荣但是功能性并不突出。

明代和清朝两代都给了徽商很大的发展机会和空间，这使得古徽州得到巨大动力不断升级。不过一切都在清朝中后期开始发生变化，那时候国力衰弱，清政府逐渐力不从心。但是在那时，为了能够重新巩固地位，清政府加强了对盐业的管理控制，还增加了许多税收以保证财政收入，这使得以盐业为主要发展渠道的徽商失去了重要的经济源头，而国外资本的流入和商品引进也使得徽商的茶叶、木材等原本稳定的商业市场受到不小的打击和威胁，导致损失惨重。而皖南也随着徽商的衰败逐渐走向了时代的没落。时间推到近代，交通得到了更好的改善和发展，水路不再是唯一的道路，公路的加入冲击了以水路运输为主的城镇。恰逢天降灾祸，人民怨声哀道。最严重的是太平天国时期，因为清军和太平军频繁在古徽州地区交战，导致当地受到了严重的打击，许多村庄、田地被破坏，而这场战争对于徽州来说是致命的打击，它蛮横地摧毁了徽州多年的努力，这也是徽州历史上遭遇过最严重的一次破坏。

五、民国时期的传统聚落

清末民初，社会政治经济动荡，城乡建设发展缓慢，安徽聚落结构较为稳定，其中较为突出的就是西方建筑与长江沿岸通商口岸城市的结合，形成了别具一格的西洋街区，建筑风貌融合了西洋风格与传统建筑样式。安徽近代城市聚落，首推芜湖、蚌埠、安庆。

在明朝时期，芜湖是当时的手工业和商业中心，十分繁华。但是在1876年正式设立了租界，将沿江滩地七百余亩全部化为租界区。外国商人可以以此为据点进行进出口贸易，可以设立海关和公司，还可以根据情况修建码头和火车站。而传教士也可以在风景优雅的山区建设教堂和学校，而他们的实际占有土地其实早就已经超过当初划定的区域。直到1877年，在李鸿章的引导下，镇江七浩口米市移入，各地粮商云集江城设立米会馆，芜湖成为中国近代四大米市之一，也因此正式成为全国大商埠。

在凤阳府有一个盛产河蚌的小镇叫作蚌埠，那里有五百多户人家以捕鱼为生。在1908年的时候，因为它地处铁路和河流的交汇处，交通更便捷，所以成了当时重要的商业市场。在当时，通过火车进行物流是最佳选择，因为火车用时较短而且路途安全，并且费用也相对划算。所以，导致很多物产会运送到蚌埠后再转运至火车运输，这里也因此逐渐发展成为安徽的商业重镇，人口逐级增加，附近的产业也逐渐增多。

在清康熙六年（1667年）建安徽省时，安庆府治为省会，为安徽政治、经济、文化中心。洋务派兴实业时，将安庆选作了试验区。1861年筹办内军械所。1898年于安庆东门火药库旧址建银圆局，为安徽第一个近代铸币厂。1898年在安庆设立安徽商务总局。1906年安庆建立了当时安徽仅有的三座高等学校。

长江沿岸城市开埠之后，这代表着外国资本主义势力正式入侵安徽，西方的各项势力也蜂拥而至。外国租界街区逐渐形成，建筑风格各异，外国居民在安徽沿江城市聚集而居，形成了别样的风貌，这对安徽近现代城市聚落、近代建筑的形成与发展，在客观上起到了助推作用。

第三节　传统聚落空间分布及整体特征

一、传统聚落空间分布

传统聚落是指拥有物质形态和非物质形态的文化遗产，具有较高的历史、文化、科学、艺术、社会、经济价值的聚落，包含城镇聚落和乡村聚落。传统聚落是不可再生的文化遗产，同时也是先人们长期适应自然，与自然和谐相处的历史见证，承载着中华传统文化的精华，凝聚着中华民族精神，是维系华夏子孙文化认同的纽带，是祖先留给我们这一代人的珍贵遗产。然而，随着工业化和城镇化进程的不断加快，不少传统聚落渐渐丧失了鲜活的历史记忆，失去了聚落形态。面对我国传统村落不断遭到破坏和加快消失的严峻形势，保护传统聚落，已然迫在眉睫，引起了党和国家的高度重视。

从2012年5月起，住房和城乡建设部、文化部、国家文物局、财政部在全国范围内开展了有史以来第一次传统村落调查，并先后公布了五批次《中国传统村落名录》。截至2019年6月，国家总计公布了6819个传统村落。从全国范围来看，我国传统村落数量分布南方明显多于北方地区，安徽省国家级传统村落共计400个。截至2021年安徽省国家级、省级历史文化名城名镇名村89个，其中，国家级历史文化名城7个、名镇14个、名村29个；省级历史文化名城10个、名镇12个、名村25个。截至2018年底，安徽省民政厅颁布的千年古镇、千年古村分别为84个和53个。安徽省省级传统村落第一批、第二批、第三批共计754个。以上相关数据中部分村落、城镇有重复叠加，但最终筛选出约500个村落、城镇作为本次研究的基本对象，是安徽省传统聚落保护研究的基本数据。

通过相关数据，可以直观清晰地反映安徽传统聚落分布的地形特征：传统聚落集中分布区皆位于皖南与皖西南山地丘陵区，皖北地区主要分布历史较为悠久的古镇。安徽传统聚落分布有几个主要的影响因素：一是村落形成的原因皆是躲避战乱。皖南地区多崇山峻岭，与外界联系甚少，远离战火，不失为饱受颠沛流离的逃难者的世外桃源。许多皖南村落是不同年代不同地方迁移至此的"移民"世代营造的家园，皖北平原地区，临近中原，自古以来就是战乱不断之地，且平原地带战争推进速度快，大量聚落在硝烟中殆尽消亡，因而很难保留下来，其完整性自然不能够与皖南地区的聚落相媲美。二是由于皖南山区一直偏离现代交通重地，乡村经济不发达，鲜有现代文化的冲击，安定的文化与社会环境有利于村落传统特色的保存与延续。由于传统村落已经满足不了现代人对生活生产的需求，位于相对开放的北方平原区的传统村落在如今城镇化、现代化过程中更容易被"新村落"取代而消失殆尽。三是传统民居多木构架，稳固性较差，明清时期江淮地区频发水患，民居难保存。因此，江淮地区现存具有价值的传统村落数量较少，但也由于江淮地区的水系、湖泊较多，水运交通发达，以至于形成了众多水运交通商业重镇，对皖北的经济发展起到重要的推动作用（表1-3-1）。

二、传统聚落整体特征

根据本书调查的基础数据，发现安徽省的乡村型传统聚落主要分布在皖南、皖西地区，在皖北地区的主要为城镇聚落，尤其存在多处较为著名的古城，诸如寿县古城、亳州古城、凤阳古城等。乡村型传统聚落在安徽聚落中极具代表性，因此乡村型传统聚落是本书的主要研究对象。安徽传统聚落的分布横跨长江、新安江、淮河，遍布山区、平原及丘陵地带，传统聚落从选址布

安徽省国家级传统村落数量统计表（五批次）　　　　　表1-3-1

地区	2012年 第一批	2013年 第二批	2014年 第三批	2016年 第四批	2019年 第五批	合计
安庆市	2	4	2	3	6	17
黄山市	16	27	25	24	179	271
池州市	3	6	5	2	7	23
宣城市	4	2	6	19	36	67
六安市	-	1	3	2	2	8
合肥市	-	-	1	-	3	4
芜湖市	-	-	1	-	-	1
铜陵市	-	-	2	1	3	6
滁州市	-	-	-	-	1	1
马鞍山市	-	-	-	1	-	1
淮南市	-	-	-	-	1	1
合计	25	40	46	52	237	400

注："-"表示本批次该地区无入选的传统村落。以上数据来源于住房和城乡建设部公布的各批次中国传统村落名录。

局、环境营造、景观格局、空间结构和形态、建筑组合及室内装饰无不体现着安徽地域文化的深刻影响，因此其各地区的聚落整体特征各不相同。

（1）聚落环境生态与山水格局融合

安徽传统聚落选址从宏观整体环境看，大多依山傍水、枕山面水或依山跨水，例如亳州古城、临涣古镇、义门古镇等都分布在淮河支流涡河、浍河附近，三河古镇、洪家疃村与巢湖紧密相连，新安江沿线的徽州古城、雄村、漳潭村、九砂村等都依水而建；皖西地区的安庆蔡畈村、六安市姚冲村姜湾，皖南地区的歙县阳产村、休宁石屋坑村等依山而建。聚落营建之时充分利用山水资源要素，聚落间自然要素与建筑物质要素相互融合，顺应自然，尊重自然，结合气候条件、地理条件等就地取材，结合地域建筑技术来营建聚落，形成具有地域特色的景观格局。

（2）聚落空间形态有机生长

安徽传统聚落的空间形态是建立在生态环境协调共生的基础之上，无论是单体的空间形态，还是群体的空间形态的营建，都如生命有机体一样有机生长。从总体结构看，诸如皖南地区的山水环境，多为自然曲折而充满变化的用地结构，并以步行交通系统为主要的道路骨架，随山就势、自然延伸，平坦的台地相对集中、有秩序地生长；从单体建筑看，建筑由木梁架与砖墙维护结构的合院组成，具有灵活、适宜的营建技巧，体现出"适形""便生"的特点。

（3）聚落人文情态丰富多样

安徽传统聚落非常注重强化邻里交往与空间文化的亲和力，公共空间营建中融入了更多的文化内涵，强化邻里之间、亲友之间、族人之间由血缘、地缘关系传承下来的割舍不断的情谊，并且由物化在建筑空间与室内雕刻、雕塑艺术中，通过营建宗族的祠堂、牌坊、书院、私塾等公共建筑与景观空间，使它们在这些有秩序感和不同交往氛围中，感受到不同的情感关怀和教化。另外，根据敬祖、祭祖的礼仪需要祠堂建筑来满足伦理道德思想教化，根据教育需要而建立书院建筑，结合家庭的经济条件而建立合适大小的院落、建筑，聚落的营建过程更多依靠自身的生活需求以及长辈的生活常识等感性的经营原则，来不断进行动态营建。

第二章

自然地理环境与传统聚落区划

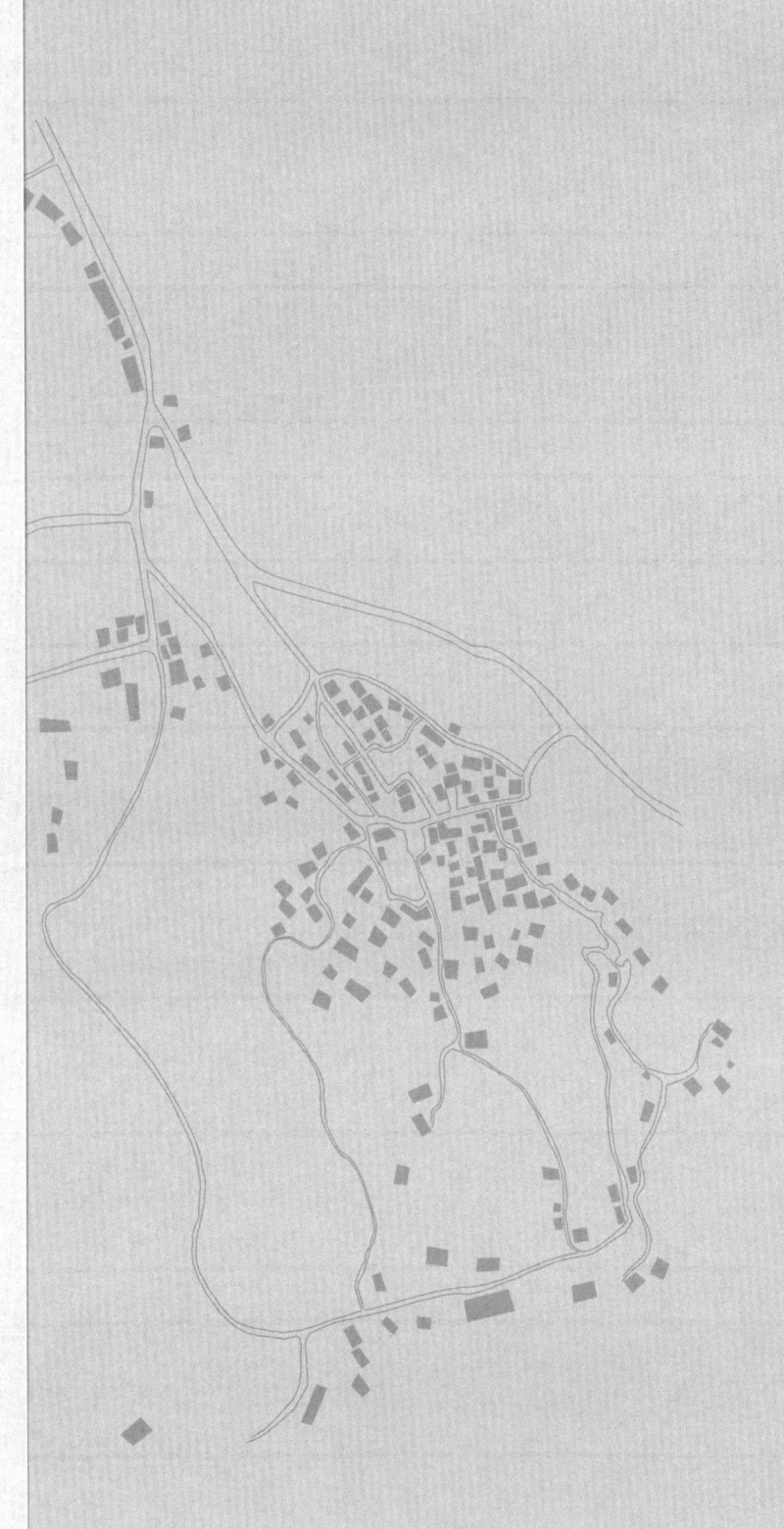

第一节　自然地理环境特征

安徽传统聚落空间分布受自然地理环境的影响较大，气候、水文、地形地貌、自然资源等在聚落形成与发展的过程中发挥着重要作用，从而形成独特的居住环境。我国自古以来就有注重人居环境的传统，《宅经·凡修宅次第法》中写道："人之居宅，大须慎择。"传统聚落形成之初，社会经济水平发展有限，人们对自然的认识和改造能力都受到限制。因此，自然地理环境成为"择地"需要考虑的重要因素。

安徽位于中国华东地区，处于北纬29°41′~34°38′和东经114°54′~119°37′之间。在经济上，属于我国中东部经济区，部分城市划入长江三角洲地区。安徽土地面积达13.94万平方公里，占全国的1.45%，整个区域南北长约为570公里，东西宽约为450公里。

一、气候

气候反映了一个地区多年的大气平均状况。构成气候的主要因素是光照、气温和降水。根据气候要素的纬向分布特性将其划分成不同的气候带，同一气候带的气候特征具有相似性。中国气候学将中国分为赤道带、热带、亚热带、暖温带、温带、寒温带6个气候带。安徽处于亚热带与暖温带的过渡区域，以淮河为界线，淮河北部属于暖温带半湿润季风气候，淮河南部则属于亚热带湿润季风气候。安徽的气候特点表现为季风明显，四季分明，春暖多变，夏雨集中，秋高气爽，冬季寒冷。

安徽全年平均光照约1800~2500小时，平均无霜期200~250天。安徽年平均气温在14~17℃之间，从区域分布来看，气温呈现南高北低的特点，相差2℃左右。其中，1月平均气温零下1~4℃，7月平均气温28~29℃。安徽全年平均降水量为773~1670毫米。安徽全年平均降水量具有南多北少、山区多平原丘陵少的区域分布特点，夏季降水多冬季降水少的时空分布特点。

气候对聚落的影响源于人们对居住环境舒适度的追求。主要体现在聚落选址、布局、单体建筑等多个层面。在聚落选址方面，主要考虑风向、日照等因素的影响。例如，皖南传统聚落中的狭窄巷道两侧的墙体较高，起到了较好的遮阳效果，巷道温度低且波动不大，结合自然通风对居住环境温度起到了较好的调节作用（图2-1-1）。气候条件对单体建筑的影响体现在建筑形体、建筑布局等方面。考虑到风向、日照、降雨等因素的影响，通过建筑朝向、建筑空间组合等的处理充分利用有利的气候因素，避开不利的气候条件，从而营造舒适的居住环境。安徽南部太阳入射角较高，夏季炎热，因此采用高而窄小的天井作为主要的室外空间，避免夏季过多的热量进入建筑内部（图2-1-2）。安徽北部属于寒冷地区，冬季太阳入射角较低，为了获得舒适的居住环境，采用较大的院落作为室外空间，使得建筑获得更多的阳光照射（图2-1-3）。另外，气候对建筑单体的影响还体现在建筑形体、建筑材料等方面。安徽南部降水量较北部大，建筑屋顶的坡度也较大，同时屋檐出挑更远。由于安徽南部多山地区降雨量充沛，为当地建造建筑提供了大量的木材作为主要建筑材料，因此民居多以木构架体系为主并形成了与之相对应的营造技术。

图2-1-1 皖南传统聚落中的窄巷（来源：王惠 摄）

图2-1-2 皖南传统民居狭窄的天井（来源：王惠 摄）

图2-1-3 涡阳县青疃镇大袁村袁大化故居庭院（来源：王惠 摄）

二、水文

水文是指自然界中水的变化、运动等现象，反映自然界水的时空分布和变化规律。安徽省的水文表现出明显的季风气候特征，加之受到地形地貌的影响，水文表现为径流年际变化大，年内分配不均的特点。安徽每年的汛期为5～8月或6～9月，这一时期径流量占全年径流量的55%～70%。从分布区域来看，径流量的差异与降水量的差异相一致，表现为皖南、皖西丘陵山区较淮北深。

淮河、长江流域是安徽省河流的主要构成部分，只有新安江属于钱塘江流域（图2-1-4）。沿长江、淮河两岸分布着大量的湖泊，水域非常辽阔。安徽省位于长江流域的下游，长江自江西省湖口流入安徽省境内，最后从和县乌江流入江苏省境内，从安徽西南向东北贯穿南部地区，在省内过境长约416公里，流域面积约为6.6万平方公里，两岸支流多达40余条。淮河发源于河南省桐柏县西部的桐柏山主峰西北侧河谷，是中国七大河之一，而安徽位于淮河中游。淮河干流在安徽省境内长度432公里，总流域面积约为6.69万平方公里。安徽境内淮河两岸支流约17条，分布在淮河北部的支流多而长，分布在淮河南部支流少而短，形成不对称的羽毛状水系，其中以颍河、涡河、史河、淠河、池河等流量较大，属长年性河流。新安江源于黄山市休宁县的怀玉山，境内干流长约240公里，流域面积0.65万平方公里，主要支流有休宁河、丰乐河、率水、昌溪河等。

安徽地表水除了三条主要的河流，还包括总面积约为1.75万平方公里的湖泊，总数量达500多个。其中，大部分湖泊分布在长江、淮河两岸。长江北岸多、南岸少，淮河南岸多、北岸少。面积最大的当属巢湖，是我国五大淡水湖之一。另外，还有11个大型湖泊和37个中型湖泊。

河流是人类文明起源的摇篮，与人类生存发展密不可分，是传统聚落形成的基本因素。湖泊、河流供给人们生活生产必需的水资源，还能够提供便利的交通，河流阶地上的土壤肥沃，且免于水患，是非常便利的生活场所，这为聚落的形成与发展提供了最基本的条件。

农业是安徽的主要经济来源，乡村聚落的形成与发展必然更加依赖河流。河岸两侧逐渐聚集大量民居而形成聚落并逐渐发展，因此水系与聚落形成了独特的位置关系。水系与聚落的位置通常表现为三种关系：环绕关系、边缘关系、穿越关系。当聚落的大部分边界就是水的边界时，水系对聚落形成了围合，便产生了环绕关系。聚落在水系的一侧建立，便是边缘型，这种类型的聚落能够获得良好的水景。当水系从聚落内部穿过，将聚落分成多个不同区域，即穿越关系。聚落与水系的关系对聚落的空间发展有很大的影响，这也是各地临水聚落空间形态形成自身特点的原因。

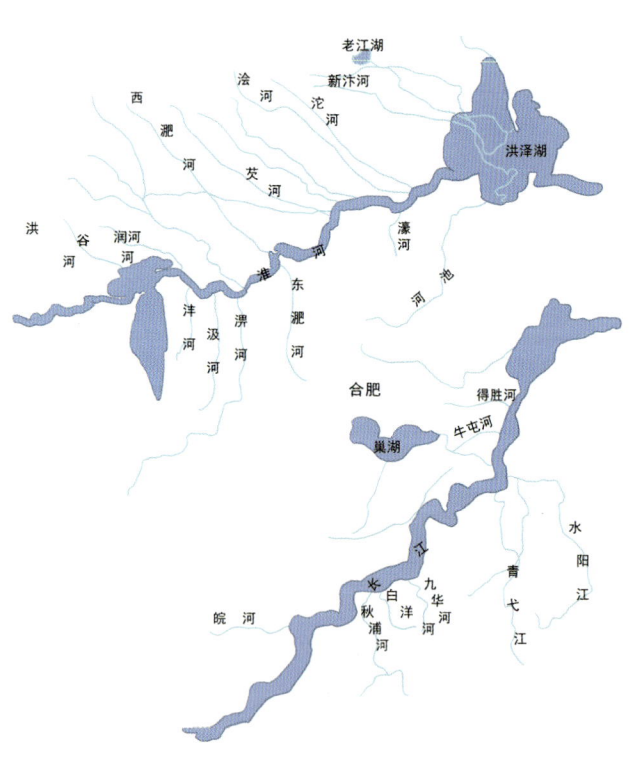

图2-1-4 安徽省水域示意图（来源：王惠 绘）

三、地形地貌

安徽有较为多样的地形地貌类型，包括平原、山地、丘陵、台地等，其中以山地和丘陵为主，约占全省面积的三分之二（图2-1-5）。全省地势呈西南高、东北低的特点，并且安徽南部与北部地形地貌差异较大。

安徽省根据地形地貌分布情况，加之长江、淮河横贯，将其划分为淮北平原、江淮丘陵、大别山区、沿江平原和皖南山区五大自然区域。淮北平原位于淮河以北，是华北平原的组成部分，地域辽阔且地势平坦。长江与淮河之间从西到东为山地、丘陵，整个地势曲折透迤。皖南山区以山地丘陵为主，峰峦叠嶂，主要有三大山脉：黄山、九华山、天目山。皖南山区分布大量的盆地，其中最大的是休歙盆地。

地形地貌是影响聚落整体布局的重要因素。当地形海拔适宜、坡度小、起伏度低则具备较好的耕作条件和便利的生活环境；当地形坡度大、起伏度高，则滑坡、泥石流等地质灾害更易发生，不利于人们居住和生活。地势低、坡度小的区域，在农业发展和通达性上同样具有优势，更加适宜人们生存和发展，因此聚落在这里迅速形成并扩张。然而，地势的增高，山体的走向，高程的变化等因素导致聚落的发展受到限制，并且聚落的布局形态呈现独特之处。

四、自然资源

安徽省自然资源丰富，人们赖以生存的土地资源更是丰富多样。包括旱地和水田，安徽的耕地面积达422万公顷，土地肥沃，适宜各类农作物生长。安徽林地面积达329万公顷，主要集中在皖南山区和大别山区。安徽湿地共290万公顷，约占安徽省面积的20%；草地约166万公顷，占安徽面积的12%。

安徽丰富的土地类型孕育了多样的动植物，构成了独特的动植物资源。安徽省动物种类约500余种，其中国家重点保护动物有54种。相比较而言，植物种类更加丰富多样，木本植物达1300多种，草本植物约2100多种。

安徽省是我国的矿产资源大省，矿产种类繁多，并且储量大，分布较为集中。目前，已经探明矿产达138种，其中105种已探明资源储量，储量居全国前十位的矿产达36种。煤矿、铁矿、铜矿、明矾石矿、石灰石矿为安徽省的五大优势矿产。

安徽省独特的气候条件和丰富的自然资源造就了充沛的山林资源。安徽南部的传统聚落大多分布在山林之中，有"七山半水半分田，半分道路和庄园"之称。由于山地较多，用于农业耕作的土地散布在山间，其中大部分中低处的山地多为含较多石砾的黄棕壤和黄壤，更适宜竹、木生长。山地、丘陵地形占安徽总面积的三分之二，丘陵与山地的土壤有很大区别，土壤多为紫色土

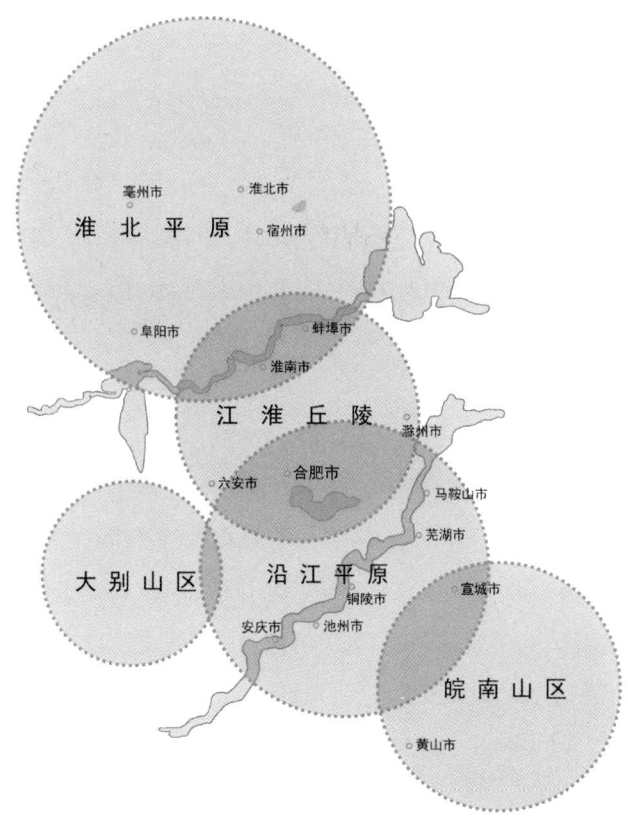

图2-1-5 安徽省地形地貌示意图（来源：王惠 绘）

和红壤，土壤的质地较为黏重，呈酸性，因此肥力不高，结合气候条件，更加适宜松树的生长。因此，安徽拥有丰富的林木资源，各类植物资源种类达3000多种，并可按照用途分为材林、经济林、果实林、薪炭林等。其中材林主要包括杉、松等，果实林主要包括桔、柿等，经济林包括漆、桐等，还有以燃料作用为主的薪炭林。樟树、楠树等树木常用于建筑建造，具有较高的经济价值。

各类资源在安徽境内分布的差异性，主要影响传统聚落的选址及传统建筑的材料选择。不同地区的独特资源构成为建筑的建造提供了独特的原材料，同时这些资源也是当地重要的经济发展基础，使得各地经济来源和经济发展水平存在较大差异，继而影响传统聚落的发展。另外，自然资源为人们提供生活和生产资料，不同地区的人们使用的生产工具各不相同，继而促使不同建造技术的发展。

第二节　传统聚落区划

安徽省地形地貌类型多样，地表水系发达，长江、淮河东西向贯穿全境，将其划分为淮北平原、江淮丘陵、大别山区、沿江平原和皖南山区五大自然区域。受到历史文化背景、自然环境的影响，传统聚落的布局、形态、与环境的关系等呈现不同的特点。基于以上原因，将安徽传统聚落分为四大区域：淮北平原区、沿江平原区、皖南山区、皖西大别山区。

一、淮北平原区传统聚落

淮北平原位于安徽省北部，包括沿淮河以南宽10~60公里，以及淮河以北广大地区，与江苏、山东及河南接壤，是华北平原的一部分，面积3.8万平方公里。地势平坦辽阔，由西北向东南缓倾，大部分地区是海拔为15~50米的平原，仅东北部局部地区有海拔在50~300米的低山丘陵。

淮河处在黄河与长江之间，自古便是长江流域、黄河流域两种文明交汇之处。同时，淮河处于中国古代政治、经济的核心地带，是古代中原王朝的根基。因此，淮河流域成为各种文化交流的中心，在中原文化的基础上与吴楚文化融合发展出独特的皖北文化。另外，由于淮河独特的地理位置，历来便是兵家必争之地，因此战事不断，形成独特的军事文化。淮北平原是古代南方与中原物品的交会地，形成繁荣的贸易市场，经济活跃，商业设施完备。

淮北平原典型的传统聚落代表是古城，这一区域的古城平面多呈正方形，由青砖白灰小瓦建造的清代建筑是古城重要的组成部分。古城由高大的城墙环绕，建筑同古城的布局类似，也由相对封闭的院墙包围，主体建筑采用抬梁式木构架体系，屋顶为硬山顶，具有中原民居的典型特色。

淮北平原地区有丰富的古河床，在传统聚落的周围通常设有护城河，依托自然水系开挖人工河引入聚落与街巷组成"鱼脊式"的布局。聚落周围的护城河不仅为居民提供了生活用水，还起到抵御外来侵袭的作用。在战事频发的皖北聚落，护城河成为适应社会发展、满足生活需求的独特元素。

由于淮北平原地势平坦，聚落内的道路也更加平直、通达（图2-2-1、图2-2-2）。相较于皖南山区传统聚落交通的转折迂回，这里的聚落交通系统比较直

图2-2-1 淮北濉溪老街（来源：王惠 摄）

图2-2-2 淮北濉溪临涣古镇（来源：王惠 摄）

图2-2-3 巢湖洪家疃（来源：张浩 摄）

接。平坦的地势为形成通达、平直的交通提供了便利，通常以"T"形与"十"字形的连接方式为主，行走在聚落中给人视觉上的连续性，并且规律感较强，视线较为通透。

二、沿江平原区传统聚落

沿江平原是长江中下游平原的组成部分，即安徽省中南部长江沿岸和巢湖周边地区。沿江平原是著名的鱼米之乡，主要是由长江及其支流携带来的大量泥沙堆积而成，平均海拔位于20～30米，呈东北走向。总体上，沿江平原的特点为地势低平、土地肥沃、河网密布、湖泊众多。

沿江平原处于长江与淮河之间，历来战事不断，人口流动频繁。秦汉时期，这一地区人口稀少。汉代之后，政府"驱率吏民，修起芜废，教用犁耕"，"又训令蚕织"，数年后，庐江郡"垦辟倍多，境内丰给"。自唐宋时期人们开始湖泊围垦和水利建设，促使湖泊周围出现大量田地，经济繁荣。经过长期的围垦建设，耕地不断扩大，为人们定居提供了基础资料，于是便逐渐形成一个又一个的聚落。宋朝之后，战争频繁，导致居民南迁，这一地区人口流失严重。明朝洪武年间，政府组织大量移民迁入江淮地区，才逐渐发展起来。移民在这里开辟家园，建立以宗族为联系的聚落。聚落的营造充分考虑当地的地形和文化，同时又受到移民文化的影响，形成了独特的空间布局。

安徽的传统聚落都与水有或多或少的关系。皖北地区利用天然水资源结合人工开挖形成护城河；皖中地区则因水系发达，自然而然地发展成为聚落，所谓因水成镇，传统聚落与水系形成密切的关系。受到皖南和皖北的影响，皖中民居中既有窄小的天井，也有开阔的合院，建筑风格兼收并蓄（图2-2-3）。

图2-2-4 巢湖柘皋北闸老街（来源：张浩 摄）

沿江平原地势起伏较小，河网密布，传统聚落沿河分布，形成"水边是街，街边是水"的布局特色（图2-2-4）。因此，船成为这里的主要交通工具。传统聚落的街巷与水系相结合，形成了完善的水陆交通。街巷与水系的关系主要有两种，即垂直于水系和平行于水系。以水系及其两侧的街为主要交通干道，垂直于水系形成次要街巷，从而形成类似树干与树枝的关系。街巷与水系多呈"T"形或风车形交叉，而直线形的街巷非常少见。

三、皖南山区传统聚落

皖南山区位于安徽省南部，东侧与浙江、江西两省接壤，是我国南方丘陵山地的组成部分，面积2.66万平方公里，大部分地区海拔在500～1500米之间，部分地区海拔低于500米，还有部分山峰海拔在1500米以上。

皖南山区由九华山山系、黄山山系、天目山山系三个主要山系组成。三个山系均呈东北—西南走向，大量的盆地和谷地分布在三大山系之间，是传统聚落的主要分布地。

皖南山区重峦叠嶂，几乎没有受到战乱影响，成为人们避难的绝佳之处。中国传统聚落通常遵循因地制宜、顺应自然的观念。皖南山区的传统聚落依山就势，背山面水，营造了"世外桃源"般的居住环境（图2-2-5、图2-2-6）。另外，皖南山区传统聚落大多属于血缘型聚落，具有较强的宗族理念，再加上人们内敛避世的特点。建筑呈现较为封闭的造型特点，高墙小窗，仅向狭窄的天井呈开敞状态。建筑以粉墙黛瓦的色调与周围的山水形成和谐的画面。

皖南地区山多、水多，是难得的环境优良之地。在传统聚落建设过程中以风水为依据，因势利导，注重聚落布局与自然的关系。皖南传统聚落临溪则顺河道，无

图2-2-5 黟县碧山村鸟瞰图（来源：张浩 摄）

图2-2-6 祁门凫峰乡上福洲及天之红庄园鸟瞰图（来源：王惠 摄）

水则引水，使得几乎所有聚落都形成完备的水系，结合建筑的布局，使得每户门前都有水经过，为人们提供生活用水和消防用水。

由于皖南山多地少，通往聚落的交通和聚落内部的交通多蜿蜒迂回（图2-2-7）。受到地形影响，街巷很难像平原地区的聚落一样平直通达。通常，主要街道尽可能利用地势获得较为平直的走向，次要街巷则根据地势、地形而曲折多变。街巷的连接方式多采用"T"形和"十"字形。曲折蜿蜒的街巷空间给人们带来丰富的空间体验，步移景异而非一览无遗，形成趣味性的艺术空间效果。狭窄的街巷营造出更加宁静的居住环境，符合当地人"隐世"的追求。

四、皖西大别山区传统聚落

安徽省西部的皖西大别山区，与湖北、江西两省毗邻，总面积约1.19万平方公里，该地区的平均海拔在500～1000米之间。其中皖西大别山区的主峰天柱山海拔达到1488米，天柱山还是长江与淮河的分水岭，与张八岭和鸡公山、桐柏山共同构成淮阳山脉。在湖北、江西、安徽三省交界处，大别山形成了岗峦起伏、沟壑纵横的壮丽景象。

(a) 歙县渔梁村

(b) 歙县渔梁村街巷空间

图2-2-7 歙县渔梁村及其街巷空间（来源：王惠 摄）

大别山整体呈西北—东南走向，大部分地形为低山丘陵，使得山间形成较开阔的谷底、河漫滩和阶地平原，这里便是孕育农耕文明和聚落的重要场地。与平原地区相比，山区聚落的形成与演变受地形因素的影响更加明显，表现为对自然环境条件非常强的依赖性和适应性，山区聚落空间布局发展过程中，水系、道路、地形和采光条件通常是主导因素。另外，地形坡度大使得山区聚落的通达性较差，并且物质、信息的传播受阻，导致山区聚落呈现自发、分散的特点，受外界因素的影响较小（图2-2-8）。

皖西大别山地区山多水盛，并且地势起伏较大。因此，聚落布局关系主要体现在聚落的街道、建筑的布局与地形的关系。总体来看，聚落布局与等高线的关系表现为三种形式：聚落主要街道与等高线垂直；聚落主要街道与等高线平行；聚落主要街道与等高线存在一定的角度呈"之"字形关系，曲折上升。随着地势的起伏，传统聚落形成独特的布局关系。

皖西大别山地区水运航道和农田灌溉水系共同组织着聚落的分布和格局。传统聚落的主街道与码头紧密相连，顺应地势的梯道直通水面，主街两侧为日常担水、洗衣留出窄街。顺着主街与水系的连接处，聚落与自然山水取得联系，调节着聚落的微气候。

图2-2-8　金寨瓦屋基李老湾（来源：张浩 摄）

第三节　小结

自然地理环境对传统聚落的形成起着至关重要的作用。自古以来，人们就懂得利用自然环境创造舒适的居住空间。受安徽独特的自然地理环境的影响，传统聚落的分布具有明显的不均匀性，主要集中在皖南、皖西地区，皖中、皖北现存的传统聚落较少。形成这种现象的主要原因就是自然地理环境，皖南、皖西多山区，交通不便，与外界联系较弱，从而远离战火，使得传统聚落得以在较为稳定的自然环境和社会背景下发展；皖中地区多雨，在明清时期频发水患，使得木构架传统民居逐渐损毁，传统聚落逐渐消失。

聚落的形成一般经历三个阶段：选地、适应和发展。自然地理环境对选地的影响较大，人们需要在特定的自然环境中选择适宜居住的空间位置。传统聚落在其形成和发展过程中，逐渐适应自然环境，如气候条件、地形、自然资源等。当聚落环境与自然环境达到平衡时，聚落即适应了自然环境。在选地和适应过程中，地形、气候、水文对聚落形态的影响最大。安徽四大传统聚落区域就是基于自然地理环境的不同而划分的，不同区域的传统聚落在布局、形态以及与环境的关系等方面存在较大差异，这也正是安徽传统聚落类型丰富的主要影响因素。

第三章 人文经济环境与传统聚落构成

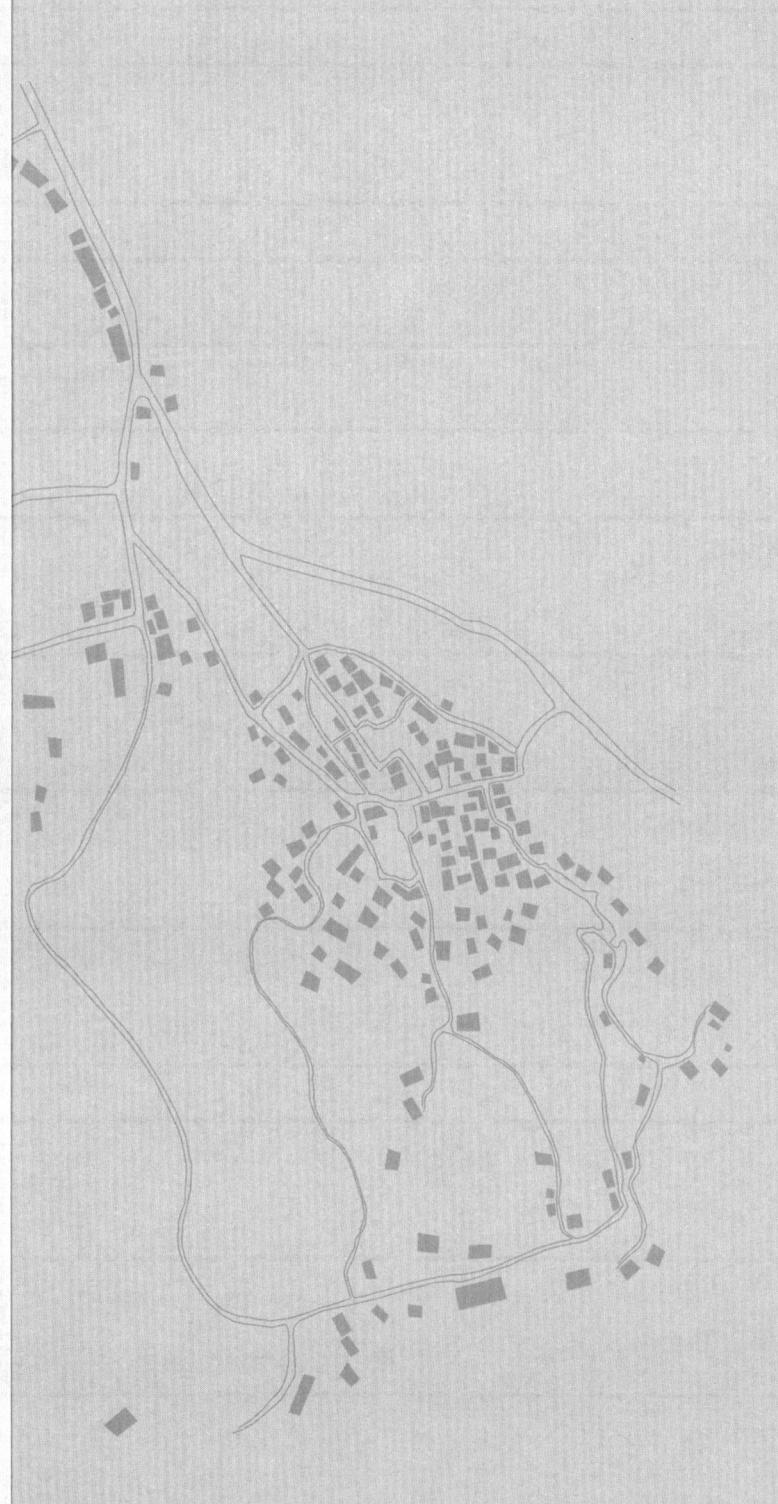

第一节 人文经济环境与聚落特征

一、传统聚落的人文环境特征

安徽省芜湖市的繁昌县境内,早在250万年之前就已经出现了人类活动的人字洞,使得其成为中华历史文明的重要起源地之一。据史料记载江南省于清康熙六年(1667年)被划分为安徽、江苏两省;安徽省内以安庆府和徽州府为首,前者居省内以北,是闻名的桐城文派发源地,后者居省内以南,是以贾而好儒著名的徽商故里,安徽二字即取两府首字而定。全省人文底蕴厚重,科举取士者在全国首屈一指。跨江(淮)而治是康熙建省的主要规划,其在政治上避免了因划江(淮)而治引起的盘踞割裂的弊端,而在经济上为南北调剂、减小贫富差距作出了重要贡献。如此,安徽省内不同地区形成了复杂多样的文化差异。

安徽省由东西向的长江和淮河两条水系贯穿全境,天然地将地块划分成淮北、江淮之间和江南这三个部分。这也使得安徽省传统聚落呈现南北分布不均的态势,在江淮之间和南部山区有更明显的集聚状态。同时"一方水土一方人",在漫长的长江与江淮历史进程之中,逐渐地演变并最终形成了独特的地域文化:中原文化(皖北)、江淮文化(皖中)、徽州文化(皖南)也被称为安徽的三大文化版图(图3-1-1),传统聚落的选址、建立和发展都受到了这三大文化的重要影响。

中原文化主要位于安徽省亳州市、涡阳、蒙城一带,是道家文化的发源地,同时此地曾诞生了老子及其思想继承者庄子,二人同为我国古代极具影响力的思想家、教育家、哲学家以及道家学说的创始人和继承者。中原文化有着浓厚的底蕴,与传统建筑有着密切的联系,如名闻遐迩的道教三宫——涡阳天静宫、亳州道德中宫以及鹿邑太清宫。除此之外,还蕴含着丰富多样的非物质文化遗产,深深地影响着传统聚落的形成发展。

江淮文化,覆盖范围包括现在的合肥市、芜湖市、巢湖市、马鞍山市、铜陵市、滁州市、宣城市、安庆市和池州市的大部分地区,在文学、绘画、书法、戏曲、宗教、科技,以及政治、经济、生态、民俗、旅游等众多方面均有涉猎。传统聚落经过时间长河的洗礼也成为江淮文化中璀璨夺目的明珠。

徽州文化,亦称新安文化,因其所指的特定范围而得此名,即隋朝时期设立的新安郡,两宋时期设立的徽州和明清之际的徽州府。其文化涉及皖南地区人民生活

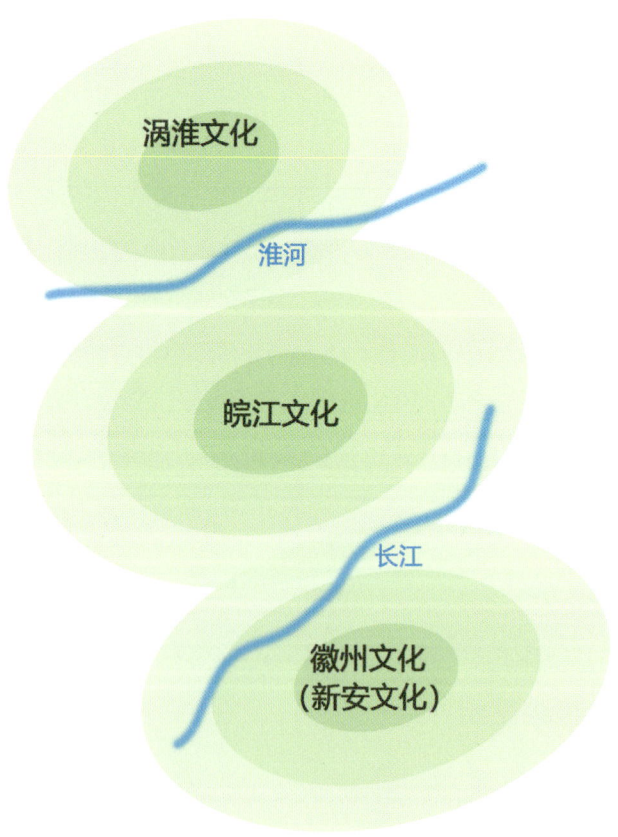

图3-1-1 安徽三大文化版图示意(来源:侯琪玮、俞梦璇 绘)

的方方面面，其传统聚落的影响独树一帜。

具体来说，安徽省传统聚落的缘起与发展主要受到以下五个文化因子的深刻影响。

（一）宗族聚居

《礼记·丧服小记》中曰："别子为祖，继别为宗，继称者为小宗。有五世而迁之宗，其继高祖者也。"由此可见，宗族是具有一定社会权力的民间组织和以父系家族作为脉系并用血缘关系来连接家族、房派、家庭等宗亲社会的结构体系，宗族通过繁衍、分支和扩散这种社会发展的普遍规律来保证人类的延续，人群开始聚集进而逐渐形成聚落。

安徽传统聚落则是典型的以血缘关系为纽带的宗族部落，在强调与自然山水融合的选址和布局的同时，也反映了当时的耕读文化和宗族文化，在经世致用的儒家文化和天人合一的道家文化的基础上形成安徽独特的聚落形式。安徽宗族的演变历史依其嬗变始末可以分为贵族型宗族、耕战式宗部、士族型家族、世俗化宗族四类。自宋以来，由于人口压力、战争以及地理等因素，又加之安徽宗族的世俗化运动造就安徽地区宗族模式化的特征，安徽地区的人群开始依靠宗族的力量以聚居的方式生存，这一点在以徽州为重心的皖南地区得到充分发展。例如，以宗亲血缘关系为桥梁而聚族生活的古村落——黄山市黟县的西递村（图3-1-2）。西递村最初是散居形式，随着祠堂的建立，村落沿着祠堂的发展而向西或是向北扩展，慢慢演变成以祠堂为中心而展开的

图3-1-2 西递村（来源：薛梅 摄）

村落整体脉络及其街巷空间，最终发展为一个稳定的形态。随着时间的推移，西递村最终形成了以胡氏家族为核心，汪氏、黄氏、唐氏等家族围绕其居住的形式，其中各小姓氏各成一套完整的体系与所在村落的主体形成了类似卫星城的包围布局形式。与西递村形成原因相似的还有地处皖西地区的金寨县吴家店乡。据吴家店镇志中记载"历来小庄小户居多"，属于小型宗族聚居而成为聚落，规模不大，主要分布于山区。村落初期主要沿河道两侧分布，黄姓与吴姓为主的氏族首先迁入这里，因地缘组织和血缘关系，向西或向南方向逐渐扩散而逐步形成聚落的形态，从而形成一个有机的整体。除此之外，位于皖北地区的赵庄也同样是依靠宗族力量而聚居的传统聚落。

安徽省传统聚落中各大姓氏的迁移聚居主要出现在元代以前，如西晋的"永嘉之难"、唐朝的"安史之乱"和北宋的"靖康之耻"等众多战乱使中国人口出现大规模迁移，大批北方人来到南方避乱。这些人为了适应当地环境、条件，往往依靠严格的宗族制度在安徽等地聚族而居，而这种"聚族而居"的居住方式使得安徽传统村落以大村见多，小村见少。例如，皖南地区棠樾村的建立就是因为南宋时期鲍氏始祖鲍荣为躲避战乱从中原迁徙至此地建村，而且为了应对当地土著，鲍荣很快建立自己的家族力量并且继承了中原士族世家的宗法制度，依靠宗族法制和宗族的力量，在社会经济活动中占据有利位置，从而成为徽州名门望族的一部分。同样因为避乱的原因而移民到安徽地区的还有地处皖南的池州市东至县花园里乡金家村等。

（二）礼法传家

道家文化和儒家文化是当时社会文化的主流，安徽省传统聚落在这两大文化的影响下，与宗法制度、教育、经济等互相融合，对不同聚落的结构和单体建筑的形成产生了深远的影响，例如皖南地区徽州聚落的形成深受儒家文化和宋明理学的熏陶和影响，并且形成了大量精美的祠堂、牌坊以及书院等宣扬礼制法度性质的建筑。以宋代兴起的理学为例，受到同为徽州人的宋明理学三大家——程颐、程颢和朱熹的影响，徽州人对理学十分推崇，其"忠孝节义"的观念在政治、经济、社会文化和信仰观念等活动方面均得以体现。徽州宗族制定本族祖训和族规的根据即宋明理学中倡导的新安理学，其文化和人伦思想强调以家庭或家族为本位创立中国封建社会宗法等级制度。以"理学"和"礼制"作为精神支撑的村落结构，以其鲜明的时代文化特色，形成了有深厚底蕴的建筑风格。例如黄山市呈坎村，自宋朝以后徽商崛起、文学教育兴盛，在徽州的文化历史发展道路中标新立异，用程朱理学观点统治、束缚人们的道德、思想及行为标准，因此他们在选址布局上依然秉承着"礼"所制定的"左祖右社，前朝后市"的整体结构布局。

另外，因战争移居徽州的大批中原家族和在徽州任职的中原人士，将他们的礼法制度带到了徽州这片土地，他们通过兴建书院、私塾等教育类建筑，崇尚儒学、兴盛文风。例如在祁门六都村，他们"以读书训子弟"，建造大量教育类建筑，自宋至清，有三所义学、四所书院、五所私塾在六都村建成，并形成徽州学而入仕和唯读书高的意识观念。黟县关麓村亦是如此，为追求风雅，"关麓八大家"汪氏宅第之中有多处极具人文气息和浓厚的文学氛围且与书学相关联的宅名。

明代中叶之后徽州的文学教育更加兴旺发达，由于当时财力雄厚的徽商介入，当地除了设立府学、县学和书院之外，同时还设立了大量的塾学和社学以便于乡里弟子的教学，当时人们重视教育的做法已蔚然成风，即便是小小的十户人口聚集形成的村落距离很远也能听到琅琅读书声，古书中"十户之村，不废诵读"是对当时徽州人看重教育发展的真实写照。通过教育的方式提升了古代徽州聚落主体人群的综合素质，也提高了作为古代徽州聚落主体建筑群的整体品质，将徽州从原来的蛮夷之地改变成了被誉为"东南邹鲁""文献之邦"的儒学之乡。

与皖南地区徽州聚落的形成受儒家文化和宋明理学的影响不同的是，皖北地区由于其特殊的地理位置而受到来自各方面文化思想的碰撞，从而诞生出对中华文化有深远影响的老子、庄子及颜回等先贤，形成以老庄为代表的道家文化。一方面，以"道法自然，自然无为，与自然和谐相处"为指导的道家思想，使得皖北地区的人们在建设古村落时着重在意色彩和环境的有机融合；另一方面，因为当地人们自古就喜好品茶并且喜欢与世无争、安逸随和的生活方式，因此村落中看见有许多像茶楼这样历史悠久的建筑也就不足为奇了。

近代以来，也出现过名流富商为其家乡开办书院的事例，例如洪家疃的黄麓师范。国民党上将张治中曾回洪家疃见其村民愚昧、落后，他认为富国必先重视经济建设，而经济建设又离不开教育，于是他便慷慨解囊在村子北边创办了第一座黄麓学校，同时将位于张家洼的张氏祠堂改建成为当时的第二座黄麓学校，并以上将头衔进村呼吁百姓让其孩子读书上学。1931年底，张治中又集资在洪家疃创立师范学校，后取名为"安徽省立黄麓简易乡村师范学校"（图3-1-3）。

（三）因地制宜

安徽传统聚落中最注重因地制宜，与山水融为一体的传统聚落主要汇集于皖南和皖西的山丘地带。在儒家思想的熏陶下，古人重视"天时地利人和"，聚落往往建立在枕山、面水、聚合、朝阳的布局里，坐北朝南，村内引入水系，皖南的儒士更是将街巷设计成曲径通幽的形式，表达对"大隐隐于市"的向往，使得村落内形成一幅"小桥流水人家"的景致。例如黄山市歙县呈坎村就是典型的依山傍水、利用地势环境营造村落的传统聚落，首先其村名就可以体现出它的规划理念，《说文

（a）历史建筑大礼堂

（b）历史建筑科学馆

图3-1-3 黄麓师范学校（来源：薛梅 摄）

解字》中"呈"的原意为"平也"，而"坎"代表西方，从而可知呈坎二字的本意即水西边的平地。其村落的选址则依据"枕山、环水、面屏"的规划原则而建，以葛山作为中心，以灵金山作为其屏障，前方的山势低缓而后方的山势高陡，左边青龙山和右边龙盘山一起作为辅弼，众多川流从北朝南穿过村落，自然环境优美，形成了局部小气候。此外，在村落的建设中，灵活根据不同的环境特征来完善村落的形态，如当时罗氏家族就曾花费巨资在潨川河河道上方修建了七道大石坝，使河流改道从而能够经过祠堂前面，让原本对村落呈现直接冲射形的非理想状态的水势，变为冠带形更方便人们取水用水的理想状态。

如果说皖南村落在选址时遵循"枕山、环水、面屏"的聚山水之灵韵的规划原则，那么，皖中地区聚落在选址时则以水为主，也就是古人经常提到的"水为

图3-1-4 洪家疃街巷（来源：薛梅 摄）

图3-1-5 宏村承志堂（来源：薛梅 摄）

上"的规划理念。另一方面，由于古时人们认为人的寿命、健康、祸福都会因方位、地势、气象等方面的不同表现而有所差异。因此，民居的位置选择是头等大事，首先根据不同的地理条件而选取汇山聚水、适宜居住之地。其次，考察备选之地周边山水环境等诸多因素的形态，根据这些形态的表象、现状来判断对于聚落的整体影响，从而决定其具体的空间位置。这也就造成了皖中传统聚落往往是富有变化、错落有致的建筑分布于街巷两边，有着更具跳跃性和丰富性的建筑层次，古民居住宅垂直界面的形态与街道、水系形成了三位一体的街巷空间。例如皖中地区沂水而建的洪家疃（图3-1-4）就是典型的例子之一，洪家疃村的村落肌理与水系融为一体，有着独具特色的"九龙攒珠"格局，加之其地处皖南和皖北文化之间，长期处于战争动乱，使得其建筑单体融合皖南和皖北建筑理念，形成独有的聚落空间形态。

（四）无徽不商

徽州凭借东南邹鲁、程朱理学闻名遐迩，因徽商而立足于天下。徽商兴起之原因主要有以下几点：第一，徽州地区山多田少，这使得村民不得不外出谋生四处祈食；第二，徽州境内水路交通四通八达，为商运提供便捷；第三，徽州地处长江三角洲地带，经济繁华，宋朝时期经济重心南移至杭州是徽商兴起的重要条件；第四，徽州丰富的自然资源是徽商物质来源的关键保障；第五，徽商具有"贾而好儒"，能聚善散，官商合作的特质；第六，宗族势力支持着徽商的发展。

众多弃农从商的徽商给徽州带来了产业结构的重大转型，由原来自力更生、自给自足的农业社会过渡为寄生型的非农业社会，徽州传统聚落的建设深受影响。徽州传统聚落的建设资金主要来源于在外经商的徽商所赚取的利润，并在其指导下呈现出别具一格的农业聚落形态，发生从"寄命于农"到"寄命于商"的巨大转变。群山环绕的村落里逐渐出现大量精美豪宅，建筑形式新颖，气势磅礴，各成风格，"林泉之胜，以宅第楼观相称雄者，亦比比有之"很好地还原了这种画面，典型的例子有宏村的承志堂（图3-1-5）。根据文献记载当地"乡村如星列棋布，凡五里十里，遥望粉墙矗矗，鸳瓦鳞鳞，棹楔峥嵘，鸱吻耸拔，宛若城郭，殊足观也"，能够看出徽商的成功逐渐使聚落空间由昔日小山村不断发展壮大。除此以外，徽商兴建宅院的习俗也对聚落的整体面貌产生了很大影响。

徽商的经商活动还造就了一些古徽州的商业重镇。例如，随着徽商的兴盛逐渐形成并发展起来的屯溪老街，是中国现存最完好的老街，其建筑最具南宋和明清时期的风格，建筑体量大小相间，色彩古朴、清雅。元末明初之际，在浙江、横江和率水三江口的汇集地附近，部分徽商为了方便中转土特产及食盐，集中建立起屯聚货物的栈房。此后，商人程维宗又于明代永乐年间在原有基础上新建店铺，并在店铺之间修筑供来往过客休息的亭阁，自此屯溪街市初现雏形。明清时期，徽商势力不断壮大，屯溪老街凭借地处浙、皖、赣三省交界处的地理优势，以及率水、横江汇聚钱塘江的优越条件，迅速成为徽州地区水陆交通的核心。

徽商的另一个重要特点就是他们在追逐利益的同时也渴望儒风高雅，徽商因自幼就受到良好的文化修养，在生活逐渐富裕之后，经常参与和文化相关的商业活动，如经营文房四宝等，并将所得部分资源和财力用于教育方面，包括新建学堂、置办书籍等。当时的徽商捐献大量资产兴建祠堂、书院等，除了为附庸风雅，也有是为显祖荣宗又或是为旌功留名。

除此之外，他们还在传统聚落中营造可以进行商业活动的空间。例如在呈坎村村落内部，除了以耕种为生而形成固定的商业空间外，还形成了如集市这样的商业流动空间。因徽州地处山区，交通不便利，村落之间则通过祭祀活动来进行商品交易以满足日常生活需求，例如每年不定期地在商业街练摊，还有每年春秋大祭之时，村里以及附近的村民会来到长春大社进行商品交易，这些流动的商业空间对聚落空间形态也起到一定的影响。

安徽本土的地理优势，使徽商的商业活动除了在徽州本地较为频繁外，安徽的芜湖、滁州、六安等地也是不少徽商商贸活动的汇集地。在六安地区就有这样的记载："徽人商于六者众"，并且徽商在六安当地建立祠堂以供奉朱子。明清之际的滁州市定远县炉桥镇交通便利，有"境连八邑，衢通九省"之称，徽商方氏见定远"地方富庶，科甲绵延"，便迁居此地，安定之后，积极参与市政的运作，参与修建如庙宇、寺院、书院、义仓等重大工程建设。当居住在这里的徽商达到一定规模后，开始设置新安旅棧这样的场所，并设置"粮市"，来自农村的粮食由此汇集，经淮河和洪泽湖运往各地。此外，徽商在炉桥镇构筑大量精美的园亭以招徕南北客商，与此同时也不忘教育，建立朱子祠来供徽商子弟读书。徽商在炉桥镇的扎根对淮北流域的商品经济和城镇的发展均有重要影响。徽州向北走经过青弋江就可抵达芜湖，作为徽州境内甚至于长江下游地区最大的一条支流，青弋江发源于今黄山市休宁县并从芜湖汇入长江，同时当地政府于芜湖设关，使得芜湖成为徽商频繁来往进行商品交易等经济活动的地区，并有较多船舶停留在芜湖地区附近。

（五）御敌于外

美国著名心理学家马斯洛在需求层次论中，将人类生活需求分成五个层次，这其中安全需求是基于生理需求之上的，人类为了自身安全防御的需求形成空间聚集体进而形成了聚落。如皖南地区的南屏村，从北方迁居而来的望族来到徽州这片陌生的地区首先就要考虑安全因素，除了躲避自然灾害外，还要考虑战争、动乱以及原住民的骚扰等因素。为了在建筑中形成相对较强的安全感和领域感，这些移民继承了中原地区建筑的四合院的形式，往往把聚落设计成围合或者半围合形态，而在建筑单体设计上，封闭坚实的马头墙如一个个小小的堡垒保护着居民的稳定生活（图3-1-6），有的架于小街之上的过街楼往往会设置一道拱门（图3-1-7），在夜间会关闭以保护居住在内部居民的安全，这样的空间布局和设计不仅起到防御外敌的作用，还对宗族部落的凝

图3-1-6 封闭的马头墙（来源：俞梦璇 摄）

图3-1-7 街道中的拱门（来源：薛梅 摄）

聚性、整体性起到至关重要的作用。

与皖南聚落形成的原因有所不同，皖中地区处于南北交通要塞，部分村镇是主要商品集散地，如位于肥西、庐阳和六安三县交界的三河古镇（图3-1-8），因其处于皖中地区长期受战乱影响且商业发达，其聚落肌理呈鱼骨状，居民前后相通，街道四通八达，并且通过城墙围合周边增强防御性，而且这样做也便于军事化管理和战争时的兵马调度。

而山脉延绵的皖西地区，往往是一些隐居避世的家族甚至民族部落的青睐之地，其中典型的要数位于池州东至县的南溪古寨（图3-1-9）。此地的村民多为匈奴人的后裔，为了躲避唐末黄巢之乱，举族迁徙至南溪，据今已有1000多年的历史，所以南溪古寨才有"大山深处最后的匈奴部落"的称号。南溪古寨的地理位置较为特殊，三面环山，剩余的一面树林茂密，不穿越密林到达村口则完全无法发现古寨的踪迹，当地居民得以长期保持着相对封闭的与世隔绝状态。

除此之外，位于安徽的江淮地区则形成了一种新的抵御外敌的建筑群体——圩堡式，主要集中于丘陵地带，以水系环绕建筑群体，并修筑具有防御性的城楼，水圩的修建大大增强了很少有军事部署的传统聚落的军事防御能力。当地居民重农抑商的传统思想普遍存在，为水圩提供了群众基础，使其得到不断扩建，不断更迭，因此水圩本身不仅具有很强的防御能力，还是最好的水利设施。目前保存较为完好的圩堡建筑群有刘老圩、张新圩等。

皖北地区多以平原为主，不似江南地区河网纵横，因此多以水系辅以城墙加以建成。比较典型的要数淮北市的临涣古城，该聚落南依浍河与涣水而建，其余三面在春秋时期就修筑古城墙以御外敌，且在设置东西南北城门的同时在北城、西城设置烽火台以勘察敌情，并在城南地区注入浍河，建筑则沿涣水而建。值得一提的

图3-1-8 三河古镇局部俯瞰（来源：张浩 摄）

图3-1-9 南溪古寨（来源：张浩 摄）

是，临涣的古城墙（图3-1-10）是迄今为止保存下来跨时代最长、沿用时间最久的土坯城墙。基于这种四面围合相对安逸的条件，临涣居民拥有较强的安全感，基于这些基础，才诞生了丰富多彩并且源远流长的民风习俗，以"淮北坠子戏""临涣茶馆文化"（图3-1-11）最为出名，并积累了雄厚的物质文化宝藏，涌现了众多历代文人志士。

古时人的力量有限，安徽的传统聚落又因其地理位置和气候环境常常受到侵害，因此在聚落的社会生产生活中，居民常常借助外在力量来为自己的心灵寻找依托，并以此来凝聚聚落内部的居民力量，共同抵御外来的威胁。这些外在力量逐渐形成了宗教文化，于是安徽的传统聚落中出现了寺庙、道观等建筑物。例如皖江流域地区旱涝灾祸频发，常出现"水漂田庐、民多溺死"的场景，人们便兴建了很多与解除灾害有关的寺庙，如清代舒城三河镇为祈求风调雨顺兴建迎水庵，还有巢湖姥山岛渔村的圣姥庙（图3-1-12）。又如地处淮河流域的蚌埠市怀远县淮河东岸的涂山，当地村民每年都有着举行洋蛇灯的民间习俗，以此来祭祀大禹，表达对大禹治水成功帮助人们对抗自然的崇拜。从安徽传统聚落所形成的宗教文化信仰来看，基本不会对聚落的整体及空间格局产生影响，但却影响当地村民的民俗和生活习惯等，并且对建筑的立面、色彩和装饰等局部细节产生影响，村民通过宗教的联系使得一定地域内的各个宗族和村落之间形成地缘关系，彼此之间互相信任、共同帮助、和谐共生，促进了安徽省各聚落的社会经济稳定发展和文化繁荣昌盛。

图3-1-10　临涣古城墙（来源：俞梦璇　摄）

二、传统聚落的经济环境特征

（一）传统聚落发展中的经济推动

根据现存大量的历史遗物和文献资料可知，早在公元前21世纪，安徽地区就有关于经济发展的记录。经过了夏商和两周时期，直到战国末年，在这漫长的历史河流中，安徽地区的社会经济发展由一开始原始社会经济的产生直至此经济模式的结束，再到奴隶社会经济的兴起和最后的衰落，后转变到封建社会经济缓慢的发展历程之中。聚落文化与经济特征有着密切的渊源关系，安徽特色鲜明的聚落文化的发展是推动其区域经济发展的精神动力，是经济发展的基础条件，为传统聚落带来了巨大的社会效益和经济效益。

秦汉时期，由于朝廷的政策与人口的不断迁移使得安徽地区在农业上取得空前的发展机遇；而到了政局动荡、民不聊生的三国、两晋、南北朝时期，安徽正处于国家南北区域的中间"断裂"带，这让当时安徽的社会生产力遭到严重破坏，社会经济断崖式衰退。在安徽省三大流域的聚落文化中，淮河聚落、皖江聚落和徽州聚落在其历史经济发展过程中，并不是相互独立、毫无关联的，如早在春秋战国时期皖南地区产铜，青铜的制造和运输使得皖南、皖北和皖中地区的经济、文化交流十分频繁；再如三国时期，位于皖西北的曹操集团与孙吴频繁的战争并且对黟、歙地区的征服在一定程度上加大了安徽三大流域聚落之间的碰撞、交流和融合。

从隋唐开始直至北宋中期，中国古代的封建社会也达到了鼎盛时期，随着安徽地区各方面的协同发展，此时安徽也成为全国较为发达的地区，淮河以南地区由于发展较早且形势较好，经济更为发达，早在唐朝初期，就有"天下以江淮为国命"的称誉。其主要表现在以下方面：在农业上，江南一带由于垦田兴圩，粮食的产量每年都有所提升，另外蚕桑和茶叶在江南地区的发展也十分显著；手工业方面，在唐朝和北宋期间，安徽区域

（a）茶馆外景

（b）茶馆内景

图3-1-11 临涣茶馆（来源：俞梦璇 摄）

图3-1-12 巢湖姥山岛圣姥庙（来源：俞梦璇 摄）

曾盛产大批被称为"珍品"或"贡品"的手工艺术品，其中文房四宝作为最典型的代表而闻名中外；矿产业方面，唐朝时期就有许多关于矿业开采的记载，据《新唐书·食货志》一书中的记载，唐朝时期全国就有六个矿业发达的州，其中宣州的矿产资源位居第二，而铜陵、庐江、滁州、旌德等地也有不同大小规模的矿业开采，其中铜陵的冶炼规模庞大，所以当地还设有冶铸官吏专门管理此方面事务。南宋时期，由于淮河定期洪水暴涨，使得原本富饶的淮河流域因此成了多灾多难的贫穷区域，安徽的经济文化中心也因此迁向了长江流域和长江以南的区域。

从明朝直至清朝中期，安徽经济又得到了巨大发展。明代初年时期，朝廷对局部州府实行了免税政策，从江浙一带迁至皖中和江南的大量移民对本地区的经济发展同时也起到了积极的影响。元、明、清三朝都十分重视兴修水利工程，对淮河流域也曾进行了多次较大规模的治理，客观角度上也提升了当地农业的产量。在明清时期，安徽地区的商品经济得到了空前的发展，不仅在农产品上商品率得到大幅提升，而且通过货币经济为纽带联系的商业和手工业是明清时期安徽地区经济繁荣发展的两大主要特征。

明清两朝，以徽州地区为核心的徽商经济传奇发展经历传遍安徽甚至全国。在此期间，还将淮河聚落、皖江聚落和徽州聚落之间的经济交流推向高潮。徽商因自幼受程朱理学的儒家思想影响，在其外出致富之后，将一部分的财产用来建设徽州聚落，比如修祠造宅、置田买地，兴建书院。徽商是使得徽州聚落走向繁荣鼎盛的经济支柱，而徽州聚落又为徽商提供精神依托，随着徽商不断扩张，民国时期《歙县志·风土》中说："虽滇、黔、闽、粤、秦晋、燕、豫，贸迁无不至焉。淮、浙、楚、汉又其迩焉者矣。"由此可见，徽商不但遍布于安徽地区，而且遍及全国各地。徽商在经商的过程中还带去了徽州的风土文化。徽州聚落源源不断地为外地输送商业人才，给当地带去了繁荣的经济，一个"外向型"经济在徽州出现。

从广义的历史地理角度来看待，徽商最幸运的是徽州地处全国经济、文化的一个中心市场——长江三角洲，该地区人口稠密，水路便捷，水运作为当时最便捷的交通方式，使得从徽州出发的徽商去往全国各地都十分便捷，徽商的足迹几乎遍布全国，如扬州、苏州、芜湖、杭州、淮安、广州、北京等城市都汇聚了众多徽商。同时徽商经营四方，不断加强徽州与客籍地之间，尤其是与淮扬等地区之间社会经济文化的交流与融合。在此期间，也为徽州提供了关于各地建筑文化交流的难能可贵的机会。公元10世纪以后，长江三角洲区域的经济持续发展，到了明清时期，此地区的经济已居全国第一。

近现代以来，三大流域的聚落彼此之间仍有频繁的经济碰撞、交流，彼此依存、渗透和包容，众多因素的共同影响使得安徽的文化日益繁荣，在此期间不断涌现出影响中国乃至世界的文学家、科学家、思想家等。

（二）传统聚落经济与人文特征的失衡

传统聚落的不断发展都是以经济作为支撑，经济的发展状况直接影响了传统聚落的规模与民居的格局。明清时期，随着安徽区域商品经济的迅速繁荣，传统聚落的发展迎来了又一次的高潮。清代中叶以后，封建社会逐渐走向衰老期，社会生产力的发展遭到封建思想和落后生产力的严重阻碍，使得经济状况日渐衰退，社会不同阶级之间的矛盾日益激增，传统聚落的发展明显进入停滞期甚至倒退期。其中，较为明显的是徽州聚落受商品经济的影响而逐渐走向衰败，徽州"外向型"的聚落经济特征与"内向型、封闭"的人文思想特征形成截然不同的反差。徽商将徽州文化带到许多地方，尤其是清朝后期的四大徽班进京，使得徽文化对"外部"的贡献达到了顶峰，但是其文化交融的可逆性并不像经济那样来得猛烈，外部文化受到强大的血缘和宗族关系的制约而无法融入徽州聚落内部。加之徽商自幼受"重农轻商"的思想影响，其地位和财富的不相对称，使得徽商从骨子里看不起自己，因此徽商那种被人称道的"亦儒亦贾"的风尚与其说是受徽州正统思想的影响，不如说是因为受社会地位的歧视使然，当徽商重新回到家乡时，并没有把外面快节奏的生活和文化带回去，而是倾向于对传统文化的认同，他们的后代往往被鼓励脱离商业，注重功名和义利。这些浓重的宗族观念和地域观念使得他们限制其自身的商业活动范围和对外地人才的利用，这也就逐渐导致徽州聚落经济的衰退，随之而来的是传统聚落活力的丧失，以及徽州文化的发扬传承失去了原动力。在聚落建筑方面，他们坚守祖先留下来的传统居住建筑而排斥外来的建筑文化，现存的"西洋"建筑仅仅是作为猎奇而存在，只是在建筑风格中探寻材料和一些局部符号。但由于皖南独特的地形因素，使得大量传统聚落的村落格局和建筑形态得以保留，延续至今。

皖中及皖北地区，因为缺少天然的屏障，同时有着发达的水路，外来文化对传统聚落影响较大，在经历了本土经济衰退、外来经济冲击之后，传统聚落却走上了不断融合和扩张的道路。大量的传统聚落原始肌理被破坏，在外来因素的影响下形成了新的聚落形态，逐渐发展成为现代城镇。只有部分文化特色鲜明的传统聚落得以传承下来，从聚落的格局和建筑的风貌中仍能看到涡淮文化、皖江文化对这片土地的深远影响，但这些传统聚落往往经济环境不佳。这也是现存的安徽传统聚落分布南北不均的主要原因。

近代以来，由于缺乏经济的支持导致安徽传统聚落的开发和保护岌岌可危，再加之人为的破坏，这在一定程度上也导致了传统聚落经济和人文环境的失衡。

第二节 多元文化背景下的传统聚落类型与特征

安徽传统聚落的形成在受到自然地理环境影响的同时，也在多元文化的熏陶下发展出了独特的聚落特征。虽然无法用单一的文化内涵对传统聚落进行诠释，但根据传统聚落所处区域的主要文化背景，以及在传统聚落不断壮大的过程中影响最深远的文化类型对安徽传统聚落进行分类，可以将其分为商贸文化、农耕文化、庄寨文化、移民文化、渔业文化、驿路文化、王权文化七个主要影响因素。

一、商贸文化影响下的传统聚落

（一）商贸文化特征概述

经济是传统聚落发展的基础，经济条件影响着传统聚落的规模和住宅的规格。当经济形势好的时候，人们才有能力建设美丽的房子和诗意的村庄。安徽地区有着非常悠久的经济发展历史，从夏朝、商朝时期奴隶社会经济的兴起，安徽这片土地上就形成了大大小小的传统聚落。随着奴隶社会经济的衰落，再到封建社会经济逐渐走上历史的舞台，安徽地区的传统聚落从区位、选址、形态等方面发生了一系列的改变。

安徽地区的地理位置具有特殊性，处于中国的中部地带，有史以来就被当作划分南北的"分界线"，因此社会的稳定性受朝代的更迭影响较大，经济状况也起起伏伏。随着中国封建社会的发展，安徽地区从秦汉时期的全国统一获得了生产力的较大发展，传统聚落之间开始有了商业贸易往来，形成了集市等早期商业街区。

到三国、两晋、南北朝时期传统聚落因动乱和分裂屡屡遭到破坏，社会经济衰退。再到隋唐、北宋时期，安徽淮河以南地区再度繁荣起来，以此为中心带动了整个安徽地区的社会经济，早期商业街区的规模也不断扩大，逐渐形成了主要为商业贸易而服务的传统聚落。到了南宋时期，繁荣的淮河流域因河水经常泛滥成灾，经济开始倒退，于是安徽的经济文化中心逐渐向长江沿岸和长江以南地区转移。明代初期，朝廷的免税政策和江浙移民，使得安徽中部江南地区开始兴盛起来，人们通过开垦荒地、圩田等方式增加了粮食产量，发展了种植茶叶和养殖桑蚕等经济作物的生产方式，对这些地区的经济发展起到了积极的作用。元、明、清时期更加重视水利工程的建设，在淮河上进行了多次大规模治理，使得淮河沿岸地区慢慢恢复了生息。明清时期，商品经济也逐渐在安徽地区发展起来，尤其是皖南地区，在当时制作了闻名天下的文房四宝——宣纸、宣笔、徽墨、歙砚等手工艺品，慕名而来的商人不断聚集，带来了良好的商业贸易环境，加上矿产的发现和开采带来的人口和财富，使得传统聚落得到了更好的发展。然而，自清朝中期以来，社会矛盾加剧，经济发展下滑，传统聚落的发展也进入了停滞的状态，甚至出现了倒退。

（二）典型传统聚落分析

1. 濉溪县

濉溪县位于安徽省北部的淮北市南侧，俗称"口子"，是春秋战国时期的"汴水入濉之口"（图3-2-1）。在金元时期，这个河口变成了流入濉河的溪水的地方，所以被称为"濉溪口"。明朝前，这里只是相城乡下辖的一个天然的小乡村市场。由于濉河水路交通通畅，交通十分便利，伴随着交通的发展和贸易往来的增多，当地富商云集于此，为防止土匪出没，濉溪人民在居住的区域周围挖沟渠、设围篱，濉溪城自此初具规模。清末，

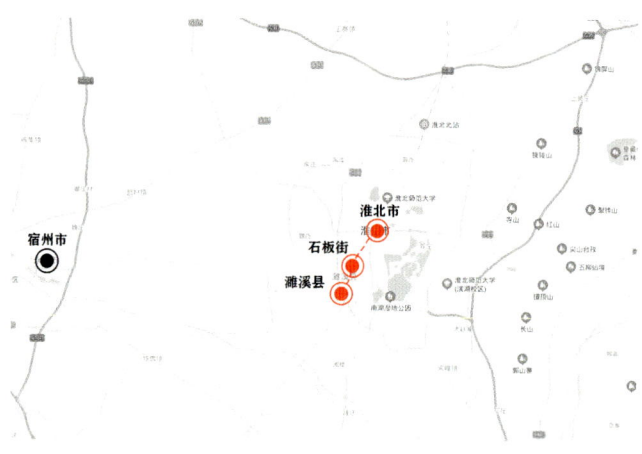

图3-2-1 濉溪县及石板街区位示意图（来源：俞梦璇 绘）

随着城墙的修建，越来越多的人向濉溪聚集，当时濉溪老城共有2000多名居民常住于城内。随着人口的不断增长，城镇人口密度逐渐增大，濉溪得到了很大的发展。

濉溪老街东起老濉河东岸，西到关帝庙内南端，全长650米，宽5～7米，是当年濉溪口最为繁华的一条街道（图3-2-2）。老街交通位置优越，自然气候条件适宜，自然资源和土特产丰富，主要是靠水路运输和贸易逐步发展起来，进而带动服务业的繁荣发展。清末民初时，老街用青色瓦子石进行重铺，历时数月铺成，彻底改变了其整体环境，因此濉溪老街也被称为石板街。后因战争先后遭到焚烧破坏，在政府的多次拨款修复之下，逐渐恢复了原有的样貌，因其规模较大、保存较为完整，2012年6月21日被评为省级文物保护单位。

濉溪老街及古建筑群历经岁月，有着浓厚的本土文化，是商业和经济活动的繁荣发展促进了配套服务业大发展的结果。老街街面全部由青条石铺砌，已被磨得光滑如镜。街道两侧建筑多为砖木结构，青砖灰瓦，重梁起架，具有典型的清代至民国时期的建筑风格（图3-2-3）。石板街沿街建筑基本都是店铺，挂着各种各样的招牌，商品种类繁多，昼夜营业，店铺内有通向院落的出入口，形式类似于北方的四合院，主要作为作坊以及居住使用。

图3-2-2 濉溪城局部鸟瞰图（来源：张 浩 摄）

（a）石板街街景　　　　　　　　　　（b）老街建筑风貌

图3-2-3 石板街近景（来源：俞梦璇 摄）

2. 隐贤镇

隐贤镇位于安徽省淮南市寿县西南边，南临马头镇，西与霍邱县彭塔乡隔岸相望，是寿县四大历史文化古镇之一（图3-2-4）。隐贤镇南北长15公里，东西长7.5公里，古时被称为百炉镇，据说是因三国时期曹操在打仗行军期间曾于此地架起数百个用来制造武器的熔炉而命名。后又因著名的唐朝儒人董子曾隐居于此，当地人为表示对他的敬重仰慕，便改名为隐贤镇，一直

图3-2-4 隐贤镇区位示意图（来源：俞梦璇 绘）

沿用至今日。

隐贤镇的发展与淠河息息相关，淠河水流为隐贤镇的商业发展创造了天然的优越条件。从宋代开始，隐贤镇一直是江淮一带的商贾重镇，沿着淠河往南可达六安，向北接淮河正阳关，水路畅通，航运发达，因此吸引了不少商人尤其是徽商来此经商并定居，更加带动了镇中手工业、商业的繁荣发展。

隐贤镇在明清时期就形成了以古街为主体，南靠泰山寺、船塘，北靠读书台、孝感泉的基本结构（图3-2-5）。隐贤古镇的历史街道特色可以总结成一句话——"桃花三街、九乡六巷"，其中最古老的是顺河街和小街。小街即曹操随军离开后，在原地建立的一个小市场演变而来的，并且以它为中心后来逐渐发展为隐贤镇，顺河街则是古镇发展过程中沿河流两岸形成的街道。唐代时期，郫河水运得到了发展，沿江码头交通发达，商业繁荣，形成了几百米的商业街道，成为古镇历

图3-2-5 隐贤镇鸟瞰图（来源：张浩 摄）

图3-2-6 隐贤镇老街现状（来源：俞梦璇 摄）

图3-2-7 泰山古庵（来源：俞梦璇 摄）

史上的主要街道，又称南北大街。

隐贤镇至今仍有大量明清时期的历史文化遗迹，以街道为核心，包括商店和民居、青石街道、古树、古井、古桥等。这里有40多个历史悠久的传统建筑，因隐贤镇地处南北文化的交汇处，其传统建筑风格与皖南、皖北皆不同。街道上的传统建筑多为临街设商店、商店后为住宅的形式，采用木质结构，混合了传统的抬梁结构与穿斗结构，在当地被称为"四梁占中、十八脚落地"。建筑除了正中的房屋和面向街道的店铺，不设厢房，或者厢房很小，而院子则是横向较宽、纵向较窄（图3-2-6）。除此之外，隐贤镇上还有保存完好的千年古庵——泰山古庵（图3-2-7），董子读书台、孝感泉等历史遗迹。隐贤古镇历史悠久，文化资源丰富，它是受商贸文化影响下形成的传统聚落的典型代表，具有很高的历史、文化和社会研究价值。

3. 三河镇

三河镇位于安徽省合肥市肥西县南部，地处合肥市、六安市交界的位置，地理位置独特，自古便是兵家必争之地。此地最早是巢湖中的高洲，有三条河流——丰乐河、杭埠河、小南河流经此处，随后向东流入巢湖之中，在入湖口的位置泥沙不断淤积，逐渐形成了三角洲陆地。夏商时期，就有渔人在此处避风建造房屋居住。春秋至南北朝时期，三河一直是各国交战争夺的战略要地。唐宋之后，人们在此地周围的河湖滩地围堤筑坝、向湖争田，沿着巢湖西岸不断向东发展，有了长达数十里的圩田，使得这一带成了鱼米之乡。三条河内河堤的顶背即堤埂的两边修建了商店及住宅，逐渐便形成了以米市为主的商业集市。得益于水，三河古镇镇外河湖通航，是优良的内陆港口，为舒城、合肥、庐江、六安等地重要的商品集散中心，很早就形成繁华的商埠。

三河镇的主体部分主要位于小南河沿岸，顺着弯月形的河道，从北侧丰乐河，向南延展出一条主要街道——河北大街至杭埠河，总长约3公里，街心铺青石板（图3-2-8）。街道走向与河流之间基本保持平行，为了节省空间，保证最初聚居于此的人们对于水的需求，街道比较狭窄。随着人们的不断聚集，沿河岸方向已没有空间来满足不断增多的居住要求，人们只能沿着与河流垂直的方向修建房屋，于是便形成了垂直于河道的街道，进一步发展后，这些街道上又分化出了更多的巷道。这些街巷整体上呈带状鱼骨形态，共同构成了三河古镇的主要街区，街区内渠塘纵横，小桥相连。由此可见，为了满足城镇的生活、生产、防火、防御等方面

图3-2-8 三河镇村落总体鸟瞰图（来源：张浩 摄）

图3-2-9 三河古镇河道与街区俯视图（来源：张浩 摄）

的要求，同时形成较为丰富的街巷景观，河流的形态和沿河所进行的商贸活动很大程度上决定了街区建筑的布局方式（图3-2-9）。

三河古镇现存的古街、古宅大部分都是明朝末年至清朝中晚期修建的。历史上最繁华的街道是河北大街中的古西街，全长500多米，大的商号均集中于此。最古老的则是位于小南河南端的二龙街，虽然只留下了几栋古老民宅，但从唐朝至今已有1300多年的历史。除此之外，还有较完整的上横街、下横街、南大街和一人巷等多条街巷。三河由于其处于南北交界之处，虽受到皖南地区的影响较多，但因其有着发达的水路运输，云集了各地商客于此，建筑形制在徽派建筑的基础之上融合了南北不同的建筑风格，形成了独特的建筑特色（图3-2-10）。

三河因多发水灾，建筑较小巧且略简朴，一般呈条状、块状，高度在1~2层。古民居均为木构与砖石混合的坡屋顶形式，山墙为"品"字形马头墙形式，多有立柱。建筑平面布局以三合院、四合院为主，既有北方的合院形式，又有南方的天井院落。院落沿建筑的中轴线纵向延伸，少为二进，多则六进，主要房屋居于院落正中，坐北朝南，称正房，正房两侧，分列左右厢房。在规模较大的民居中，二层常设有环形走廊围绕天井，俗称走马转心楼，成为江淮地区古民居独有的空间形式。建筑外墙为清水墙，采用南方的砌筑方式，保暖性更强，但同北方一样不进行粉饰，建筑整体观感更具古朴质感，将南北方各自的优点较好地结合在了一起。

4. 西溪南村

西溪南村位于安徽省南部黄山市腹地，该地区属于盆地地貌，数十里范围内都是平地，西溪南村背倚凤形山，面临丰乐水，风景优美（图3-2-11）。村里的吴氏家族是皖南徽商的典型代表，在古时候被称为"歙邑

（a）古西街　　　　　　　　　　　　（b）合众巷　　　　　　　　　　　　（c）古南街

图3-2-10　三河古镇内部街巷（来源：俞梦璇　摄）

首富"，他们受到徽州文化的深远影响，在通过买卖木材、茶叶和盐积累了大量财富后，纷纷选择回到村中，修祠建社，兴建学堂。西溪南村的发展于明清时期达到鼎盛，村中保留至今的明代建筑有10多处，清代民居100多幢，其中老屋阁和绿绕亭属全国重点文物保护单位。村中园林和果园也很多，古时有八景之说。

西溪南村整体布局是坐北朝南，沿丰乐河南侧，由东向西展开，棋盘式组织架构，以街为经，以巷为纬，东西贯通，南北畅达。西溪南村也是典型的沿水性聚落（图3-2-12），村内有科学的水系统。其中，主要水系条、陇、雷三渠将丰乐河引入并贯穿整个村庄，水系边均设有青石板铺砌的码头，用以满足村民的日常生活和灌溉农田所需。水系的周围是因商业需求而形成的主要的街巷，分为前街、中街、溪边街，房屋沿街而建，鳞次栉比。街巷周围则零散分布着由富商所修建的祠堂和社屋古宅等（图3-2-13），所以村落的格局和村中大

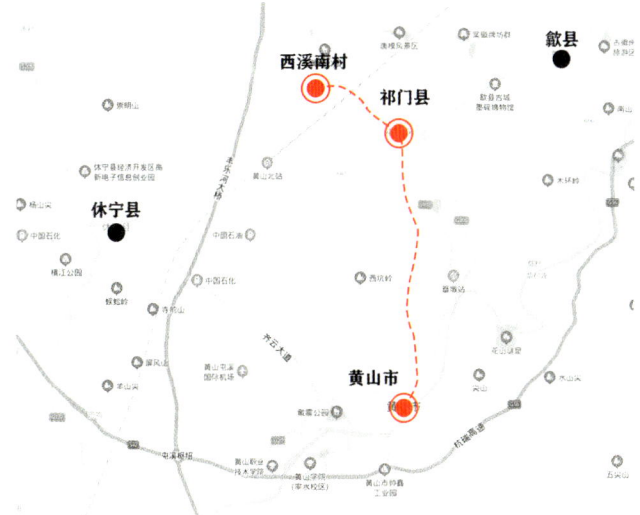

图3-2-11　西溪南村区位示意图（来源：侯琪玮　绘）

多数建筑都是在徽商文化影响下建造而成，最终构成了聚落的空间形态，整体风貌具有传统聚落的内敛性和聚拢性。

图3-2-12 西溪南村周边环境(来源:侯琪玮 摄)

图3-2-13 西溪南村街景(来源:薛梅 摄)

二、农耕文化影响下的传统聚落

（一）农耕文化特征概述

中国悠久的农耕文明是孕育出中华文明的基础，安徽地区由于其独特的地理优势和丰富的自然资源，更是深受农耕文化的影响，长盛不衰。

安徽地区处于中国南北过渡的地理区位，地形地貌多种多样，有着丰富的土地资源、水资源和山林资源，又属于北半球亚热带季风气候，这为安徽地区的传统聚落农耕发展带来巨大的优势。尤其密布的河网，使得农田灌溉较为方便，一度造就了这里的人们以农耕观念为主、少事商贾的习俗。加上强烈的宗族观念和小农经济的思想，更是加重了人们对土地的眷恋和依赖。虽然历经了两汉、魏晋南北朝时期的开发，安徽地区至唐宋时期社会经济达到了鼎盛，但在遭到宋金战争、元末农民战争的摧残和黄河洪水泛滥的劫难之后，社会发展停滞不前甚至开始衰败，即使到明清时期经济文化中心转移至长江沿岸，安徽地区整体仍处在典型的传统农耕社会环境。

在安徽传统聚落里，农业关乎生存，伴随着居住人口的不断增长，粮食的需求量也不断上涨。在没有工业生产帮助的古代，想要提高原有农田的生产率，是十分困难的一件事情，人地之间的矛盾逐渐凸显出来。重农轻商的古板思想深深地影响着广大劳动人民，在面临人地矛盾时，除了少部分人群向外移民，主要的办法就是开发田角地头、荒坡野地及森林深处。因此，在皖北丘陵和皖中平原地区，出现了大量通过涸塘围湖、围江造田、伐林垦荒而形成的以农耕文化为主导的传统聚落。而皖南地区作为当时移民的主要目的地，虽然水系丰富，但山峦延绵，适合开垦种植的农田比较稀少。于是，南下的中原地区移民带着"耕读传家"的"重农"思想，首先选择地形适合生产建造的盆地作为迁入聚集之地。起初这些聚落主要分布于古黟盆地和休歙盆地，但皖南盆谷地区的土地都不肥厚，反而海拔越高的地方越适合农作物的生长，因此早期定居的传统聚落规模都不大，部分聚落向山地转移，并在很长一段时间内仍以开垦耕地为主要生活来源。之后，传统聚落逐渐向祁门、婺源、绩溪等相对平坦的地方扩散，以寻求更多的耕地，或者通过经商等其他方式维系生活。

（二）典型传统聚落分析

1. 屏山村

屏山村位于黄山市黟县县城东北部，得名于村庄北部有一座状如屏风的高山，古称九都、长宁里。屏山村亦是聚族而居的村庄，由伏羲氏九世孙的叔子后裔舒姓子孙，因唐代战乱，自庐江郡南迁至长宁里居住而形成。因此，屏山村又被称为舒村，至今已1100多年。

屏山村依山傍水，所依之山为黄山的一脉——屏风山，其西与石鼓山相连。村庄东南一侧地势开阔平坦，且南北方向没有明显的高差变化，呈网格状分布着大片农田（图3-2-14）。西侧的农田则受到石鼓山的影响，随着等高线呈阶梯式分布。在屏风山东侧的吉阳山山麓，流出一条清澈见底的小溪，名为吉阳溪，溪水从北到南流经整个屏山村，最终汇入自黟城南来的漳水，它也是新安江源头之一。吉阳溪为屏山村的农业发展提供了很大的便利，人们修建水坝、开槽沟渠，引溪水灌溉农田，在一些房屋周围的空地上，也开垦出了零星的小块农田，用来种植一些蔬菜和其他作物。另外，在屏山村与朱村交界的地方挖掘湖泊，命名为长宁湖，意味着于此能获得长久的宁静生活，挖出的湖泥则堆积于田埂上，肥沃土地。由此可见，屏山村的聚落形态主要受到农业需求的影响。屏山村中的民居沿着吉阳溪的两岸修建，形成了多条街巷空间，沿街建筑主要是有前厅和后屋的小商铺。明代成化时期，在溪流上修建了8座石拱

图3-2-14 屏山村航拍（来源：张浩 摄）

（a）屏山村民宅

（b）吉阳溪边街景

图3-2-15 屏山村内景象（来源：侯琪玮 摄）

桥，俗称"长宁八古桥"，便利了两岸的交通，也更加促进了岸边街巷的发展（图3-2-15）。

屏山村时至今日仍保存着明清时期的民居200余幢，神坛寺庙、桥亭水榭等名胜古迹，以及光裕堂、成道堂等七座祠堂。其中，明代万历年间修建的舒氏宗祠——光裕堂是现存非常少见的明代宗族祠堂，它也是安徽省重点文物保护单位（图3-2-16）。舒光裕堂坐北朝南，建筑壮丽、体量高大，整个祠堂的占地面积

图3-2-16 舒光裕堂（来源：侯琪玮 摄）

图3-2-17 呈坎村区位示意图（来源：侯琪玮 绘）

达480平方米，各处细节都彰显着典型的明代风格，门楼、内饰、墙裙、柱础所用材料精美，气势雄伟浩大，线条流畅。

2. 呈坎村

呈坎位于安徽省黄山市徽州区，有着1800多年的历史，古时是徽州首府歙县的辖地，被称为龙溪（图3-2-17）。唐末，罗天真、罗天秩堂兄弟携整个家族从豫章来此地定居，成为罗家一脉的祖先。罗氏兄弟在选择居住地时，着眼于山川形胜和自然环境的选择，对当地的气候、地质、地貌、生态、景观等各种环境因素进行了综合的评判，最后选择了歙县西北四十里的龙溪。龙溪位于一个盆地之中，依山傍水，被观音山、灵山、龙山等群山环抱，村东紧靠自北向南的众川河，河的东岸有着数千亩的农田，耕地资源丰富。但随着人口的增长，平原耕地不能完全满足村里居民的粮食供给需求，人们便开始积极主动地寻找方法。农户们利用周边山体开垦了大量梯田，富人或地主则选择购买周边村庄的土地。购买来的土地不仅缓和了本村内部的供需压力，也使得村中的富人或地主与周边村落的村民形成了长期的租佃关系，促进了周边村庄的发展。

众川河水为呈坎村的农田丰收提供了基础，两条水圳引众川河水穿街走巷，起到消防、排水、灌溉等作用。呈坎村村民们在丰收之后还十分注意粮食的储存，从氏族到普通百姓都有固定的粮食贮藏之处，村里也会有一部分区域专门用来储存粮食，这样即使在灾年，村里也有足够的食粮（图3-2-18）。

呈坎村粉墙黛瓦之间，尽显皖南传统聚落的典雅秀美，纵横交错的道路，为它平添了一丝神秘的色彩。自明清时期发展以来，呈坎村的主要空间形态和街道格局基本形成，并一直保留了下来。村内的主要街道基本与众川河平行，狭窄的巷道与街道垂直，整体呈现南北贯通、东西衔接的网格式布局。街道和小巷都是用花岗石铺就的，两边是一排排的民居建筑，它们共同构成了呈坎村清晰明了的空间图底关系。在主街道旁的建筑主要是售卖日常用品的商铺，为了满足商业展示的需求，建筑大门都比较宽阔。又考虑到夜晚缺少照明，为了保证商铺天黑后的安全性，便在墙上开高窗用以夜间售卖物品。除此之外，村落中还会有固定的集市，每到祭祀的时候，本村以及周边村落的人们便会来到集市，进行所需商品的交易，这也为村庄提供了物资补充和交换，获得了生产生活用品的重要机会。

图3-2-18 呈坎村村口荷塘（来源：侯琪玮 摄）

随着皖南地区徽商兴起，呈坎村中也有了许多徽商，他们重视文化教育事业，在村中兴建了祠堂、书院、牌坊、水口园林等建筑。村中至今仍保留有明清建筑100余处，其中罗东舒祠、长春社、罗润坤宅为国家和省级文物保护单位。保留下来的建筑风格、形制都很统一，以木结构为主，用砖雕、木雕、石雕三雕进行装饰，精致细腻，艺术水准很高。

3. 大袁村

大袁村位于安徽省亳州市涡阳县青疃镇的南部（图3-2-19），风光优美，"两水拱一村，方水育方城"，是最具代表性的皖北传统聚落。相传，从前这里周围地势低洼，土地荒芜，人烟稀少，唯有此处生长庄稼，于是人们便在此聚集形成村落。大袁村是一个典

图3-2-19 大袁村区位示意图（来源：侯琪玮 绘）

图3-2-20 大袁村鸟瞰图（来源：侯琪玮 摄）

型的农业村，以种植、养殖为主。大袁村传统资源丰富，现存有1条古水系，1口古井，200余棵古树，3座碑刻，1座古坑，1座故居，1座祠堂。在大袁村平静祥和的自然风光和错落有致的古老建筑中，它的传统和文化仍然在流传，葱油饼制作、祭祖等传统文化活动还在继续（图3-2-20）。

大袁村中现存的袁氏宗祠及袁大化故居均属清代后期建筑，是安徽省第七批省级文物保护单位。两处建筑都是砖石砌墙，小瓦覆顶，设计错落有致。其中袁大化故居现存房屋28间，祠堂现有房屋10余间（图3-2-21）。房屋主人袁大化是清末爱国将领，曾任漠河金矿总办、清河道、山东按察使和新疆巡抚等职。"故居现存东厢房十间，后堂屋三间，后堂屋前面有两间小厢房，小厢房前面还有七间堂屋，七间堂屋前面又有东西厢房各三间。"

故居东侧不远处，是袁氏宗祠（图3-2-22），袁氏宗祠是涡阳仅存的比较完整的祠堂。根据资料记载，祠堂原有大门朝南，门前有石狮和石旗杆座各一对，内部共有三进院落，第一进、第二进院落分别有一排7间和5间堂屋，均是中间过道，东、西各3间厢房，最后一进院落中的一排5间堂屋为主祠，"重梁起架，明柱走廊，花格门窗"，两端各有耳房一间。在祠堂正南一二里路远的地方，是袁大化建的园林。园林中有大量石像，主要是动物像和佛像，园林尽端贴近墓地，摆放了各种石制物件，园林中还有很多松树，树枝粗壮。

图3-2-21 袁大化故居（来源：侯琪玮 摄）

图3-2-22 袁氏宗祠（来源：侯琪玮 摄）

三、庄寨文化影响下的传统聚落

（一）庄寨文化特征概述

安全防卫是人类生存和发展最基本的需要，从远古的氏族公社时期开始，同一部落的人们就以聚居的方式定居在一起，以达到共同防卫野兽侵害以及自然灾害的目的。因此，聚落就是人们为了安全防卫的需要而形成的空间聚集体。

庄寨是一种集农耕需要、防御需要、建筑需要于一体，防居并重的地域特色鲜明的聚落文化形态。它是在原始的聚落形式基础上，以农耕社会为背景，考虑聚落的选址、布局、建设等方方面面的安全因素发展而来，这也是聚落生产生活、繁衍生息的基本条件。聚落的空间和形态上所展现的防御性不是一蹴而就的，是一个逐渐进化的过程。早期原始氏族聚落为了强调其血缘关系的稳固性和宗族、部落的集体性，一般将聚落内的房屋围合成单一的几何形状，呈现出内聚性，通过在外围设围墙、沟壕等防御设施来满足聚落的整体防御需求。后期，随着聚落的防卫对象从各种自然灾害开始转向战乱、匪祸等人为的社会灾害，以及聚落内居民不合理行为导致的如火灾等衍生灾害，聚落的防御方式和手段产生了很大的改变。聚落通过特殊的选址，结合自身的地理环境、气候特征、本土材料，修筑堡垒、高墙，建造密集的建筑、防御城墙等，形成一个具有联动性的防御体系。

庄寨文化在整个安徽传统聚落的发展史上占有重要地位，究其原因包括以下几点：第一，随着时间的变迁，聚落所处区域的自然条件在发生变化，聚落需要随之做出适当的调整，同时要保证聚落内的财富不受到破坏，维持居民宁静的生活。第二，因各种原因导致需要迁移的聚落，不仅要处理匪盗、战乱等人为的祸乱，还需要考虑在聚落的营建中，如何通过聚落选址、建筑布局等方式应对新的环境所带来的各种可能的自然灾害，在最大程度上取自然之利，避自然之害。最后，一个好的环境意向能给它的拥有者一种重要的心理安全感，聚族而居的聚落，必须要让家族成员在此感到安心，"安居"之后便能"乐业"，才能够使整个家族欣欣向荣，不断发展。

传统聚落往往通过场地、形式、空间的综合运营，达到防卫品质的内外统一。首先，传统聚落依靠所在区位特有的环境要素而产生一种整体防卫的氛围。古时，社会动荡不安，社会环境混乱且不稳定，聚落更多选择建于地势险峻的位置，利用高山、河流等自然条件作为防御风沙、保护聚落的天然屏障，或选择有高坎、谷沟等微地形能借以防御的平原地带，为了增强防卫功能，一般还会在聚落的外围挖壕沟设防御工事。其次，聚落中的单体建筑单元往往会修建高大厚实的墙体，不开窗或开小窗、高窗等方式来进行立面和形体的设计，达到较好的防卫效果。另外，聚落内的空间布局和建筑组合通过特殊的空间比例尺度、曲折迷离的街巷等创造神秘感，包括祠庙建筑空间的震慑作用，达到心理层面的安全需要。宗族文化为聚族而居的传统聚落带来了强有力的精神寄托，在聚落精神防卫体系中发挥着重要作用。传统文化中的宗教信仰更是使得聚落中的居民找到了心中的威信和权威，满足了居民的精神要求和心理依托，同时也为建筑细部装饰提供了广泛的素材，如瓦当、屋脊、门额等多处的吉祥纹样，寄托了安徽传统聚落中人们对美好生活的期望，这些装饰纹样分布在聚落的各个角落，丰富了聚落的精神防卫体系。

（二）典型传统聚落分析

1. 阳产村

阳产村位于安徽省歙县深渡镇，它是安徽南部山区一个历史悠久的传统聚落，聚落里主要居住的是郑姓人家。郑氏一族是于西晋末年永嘉年间，为了躲避战乱，搬迁至安徽南部地区，也就是古时的徽州，后来发现了被群山包围的阳产村。这里地势险峻，有山泉流淌而过，是适合居住且能够更好地抵御外敌的地方，遂移居阳产村。

阳产村是一个依山而建的山寨，坐落于大山深处，为了更好地达到御敌的目的，村落的位置选择在了东、南、北三个方向分别被龙岩尖、北山、茆山所包围的地方。村庄顺着北侧和东侧的山体走势，房屋自下而上修建，从山脚处开始一层层堆叠延伸至山腰，整体海拔较高（图3-2-23）。村庄的西边是开放的，有极好的视野，登高望远可见新安江。阳产村的主要水源来自山中的泉水汇聚而成的三条溪流，因地势高差较大，溪水流入村中时速度比较快，但山泉的水量有限，因此，阳产村的水系无法像皖南其他村落一样，从家家户户的门口经过。为了满足村中居民日常取水、用水的需求，在建筑片区交接、溪水流经的位置选择相对平坦的场地，设置了四个公共水池供人们使用。三条溪水自此流穿阳产村，汇聚于山脚下，然后流向西方。村中的居民沿溪水开山修路，与外界联系。但山路狭窄且陡峭，交通不便，阳产村基本与其他村落无往来，自成一体，更具防御性。

阳产村因其封闭性，数百年来，村庄里建筑和道路都是取用当地的材料进行修建，房屋主要是采用青石砌筑作为地基，挖山取土修砌墙体，于是便形成了阳产村最大的特色——土楼群。土楼色彩多为材料自身固有色，以黄色为主，少量白色点缀其间，远远看去，给人以古朴、温暖的感受（图3-2-24）。土楼的梁柱和骨架采用的也是从周围的大山中砍伐的木材和竹子。屋面则是青瓦铺设的双坡悬山屋面，有利于建筑的通风和屋顶的排水，深灰色的屋面在冬天可以吸收更多的阳光，并将其辐射到房间，提升房间内部的温度，达到取暖保温的作用。阳产的建筑色彩对比鲜明，与青山绿树的环境更为融合，在美观实用的同时，增强建筑的地域特色。现存最早的土楼建于明朝，有380多年的历史。

依山而建的土楼群布局错落有致，土楼与土楼之间有石板铺砌的台阶或青石铺地，村里家家户户依靠石梯和狭窄的土路连接，错综复杂。人们在这里日出而作，繁衍生息。阳产的选址和空间形态一反安徽皖南传统聚落的惯常形式，但却充分体现出了庄寨文化思想与自然现状的有机结合，体现了一种人与自然融为一体的美感，具有浓郁的山区民居建筑的特色，构成一幅古朴壮美的画卷。

(a)阳产村鸟瞰图

图3-2-23 阳产村整体景象(来源:张浩 摄)

（b）阳产村局部景象

图3-2-23　阳产村整体景象（续）（来源：张浩　摄）

图3-2-24　阳产土楼建筑（来源：张浩　摄）

图3-2-25 南溪古寨鸟瞰远景（来源：张浩 摄）

2. 南溪古寨

南溪古寨隶属于安徽省池州东至县花园乡，是一个山清水秀、历史底蕴深厚的千年古村。公元前121年，其祖金日䃅为匈奴休屠王太子，归汉后被武帝授以马监事朗，并赐名金姓。唐末，金日䃅第四十五代孙金廷烈通过科举入仕，此时正是藩镇割据时期，社会混乱不安，一些任职徽州的仕宦既为避难也爱其山水，于是举家迁居徽州。金氏祖先金侨公为避黄巢战乱，选中南溪，率族人从徽州黄灯迁到此地开发定居，至今有1130多年，因此南溪古寨又被称为金家村。

南溪古寨坐落在高山脚下，三面环山，村后有九条山脉蜿蜒而下直至村口，形成了三个圆丘，村民称之为"九龙戏三珠"，数条山溪自然汇聚于村首形成水口，建筑沿河流而建，这样的布局体现了安徽传统聚落选址布局对于山水的文化要求（图3-2-25）。同时，南溪古寨因其独特的对于防卫功能的要求，于寨口的溪水上设三座石拱桥，被前人称作"进村三把锁"，古寨中有一元末明初时人工挖掘的沟渠贯穿其中，沟渠弯曲迂回，房屋围绕沟渠建设，街巷曲折深远，进入其中宛如迷宫一般，易进难出。另外，出于匈奴民族好战的性格和御敌的需要，街巷两侧的房屋墙壁所成夹角成锐角突出，还有着古寨独有的建筑形制——碉屋。碉屋始建于元末，墙身厚实，门窗窄小，墙壁上有很多孔洞，似乎随时都有利箭射出（图3-2-26）。寨子里的青壮就曾经在这楼里对外御敌，墙上还保留着激战的痕迹。

3. 姜湾村

姜湾村位于安徽省六安市金寨县南部的果子园乡，毗邻金寨、罗田交界的大别山腹地（图3-2-27）。姜湾村所在地区平均海拔400多米，气候温和湿润，土地广阔、土壤肥沃，村落四周都是400岁高龄的枫树，深秋时节，景色尤好。姜湾村也被当地人称作姜家大寨，据《姜氏家谱》记载，当年姜氏第一世祖是李自成起义军中左路军的一员大将，李自成兵败之后，便携妻儿迁至此地，于山顶之上建寨而居，至今已有300多年的历史。

姜家大寨占地约3000平方米，采用传统的方正构图形式，具有较强的防御性。村里至今仍存120余间具有大别山地区人居格局特点的明清古屋，每栋房子只有十多平方米，它们紧密相连成一个整体（图3-2-28）。外围为青砖墙体，中间有一门楼供人们进出，以门楼为中轴线、正厅为中心，房屋共有三层，每层都有一条走廊环绕相连，廊旁有大石块搭成的暗道相通，用于排水或躲避灾祸，顶上有屋檐（图3-2-29）。姜湾村整体呈现不规则四边形，内部空间组合规整却复杂，如迷宫一般，守护着村中居民的安宁。

4. 朱家湾

朱家湾古村位于安徽省六安市金寨县汤家汇镇上畈村，始建于明末清初，由当时明朝一朱姓将军因战败，携全家逃难隐居于此而形成。村落三面环山，已有400多年的历史，现在主要居住的是吴氏族人。村落中建筑

图3-2-26　南溪古寨碉楼（来源：梁楠 摄）

图3-2-27　姜湾村鸟瞰图（来源：张浩 摄）

以轴线对称的形式抱团而建，现存四进主屋和两套厢房，建筑四周有青砖条石铺设的回廊，沿回廊边沿设排水沟。建筑群内除住宅外，还设有会客堂、戏楼、花园等不同功能的公用建筑。留存下来的古宅大门门框前，有一对精致的雕花石鼓，大门朝南，除了用来居住生活外，还兼具瞭望的功能。整体建筑不仅冬暖夏凉，且仅有4道门可以进入高大厚重的青砖院墙，关上大门后就形成一个相对封闭完整的宅院，具有较强的防御功能（图3-2-30）。

朱家湾传统聚落的选址及布局始于一种特殊的追求，即古人所期望的"天人合一"人居理想的体现，聚落的建造者依据地理条件，在满足御敌等功能需求的

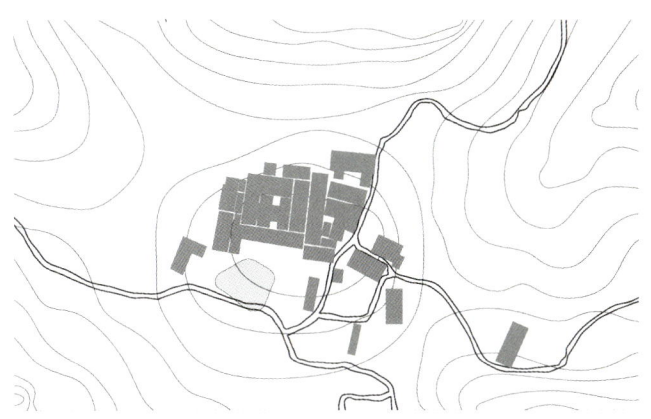

图3-2-28　姜湾总体平面形态（来源：梁楠　绘）

图3-2-29　姜湾建筑形态（来源：梁楠　摄）

图3-2-30　朱家湾村建筑群（来源：张浩　摄）

同时，规划和布局了具有某种特殊含义的聚落形状，暗含着积极向上的寓意，反映着村落建造者的美好精神向往，体现了人文理念与自然环境的完美融合。这种可以称之为象形的聚落大多分布在地势较为平缓开阔的山谷盆地之间，朱家湾古村落正是如此，它从"富"字形出发，宝盖头意指聚落背靠大山，宝盖下面的横即为大山庇护下的村落，朱家湾门前空旷处人工挖掘的水塘便是"富"字中的"口"，塘面面积近2亩，"口"的下方就是大片的农田，与"富"字最下端对应起来，村落整体呈现出近似方形的空间形态，表现了皖西地区宅居文化印记，富有当地的传统文化内涵（图3-2-31）。

（a）朱家湾村鸟瞰图（来源：张浩 摄）

（b）"富"字形（来源：俞梦璇 绘）

图3-2-31 朱家湾总体形态

5. 龙台庙村

龙台庙村位于距亳州市谯城区东南的城父镇（图3-2-32）。城父镇位于漳河和涡水之间，历史文化底蕴浓厚，有着众多古迹，名人辈出。该镇最有名的一处历史遗迹就是龙台庙村的章华台。章华台，又称章华宫，据传说是楚灵王所建的离宫，用以吃喝享乐。这样的章华台在中国有多处，大多建在依山傍水的地方，但唯独章华台不一样。它位于城父镇南4公里处，乾溪沟西侧，北依城池，南观湖水，有水无山。后因战乱，章华台被毁，后人就在此处修建了大型庙宇，俗称龙台庙，庙祝后裔在庙宇西侧建村落，以庙宇名而命名龙台庙村，这也承载了人们的精神寄托，使得聚落的居民更具凝聚力，得以齐心协力共同抵御外敌。

龙台庙村至今有着2000多年的历史，村落世世代代为守庙人。村东乾溪之水由南而来，人工挖掘沟渠，引溪水环绕龙台庙村，既能灌溉又能防御外敌和野兽，乾溪守护村庄后再北去入芡河（今漳河）（图3-2-33）。村庄有着良好的地理位置和环境，人丁兴旺，村内土砖

图3-2-32 龙台庙区位示意图（来源：梁楠 绘）

图3-2-33 龙台庙村俯瞰图（来源：梁楠 摄）

图3-2-34 龙台庙村内建筑（来源：梁楠 摄）

墙瓦房居多（图3-2-34），房屋土制外墙粘有防雨草，街巷纵横有序，树木郁郁葱葱，阴阳适宜，环境优美。在历史的发展长河中，这座曾经被称为战国"歌舞厅"的繁华之地早已不在，只留下一片高地。但龙台庙村不仅保存了比较完好的传统聚落风貌，世代传承着守护庙宇的传统美德，而且还沿袭着传统民间风俗，每年都会举办传统庙会，而这些恰恰是传统聚落魂之所在。

四、移民文化影响下的传统聚落

（一）移民文化特征概述

历史上，中国曾发生过几次大规模的人口迁移，迁移所带来的人口流动使得传统文化产生了大量的交流和碰撞，在迁移过程中多以家族族群为一体，将宗族文化与中国传统文化相连，使得人们对传统文化有了更深的认同感，因此而迸发出了更加丰富多彩的光芒。由于战争、饥荒等诸多原因，安徽历史上也发生了无数规模各异的迁移活动，伴随着人们的迁徙形成了新的传统聚落分区及特点。

安徽省境内人口迁徙数量相当大，究其原因主要是逃避战乱、为官迁居或得山水清气这三种。而其中在历史上具有一定规模，且对安徽的社会结构影响较大的移民主要都是为了逃避战乱。比如汉末到魏晋时期的移民，大批北方人南迁，这也是自秦汉大一统之后，国家政权再一次分崩离析，社会动荡不安，各个政权之间战争不断，导致的最大规模的一次民族迁徙。再如唐朝"安史之乱"至"黄巢起义"时期的移民，唐玄宗天宝十四年（公元775年）发生的"安史之乱"使社会遭遇了一次浩劫，唐王朝自盛而衰，广大人民皆处于无家可归的状态中，又因唐末的"黄巢起义"时期，各地藩镇和地方豪强争取自立，硝烟充斥全国，大量百姓和氏族南下寻找新的聚集之地，其中近20个族姓迁移到安徽境内，主要分布在安徽境内长江南岸以及宣州、歙州、池州等地区。又如靖康二年（1128年）金朝南下攻取北宋首都东京，北宋灭亡，宋室南迁建立南宋，定都于临安，引发了大规模民众的跟从。每当北方战乱纷扰时，无论是平民百姓还是有名望的大家族都选择安徽作为迁徙定居之所，是因为自汉唐以来，安徽地区一直是一个自然封闭的地方，有着地理环境的天然优势，这里虽然水路进出方便且四通八达，但陆上交通不是很方便。在这里聚集居住，只需要严加守护四方边界出入的主要道路就可以保一方平安。

至宋朝为止，近百个姓氏先后迁徙至安徽地区内，总迁入人口约17万，使得安徽的社会结构有了很大的改变，中原有名望、有地位的外来宗族成了驻扎于安徽地区的主要居民，他们"各自为政"，以宗族为单元形成了新的聚落。虽然不再拥有往日显赫的社会地位、强大的社会背景和雄厚的经济财力，但世家曾经积累的家族底蕴仍在。凭借着士绅背景带来的浓厚的儒家文化熏陶，使得其后裔在科举制度中如鱼得水，逐渐成为新的官宦世家、名门望族，随之而来的便是以祠堂、书院等为核心的聚落发展。除此之外，他们的到来也使得文学、绘画、书法、造纸、制墨、印刷等在安徽地区逐渐发展繁荣起来，也为安徽地区的社会、经济、文化发展带来了巨大的影响。尤其是安徽南部地区，以传统耕种为主的山越文化被中原汉文化同化，受到先进的农耕技术和手工业文明的影响，开始有了经商活动，接收了外来移民思想的传统聚落不再只围绕农田发展，而是向着交通便利的道路、河流扩张。同时，聚落融合了儒家文化礼仪，宗法制度和文化得到了完善，建筑形制上也有了很大的改变。

安徽中部江淮地区则主要是在元末明初的移民运动中发展起来的。当时的朝廷从江西、皖南、湖南、江苏等地发动人们搬迁至皖中地区，以此来弥补当地流失的大量人口，促进经济发展。明洪武三年（1370年），便有4000多户没有耕地的人民从苏、松、嘉、湖、杭迁往临濠，也就是今天的凤阳县临淮镇。洪武七年（1374年），"徙江南民十四万于凤阳"。长江以南来自歙县、宣城等安徽南部地区和江西瓦屑坝地区的移民，主要迁往了长江沿岸的安庆、庐州一带，在此地开辟家园、恢复生产，建立了以宗族为纽带的移民聚落。其中，瓦屑坝移民的家族中产生了许多著名的历史人物如张英、李鸿章、刘铭传、段祺瑞等。根据《中国移民史》统计：巢湖地区的移民占氏族总数的四分之一，徽州地区的移民与江西移民数量相差不多。巢湖北岸移民人口中主要是江西移民，集中在张家疃、三户梅等村落，皖南移民相对少很多，比较有代表性的村落有洪家疃、六家畈。除此之外还有小数量的来自河南、四川等地的军籍移民者，例如军王家、军徐家、唐家疃等村落。由此可见，安徽的传统聚落发展受移民因素的影响深远，人们的集体移徙导致原有聚落随着人口的减少而分崩离析，新的定居点历经发展，逐渐形成新的聚落。

（二）典型传统聚落分析

1. 六家畈村

六家畈村位于合肥市肥东县长临河镇，两座山在前，巢湖居右，有溪流环绕村落，水清土沃，村中有着郁郁葱葱的松树，树木高大，气势雄伟，宗祠庄严，民居雅静，这里四季景象秀美多变（图3-2-35）。六家畈村主要居住的是吴氏族人，据他们的宗谱记载，南宋宝庆元年（1225年）吴氏一世祖自徽州婺源迁到茶壶山，二世祖生六子后迁到此地，繁衍生息，蔚然成村，故名六家畈。历代先人半耕半读，明礼仪崇先哲，立学校求

图3-2-35 六家畈俯瞰（来源：梁楠 摄）

知识，故而人丁兴旺，英才辈出，遂成乡镇大族。

六家畈村的兴盛离不开水。在清朝末年，由于漕运兴盛，长临河镇成为巢湖北岸商品分销集散地，贸易往来发达，这里还是"巢湖水师"的发源地、"淮军文化"的摇篮，仅在六家畈村就诞生了18位杰出的淮军将领。100多年前，淮军将领吴毓兰兄弟功成名就后，在故乡六家畈修建了当时甚为气派的住宅，即现在的六家畈古民居（图3-2-36）。时至今日，六家畈村仍保存有100多间明、清建筑风格的古民居，是合肥现存最后一片古民居群。这里的民居都是青砖灰瓦，建筑两侧有高大的封火墙，砖雕、木雕精细，做工考究。明万历二十二年（1594年），吴氏一族在六家畈老街北头西侧建有一座富丽堂皇的宗祠，祠堂为三进，每进五间，砖瓦结构，大门楼为宫殿式建筑，有着浓厚的民族色彩，门前有石鼓、旗杆，是吴氏出过举人、进士的标志。厅前院内向西有一角门，通往清廷敕建淮军统领吴伯华的专祠，祠内挂吴伯华的画像，上方有金底黑字慈禧太后题颁的"寿"字横匾，两边还有李鸿章、李瀚章题的匾额。

2. 洪家瞳村

洪家瞳位于合肥市巢湖市黄麓镇，北依秀丽的西黄山，东与巢湖市炯炀镇、西与肥东县长临河镇接壤，处在巢湖北岸半岛的中心位置（图3-2-37）。宋元战争之后，这里原本繁荣的村庄变成了一片荒凉之地。明朝初期为了振兴这片土地，政府下令从江西"瓦屑坝"和皖

图3-2-36 六家畈古民居（来源：梁楠 摄）

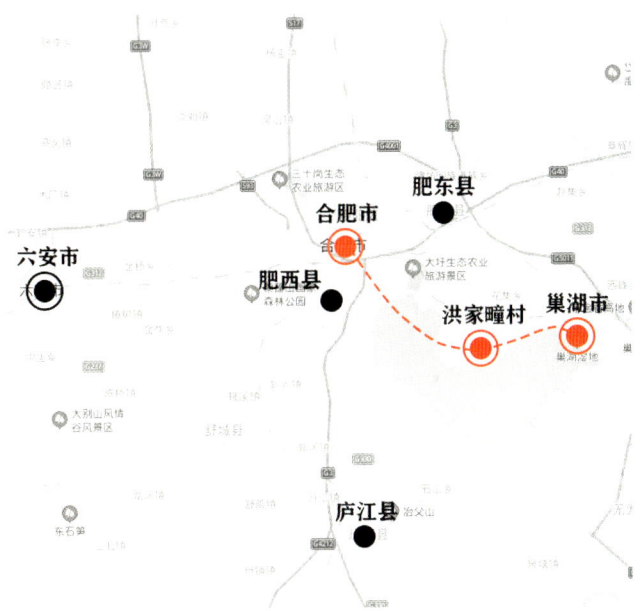

图3-2-37 洪家瞳村区位示意图（来源：梁楠 绘）

南徽州等其他地区迁移了大量的百姓来到巢湖岸边，繁衍生息。洪家瞳就是由瓦屑坝来的移民者建立起来的。

从瓦屑坝移民而来的人们聚集在巢湖的北岸，早期是由徐氏家族和黄氏家族形成了两个民屯，并以此为聚集点，在周围开垦土地，后来逐渐发展成为两个小村庄，名为徐家瞳和九黄瞳，所谓瞳，就是"屯"的谐音。村庄建成后，却因村庄北侧的西黄山山水常常倾灌而下，影响了处在下游的农田。于是徐氏和黄氏便一同前往了西黄山，在面向下游田地方向的一个狭窄山口修建了一处水坝。水坝长150米左右，高差在6米以上，水坝前有一水库，用以调蓄山洪，保证下游的农业生产。为看护好这个水坝，在水库边逐渐形成了一个村子叫徐家坝。徐家坝建好之后，在它的东边建起了一个小小的村落，居住着徐家坝以后的主人——洪氏。洪氏是从徽州迁来的，按照族谱的记载，他们是唐代歙县观察使的后代，又称桂林洪。洪氏的村子叫"清水塘"，小村前面有水塘，后面有一口井，常年汩汩地冒着泉水，洪氏在这里辛勤劳作。

到了清代初年，徐家坝里居住的三支家族之一的庄氏家族，因族中一人触犯朝廷，使得满门获罪，庄姓之人都匆匆逃离了徐家坝。洪氏家族以此为契机搬入庄氏家族留下的空旷房屋和建筑基地，成为徐家坝村第二批移民者。洪氏来到徐家坝之后不断发展壮大，逐渐成为村中最大的家族。在清乾隆年间，他们建起了洪氏宗祠，也是全村唯一一处祠堂，成为整个村庄的统领者，之后村庄的名称也就从徐家坝改成洪家瞳，而原来因为兴修水坝而形成的小湖泊也替换成了"清水"。后来，同时来自东部小村的靠山张氏家族也随之来到村庄。张、洪等家族慢慢融合，形成了如今的洪家瞳村。

洪家瞳村地处江淮之间的环巢湖地区，处于群山包围的平地之上，风景秀丽。村落形状方正，围绕着村口的池塘，以三五个院落成组抱团的形式延展开来（图3-2-38）。受到南方的雅致和北方的古朴两种不同

图3-2-38 洪家疃鸟瞰远景（来源：张浩 摄）

图3-2-39 民居大门形制（来源：王惠 摄）

的风貌影响，建筑体态轻巧，风格却粗犷豪放。建构上借鉴了当地江西移民带来的大屋形制和皖南移民带来的徽州建筑形制，有着独特的建筑特色。村中的民居两侧均有大门，由于当地的某些特殊民俗，大门都不是正南布置，而是有所偏斜，因此门厅呈梯形，门厅以青石板铺地（图3-2-39）。

3. 赖山村

赖山村位于淮南市西南部的谢家集区李郢孜镇，北靠西部中心城区，东接山南新区，其文化底蕴深厚，是文化界有深厚影响的"蔡楚文化"的发源地。赖山村为回族聚居村，境内有"两墓一寺一民居"，即如春申君黄歇墓（战国四君子之一）、清水师提督杨歧珍墓、赖山集清真寺、清民居，古迹较多（图3-2-40）。

传说赖山本为荒山秃岭，山下人烟稀少，仅有一家铁匠铺，明朝中晚期回民杨姓祖先由陕西省弘农郡迁到安徽省颍上县杨湖镇之后，其中一支迁至赖山定居，兴建清真寺，聚族而居。经过多年的发展，赖山渐渐形成了一个以牛羊交易为主的集市，人们称之为赖山集。到了清朝初期，随着人口的增加，赖山集发展成为一个有3条青石铺地的主要街道，100多家商铺的大集市。经过400余年，回汉两族和睦相处，共建家园（图3-2-41）。

赖山集繁衍至今的回族，保留了鲜明的民族风情，赖山集清真寺是回族群众的宗教活动场所和伊斯兰文化交流中心。赖山集清真寺是淮南市最早的清真寺，始建于明万历八年（1580年），最初只有草房五间，大殿三间，偏房二间。清乾隆十五年（1750年），大殿改建为砖墙瓦顶五间，偏房四间，乾隆二十五年（1760年）、乾隆五十四年（1789年）两次修缮。清光绪六年（1880年）扩建讲经房六间，大门楼及偏房三间，均系砖墙瓦顶，加建草房七间，作为浴室及阿訇住宅。后被太平军焚毁，清福建水师提督杨岐珍返回祖籍淮南赖山时，倡议本族各户集资筹款，重修清真寺。于清末光绪三十三年（1907年），清真寺修建竣工，并一直留存至今。赖山清真寺具有很强的地方特色，其建筑装饰简洁，在多次的修缮过程中，以中国传统纹饰为基础，同时汲取了南方、北方的建筑风貌，并融合了部分伊斯兰文化风格，形成了集中国传统宫殿式建筑艺术与伊斯兰建筑艺术于一体的建筑风格（图3-2-42）。

4. 赵庄

赵庄是淮北市烈山区烈山镇榴园村下辖的四个自然村之一，位于淮北市东部山区，龙脊山脚下，是传统的农业村，以种植和养殖为主。榴园村至今还保存着明清古石榴园千余亩，是迄今华东地区年代最久远的古代石榴园。从榴园村自塔山一路向南，便能来到赵庄。以

图3-2-40　赖山村局部鸟瞰图（来源：王惠　摄）

图3-2-41　赖山村街景现状（来源：王惠　摄）

图3-2-42 赖山村清真寺鸟瞰图（来源：张浩 摄）

前，榴园村周边地区特别贫困，以茅草房为主。明末，赵氏家族从淮北凤凰村宁山迁徙居于此地，盖了3间石砌瓦房，因瓦房较特别，赵庄最早得名"赵瓦房"。其后世子孙也都就地取材，用石头砌房，日积月累，逐步形成有一定规模的石头民居（图3-2-43）。在这片榴香四溢的群山中，明清时期形成的赵瓦房，虽历经百年沧桑，依然保留着古朴的风韵。

走进赵瓦房，就宛若进入一座石头古堡。一间间石头房子质朴典雅，偏正侧倚，用石头铺成的小路曲折回环，窄巷深幽（图3-2-44）。这些石头房子在石榴树枝叶的掩映下，景色让人流连忘返。步入一座院落，房子砌石接缝紧密，线条层次匀称，村民劳作的工具，家里使用的器皿，都有着石头的痕迹。村中有一口古井，井口呈长方形，井内是圆筒形，向北有水道与水井相连，水道上置有一石槽。据村民说，此井原为泉眼，赵氏先祖见泉水清冽甘甜，遂砌筑为井，名曰"清井"，因此井水水量常年充沛，夏季丰水期更是喷珠吐玉，汇成清流，依山而下。

五、渔业文化影响下的传统聚落

（一）渔业文化特点概述

安徽境内有淮河、长江、新安江三大水系穿流而过，大大小小的支流、湖泊遍布。在这样独特的地理环境条件下，从远古时期起，安徽地区古人的聚集地便主要分布在水源附近，人们择水而居以便获得生活必需的水和食物。对原始聚落的居民来说，靠水吃水是他们的基本准则，捕鱼作为最初的生存本领延续至今，同时孕育了与打渔相关的经济生产活动，成为一些传统聚落赖以产生、存在和发展的前提和根本条件。在渔业经济基础上，形成的渔业文化，是人们在生产劳动和社会实践中创造的文化成果或文明积淀，是在长期的历史发展过

图3-2-43 赵瓦房村内街巷（来源：张浩 摄）

（a）建筑远景

（b）赵瓦房石头房子

图3-2-44 赵瓦房村内景象（来源：薛梅 摄）

程中慢慢形成的特有文化。

安徽传统聚落最初多依水而建，早期因皖北地势平坦，在农耕思想的影响下，适宜耕种的淮河流域是聚落聚集的核心，隋唐以后受到了渔业文化的影响，慢慢扩展到长江流域，便有了以淮河、长江、新安江为骨架的聚落体系。长江中下游地区，江河密布，江流宽稳，湖泊荡漾，为捕鱼为生的人们生活聚居创造了良好的条件，并且受季风性影响，有着温暖湿润适合农作物生长的土地，于是传统聚落便向长江流域转移并在各个河流水系形成1~2个区域中心。在渔业文化影响下形成的传统聚落，大部分在发展到一定阶段后找到了新的生存方式，如农耕、经商等，而一小部分则一直依赖于渔业，这些传统聚落经历了漫长的历史阶段，逐渐形成了与其地理环境格局所造成的生活方式息息相关的空间形态。

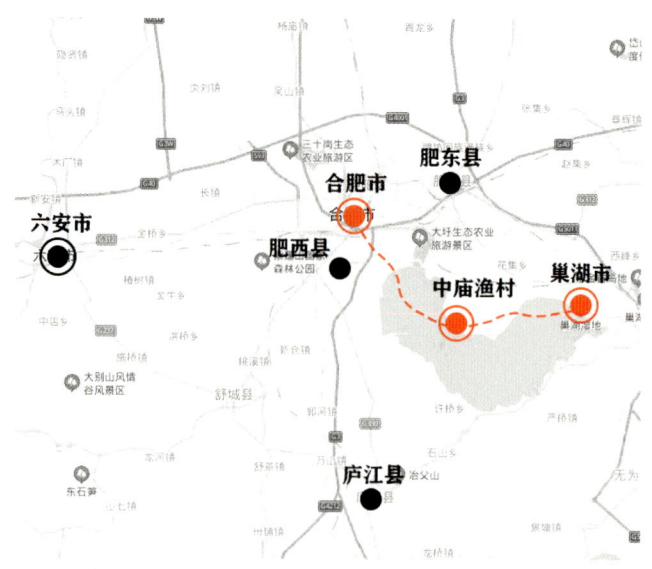

图3-2-45 中庙渔村区位示意图（来源：薛梅 绘）

（二）典型传统聚落分析

1. 中庙渔村

中庙渔村位于安徽省合肥市巢湖市中庙镇以北，巢湖沿岸（图3-2-45）。巢湖是我国五大淡水湖之一，水域面积达七百多平方公里，沿湖共有35条河流，水产丰富。以银鱼、白虾、湖蟹这"巢湖三鲜"闻名，另有各种优质的鱼类资源，因此大量渔民在巢湖外湖打渔为生。这些渔民中很多人在陆地上是没有居住地的，每天的生活起居都是在自己的渔船上度过，船便是他们的"家"。为了躲避湖上的风浪，不捕鱼时渔船会集中停放在某处港湾，人们聚集而居，展开各种交往活动，逐渐形成了一定的规模，成为一种特殊的传统聚落形式（图3-2-46）。

巢湖边的这种舟居渔文化有着悠久的历史，最早的记录是太平御览·地部·卷四十的《续搜神记》中关于三国时期打渔人夜宿渔船中的传说，后来也有一些诗人曾在诗词中描写了巢湖水面上的舟居情形。如清末巢县本土诗人汤长吉的《望巢湖》一诗中写道，"面面山环抱，湖光一镜幽。夜深孤月朗，波阔远天浮。四越雄心阻，三分霸业休。平时闲眺望，一派尽渔舟"，写出了巢湖之美之壮观，以及湖面上渔船繁荣的景象。

中庙渔村独特的居住方式主要依托于船，随着时代的变化，渔民居住的船也由最初的普通渔船慢慢变成了现代的住家船（图3-2-47）。这种住家船为了保证其稳固，大多以不易腐烂的、浮力大的杉木建造，船身还会使用桐油涂刷。在结构上，夹板下有两层，最下面是隔水层，隔水层上为底舱，主要用来存放生活用品、粮食和杂物。一般前舱用于打鱼作业，船屋大概位于船舱中后部，用铁皮划分生活区，中间是客厅、卧室，后舱为厨房、厕所。人们会在船屋的外面种植一些简单的蔬菜、晾晒腌制的肉类，满足鱼类之外的食物摄入。有的渔船吨位比较大，其上可有两层至三层的船屋。这些船屋相对来说比普通船屋要宽敞明亮一些，设施设备也会多一些，但生活依然不方便。因此，这样的传统聚落居住形式已非常少见。

2. 姥山岛渔村

姥山岛位于安徽省合肥市巢湖市境内的巢湖湖心，

（a）中庙渔村区鸟瞰图（来源：张浩 摄）

（b）中庙渔村俯瞰图（来源：薛梅 摄）

图3-2-46 中庙渔村整体布局

(a) 住家船远景　　　　　　　　　　　　　(b) 住家船近景

图3-2-47　渔村住家船（来源：薛梅 摄）

图3-2-48　姥山岛鸟瞰图（来源：王惠 摄）

是湖中最大的岛屿，地形大致呈纺锤形，周长约4公里，面积为0.86平方公里，最高海拔115米。相传"陷巢州"时，焦姥为救乡邻，自己被洪水吞没，化成了一座山，后人遂称之为"姥山"。姥山岛上林木葱郁，植被覆盖率超过80%，四季常青，但可耕种的土地较少，同时它又是巢湖水上天然避风港和水战停泊处。因此，这样的生产环境决定了岛上居民生产方式主要为打渔（图3-2-48）。

岛上只有一个村子，叫小渔村，居住着世代的渔民（图3-2-49）。他们一辈子都在和船打交道，一边在渔

图3-2-49　姥山岛渔村鸟瞰图（来源：王惠 摄）

汛期下湖捕鱼，一边在山上经营着茶园、竹园、果园和菜园。汉魏时期，姥山岛渔村有许多专为商贾服务的客栈、茶楼酒肆，到了夜晚，歌吹袖舞。明朝末年合肥知县熊文举写过一篇《姥山记》，有"是村跬步以外皆是水，非筏不通。居人淳朴，外户可以不闭。是何以必文津武陵，若使春水一棹经过，桑麻楚楚，四面桃花，水天一色，正不辨山之为姥也"的描述，将姥山岛描绘成一片世外桃源。姥山岛山顶的文峰塔内青石板上的《姥山歌》，则是清代淮军将领吴毓芬辞官归乡后所写的诗句，其中最后四句"山人使船如使马，撑突波涛双桨打；跨山横寻避风塘，南塘高高北塘下。朝挂百帆塘外开，暮挂百帆塘里来；风帆来去成朝暮，俞廖遗从少客哀。"描述了渔船在巢湖中乘风破浪，渔民日出水塘、日落回塘的情景。

这座有着千年历史的渔村，有着灰墙青瓦的宅院，历经沧桑的青石板路，保存着最古老的渔家民俗风情，岛上渔民千百年来也形成了自己的风俗禁忌与民间信仰。

六、驿路文化影响下的传统聚落

（一）驿路文化特征概述

在中国古代，道路的修建是随着朝代的更迭、邮驿制度的发展而逐渐完善起来的，同时也为传统聚落的形成与发展提供了有利的社会条件。

早在战国时期，因邮驿的出现，道路的作用便日益重要起来。邮驿也称驿传，始于春秋战国，驿传的设置多以政治、经济为中心，是中国古代政府设置的一种供一定品级的官吏往来，以及传递诏令文书的人夫、车马食宿等用途的官方交通通信组织，在公文传递、官员接待、运输铜银、押解犯人、调防军队和发展地区经济上有重要功能。随着秦始皇统一中国，为了更好地维系中央集权，邮驿制度完善起来，形成了三种通信方式，分别是用车传递称"传"，用马传递称"驿"，用人步递称"邮"。为了更好地进行"传、驿、邮"，便修建了以咸阳为中心向全国辐射开来的道路网。之后，汉朝沿袭了秦朝的制度，在邮驿与管理制度上更加完善，隋朝更是修筑数千里的御道，唐宋时期也在过去的道路建设基础上有所提高。到了元代，地域辽阔，为了维系疆域，自大都（今北京）通往全国有7条主干道，形成一个宏大的道路网，强化了驿站制度。明代在全国都建有驿站，称为驿递，尚有亭、舍、馆、铺等组成部分。邮驿驿站制度发展至清朝已基本完备，无论是中央层面的会同馆、皇华驿、捷报处抑或地方层面的释、站、塘、台、所、铺，与前朝相比设置地域更加广阔，形式更加多样，驿路也更加发达，利用原有驿道修建了15万公里的"邮差路线"。在地理区位上，安徽地处我国中东部，地跨淮河、长江南北，东邻浙江、江苏，西接河南、湖北，北临山东，南与江西接壤，因地理位置优越，自建省后，其战略地位更加突出。为保证南北交流畅通，有效控制江南等地，清时安徽邮驿建设备受中央、地方政府重视。《重修安徽通志》记载："安徽为东南要冲，符节往来，邮程四达，遵道遵路，声教若驰。"

根据《重修安徽通志》统计，清末，安徽共有驿站81处，其分布格局以长江为界呈现出北多南少，且驿站规模北方较南方为大的特征。而作为主要传递中央与地方、地方与地方之间一般文书的急递铺，则设有867处，其分布与驿站有较大不同，主要受到政治、经济、军事、地理等自然和社会因素的影响。基于81处驿站的分布格局，在此基础上形成的主要驿路共有3条：南北干线、入江西释路和水路，它们共同构成了清时安徽水陆兼备、四通八达的驿站网络。清时，安徽邮驿制度涉及邮符、释费、驿程、择马、葬车、驿船、驿禁、给驿（及杂支）、程限等多个项目。

除此之外，水路为人们带来了更为经济、省力的交通运输方式，利用水道调运粮食，成为王朝调剂物资、维系中央政权、制衡社会的重要基础和有力手段。尤其是当古代社会的政治与经济重心逐渐分立南北，漕运的重要性便更加突出。同时，漕运也是支撑各地驻军保家卫国、四处征战的重要保障。为了获得更好、更便捷的运输条件，解决河道流向带来的限制，历史上的各个朝代都致力于人工开凿运河，来补充陆上道路和天然河道运输的不足。春秋末期，吴国开凿了胥溪、邗沟、黄沟三条运河；秦始皇统一后在湘桂之间开凿灵渠，以通漕运；汉朝开凿了槽渠，由长安引渭水入渠，沿南山山脚，一直通到黄河；魏晋南北朝时期，开凿了一些地方性运河。隋唐大运河的开通便是在这些遍布中国大地的运河的基础上形成的，是古代数千年来劳动人民智慧与辛劳的结晶。到明清时期，朝廷十分重视运河漕运，对元朝大运河进行了扩建，并设置漕运总督和河道总督，分别掌管运河漕运管理和运河水利管理。得益于运河的开通，加上安徽省本就发达的水系网络，使得漕运为安徽的传统聚落带来了巨大的发展动力。

驿路文化不仅带动了沿线城镇的繁华，同时促进了全国商业、对外贸易和旅游业的大发展，形成了驿路经济带。不论是陆路还是水路的发展，都为沿线城镇的兴衰产生了重要的影响。随着道路和运河的开通，为沿线的传统聚落带来了便利的交通和大量的商品贸易，各地商贩云集，传统聚落逐渐繁荣起来，吸引了更多的人聚集于此，聚落日渐壮大，或是形成更多新的聚落，一大批传统聚落随之产生、发展、兴盛。

（二）典型传统聚落分析

1. 艾亭镇

艾亭镇，位于安徽省阜阳市以西的临泉县南部，西与河南省新蔡县交界，旧称"艾亭邱""艾亭集"，清道光《阜阳县志·人物寓贤篇》载："三国魏将邓艾，奉命广粮蓄谷、艾使陈项以东至寿春。令阜阳开渠引水灌溉，大治诸坡，民无水患，艾之功也。"后人取艾字建亭纪之，故名艾亭（图3-2-50）。

地处皖豫边横跨两省三县的艾亭镇，五分之三的村庄被洪河环绕，属于黄淮冲积形成，历史文化悠久，在

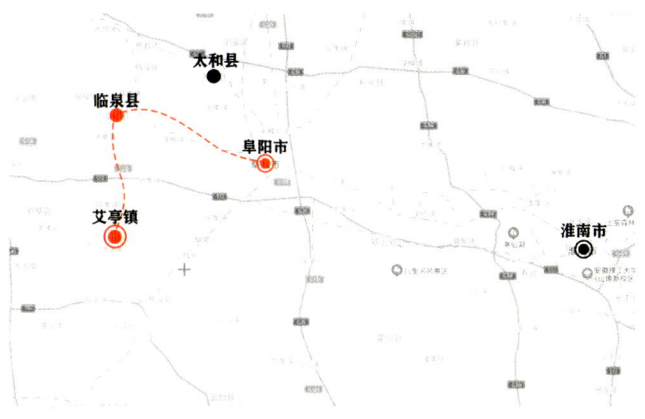

图3-2-50 艾亭镇区位示意图（来源：王惠 绘）

地理位置上有着重要的战略价值。战国汉魏"艾亭邱"在前，即今"艾亭城址"所在，"屯城"居后，地处今艾亭镇西南部。亦有传说汉朝时期，此处曾是瑶州，后因频发的自然灾害和战争，遂将瑶州迁往颍州（今阜阳）。艾亭真正有据可查的历史可以上溯到宋朝。宋朝时期，艾亭镇距沈丘县（今临泉县城）有百余里，因其所临洪河运输非常通畅，是陆路交通的要道，也是包括今天河南接壤地区在内的周围区域的中心点，加之朝廷在此处修官道、设驿站，于是安亭镇顺理成章地成为周围百里的物资集散地。艾亭发展很快，集市也很大，而淮河流域各地的货品络绎不绝地运往此地，艾亭繁荣了一两百年。后来，由于战乱，艾亭受了很大的冲击。一直到明朝，艾亭虽然都不太繁荣，但一直都是周围集镇中最大的一个。而自明朝开始，由于沈丘县被废，在临泉广大地区没有县城，艾亭凭借自身良好的地理条件，又重新繁荣起来，直到清朝时期，在周围的县镇中都是比较大的集镇。

2. 西递村

西递村位于黄山市黟县东南部的西递镇，始建于公元11世纪的宋朝的元祐（宋哲宗）年间。西递村中有三条溪流由东向西流去，因此古时被称为西溪、西川，后因其地处交通要道，朝廷在此处设"铺递所"用以传递公文和供来往官员暂时休息，于是人们又称西川为"西递铺"，遂更名西递。

西递村坐落在黄山南麓，黟县盆地南侧，四面环山，北靠罗峰山、石狮山，南面对案山南山坞，南北山在此回环形成一处山坳，逶迤数公里，一直到黟县南与渔亭古驿站相连的驿道上（图3-2-51）。西递村是以胡氏家族聚族而居，逐渐繁衍壮大发展起来的，有着强烈的宗族血缘纽带。其祖为唐昭宗李晔之子，因唐朝末年政权动荡而逃匿于婺源一带，改为胡姓，至北宋年间，他的五世孙胡仕良由婺源去金陵的途中，被西递的山水之势所吸引，后举家迁居于此，距今已950余年。

西递村历史上较少受到战乱侵袭，又因其地理位置未受到现代经济发展冲击，村落整体上较完好地保留了明清村落的基本布局、环境建筑风貌。西递村中三条溪流由北向南分别是金溪、前边溪和后边溪，前边溪和后边溪从村东北方向流经村落于会源桥汇聚，继续向西南方向流去，再于村口处与金溪相汇形成水口。沿金溪和后边溪的岸边形成了两条主要道路，另有一条同样走向的主要街道，以及多条南北向的小街巷，所有街巷都是以黟县青石铺就，共同构成了西递村的骨架系统。西递村口向西原为古道，曾有13座牌楼，现仅存一座石牌坊——胡文光牌坊，距今有400多年的历史，是明代徽派石坊的代表作。明清时期，随着士商观念的变化，村中部分读书人弃儒从贾，收获了财富，于是返乡大规模兴建房屋，并修祠、铺路、架桥。至今西递村中保存完好的明清古民居224幢，均为木构砖墙建筑，运用精美的木雕、石雕、砖雕进行装饰点缀。另有古祠堂3幢，古桥梁3座。其中，中心地带有南北两座胡氏祠堂，南为敬爱堂，也称西递贡院，是西递现存最大的祠堂（图3-2-52）；北为追慕堂，是村内胡氏族人祭奠先祖，追慕先贤所在。

3. 柳孜村

柳孜村坐落于淮北市濉溪县百善镇西侧，由"柳孜"

(a)西递村远景

(b)西递村近景

图3-2-51 西递村鸟瞰(来源:张浩 摄)

图3-2-52　西递村敬爱堂（来源：王惠　摄）

演变而来，古称"柳江口"，始建于东汉时期，有着悠久的历史文化传统。柳孜原是隋唐大运河通济渠上的一个镇，因运河的开通而逐渐繁荣，成为唐宋时期淮北地区的政治、经济、军事和文化重镇。柳孜并无柳氏家族，传说是由柳斩雄把守运河码头柳江口而得名（图3-2-53）。

隋炀帝开凿的大运河包括通济渠、江南运河、永济渠，全长5000余里，是世界上开凿最早、航程最长、最雄伟的人工运河，成为隋、唐、宋三朝交通运输的命脉。其中柳孜所临的通济渠，是将黄河与淮河连接起来，将江淮地区丰富的物产和粮食运到北方，保证了都城和军队的物资供给。运河也为柳孜带来了长足的发展，经济的繁荣使得社会各个方面都得到了提升。据《宿州志》记载：柳孜为巨镇，有庙宇99座，井百眼。

为了保证漕运的通畅，唐宋时期对于大运河的治理有一套完整的制度，每年疏通一次河中的泥沙。但随着政权的更迭，北宋末年，运河的管理制度逐渐荒废，至

图3-2-53　柳孜村鸟瞰图（来源：王惠　摄）

南宋光宗五年（1194年），黄河泛滥，洪水夺淮入海，通济渠从此淤塞，柳孜镇也因此衰落下来。

柳孜村历经1999年、2012年两次重大考古，发掘了隋唐大运河遗址（图3-2-54），发现了唐宋时期的

（a）大运河码头遗址博物馆

（b）运河桥梁遗址

图3-2-54 柳孜大运河遗址（来源：付晓惠 摄）

河道、河堤、石筑桥墩、道路等重要遗迹，出土了9艘木质沉船、隋唐宋时期20多座窑口的大批陶瓷器及石锚、铜钱等重要文物。这些发现对研究中国隋、唐、宋时期陶瓷产业的发展、南北经济文化的交流、大运河的流经路线等都具有重要的科学、历史和文化价值。

七、王权文化影响下的传统聚落

（一）王权文化特征概述

"城"是中国传统聚落的一种形态，与村落有所不同，是人类社会发展到一定阶段而产生的。城之本意是"城墙"或"城垣"，是聚落四周用作防御的高墙。因此，"城"也可以理解为带有城垣的大型传统聚落。古代王朝国都、诸侯封地以及卿大夫采邑，大都以"城"为其政治中心，而其带有的城垣则是作为王权文化的政治中心的主要建筑和最重要的防御设施。

在古代王权的影响下，原始聚落开始为王权服务，有了新的聚落核心建筑和表达领土意识的墙垣，聚落也从最初的形态逐渐演变成了城。例如，安徽北方的一些具有重要历史地位的古城，从遗址的规模、规格以及丰富类型上看来，都具有大型聚落的特点，而且其发展从古到今依然保留了一些过去城池的痕迹，世世代代影响着在此生活和居住的人们，这些王权产生的古城遗存其实就是传统聚落的特殊形式。

（二）典型传统聚落分析

1. 凤阳古城

凤阳古城位于安徽省东北部的滁州市凤阳县，地处淮河中游沿岸，史称明中都。它是明朝初年正式规划和营建的第一座帝都，始建于明洪武二年（1369年），是中国历史"大一统"王朝中唯一位于县城的"皇城"遗址，这里也是明太祖朱元璋的故乡、明王朝的发源地。

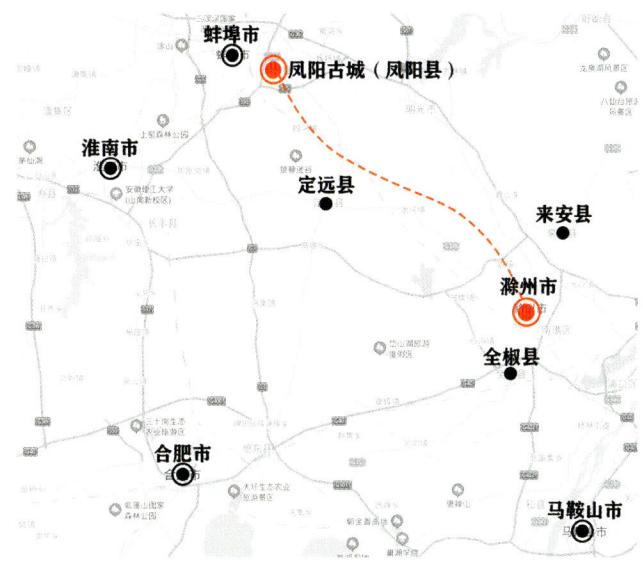

图3-2-55 凤阳古城区位示意图（来源：付晓惠 绘）

清乾隆年间，又在偏东南侧建凤阳府城与明中都皇城遥相呼应，使各类历史遗存进一步增多。现存遗址位于淮河南岸、凤阳老县城和政务新区之间的一片高地上（图3-2-55）。

凤阳中都城占地面积382.3公顷，中都城共有内、中、外三道城，其规划遵循《周礼·考工记》王城制度，布局严格遵循传统的对称原则，一条从午门至玄武门的中轴线纵贯南北，城内的各建筑规整对称地分列于轴线两侧，建筑壮丽奢华，雕刻精湛优美。它被认为是上承唐宋，下启明清，古代最豪华富丽的都城建筑之一，是南京和北京故宫建设的蓝本（图3-2-56）。开建六年后，明洪武八年（1375年）因工役繁重陷入艰难处境，以及老臣力谏等原因，朱元璋下诏"罢中都役作"，从此中都沦为陪都，直至弃用。此后的600余年间，明中都虽遭到破坏，但整体格局基本完整，在位置、形式、体量、规模、材料等方面保持了明朝初期的状态。中都地面遗迹大都遭到严重破坏，包括四周古城墙，留存下来比较好的只有南面和西面1000多米长的古城墙、鼓楼、皇城午门、西华门等少量建筑，以及城墙外的护城河。

（a）中都古城遗址

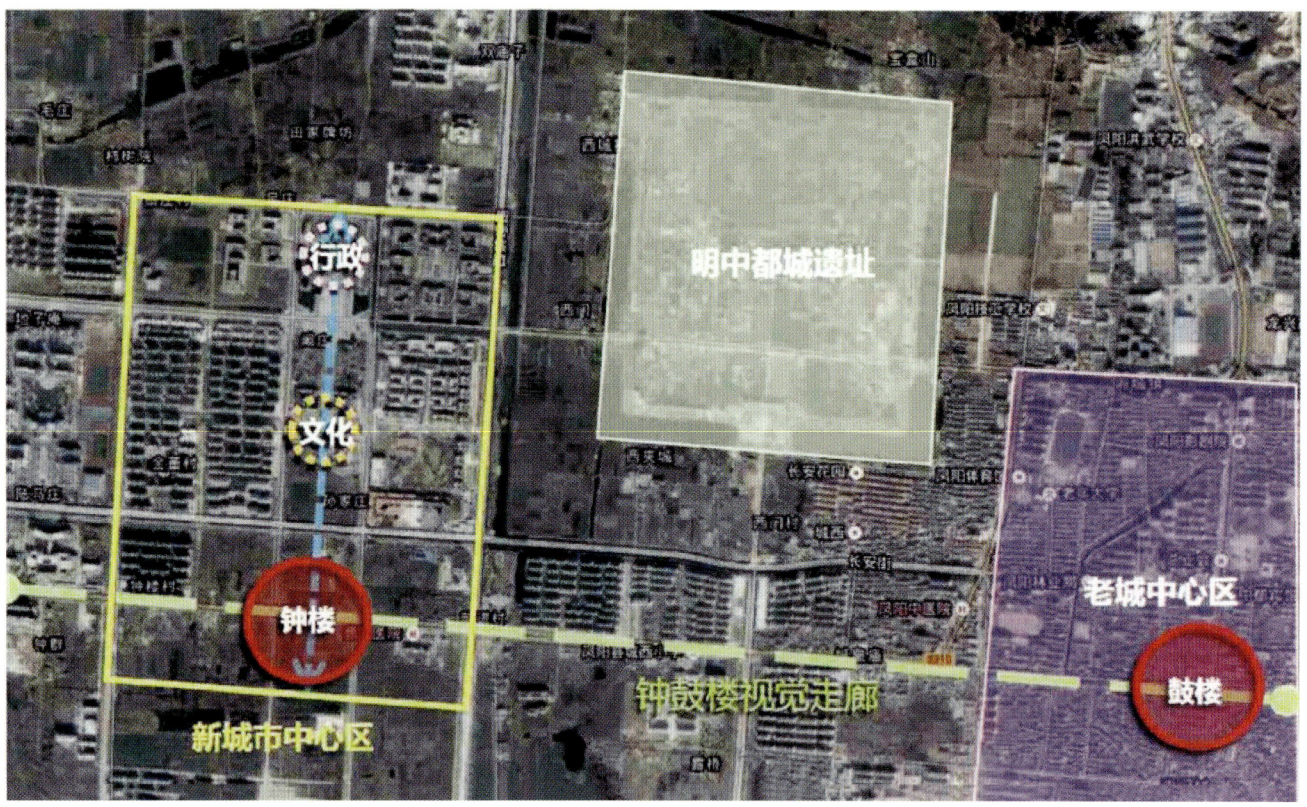

（b）现存中都城遗址与新城老城关系

图3-2-56　中都古城（来源：付晓惠 摄/绘）

除此之外，至今尚存的还有古花铺廊街（图3-2-57），位于凤阳县府城镇，是明代中都城的附属建筑。明清时期开始，花铺廊街便是远近闻名的商业集市，云集了大量的商贾，贸易兴盛。花铺廊街有着其独特的人文景观——骑楼建筑。骑楼建筑是利用人行道的上部空间作为沿街建筑的延伸部分，它的体量不大，尺度适宜。借助骑楼建筑，花铺廊街上的商业建筑除了采用前店后居（坊）的功能分布外，还混合了上居（坊）下店的功能分布，保证了沿街商业性的同时，满足了不同商业形态的经营需求。骑楼建筑底层为柱廊，提供了较为优质的步行空间，柱廊本身的韵律感，也为街道带来了丰富的立面景观，增强了整个街道的立体感，构成了具有鲜明特色的街景。

2. 寿县古城

寿县位于安徽省中部淮南市西侧，与霍邱县隔淠水相望，南接合肥、六安，北连凤台、颖上县（图3-2-58）。寿县历史悠久，古称寿春，因是战国四君子春申君祝寿的封地而得名。其地处淮河南岸，八公山南麓，地形东南高、西北低，由东南向西北呈现出岗地、平原、山地三种地貌。这里自古就是南北要冲，兵家必争之地，历史上淝水之战的战场便是在这里。寿县曾4次为都，10次为郡。据历史记载，公元前241年，楚考烈王就曾迁都于此，在王权影响下逐渐形成了城池，是楚文化的发源地。后来秦、汉、南北朝时期，这里与邯郸、洛阳、蓟（北京）、临淄、定陶、宛（南阳）、合肥、吴（苏州）、番禺（广州）齐名，统称天下十大都市。至唐、宋、元、明、清，寿县一直都是江淮地区重要的政治、经济、文化中心。

寿县古城初建之时，选址于淮河南岸，罕见地选择了在近水、有水患的地方。古城四面环水，北面以淠水、八公山作为天然屏障，其余三面有护城河。护城河内有城墙，始建于北宋时期，至南宋嘉定年间，历时

（a）花铺廊街入口

（b）古花铺廊街骑楼

图3-2-57 花铺廊街（来源：付晓惠 摄）

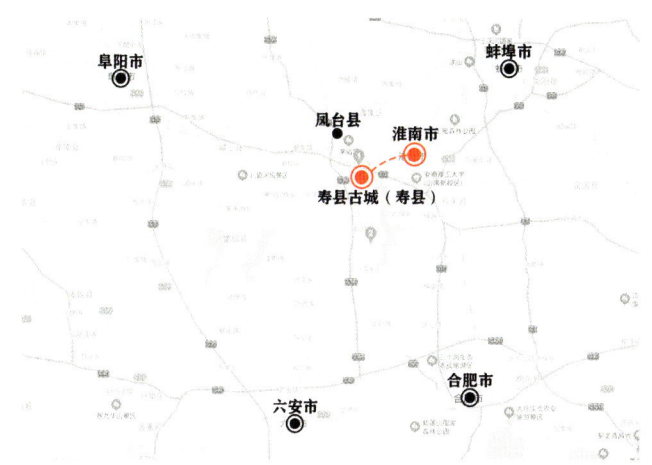

图3-2-58 寿县古城区位示意图（来源：付晓惠 绘）

图3-2-59 寿县古城瓮城（来源：付晓惠 摄）

150余年，几经反复而建成。墙体以土夯筑，外侧墙壁贴砖，在下部有2米高条石砌基。明清以来，按照防御战争和防洪的需要，古城又不断进行整修，终形成今日之规模，现今是我国保存较完整的七大古城墙之一。城墙的东南西北方向各有一门，分别为宾阳门、通淝门、定湖门、靖淮门。各门配有瓮城，瓮城外城门和内城门通过改变朝向或错位布置，提高防御性（图3-2-59）。寿县古城集坚固和强大防御功能于一体，易守难攻。近水的选址为寿县带来了便利的交通，成为沟通淮河流域的交通枢纽，北宋时担负着漕运的重要职责。但同时也带来了水患问题，为了防汛抗洪，古城西北角和东北角各有一座与城墙等高的特殊建筑——月坝（图3-2-60），月坝上有一涵洞，与城墙下的涵道相连，连接城内城外，通过涵洞下的"T"形木塞实现自动化防洪排水系统。

现今寿县古城整体格局、风貌保存完好，留存有大量的历史遗迹与传统艺术文化。寿县文物众多，县境内有全国重点文物保护单位6处，省级文物保护单位9处，市级文物保护单位35处，县级文物保护单位241处，县博物馆珍藏国家一级文物220件，二级、三级文物2000多件，有"地下博物馆"之称。另外，以楚文化为底蕴形成了独具特色的本土文化，如民间歌舞形式——花鼓灯、寿州锣鼓等。

3. 亳州古城

亳州位于安徽省西北端，地处淮北平原北部，北与河南省商丘市交界（图3-2-61）。亳州古称"谯城"，跨涡河两岸，是一座具有悠久历史的古城。商汤灭夏后，确立商朝的统治，于亳建都。秦朝时期此地被设为"谯县"，之后这里一直是州、郡或县的治所。至三国时期，魏黄初二年（公元221年）封谯郡为"陪都"。北周宣帝大象元年，"是时始改谯称亳，取南亳以名

图3-2-60 寿县古城月坝（来源：李茜 摄）

州"。隋大业三年（公元607年），隋炀帝改亳州为"谯郡"。唐武德四年（公元621年），又改谯郡为亳州。元至正十五年（1278年），红巾军刘福通等人拥韩林儿称帝，建"韩宋"政权，以亳州为都城。由此可见，亳州自聚落形成开始到后期的发展，都深受王权文化的影响。

亳州城是一座军事重镇，有着"中州门户、徐兖咽喉"之称。但是这里地势平坦，无险可守，只能筑城垣作为抵抗外敌的屏障。所以，从西周初始，周武王在此置焦国，便开始了亳州城的修建。到春秋战国时，夯土筑城墙，城池近正方形，已基本形成了今天亳州古城的形制和规模。隋唐时期，亳州的城墙便开始使用砖进行砌筑。至元朝汝南忠武王张柔驻防亳州，率山前八军花费四年的时间修筑城墙，采取了城垣中间夯土，内外两壁以砖、灰包砌的做法。明宣德十年（1435年），将土城改建为砖城，将城墙再次加固。明弘治十一年

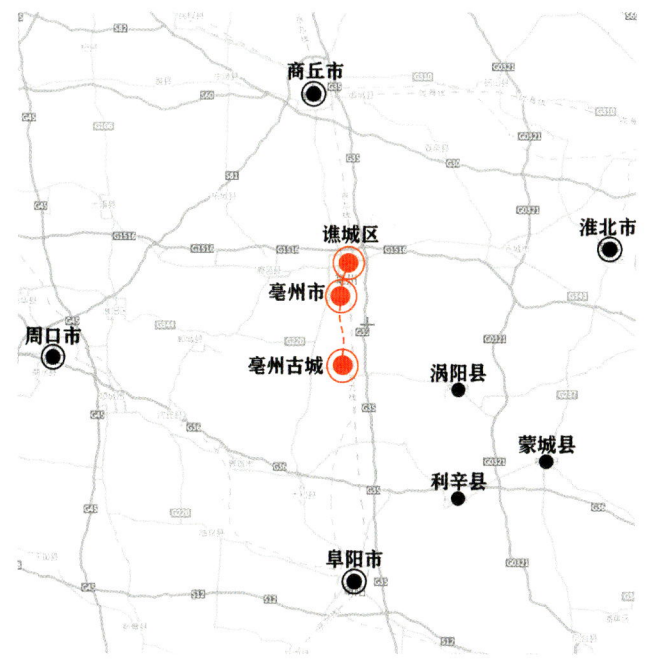

图3-2-61 亳州古城区位示意图（来源：李茜 绘）

图3-2-62 亳州古城门（来源：李茜 摄）

（1498年）知州刘宁增修城楼、角楼各4个，城铺楼54个，四个城楼直线对称（图3-2-62）。在明清时期，这里曾是区域经济中心，商业蓬勃发展带来了人口的快速增长，于是人们就集中在城外四关中的北关区居住。涡河北尚有两镇，以德聚圩较大，周围七里许，也非常繁华。亳州城逐渐形成城里、北关、河北三个组成部分。

亳州文化遗产资源十分丰富，包括亳州北关历史文化街区和亳州古城城区。北关历史文化街区是商业性街区，亳州在春秋时期即为接壤之地物产的重要交流之处，唐宋时为货物集散地，明清时期商业发展达到鼎盛。清光绪年间，北关商业区街道达57条，大多以行业命名，一街一市，汇聚了33家商业会馆，保留至今的山陕会馆即花戏楼（图3-2-63）就是其中规模最大、功能也较齐全的会馆之一。到清末民初，这一区域有大小钱庄33家，如仍留存的南京巷钱庄，以及各类商店、栈、号、行、庄近千家。北关老街保存古街近20条，街道整体样貌基本得以保留（图3-2-64）。

亳州古城城区下，以大隅首为中心，有古时曹操因军事需要专门修筑的地下战道，用以运兵，从四个方向通向城外，又称曹操藏兵道。其始建于东汉末年，唐宋时期多次修葺，仍然作为军事战道使用，由于涉及军事机密，除高级将领外无人知晓，所以史书记载较少。南宋嘉熙四年（1240年），亳州城因黄河决口被淹，运兵道被泥土浸灌淤塞，自此深埋地下直至民国27年（1938年）首次被发现，是中国现存最古老、保存最完整的地下大型军事设施，被列为全国重点文物保护单位。曹操运兵道包括谯望楼和古地道两个部分。史料记载，谯望楼高20多米，主要用以军事瞭望以及宴请宾客、吟诗作赋，同时为修建运兵道做屏障，是当时谯郡最高的建筑。整个地道布局结构复杂，纵横交错，有单行道、平行双道、上下两层道、立体交叉道四种形式，并设有猫耳洞、障碍券墙、陷阱等多种军事设施（图3-2-65）。整个工程浩大，规模宏伟，被誉为"地下长城"，具有深厚的研究价值和历史意义。

图3-2-63 花戏楼（来源：李茜 摄）

（a）白布大街

（b）南京巷

图3-2-64 北关老街（来源：李茜 摄）

除此之外，亳州人才和文物众多，文化底蕴浓厚，是道家、曹魏、中医药、白酒四大文化的发祥地，另有曹氏家族墓群、尉迟寺遗址、万佛塔等国家级文物保护单位6处，华祖庵、薛阁塔等省级文物保护单位38处及市级文保单位45处，县、区级文保单位131处。拥有二夹弦剧种、华佗五禽戏和涡阳老子传说等国家级非物质文化遗产保护项目3项及省级非物质文化遗产保护项目38项。

(a) 运兵道内景　　　　　　　　　　　　　　　(b) 上下双层道

图3-2-65　曹操运兵道（来源：李茜 摄）

第三节　小结

在安徽传统聚落的形成和发展中，有着错综复杂的众多因素影响。从选址、布局到建造，其空间布局、组织和营造，不仅有自然地理条件的制约，也有多种不同的文化因素带来的影响，是一个众力作用的结果。在传统聚落的发展过程中，往往会有某一个人文因素对其起到较为重要的影响，但并不是起到唯一、决定性作用。同样受到某一因素影响下的传统聚落，又会因为其他因素的参与使得聚落呈现出不同的表征。聚落与各文化要素之间呈现的是相互作用、相互依存、相互制约、相互协调、相互联系的密切关系。

安徽是一个高移民社会，人口的外部迁入及内部分裂迁徙使得新的聚落节点不断建立，人们对新聚落的选址尤为重视，通常在考虑人文环境因素，如防御、农耕、迁移等需求后，确定合宜的地理位置，再根据地质、水源、环境等具体条件，结合实际需求，确定具体的聚落建设基地位置，这一过程面临着多种方向和多种选择。并且人们选择的生活方式大多是聚族而居，追求安全、舒适的聚落空间。因此，这是从宏观到微观的过程，即聚落的发展变迁不是一蹴而就的结果，而是一个持续选择和再选择的过程。具体来说，随着自然环境和社会环境的不断变化，聚落在主导文化之外，开始受到多种文化的浸染，这些文化之间或许有着相似之处，又或者有着截然不同的物质需求，最终都会体现在传统聚落的特征中。如伴随着道路交通网络的不断发展，聚落沿道路向外分裂扩散，这其中还涉及宗族的内在作用，同时沿着主要的交通线路，因贸易经济的形成引起人们的聚集从而衍生出许多新的传统聚落，这些聚落中又会存在家族血缘关系。由此可见，传统聚落空间网络的形成演化，是社会环境、经济、文化等因素交替作用的过程。

第四章 传统聚落空间结构与形态

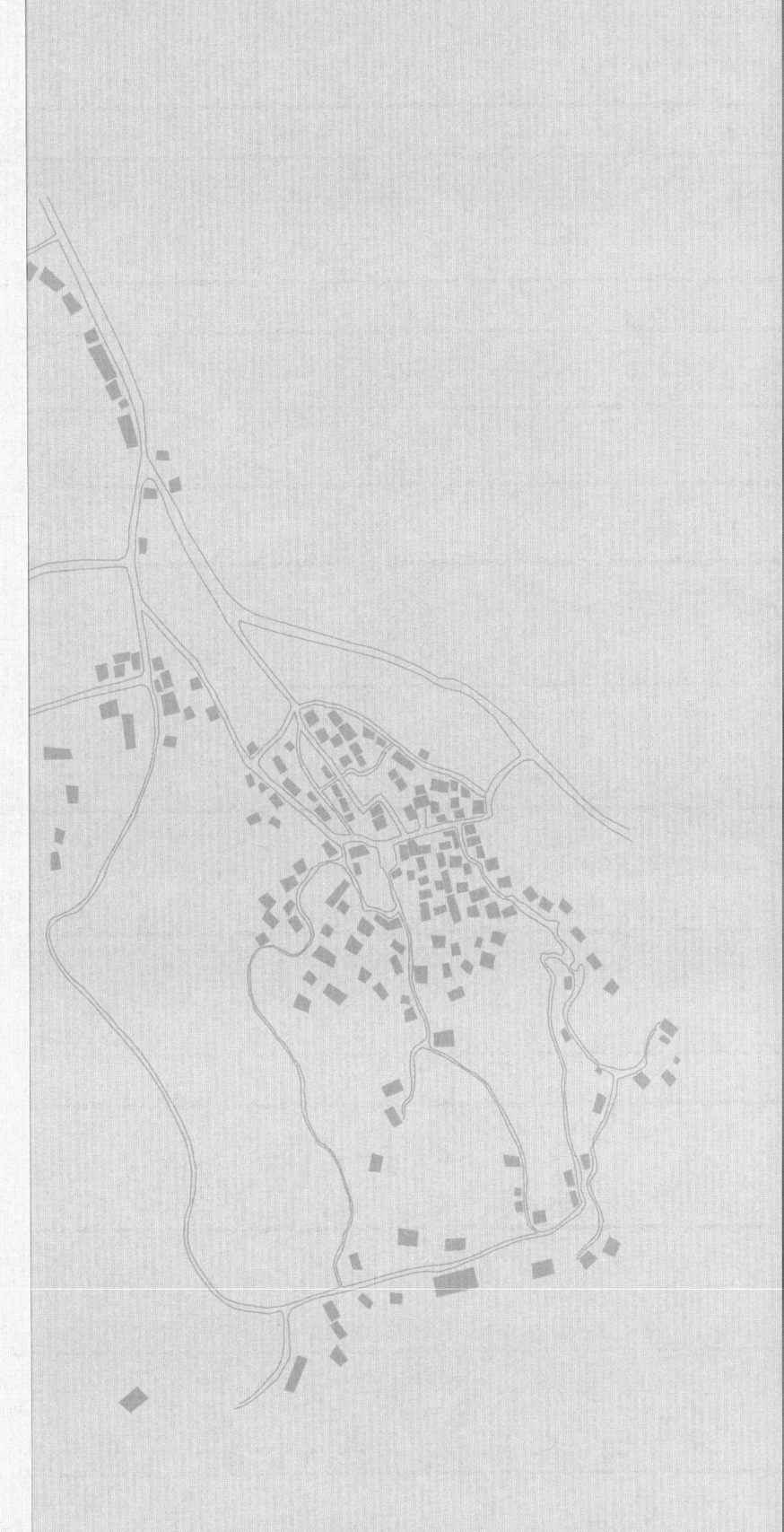

第一节 传统聚落空间的生成和演化

安徽传统聚落的空间结构生成和演化机制大体上可以分为三种，它们分别是：单核封闭式的聚落逐渐扩大生成多核开放式的聚落、点状中心式的聚落延伸形成线状中轴式的聚落、多个组团团聚紧凑式的聚落受到环境和生活方式等方面的影响而呈现出疏离协调式的聚落。聚落在生长过程中经历了由简单职能往复杂职能方向的演化过程，其职能日趋综合化的转化不仅受单一因子的影响，而是由多种因素包括自然元素和人文因素这两大类因素所影响，除去自然地形、资源储备等物质条件外，还有诸如宗族礼法制度、天人合一的理想等文化因子，以及商业经济、安全防御等需求所产生的文化都对聚落的生长机制产生影响。下面主要从综合地理以及文化元素两个主要影响因子的角度，通过具体的案例来阐释安徽聚落由单核封闭至多核开放、点状中心至线状中轴、团聚紧凑至疏离协调三种不同生长机制形成的原因以及过程。

一、单核封闭至多核开放

由单核演变为多核的聚落经历了向四周扩散至逐步稳定的生长过程。最初它们由某个单一姓氏宗族或多个姓氏宗族聚居在一起，开始规模较小，沿周围初次生长，当村落发展到一定规模后，再次向四周扩展进行再次生长，形成类似卫星城的次级核心，同时彼此之间互相融合、协调并最终达到稳态，随着时间的推移会出现可能性的生长方向，外延性和开放性不断增强。

总体来说，一些较小的聚落因为受到地理环境、文化人文各方面因素的影响，最终仍受限于单核的形态，而有些聚落可以随着本族人口的增加以及外来宗族的融合等因素得以呈现一种多核的形态（图4-1-1）。

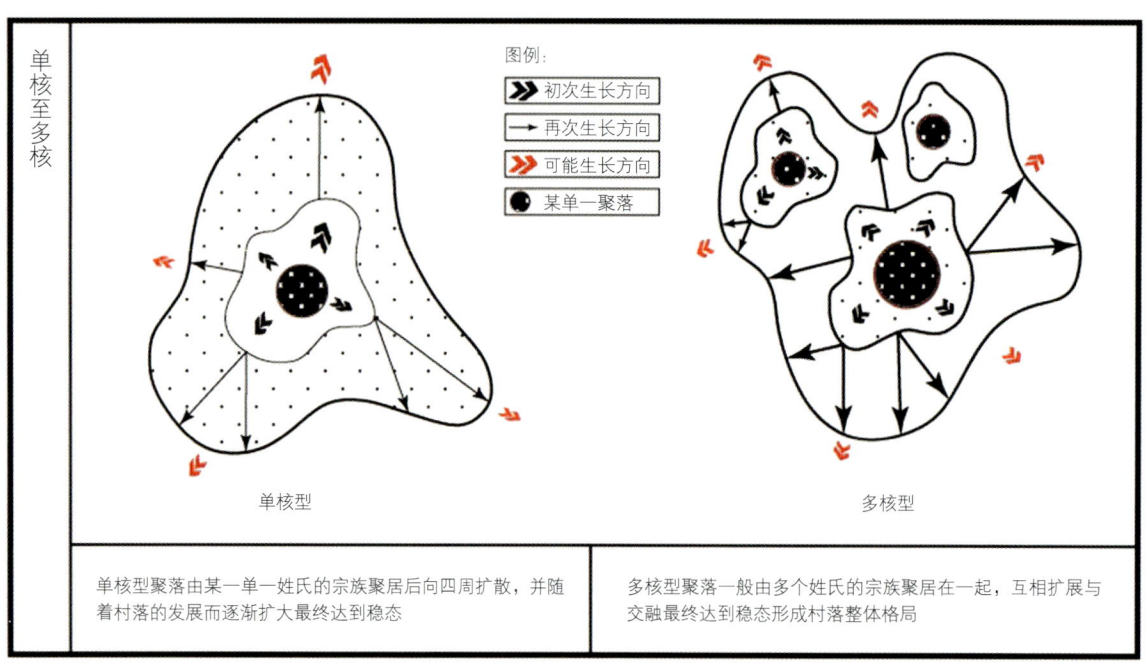

图4-1-1 由单核封闭至多核开放的生长最终形态（来源：俞梦璇 绘）

以下通过具体案例来说明。

（一）单核型

在安徽地区，由于外地的村民躲避战乱、自然灾害等原因而迁居到某一个聚集地，刚开始人口、建筑等规模都很小，人员结构一般是单一宗族，宗族之间依靠血缘关系维系，而随着时间和经济的发展，宗族势力、人口规模日益壮大，原来的聚居地已不符合村落的生长条件，宗族开始开拓土地，伴随着祠堂的出现，村落的中心开始有所转移或逐渐稳定，一般以祠堂为核心呈发散式生长，且排斥外来的宗族，这就逐渐形成了以单一宗族为核心形成的网状单核型聚落，比如皖南地区的呈坎村。整体形态在规划布局和营建方面，着重强调了当地本族宗祠的地位，也明确了宗族的礼制思想在村落整体规划上的决定性地位。作为村子内最具标志性建筑——宗祠，其形制最庄严，体量最高大，多分布于位于村落的中心地段，具有统治全村的地位。周围的民居建筑在布局上围绕中心宗祠而修建，并且这些民居建筑的高度都不允许超过宗祠的高度。另外，自然地理环境也会影响村庄的发展，如围绕水塘而建呈发散式生长的聚落。

受上述因素影响比较有代表性的有呈坎村、洪家疃、三户梅村等，三者空间形态上皆呈现出典型的单核特征。

1. 呈坎村

根据《新安罗氏族谱》记载，呈坎村早期是由金、孙、吕三姓在东汉末年开始定居，唐朝末年江西南昌人罗文昌与堂哥罗秋隐为躲避战乱而迁居到这里，并改名为呈坎，兄弟两人分别在村子的东南部和西后岗居住及生活，他们的后裔分成了两支，分别为前罗和后罗。后期罗氏家族逐渐壮大，村落原先的住地不再能够满足村落生长的需要，及至南宋时期，呈坎村民开始填滩造宅，到了明朝已具有一定的规模。明弘治时期，村落的结构进行大规模的改造，为了扩大村落建设用地，将原来呈直射状的潨川河改成了由北向南的"S"形（图4-1-2），使得村落整体具有强烈的依山傍水之势，空间肌理沿着潨川河展开，路网布局较为自由且几乎都通往潨川（图4-1-3），除去自然环境外，还有思想文化、社会形态等因素都对呈坎村"三街九十九巷"的复杂网状结构产生影响。

在社会意识形态方面，呈坎村和其他徽州聚落一样强调宗族聚居，通过这种关系来团结并保护全族人，而这种意识影响村落发展的各个方面。例如祠堂作为村落的核心，宗族的分支住宅要以本族的祠堂作为核心而从空间和心理上都要求向心布置，并且每一个支祠也要以位于中心区域的宗祠作为心理和空间上的祭祀中心，因此村落的空间布局也是环环相套的形式。呈坎村的空间布局就是如此，村落内不仅有前罗和后罗这两座宗祠，周围还设有支祠，其中还包含别姓的支祠，共计28座。除去祠堂外，还设置社屋来遵循儒家思想"左祖右

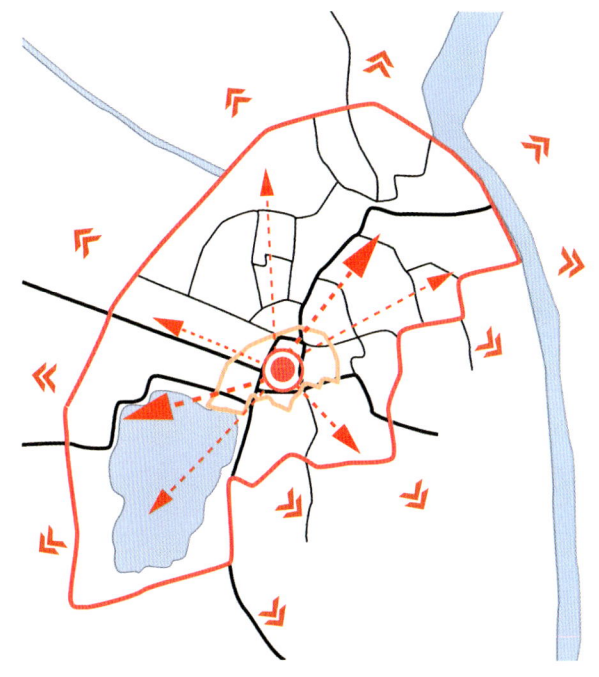

图4-1-2 呈坎村落单核生成图（来源：俞梦璇 绘）

社"的礼制，呈坎村历史上就有四间社屋，其分别为长春社、朱村大社、永兴社和永隆社，现仅存长春社和永隆社。呈坎村通过宗族聚居以及礼制思想来基本确定呈坎村的整体框架，由祠堂作为中心，层层向外拓展。

同时，呈坎村也是根据因地制宜的规划理念来进行建造布局，被古徽州人认为是不可多得的能够达到天人合一的吉祥平安之地。为了迎合古时人们对"坐实望虚"这样的心理需求，呈坎村起初在选址和村落布局上依葛山旁潨川河面灵金山而建，以龙山和龙盘山作为辅弼，坐西朝东，三面环山，犹如一把太师椅，而潨川河犹如一条丝带系于太师椅之上，因而寓有大吉大利之意。另外，村落被群山环绕，也符合来此躲避战争等基于安全因素的考虑。

程朱理学对呈坎村聚落的生成机制影响也很大。宋朝著名诗人朱熹曾来过呈坎村进行讲学并在此地写下了"呈坎双贤里，江南第一村"和"经纬之才，双峰名贤"这两幅流传至今的楹联，这对呈坎村聚落空间的内部结构起到很大的作用，当地村民为推动教育事业的发展，开始建造小学、学堂等建筑，"十户之村，不废诵读""远山深谷，居民之处，莫不有师有学"深刻体现了当时呈坎村村民重视教育的程度之大。

2. 洪家疃

位于安徽省合肥市巢湖市黄麓镇的洪家疃古村落，先前是一座水坝。宋元年间此处常爆发战争，导致原本富饶的江淮一带变成了不毛之地，巢湖两岸也是如此。明朝初年，政府下令将原本居住在江南地区的百姓迁至巢湖周边地区，这其中就包括了当时皖南地区的徽州家族和江西的"瓦屑坝"。迁入的江西百姓首先在巢湖以北建立了九黄疃、徐家疃两座村落，并且以此二者为中心在四周开垦荒地、种植作物。由于地块位于下游，当地人们为了防止洪水对农作物的影响，在西黄山上修建了水坝来保证当地农作物的收成，且因为水坝的存在形成了一个小湖泊。村民为了保护水坝就逐渐形成呈正方形的村子名为徐家坝，根据规划，村内部有九条巷子并在内部修建下水道而通往巷子前面的水塘，村落周围隆起，中间地势低，因下雨时水流经过水道流入水塘故又称"九龙攒珠"（图4-1-4）。徐家坝建造完成后，从

图4-1-3 呈坎村所处山川水系图（来源：俞梦璇 绘）

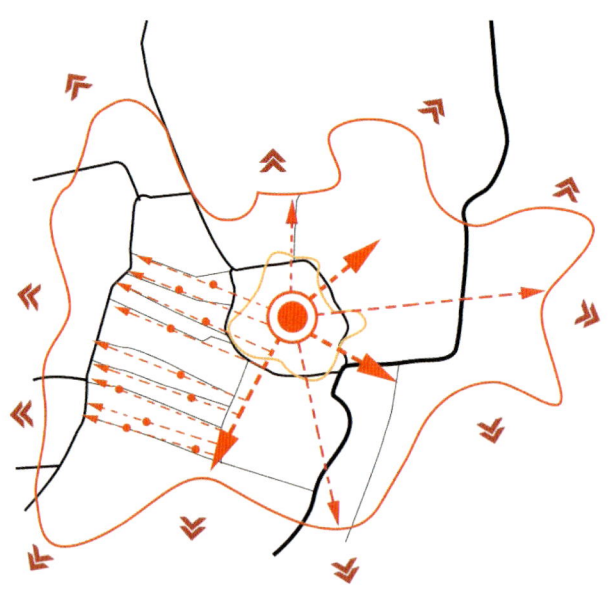

图4-1-4 洪家疃村落单核生成图（来源：俞梦璇 绘）

图4-1-5 洪家疃村落空间肌理（来源：俞梦璇 绘）

观形成船的各个部分，村落空间的名称也被喻为船的各个构件，这也表达了村民生活一帆风顺的美好寓意（图4-1-5）。整个村子从村口的水塘为核心，随着地势的抬高而不断扩展，形成"九龙攒珠"的大格局。

"九龙攒珠"村落的空间布局形式多见于巢湖北岸的诸村落。由于来自鄱阳湖两岸具有千年的农业生产技术以及军事背景的江西移民，他们选址大多集中于丘陵、平原以及湖岸附近的圩田区，这也使得他们大多定居在巢湖这片独特的平原地貌、潮湿多雨的地区。村落的空间布局也很好地阐释了道家"天人合一"的思想，村民将屋舍顺流分散而建，不对地形肌理造成破坏，大部分都背靠矮山，围绕水塘中心而建，而村落的核心却不是水塘，建筑围绕水塘三面而建，敞开的一面与矮山相对，这种模式下的村落与地形、地貌以及山水力求融合，这也实现了他们聚族而居、田园居室的思想。

徽州方向迁至到当地的洪氏在大坝的东边建立了村落，而作为坝里的三大家族之一的庄氏家族，因政治动乱迫使他们逃离自己长期居住的村庄，在当地留下了大量的建筑物，由此洪氏家族的规模得以逐渐扩大，并不断发展壮大，最终成了村子里最大的家族。因受宗教礼法熏陶，洪氏家族希望通过宗族礼教文化形成强大的家族规模，并于乾隆朝建立村中唯一的一处祠堂，并将村落改名为洪家疃。后来来自东部的张氏家族也来到了村庄并与洪氏家族慢慢融合形成村庄最大的宗族势力。

洪家疃选址于西黄山一侧，两端高中间低，自然地形犹如一叶扁舟，村落布局暗含了"船"的隐喻。村落内部的空间结构以及村中的社会生活都受到村落整体形态的影响，在"船"形思想体系下，村民将村庄周围景

（二）多核型

多核型聚落主要是在原有宗族聚落的基础上加入了外来其他姓氏的宗族，多个姓氏的宗族彼此共同生活在聚落内部并随着各自宗族的兴衰而呈现不同的空间生长结构（图4-1-6），几个聚落之间的中间区域逐渐拼接、融合，最终形成了村落的整体空间，其中较为典型的有屏山村、西递村以及祁门坑口等村落。

1. 屏山村

屏山村是一个舒姓聚族而居的千年村落，村落整体的空间结构主要受到宗族制度的影响，宗族制度中最重要的组成部分是祠堂。宗法制度中提出宗族的利益要高于一切，个人在外地经商，可能一直都默默无闻，但如果将赚得的财富用在了宗族的相关事宜上，比如修建宗族祠堂等，便是一件无上光荣的事情。屏山村的舒氏将其宗族的权威体现在了祠堂的建造上，舒氏的宗祠是庆余堂，随后由于舒氏族群的不断壮大，在此基础上又建

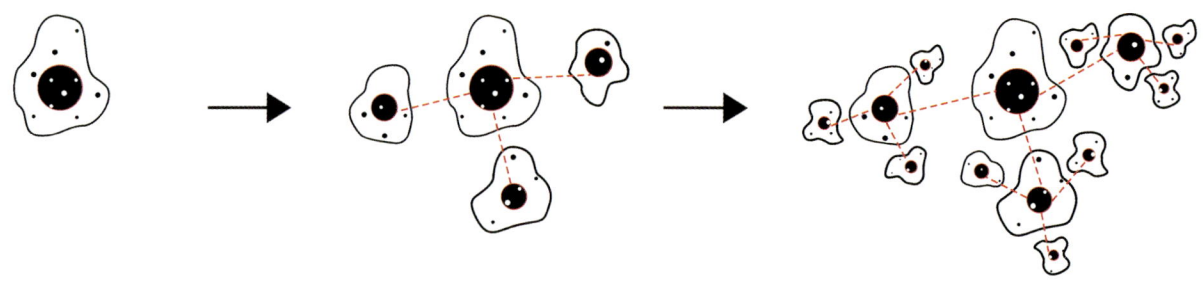

| 村落未形成之前，该地存在着一个同一姓氏的聚落 | 随着时间推移，其他姓氏的聚落陆续迁至于此 | 随着各个聚落内部的发展，各聚落形成一定规模，彼此之间无明显边界，最终形成了村落的整体空间 |

图4-1-6　多核型聚落演变（来源：俞梦璇 绘）

图4-1-7　屏山村多核生成图（来源：俞梦璇 绘）

造了很多的支祠，例如光裕堂、咸宜堂等。这都是屏山关于民居建筑平面布局上呈现组团形式的重要原因之一，都是中心处设立祠堂，以它为核心向四周布置一般的民居建筑（图4-1-7）。

村落的整体布局形态受自然山水的影响较大。无论从村落的选址还是布局，屏山都极其讲究传统规划思想中的"枕山、环水、面屏"。屏山村四面环山，东边为吉阳山，吉阳溪穿村而过，然而因吉阳山山势险恶，吉阳溪平直而无环抱之势，为了弥补天然的不完善的地方，将吉阳山周边的山峦进行改造，通过堆土成山的方式抑制来阻挡原有山脉的冲撞，并且将吉阳溪河道弯曲，将村落"怀抱"其中。在近水口处引"活龙坑"，在远水口处开凿水池，以此来汇聚水源，并取长宁里之吉祥的寓意命名为长宁湖，期望能庇佑村落兴旺发展。

屏山村的整体布局以紧凑的组团布局形式为主，越靠近村子的中心，建筑布局越紧密，而离村落中心较远的边缘处，布局上较为松散。屏山村的道路布局，主要是由一条沿着吉阳溪的水街和数条东西方向布局的道路共同构成，在此基础上铺设四通八达的支路，整体来看屏山的道路系统相对来说还是十分有序便捷的。祠堂的布局同样是较为集中在中心区域，形成水系、道路、祠堂相互关联的村落空间结构网（图4-1-8）。

由此可见，屏山村的生长机制主要受到天人合一的思想以及宗族礼法制度的影响，呈现出多核的生长态势。

2. 西递村

西递村村落布局的最初生成和后期发展是一个以组织形式为主导的过程，并且是以胡姓为主要代表的家族血缘关系为纽带形成的古村落。

唐明经科进士胡氏子孙定居在西递之初，东边高地上的程家将、前溪街和后溪街间的一些散居共同组合形

图4-1-8　屏山村落空间肌理（来源：俞梦璇 绘）

成聚落，然而当时的道路系统和组团并未明确。明代中叶之后，人口迅速增长。当时徽商兴盛，西递在这样的大环境背景下，也出现了许多闻名天下的商人，这些商人拥有雄厚的财力并着力于家乡建设，才使得西递村落的整体形态快速发展。由于具有强烈的宗族意识，当地人兴建了多处祠堂建筑。与此同时，受到逐水而居这一观念的影响，村落在规划上顺着前边溪向西的方向发展，当地居民重新修建了北宋时期的古来桥和明初时期的会源桥，同时沿溪流建造大量住宅。敬爱堂（总支祠）沿河建造完成后，村子的中心西移，从而使前溪街成了西递村的主要道路（图4-1-9）。

鼎盛时期的西递，村子开始沿着南北方向扩建。横路街与沿着后边溪建造的后溪街也初见规模。后来随着追慕堂（支祠）、大路街等不断的修建，村子的中心又向北转移。随着日后的不断发展，最终形成了一个稳定的布局形式。西递位于一个狭长的盆地之中，四个方向均有连绵不断的山峦而形成的围绕之势，西南方向地势较低，相反东北方向地势较高，前边溪、后边溪和金溪横向穿过西递。当地的溪水为重要的自然条件，与当地居民的生活关系密切，自然而然地形成了村落整体布局的骨架基础。

总体上西递村的构成则是由"散居"→"聚落"的一个过程，随着祠堂的建立，村落随着祠堂的发展而向西或是向北扩展，村落的整体脉络及街巷空间等也慢慢形成，是以祠堂为中心的向心式网络格局。同时，西递村落的主体区域绝对是胡氏家族所有，无一户外姓在此居住。西递在布局上形成以胡氏家族为中心，陈氏、查氏、黄氏、江氏、唐氏、汪氏等在外部区域围合的包围形式。其中，各小姓氏家族有自己的一套体系，和村子主体形成了类似卫星城的包围模式（图4-1-10）。

古人追求天人合一的聚落空间理念对于西递村落的建成、发展、鼎盛以及最后的衰败都有着重要影响，其中主要体现在村落的选址、喝形、理水、门向这四个部分。在选址方面，西递村始祖认为此地最具影响力的地理条件就是"对霭峰之似笔"，在寻找村落理想布局的时候，相当重要的一点就是"喝形"，所谓"喝形"是通过直觉、视觉将山河的地势类比为诸如龟、蛇、虎、鸡、狮、象等动物形象，并且这类动物本身就具有相应的寓意，如西递的"天马涌泉""金鸡报晓"等都被赋予了一定的含义；除去动物之外，也有通过非生物的形象来表达其特殊象征意义，其中具有代表性质的有朝山、案山的山形判断，比如笔架山、文笔山等，又因其名字与书房名称类似，所以又含有科甲文运兴盛之意。而村落内部形态方面，在古人看来，此地具有"众星皆拱北，诸水尽朝东，今东水西流，其地主富"的特性，所以在平面上将村落设计为中间较宽阔、两端较狭长的"船"状，同时地块恰巧位于南北两向山峦夹缝之中。西递水口处的设计较为狭窄，并建水口桥。此外，西递村还有意将村落的水体设计为"之"字形态（图4-1-11）。

图4-1-9 西递村鸟瞰图（来源：张浩 摄）

图4-1-10 西递村落多核生成图（来源：梁楠 绘）

图4-1-11 西递村水口（来源：梁楠 摄）

图4-1-12 凤阳古城多核生长成图（来源：梁楠 绘）

由此可见，西递村落的生长机制主要受到地形、风水理念、徽商的崛起以及宗法礼制的影响。

3. 凤阳古城

凤阳古城俗称明中都，在当时被朱元璋设立为明朝的陪都，朝堂宗室和皇族太子等常在此带兵操练、磨炼自我，起初都居住在中都皇城，不久由于政局的需要明成祖将都城迁至北京，而凤阳距离北京有920公里，路程遥远。在古时交通并不发达的情况下，不可能像明朝洪武时期常有宗室、太子等人来中都皇城居住生活，因此皇城日渐荒凉。中都皇城整体不同区域被南北方向的主轴线和东西向的云霁街副轴线均等划分。长13里的主轴线是从正南向上的洪武门前凤阳桥开始，横穿洪武门进入皇都内部，并且沿着洪武街、大明门、承天门后进入禁垣，然后经过外金水桥、午门入皇城。向北方向继续延伸，穿过玄武门而出皇城，途中经过禁苑后直登凤凰山山顶便到达北安门，随后从禁垣出去，直下凤凰山，往北直指皇城正北向的玄武门，其作用主控整体的南北朝向。云霁街作为皇都的副轴线，东面从鼓楼开始直达西面的钟楼，全程一共6里路，东面设有隍庙、金水桥、鼓楼等；西面设有功臣庙、历代帝王庙、钟楼等，皇城东西方向整体布局对称和谐。都城内的鼓楼、钟楼建于宫城东西两侧，高大雄伟，是凤阳古城内居民主要的聚集区域，钟鼓楼和皇城一起形成了中都城内的三个主要核心，现存的凤阳古城布局也在这个基础上逐渐形成（图4-1-12）。

二、点状中心至线状中轴

此类聚落往往受到地理环境的影响很大，在演化过程中沿着水系的边缘或顺着山坞、山麓的走势呈带状延伸，由最初的点状中心式的组团发展为新的拥有稳定长

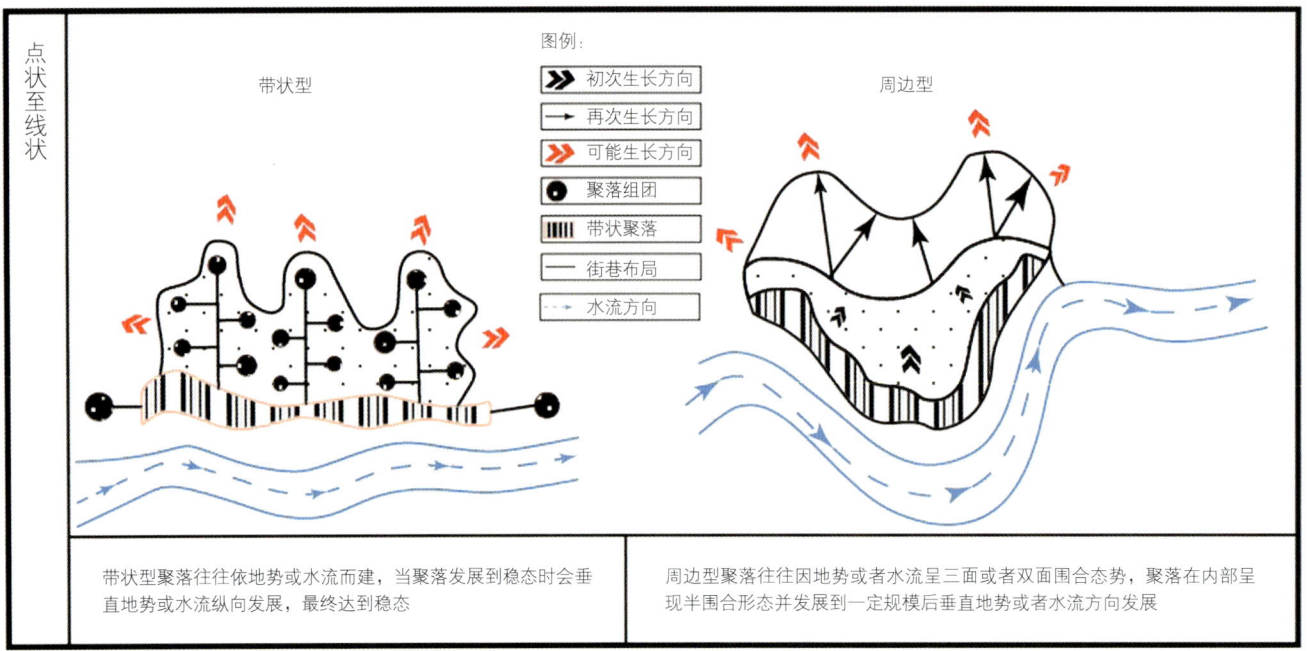

图4-1-13 由点状中心至线状中轴的生长最终形态（来源：梁楠 绘）

轴的聚落形态。因为此区域的水系通常较为发达，起初几个零散孤立的居民点常近水而居，沿水而布，或在相对狭长且地势较低的盆地中并且是盆地内离水系较近的高地上建立村落，村子整体形态上零散的聚落是由相对分散的宅地共同形成，虽然没有严格意义上的交通组织和组团的说法，但总体形态上围绕重要建筑物或者公共空间呈中心离散式布局。

随后，其中几个居民点沿着河道方向发展，并且零散的居民点彼此连接后形成了一个线型的居住带，之后居住带沿着河的方向继续延伸，垂直于溪流的方向进一步扩充，使居住带扩展成为一个块面的区域范围。在这之中，大兴建造祠堂建筑，使得村落的中心有所转移并最终稳定下来。假如在此区域内出现多条水道，以上演化的逻辑关系在几条水道上也照样同时进行，最终几个块面区域相互"拼接"形成一个整体，即形成了古村落整体的空间布局。

但是在生长过程之中，水系的发展往往是不均衡的，正常情况下按一条最合适的河道如主河道的发展生长，可称之为生长主轴，它往往决定了古村落的空间布局走向，剩余河道可作为生长次轴。次轴的生长一般依托于主轴生长链上的节点，从点到线的生长，和主轴组合共同决定了古村落的生长骨架。生长轴之间形成的交叉点即为生长链上的节点，同时也是单轴到多轴方向发展的关键之处。古村落演变的序结构在其现状形态的形成中起到绝对的影响，所以各古村落形态上的差异，主要由演变的序所决定且序各不相同。

此种生长机制的聚落往往会受到地形、地貌等自然因素的制约，聚落最初时沿着地势等高线或者河流形成带状聚落，当聚落受自然元素边界限制而无法再平行于边界初次生长时，往往会垂直于边界进行再次生长并到达一定稳态，并且仍然有可能进行更深层次的垂直生长。因此，最终的形态通常呈现为带状型和周边型两种（图4-1-13）。

（一）带状型

呈带状形态的聚落往往受地形、地貌的制约比较大，这些村落的建筑布局开始时往往沿着河流布置，这样做可以尽可能地利用水资源以及起到防御、防火的作用，当村落生长到一定规模时，由于空间资源的限制，村落会出现沿河流方向垂直发展，从而形成以一条主轴为生长骨架、几条次轴作为生长节点的网状空间布局，有的带状的结构其平面形态会呈现鱼骨状，例如渔梁村、祁门桃源村等村落。

1. 渔梁村

渔梁位于安徽省歙县徽城镇，南侧紧邻扬之、布射、富资、丰乐四水汇成的练江，与紫阳山隔水相望，北靠乌聊山、万路山，与县城及其他乡镇连接。凭借近城近水的独特地理位置，渔梁形成了主要以商埠码头为中心的沿练江顺水而建的传统聚落，总体布局呈现中间宽两头窄的梭形形状，宛如练江边的一条鱼（图4-1-14）。渔梁村始建于隋朝末年，因建造渔梁坝而逐渐形成集市并将其商品通往四周，进而成了全国主要的商业港口。村落的整体空间布局在唐朝已成雏形，建筑沿练江呈带状分布，并在最初发展了将近一千多米的主街即渔梁街，街道贯穿整个村落，且在村落的中心区域形成了约400米的商业街区（图4-1-15）。

相较于其他徽州的传统聚落，宗族聚居的生存方式不同，渔梁因徽商而兴起，多个姓氏杂居在一起，且不同姓氏之间驻进村落的时间也不同，除去人口较多的巴氏和姚氏之外，还有杨、李、施、胡等氏族。宋朝时期一直到民国，姚家都占据了村落的中心区域，而一些其他姓氏则陆续往外迁出。

在传统规划理念中，水的地位十分重要，"吉地不可无水"的理念众人皆知。在渔梁村，其中最典型的就是河曲处的选址（图4-1-16），据传统的规划理念，应在弯曲的水系内侧作为村落的选址，三面都有水系而形成的围合之势，被称之为"金城环抱"。练江北岸上为渔梁的选址，河曲的内侧，有背山面屏、金城环抱之势。同时，这一形势又称为"冠带"，然而此处却忌讳水势呈直射状，水虽处动态，其妙在于静，而渔梁村则建立在河曲之内侧，使得水面得以停留以打破"激湍陆泄"之虞，从而形成良好的山水格局。

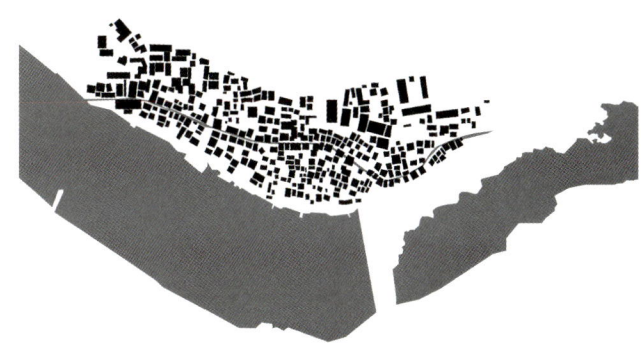

图4-1-14 渔梁村落空间肌理（来源：梁楠 绘）

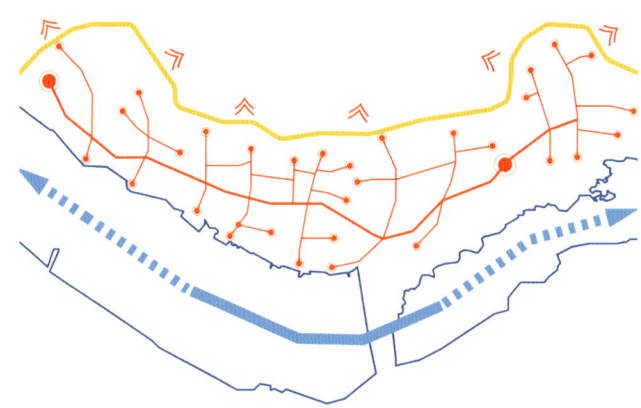

图4-1-15 渔梁村带状生成图（来源：梁楠 绘）

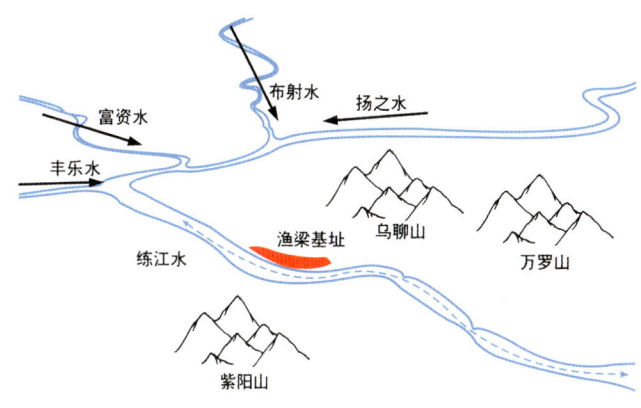

图4-1-16 渔梁村选址示意图（来源：梁楠 绘）

图4-1-17 祁门桃源村鸟瞰图(来源:梁楠 摄)

2. 桃源村

桃源村位于祁门县境内的闪里镇上,村子距县城有50公里,毗邻闪里镇区,与其相距5公里。地形主要以丘陵及山间盆地为主,同样是依据带状进行分布(图4-1-17)。整个村子是由洪氏及子孙继承。桃源村洪氏一族的人口规模较小,但是其本身宗族组织的发展日臻成熟。各自的支脉也有其自己的产业,并各个支脉呈现出平行发展的趋势,例如洪氏宗祖建有惇睦堂,而其两支脉景荣、景宽则建有支祠丕承堂和慎徽堂。且根据文献记载,桃源洪氏支脉的内部聚合要早于其他种族支脉内部的聚合。由此可见,桃源洪氏其较为完备的宗族组织推动了其村落建筑的生成和发展。历史上曾经有"一村九祠"盛况,而今仍存有5座祠堂,古建规模仍不可小觑。

3. 隐贤镇

隐贤镇的分布也同样是呈"带"形(图4-1-18),从一首相传甚远的童谣"东隐贤,西隐贤,隐贤集街心能跑船"中能够清楚地了解古镇地理位置的特点,而隐贤镇被淠河横向自然划分为东隐贤、西隐贤两个部分,建筑临水而建,隔河相望。且因舟楫之便,加之淠河岸边曾是繁华码头以及重要物资聚集地,因此这也为隐贤镇带来商业繁华。其中著名的隐贤老街规模较

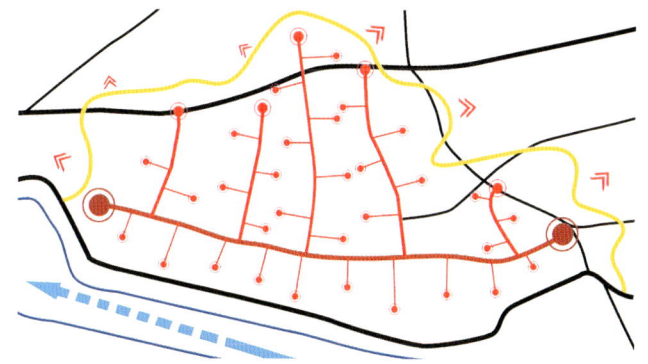

图4-1-18 隐贤镇带状分布图(来源:梁楠 绘)

图4-1-19 隐贤老街现状（来源：梁楠 摄）

大，内部街巷呈东、西、南、北方向的"十"字布局（图4-1-19），也是寿县乃至皖西地区为数不多的古镇。明朝时期的徽商也对隐贤镇的空间结构布局起到了一定影响。根据史料记载，明朝时期隐贤镇因是江淮一带的重点商埠，这使得不少徽商来此经营商业从而带动了这座小镇经济文化的发展，两边房屋均为徽派建筑，前面作为商铺，后面作为住宅，如雕梁画栋、天井、风火墙等带有徽派建筑特点的元素都被很好地保留了下来。

（二）周边型

经过线状生长机制而呈现出周边型的村落甚至小镇，往往受到山势河流呈三面围合或者两面围合的形态限制，这种情况下聚落往往呈现围合型或者半围合型，建筑组团通常会以河流作为边界在内部进行扩充，向心发展，其中比较著名的有宏村、三河古镇。

1. 宏村

根据《宏村汪氏宗谱》记载，宏村的初始原型是由村中的歙县祈墅村汪氏家族因其村落被盗贼焚毁而致使他们前往雷岗山聚居，他们在此一共建了13间房屋。南宋时期，雷岗山并无村落，只是一片郁郁葱葱的山谷，其所有权归戴氏所有，后来汪氏为了在此定居买下雷岗山产权并逐渐形成了村落。而随着村落的扩张，汪氏作为主导家族，先后人工开辟了半圆形池塘月沼和弓形池塘南湖，并逐渐形成了以月沼和南湖为核心的村落，建筑围绕着月沼和南湖进行布置形成了周边型的布局方式，并在西溪上架起四座木桥，于是一座牛形水上村落就此诞生。而其他的小姓氏如万氏、吴氏其住宅和

图4-1-20 宏村周边型形态分布图（来源：梁楠 绘）

祠堂主要聚集在村落的东边，建筑相对独立，彼此之间并无太多血缘关系（图4-1-20）。

而在村落内部，村民由于宗族聚居的方式聚集在一起，重视内部的交流沟通，因此，祠堂的建立就成了联系村落居民之间的纽带。宏村祠堂建筑主要位于其主街——宏村街的两侧。其中古汪氏祠堂包含众多里门支祠，如承善堂、承启堂、承德堂、睦本堂、厚本堂、墩本堂、敦本堂、承贤堂、承泽堂、正仪堂以及吴氏祠堂里门的总祠乐叙堂。乐叙堂于明代永乐年间建于月沼的北侧，其作为汪氏家族总祠，整体村落的建筑、路网以其作为中心来进行空间结构布局，除去供奉祖先牌位、供奉先祖之外，此处也是全村聚会的场所。街巷内部交通贯穿性良好，很少有尽端的道路，且村民为了提高村落的防御性，他们将村落对外连接的路口、节点只设计四个，从而也大大加强了村落的对外排斥性。另外，加之徽商其"亦商亦儒"的性格，将部分的财力用于书院建筑的建设，例如南湖书院等，这些建筑也丰富了宏村空间结构的多样性。

2. 三河古镇

三河古镇由于其冲圩地形以及河流水体的影响，形成了其独特的空间结构，包括街巷的整体格局和形态（图4-1-21）。根据地质考查可知，随着时间的推移，三河古镇由于入湖水口处不断淤积泥沙，围绕河湖逐渐形成了圩田，且延绵数十里。整个镇区起伏较大，属于典型丘陵地区，然而其古城区起伏却很少，地形较为平缓，这就使得古城区的路网布局较为自由，且一般呈现直线型。

与环境和谐共存的理论对于三河古镇的选址布局也产生了重要的影响，根据传统思想中"山管人丁水管财"的理念，加之三河古镇原为巢湖高洲，周围有水量充沛的丰乐河和杭埠河，因此人们选择三河而进行聚居。且由于其便利的水上交通促进村落商业的发展，从而影响了古镇内部的空间结构布局。另外，为了抵御外敌，三河古镇将城建于小南河东边，并在城东引入小南河来开挖护城河，从而形成了三河古镇建筑沿周边分布呈防御形态的整体布局。

3. 义门镇

义门镇地处于安徽省亳州市涡阳县境内的漳河和涡河的相交处，镇子历史悠久，周边资源相当丰富，为皖北重镇。义门镇因涡河呈两面围合形态而逐渐生成周边型聚落（图4-1-22）。在最初之时，聚落沿南侧水系而建，为满足货运需求逐渐产生了码头，随着小镇商业的繁荣诸多宗教寺庙在此生根，在义门镇域中部区域沿东西方向形成了繁华的庙集街，拥有大大小小的庙宇共72座，诸如清真寺、千佛寺、龙王庙等建筑（图4-1-23）。而这类宗教建筑群以及定期举办的庙会带动了周围地区居民的融合并进行各类商品交易，同时吸引越来越多的人前来定居，其中包括占当前小镇约三分之一人口的回民，促进了这块地区的经济繁荣，更多的居民区从西边和南边的涡河水系开始纵向生长，区域逐渐扩大，最终形成了义门镇周边型的聚落形态。

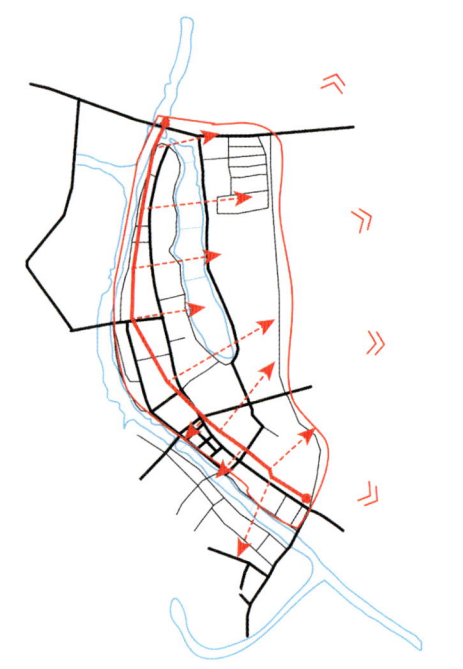

图4-1-21 三河古镇周边型形态分布图（来源：侯琪玮 绘）

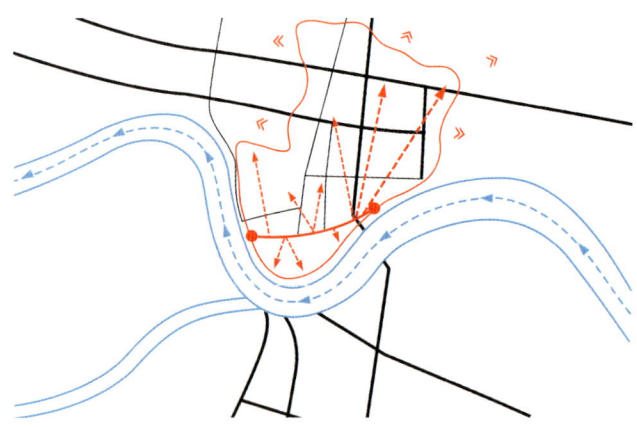

图4-1-22 义门镇周边型生成图（来源：侯琪玮 绘）

图4-1-23 义门镇清真寺内景（来源：侯琪玮 摄）

三、团聚紧凑至疏离协调

聚落形态的演化不仅是一个自然选择的过程，同时也是一个人为参与的过程，随着社会的发展和生产力的不断提高，人们改造自然能力的加强和对更美好、更舒适居住空间的不懈追求，使得人民聚集居住的观念发生了根本性变化。为了在聚落扩张的过程中依旧跟大自然保持紧密的联系，远离原聚居中心的居住组团开始呈现

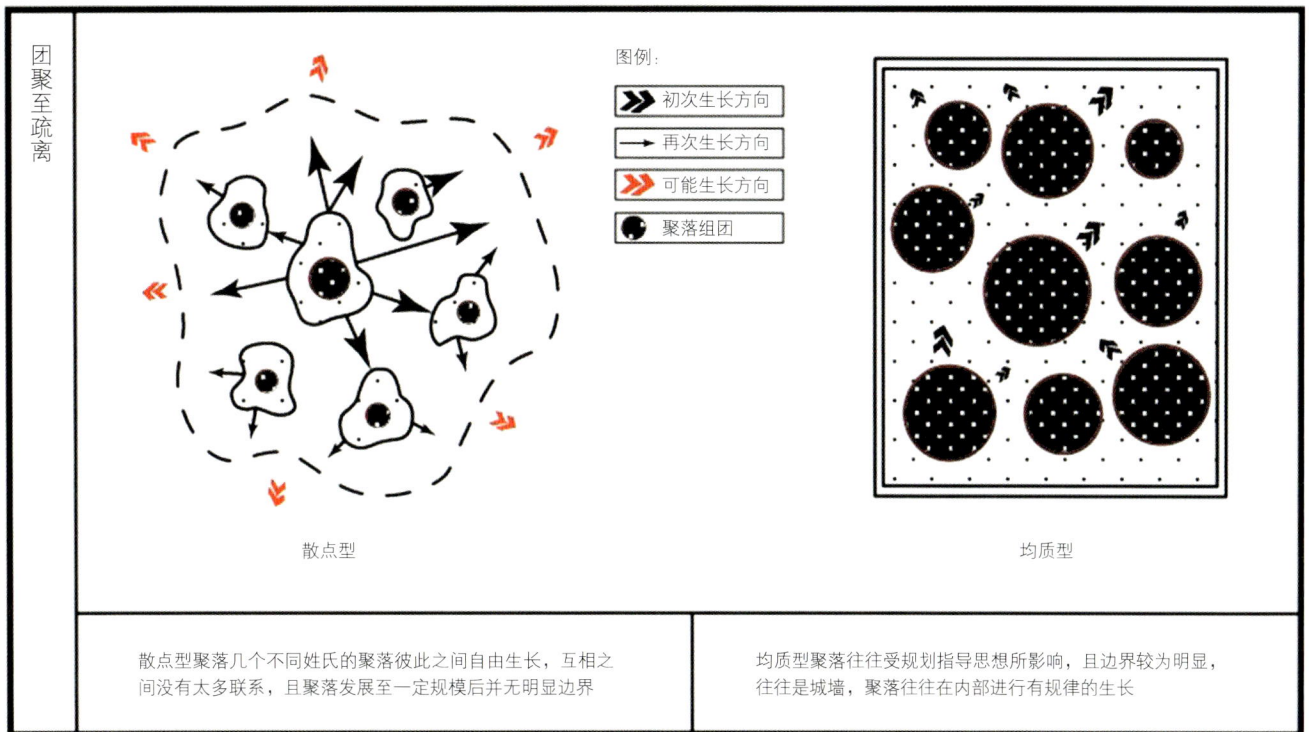

图4-1-24 由团聚紧凑至疏离协调的生长最终形态（来源：侯琪玮 绘）

跳跃式发展，虽然有了疏离的态势但总体仍然与团聚组团相互协调，互为依托，共同发展。由团聚紧凑式发展至疏离协调式的聚落往往因是否有明显的边界而呈现不同的最终形态，可以分为散点型和均质型两种。散点型聚落的生长往往由于聚落没有明确的边界且聚落内部宗族之间并无联系而呈现散点分布；而均质型聚落往往因有明确的围合边界例如城墙等，且由于城墙作用是有抵御外敌的作用，因此内部结构受到规划思想而呈现均匀布置的格局（图4-1-24）。

（一）散点型

散点型聚落外围没有明显的边界范围限制，这种形态的聚落形成一方面可能是由于某些大家族的迁入将原先在此规模较小的家族排挤出去，且在原有大族村落附近择地建立属于自己的村落；或者由于不同宗族或彼此之间血缘的亲疏关系不同，而呈现不同规模大小的组团，彼此虽有联系，但建筑空间分布呈散点式分布，比如瞻淇村（图4-1-25）。另一方面，往往是由于村落所在地的地形复杂以及特殊的气候，或者是交通不便形成的，又或者是佃仆制度、屯兵制度而形成的散居形式，这些村落一般呈散点分布，面积较小，如王河滩村。

王河滩村，地处皖北，位于亳州市谯城区魏岗镇（图4-1-26）。王河滩村由来源远流长，谯城西北角，有一块三角洲，它的南面是逶迤而来的洮河，北面是缓缓来汇的小洪河（古时又叫小泓河）。春秋时期，小洪河是宋楚两国的界河，河北为宋国，河南为楚国。殷商后裔宋襄公成为宋国之主后，试图开疆拓土，率军进攻已经向楚国称臣的郑国。楚国的楚成王自然不能坐视不理，于是发兵攻打宋国，以救郑国。宋襄公回师，宋楚两国的大军就在小洪河狭路相逢。沿小洪河逆流而上，行约十里，至魏岗镇与古井镇交界处，河面骤然

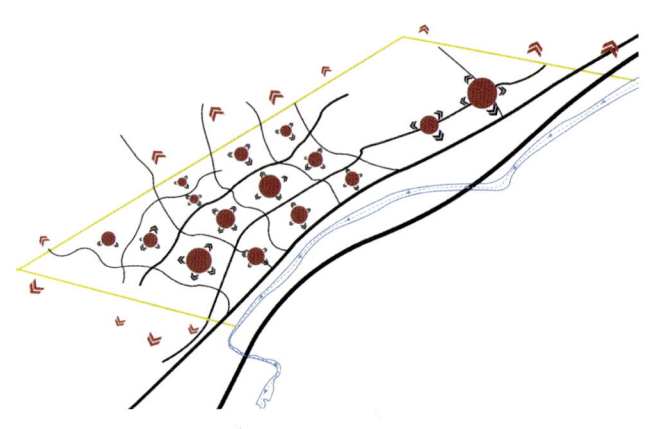

图4-1-25 瞻淇村散点型生成图（来源：侯琪玮 绘）

图4-1-28 王河滩村民居（来源：侯琪玮 摄）

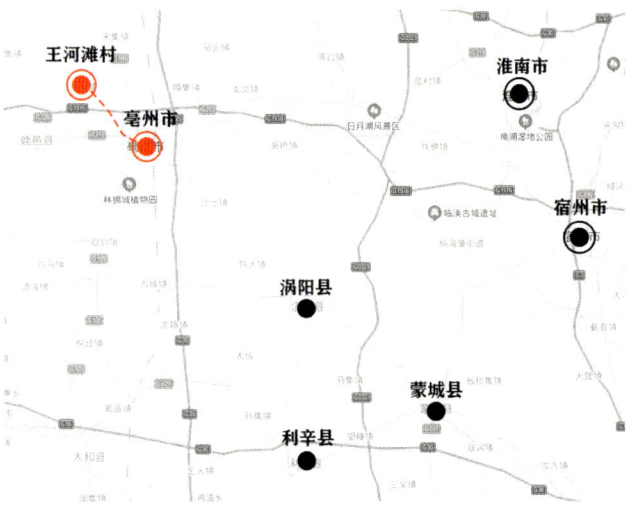

图4-1-26 王河滩村区位示意图（来源：侯琪玮 绘）

图4-1-27 王河滩村俯瞰（来源：侯琪玮 摄）

加宽，很有些磅礴的气势。据传说宋楚两国双双驻兵于此，河之南有一处三面被碧绿清澈的河水包围的成半岛状的地方，便是楚国兵屯所在，逐渐发展成王河滩村。

王河滩村是典型的通过散居的方式形成的聚落，它的内部组团和区域划分都是基于单栋四合院民居为最基本的构成单元，且道路条条相通（图4-1-27）。村落中的房屋建筑大多数是砖瓦结构，错落有致，它最基本的特点是正屋三间，东西两边各建两间和正房相邻，不能遮着堂屋的窗户，正屋住人，西屋用来喂养牲畜、堆放杂物，东屋用来作厨房，打上围墙，留有朝南大门，讲究的人家，对着正屋还建一道吉祥影门墙，房屋构建有着丰厚的文化内涵（图4-1-28）。

数百年来，村中的居民住房坏了就拆，拆了又建，但始终保持着原有传统村落有序的建筑格调。王河滩村除了拥有悠久的历史，自然环境优美、村庄内古树众多等都是它的优势。该村地势较高，海拔42.5米，是亳州市地势最高处且依河傍水，得风得水，非常适宜树木生长的良好地域，有1公里长的林荫道，还有紫楸树、泡桐树和树龄453年的古柿树，王河滩村民将这棵古柿树命名为"仁义树"，来纪念宋襄公的仁义，警示后人，做人处世仁义为本，不以成败论英雄。不仅

116

如此，村里家家户户院落中都有一棵老树，每到夏天在这个村落里徜徉，基本是绿荫遍地，看不到烈日阳光，十分凉爽。整个王河滩被几千棵盘根错节、千姿百态的紫楸树、泡桐树严严实实地环绕包围着。其中一棵堪称亳州"桐树王"，矗立一隅已逾百载，历经沧桑。树木林立，茂盛的环村林旁，常常是炊烟袅袅，百鸟齐鸣，有着勃勃的生机，这里被村民称为"世外小桃源"。

除此之外，王河滩村还有一口保存完好的老砖井，此古砖井已近百年，井水清澈甘甜，过去供全村人饮用。还有一座已有百年历史的天地庙，小庙每逢初一、十五全村人都去上香叩拜。

（二）均质型

当聚落发展有明确的边界限制时，聚落内建筑群组团呈现均质型，这些聚落往往受到一定规划思想的影响，并且较为有规律地生长。例如，皖北地区的传统聚落为了抵御外敌大多会在建筑外围砌筑一圈城墙，加之地势平坦，因此住宅及公共建筑分布比较均匀而呈现均质型，其中临涣古镇是这种形态的典型代表。

临涣古镇作为我国著名的"古茶镇"，坐落于安徽省淮北市濉溪县境内，古镇东近韩村镇，南接五沟镇，北连百善镇，西与涡阳县青町镇、石弓镇接壤。其4000多年的悠久历史和民俗文化一直流传至今，此镇曾获"中国民间文化艺术之乡""全国发展改革试点镇"等众多荣誉称号，极具皖北地域特色。同时，也是安徽境内在风俗、人文、历史等方面保存最完好的传统聚落之一。

古镇周边地势平坦，仅有几处丘陵，地层走向平缓，由东向西、转北偏东形成倾角，且沿河流两岸的地势较高，镇域内整体布局呈剪股式鱼脊形，将南阁街和向横街作为主要街道。古镇里的街面纵横交错有序，整体道路规划上为"井"字形，内部的5个小镇被划分为若干个方方正正的区域，整体上给人一种纵横交错、四通八达的主观感受（图4-1-29）。西南方向上的浍河，贯穿沈巧乡和湖勾乡，终达临汝城汇入浍河，即古时的涣水，而古城由于绕涣水而建得名"临涣"。临涣古镇的占地面积大约为168平方公里，平面沿东西向呈类长正方形（图4-1-30）。

临涣古镇内大多数建筑为清代所建成，主要为硬山屋顶的抬梁式构架建筑，青砖小瓦、房屋外部面貌与当代的乡村瓦房尤为类似却不完全一致，建筑色彩较为寡淡，大多墙面一律采用清水墙。城区内部还存留着城隍庙、文昌宫、临涣茶馆等大量古城建筑，如唐代原为一座藏书宫的文昌宫，将多重主房及庭院的青砖灰瓦作为主体；而位于古镇中部的城隍庙是一座四合院落，其高脊出厦和花格口窗的特点尤为突出，庙内的唐代壁画昭示着临涣迷人的历史魅力；最具明清时期建筑风格特征的是临街而建的临汝茶馆。此镇内还建有极具代表的怡私茶楼、淮海茶楼、南阁茶楼等23家不同规格的茶馆，当地人对"茶文化"的喜爱和重视可见一斑（图4-1-31）。

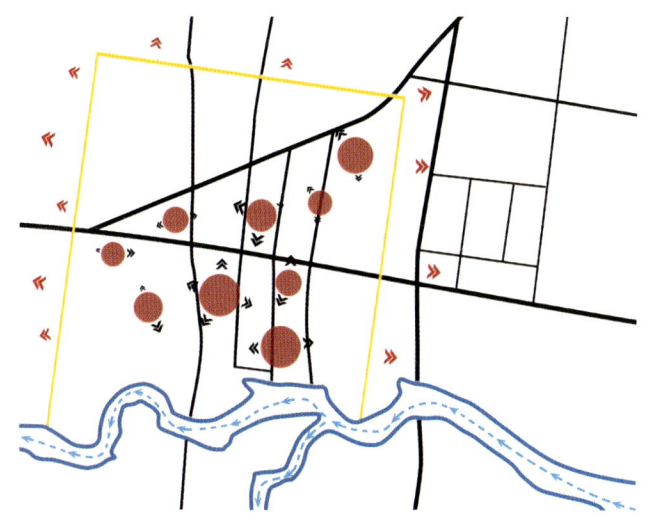

图4-1-29 临涣镇均质型生成图（来源：侯琪玮 绘）

图4-1-30 临涣镇鸟瞰图（来源：侯琪玮 摄）

图4-1-31 临涣古镇现状（来源：侯琪玮 摄）

第二节 传统聚落空间形态

一、空间形态分类

关于聚落空间形态的分类，国内外学术界众说纷纭，基于不同的分类视角，产生了很多种分类的方式和描述。本书根据安徽省现存传统聚落样本的特征，分别从外部和内部两个角度来对传统聚落空间形态进行分类描述。

（一）基于外部空间形态的传统聚落分类

在外部自然环境的宏观背景之下，聚落的空间形态存在一个外部边界的问题，基于图底关系的聚落总体俯瞰视角，通过关注由建筑单体所确定的聚落边界，从聚落外部空间形态的角度，综合了地理位置和外部边界轮廓，根据聚落平面形态的图形形状、南北和东西轴线长度比例、方向性等特征，将传统聚落分为块状聚落、线状聚落和散漫型聚落，并分别从不同区域选取了具有代表性的聚落样本。

1. 块状聚落

块状聚落是最常见的聚落平面空间形式，一般平面形态呈近圆形或不规则多边形，大体上这些聚落平面的南北轴线和东西轴线长度约为相等，长宽比一般不大于1.5，少数聚落呈现方形的形态，轮廓两端缺乏明确的方向性指向。

安徽省的块状传统聚落往往位于平原和山谷盆地之中，在地势相对比较平坦的环境下，外围同时存在分布比较均衡的外部约束条件，或者是自然的山体河流边界，或者是通过人为的统一规划布局约束，经过漫长的时间后，逐渐形成了块状形态。一般来说，这类聚落往往是以道路交叉点、泉水或祠堂等为初始中心，建筑分散聚集形成集群，随着聚落人口的增多，更多的房屋沿山体、河流或是道路建造，布局紧凑，街巷划分清晰，建筑之间连接紧密且相对集中，整体性强。

（1）长临河镇

长临河镇位于安徽省合肥市肥东县南部，濒临巢湖，东与巢湖市黄麓镇接壤，南与巢湖市中庙街道相连。战国时期，此地已形成集市。三国东吴赤乌年间此地修建了一座寺庙，名为长宁寺，青阳山北麓之水经长宁寺前流至巢湖，久之形成河，谓之长宁河，因此地濒临巢湖，遂更名为长临河。魏晋南北朝时期为巢湖北岸紧邻南淝河入湖口的一个军事聚落。隋初，设置庐州，自此长临河到清代皆属庐州。明洪武初年，为了解决元末战争对此地的破坏，迁江西和皖南两地的民众至此，他们大多从瓦屑坝中转，形成东起江苏西至湖北的移民迁徙带，并沿线建立了很多村落，长临河古镇就出现在这条迁徙带上。根据明清两代的惯例，类似长临河这种较大的城镇一般是作为营地使用，周围的移民者冬季回到长临河，春夏即外出耕作。长临河古镇的外部总体平面形态呈较为规则的椭圆形，以一条南北走向的古街为中轴，外围有护城河和壕沟，具有明显的防御特征，旧时有四座城门（图4-2-1）。

（2）宏村

宏村位于安徽省黄山市黟县东北，是典型的以水为中心和纽带发展而来的村落（图4-2-2）。南宋年间，宏村汪氏始祖因火灾举家迁于雷岗山脚下，在挖渠引西溪河水，扩清泉为"月沼"，水流经月沼流入南湖，再与西溪相通，以此共同构成了村中的水系。汪氏家族将宏村第一座汪家祠堂建于月沼北侧，之后村中大户环绕月沼修建房屋，其后人们便纷纷在月沼附近的各水圳旁落户。汪氏人家基本集中在村子中西部。而村子东部大多为韩、万、吴等小姓人家居住。至此，宏村内各种系统建设以月沼和汪家祠堂为中心、以各水圳为纽带展开，并形成了宏村的两条主要商业街巷——宏村街和茶行弄。后至宏村发展鼎盛时期，南湖建立，形成了几个建筑组团，如：月沼周边、茶行弄及上水圳周边、南湖北侧、东边的中心区域附近等，宏村街在西端与湖滨路北端交汇成为村口，奠定了现有宏村格局。当时的村民有着"寸土必争"这一观念，宏村内部的房屋布局十分紧凑，村落外部总体平面形态整体呈近似圆形的块状形态（图4-2-3），穿过家家户户的人工水系形成独特的水街巷空间。宏村街、湖滨路和可达性较高的后街作为整合村落的三条轴线，连通各次级街巷，内部四通八达，对外只有四个出入口保证村落的安全性。

（3）查湾村

查湾村位于安徽省黄山市祁门县南端的芦溪乡东南部，五代时期有查姓居于此地，遂以姓氏为村名。宋朝时，汪氏始祖迁居至此，到明代中叶，汪姓一族逐渐兴盛起来，当时汪氏族人以船渡行人过河，船又名"槎"，故此地被称"槎湾"。汪氏自明代弘治年间便数代有族人攀蟾折桂，入朝为官，逐渐成为一个诗书世家。查湾村临查湾河，河水自东向西流过村庄，北靠金

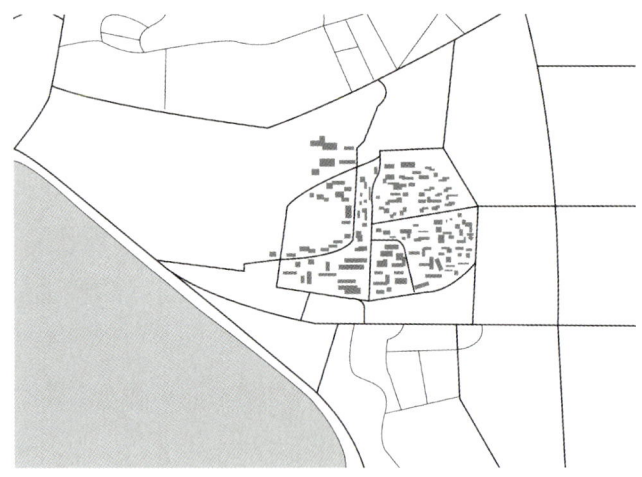

图4-2-1 长临河镇外部总体平面形态（来源：侯琪玮 绘）

图4-2-2 宏村鸟瞰图（来源：张浩 摄）

谷尖，被群山环抱，景色宜人，旧时有八景，常有文人墨客来此游历，现存两座明代汪氏祖祠。查湾村建筑在山体和河流的共同限制下，集中成团，紧凑布置，外部总体平面整体形态呈近半圆形（图4-2-4）。

（4）蔡家畈

蔡家畈位于安徽省安庆市太湖县汤泉乡，是殷氏聚居的独姓古村落（图4-2-5）。蔡家畈原为蔡氏族人居住，后蔡、殷二姓联姻，本地蔡氏无子嗣，便过继

图4-2-3 宏村外部总体平面形态（来源：侯琪玮 绘）

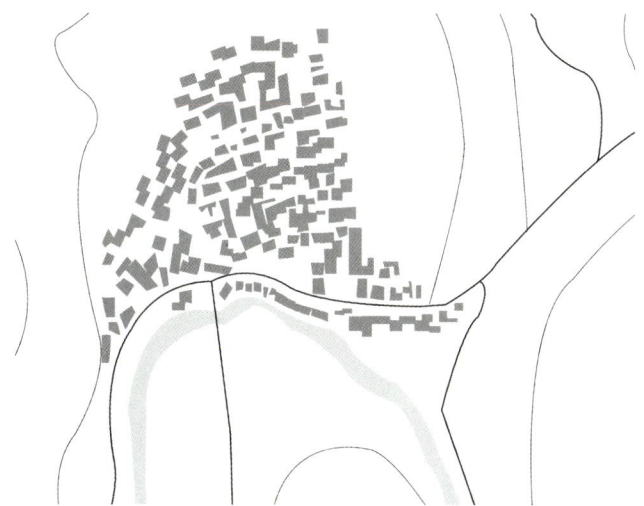

图4-2-4 查湾村外部总体平面形态（来源：侯琪玮 绘）

图4-2-5 蔡家畈鸟瞰图（来源：张浩 摄）

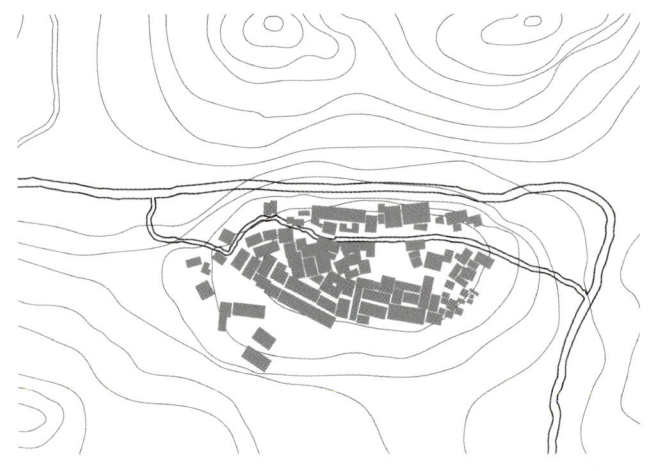

图4-2-6 蔡家畈外部总体平面形态（来源：侯琪玮 绘）

图4-2-7 蔡家畈村内道路（来源：侯琪玮 摄）

了一名殷氏外甥，后殷氏继承蔡氏基业，在此繁衍生息，殷氏后人为了不忘根本，一直沿用蔡家畈的地名至今。

蔡家畈三面环山，坐落在安徽西部大别山南麓中难得的盆地中。村落正中间有一块平坦的广场，是聚落的核心，房屋围绕广场并向外辐射，形成团块状，整体呈近似长方形（图4-2-6）。广场从古至今一直是村中居民日常交往活动的场所，也是民俗文化活动举行的场所。村内有一条不宽的溪流贯穿其中，房屋沿着溪水逐渐深入而上，房屋的上、下脊相连为一个统一的整体，房屋之间以巷子相连，道路纵横交错，溪水之上每隔一段路就有一座三条麻石条铺就的桥（图4-2-7）。

村落中现存比较完好的明清建筑有300余间，主要建筑坐西北朝东南，建筑风格为典型的皖南徽派形式，大体分为普通民居、堂心、祠堂三种类型。普通民居都是木结构，以两层砖墙作维护结构，内部和外部的装饰都很简单。堂心和祠堂则是采用立柱穿坊的结构形式，外部以青砖小瓦马头墙做装饰，古朴典雅。其中代表性古建筑有8处，包括百年古宅殷氏祠堂，都具有非常高的艺术文化价值。另有一口400多年历史的方形水井位于村口，一直以来为人们提供甘甜可口的饮水。自古以来，蔡家畈享有"书香门第、风雅之乡"的美称。如今的蔡家畈，家家户户依然翰墨飘香，祖先的耕读传统，像村庄的溪流，源远流长。

2. 线状聚落

线状传统聚落的外部总体平面形态有且仅有一个方向性的主导，一般来说聚落外围边界的形态长宽比大于2，通常都是沿着某个线状要素修建房屋，即受到特定的外部界限的制约或引导聚落向两端不断延伸发展，比如：一条比较重要的道路；河流、湖泊等水体的边缘；山体的山脚线与山脊线，或者是山坡上以某一个高程为主的等高线等。此外，聚落也有可能通过自身组织起一条线型的街巷交通空间，聚落建筑单体沿着这条主体空间聚集与生长，从而使得自身的轮廓同样呈现出带状特征。

安徽省境内的线状传统聚落主要是因地形或交通影响，通常在河流沿岸、山谷地形、道路沿线会发展为此类。聚落形成之初由于河流或山体的限制而使聚落不得不向两头延伸，呈现线状分布。由于空间限定物的不同，线状传统聚落又可以分为山麓线型和河流线型。但在实际情况中，聚落的限定物往往不是单一的，而是河流和山体共同限定下的发展而成的形态。

（1）西河古镇

西河古镇地处安徽省芜湖市芜湖县红杨镇南部，在芜湖市南陵县、芜湖县和宣城市宣州区三地交接之处，它东濒青弋江，所处位置水面开阔、河流成90度转弯，是典型的江南水乡古镇，距今有600多年历史（图4-2-8）。据《汉书·地理志》载："汉元封三年属丹阳郡古地各茶庵明万历年间遭兵毁"。远在西汉时，这里是一片湖滩、乱草丛生、人烟稀少，且常有水患发生，俗称"草头湖"。至明洪武年间，因战事频发，百姓迁居于此，在青弋江西岸修筑圩堤，兴建房屋，逐渐形成了新的聚落，得名"西河"。

西河古镇临青弋江，江水从古徽州地区流出，经芜湖汇入长江，此地成为青弋江下游天然的水运码头。明中期开始，这里便是徽商到芜湖一带经商停泊修整的必经之地，逐渐发展成了客商在芜宣一带大宗物产集中运销的地方。西河古镇的建筑主要建在圩堤两侧，街道沿建筑展开，顺着河流方向呈南北走向线状布局（图4-2-9）。在特殊的地理环境下，西河古镇受到水埠码头文化和商贸文化的影响，商业发展日益兴盛，商业性的老街成了古镇的核心。老街蜿蜒曲折，长1200米左右，青石铺面，分为上下街，上街沿河一侧墙高陡峭，基部用麻石砌垒，抵挡汛期的江水冲击。因防止江水洪涝灾害而逐年加固堤埂，街道路面高于建筑的地面约1.5米，从街心踏青石台阶下，步入二层徽派小楼的古民居室内，数进串联，可延伸10余米，外表朴实，内里精美。街道也因此而宽窄不均，街中巷道丛生，四通八达，不同的巷子最终都会汇集到主巷上，还可通向沿河水运埠头。

（2）章渡镇

章渡镇位于安徽南部泾县县城以西20公里处，青弋江上游北岸，古名漆林渡，有1000多年的历史，早在唐代此处便设有埠置州，曾管辖三县。唐代诗人李白游历泾县时，还曾誉章渡为皖南之"西来一镇"，境内文化古迹众多，古时便有大量来自泾县西南的商贾云集于此，后于抗战期间成为新四军转运物资的重要集散地。

章渡古镇顺青弋江而建，房屋一面临江，依靠航运而兴起，古镇呈东西线性形态，以沿河而建的老街为主要轴线，古镇总建筑群体被6段下河的青石街道分割成7组，现存一条长300米的横街与老街垂直相交，距交会处以400米不到的位置便是漆林渡的旧址（图4-2-10）。

老街始建于明代中叶，长度大约500米，曲折延伸，曾经这里商埠码头林立，街上的居民、模板门店、作坊鳞次栉比，古色古香。老街的北侧为徽派建筑，南侧则是吊脚楼，现存建筑总数量约97间，大都是临街的门面。南侧沿江的吊脚楼分上下两层，用木柱悬空支架在青弋江上，河水从其下潺潺流过，人们"开门上街，推窗见河"。由于岸边一户接一户绵延0.5~1公里的千根支撑的木柱，这里也被美其名曰"江南千条腿"。后因青弋江水位的迅速下降，江上千百年的船运业逐渐消失，只剩当年因势而建的吊栋阁孤零零地立在岸边，逐渐凋零衰败（图4-2-11）。

章渡老街既有着皖南精致的砖、石、木三雕和高高的马头墙，也融入了独特的干阑式建筑风格，使它在皖南的民居中独树一帜，具有极高的研究价值。

(a)古镇鸟瞰图

(b)沿江建筑布局

图4-2-8 西河古镇（来源：侯琪玮 摄）

图4-2-9 西河古镇外部总体平面形态（来源：侯琪玮 绘）

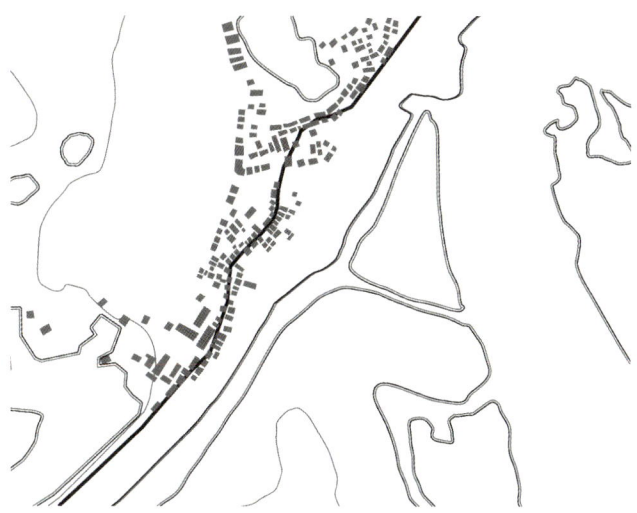

图4-2-10 章渡镇外部总体平面形态（来源：侯琪玮 绘）

图4-2-11 章渡镇沿江鸟瞰图（来源：侯琪玮 绘）

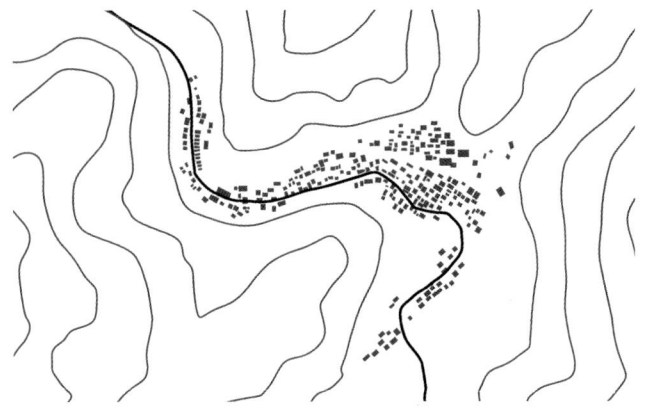

图4-2-12 芳村外部总体平面形态（来源：俞梦璇 绘）

（3）芳村

芳村位于黄山市黄山区汤口镇，处于黄山风景区东南方向的浮溪河河畔。浮溪河属新安江水系，河水清澈见底，芳村处于河道弯曲之处，且地势较为开阔，僻风朝阳，是理想的居住地带，谢氏族人于南宋早年间迁居于此地，至今有900多年的历史。芳村周边山高林密，以穿山而过的沿河道路作为聚落的主要发展脉络，垂直水系向两侧展开，整体呈"S"形长条状布局（图4-2-12）。芳村风景优美，除保留下来的部分古民居外，现存一座古石桥、一座青石牌坊和一座大祠堂——文德堂。

3. 散漫型聚落

散漫型聚落的外部总体平面形态呈现出复杂和模糊的形态特点，在总平面图上，构成边界的建筑分布比较零散，边缘建筑单体之间的距离相对较远，远远大于建筑单体的长度，使得聚落的边界形态更为模糊，无法归类于某一完整的几何形状。

散漫型聚落的数量较少，它的形成主要是聚落受到不同因素控制力的影响。一种情况是受到外在自然环境的影响，比如复杂的水系或者用地边界地形等，常见为聚落以琐碎的小块湿地为边界，或者是山谷之中的聚落沿自然发散的支状沟壑组织生长。另一种情况是，并不存在特别的外在影响，但因缺乏内在的有效制约，聚落内的建筑单体之间没有高度组织，建筑密度差异较大，于是形成了无序的、复杂的聚落边界，常见于较为平坦的地域，或是两山之间绵延不断的沟谷。总体来说，这类传统聚落的边界形态各异，规模一般也不大。

（1）赵庄

赵庄位于淮北市烈山镇榴园村以南，龙脊山脚下，"隐藏"在林荫之中，因赵庄有一片灰色石头瓦房，又名赵瓦房（图4-2-13）。走进赵瓦房，就宛若进入一座石头古堡。一间间石头房子质朴典雅，偏正侧倚，用石头铺成的小路曲折回环，窄巷深幽。步入一座院落，房子砌石接缝紧密，线条层次匀称，村民劳作的工具，家里使用的器皿，都有石头的痕迹。赵庄坐落在半山腰，布局与山势顺应，聚落的外部边缘非常离散，呈现典型的散漫型布局状态（图4-2-14）。

（2）龙潭寨

龙潭寨坐落于安庆市太湖县汤泉乡境内，地处大别山腹地的峡谷之中（图4-2-15）。寨中有一小河自西向东穿流而过，河的上游有一潭，潭右石壁上有一白蜡石纹，形似龙飞于天，故将此潭取名为"龙潭"，于是河便得名龙潭河，村寨亦得名龙潭寨。

龙潭寨历史悠久，胡氏先祖在600年前被其灵动的自然风光所吸引，迁居于此后延续至今。古寨四面青山环抱，东临天柱山边沿，北依岳西山水，地势较高。寨中建筑建造在河流两岸，因处于山脚，建筑散落地分布在稀少的平地之上，头尾长达5公里，局部建筑密度差异较大，虽整体沿东西向延伸，但仍可看作散漫型传统聚落（图4-2-16）。寨内的道路系统，是以沿溪的两条步道为主要交通骨架，并在河道上架有五座石桥。巷道大多以青石条或青石板铺地，因河岸地面崎岖整体并不规整。龙潭寨的建筑多为木结构，用砖砌筑墙体，外表古朴，内有木雕、石雕、砖雕多种装饰形式，既有徽派建筑的典型代表——胡氏宗祠，也有着明显的皖西南建筑风格的民居矗立其中（图4-2-17）。现有保存

图4-2-13 赵瓦房俯瞰图（来源：俞梦璇 摄）

图4-2-14 赵庄外部总体平面形态（来源：俞梦璇 绘）

图4-2-15 龙潭寨局部平面形态（来源：俞梦璇 绘）

完整的明清民居20余幢，大多秉持着传统的"枕山、环水、面屏"居住理念。山水之间的龙潭寨，被茂密的山林所包围，寨中有着参天古树，处处是景，美不胜收。

（3）板石岭

板石岭位于安徽南陵县境内，地处丘陵群山中，村子被竹海环抱。它三面环山，山不高但连绵起伏，整体地形平坦，是以农耕为主的聚落。其空间形态完全依托于自然生成，几乎没有人为规划的痕迹。放眼望去，建筑星星点点散落在山坳之中，围绕着三个功能不一的水塘，通向村落的主干道路呈"人"字形绕村而过（图4-2-18）。

(a)西侧

(b)东侧

图4-2-16 龙潭寨鸟瞰图（来源：张浩 摄）

图4-2-17 龙潭寨中皖西南风格建筑（来源：张浩 绘）

图4-2-18 板石岭外部总体平面形态（来源：俞梦璇 绘）

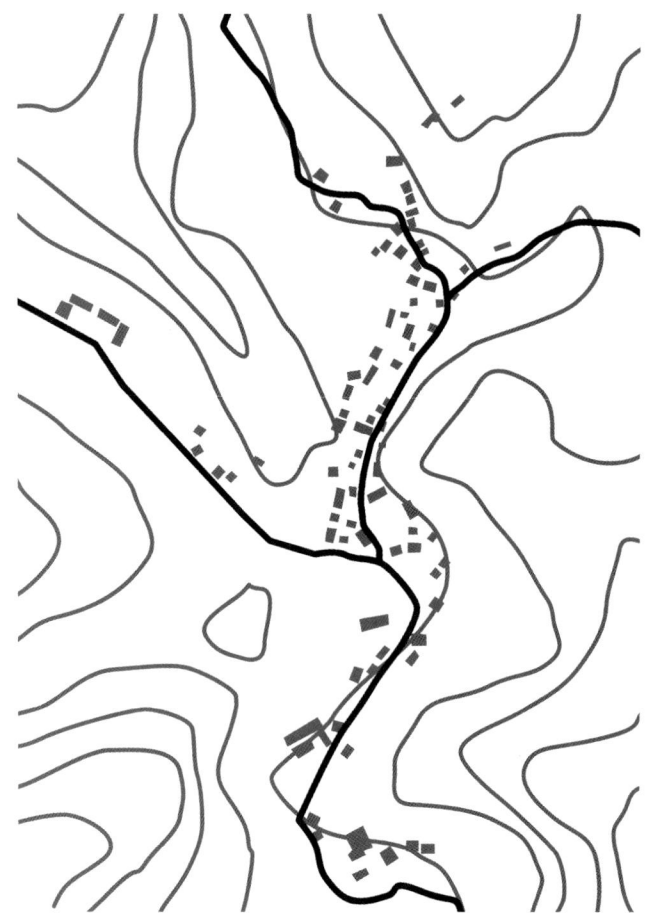

图4-2-19 小岭村外部总体平面形态（来源：俞梦璇 绘）

千余年历史的板石岭，竹桂共生，有着"千年丹桂，万亩竹林"的美称。这里山清水秀，漫山遍野的翠竹，形成了天然的氧吧，风吹竹涌，美不胜收。山脚下有着丹桂林，其中最小的亦有120余年的历史，年纪最大的已经有近千年历史，相传板石岭人家一旦出现一个贵人，就会种上一棵桂花树。每到丹桂飘香的季节，迷人的花香弥漫在空中，让人心旷神怡。另外，板石岭人文和谐，是有着"咸通十哲"之称的著名晚唐诗人张乔的故乡，有着一定的文化底蕴。

（4）小岭村

小岭村位于宣城市泾县丁家桥镇北部，西与云岭镇接壤，北临泾川镇。小岭村周围高山巍峨错落，有"九岭十三坑"之称，在群山环绕之中，一条溪水横贯其中川流不息。这里也是著名的中国宣纸的发祥地，生产宣纸历史已有400多年，现今仍有多处保存石质纸槽、石碓、晒场等古法宣纸生产遗迹。追根溯源，宋朝末年时局动荡之时，曹氏先祖为躲避战乱率族人迁居于小岭的13条山坑。此地山峦起伏，适宜耕种的田地较少，但却有着清澈透明的溪水，曹氏一族便以宣纸为业来维持生计，并逐渐发展壮大。至元明时期，小岭的13条山坑甚至坑坑有纸槽，也正因如此，聚落沿山谷沟壑发散开来，村落依山傍水，周边景色宜人，村中建筑在河流与山体的共同影响下，呈现出较为分散的空间形态布局（图4-2-19）。

（二）基于内部空间形态的传统聚落分类

外部平面形态是聚落发展的外在体现，但有相当一部分的传统聚落更多地在聚落内部空间形态上有独特的发展，通过分析内部的空间结构可以进一步分类理解传统聚落。依据聚落内部主要道路路网形态、路网结构和空间构成，将传统聚落划分为鱼骨分支型、网格网络型、辐射放射型和立体阶梯型四个类型，并通过不同区域代表案例的选取，观察不同自然环境、建筑分布、民俗习惯乃至村民所特有的空间营造理念的分类下聚落内部空间结构形态的丰富表现。

1. 鱼骨分支型

鱼骨分支型聚落是沿河流发展的聚落所呈现出的一种特殊的内部结构形态。传统聚落在形成之初多逐水而居，利用天然的环境条件趋利避害，来解决生产、生活、防御等问题。聚落的鱼骨形主要指其道路布局形态，这类聚落往往因其临水的地理优势建设商埠码头，使聚落中形成了一条以商业为主的街道，并因商业的繁荣兴旺成为村落的主体脉络，随着聚落的发展壮大，随之出现了垂直于主体脉络的巷道，它们共同构成了鱼骨形的街巷格局。

（1）河溜镇

河溜镇位于安徽省蚌埠市怀远县中部，地处淮北平原南沿、涡河南岸，南侧为芡河（图4-2-20）。河溜镇因涡河在此由西转向东北方向，两岸积石，河水流势湍急，称为"溜"，而河的南岸居民何姓居多，取其谐音，得名"河溜"。河溜镇处于两条河流的河滩之间（图4-2-21），地势较为平坦，沿涡河东西走向的老街文昌街是古镇的主体骨架，一方面为了生活取水及耕种所需，另一方面为了商业贸易往来，镇中建筑从文昌街垂直向两侧河滩方向延伸，逐渐发展出了垂直于主干道的街巷，从而形成了鱼骨形道路结构（图4-2-22）。河溜镇资源丰富、历史悠久，古时便是商贸重镇。中华人民共和国成立前更是因其处于抗日根据地与沦陷区的交界地带，且道路四通八达，成了皖北的商业重镇，各种大小商行约有100多家，有着"小上海"之称。

图4-2-20　河溜镇区位示意图（来源：俞梦璇 绘）

图4-2-21　河溜镇河滩（来源：梁楠 摄）

(a) 河溜镇鸟瞰图

(b) 河溜镇鱼骨分支型内部结构形态

图4-2-22 河溜镇空间形态（来源：梁楠 摄/绘）

(2) 万安镇

万安镇位于黄山市休宁县，南临新安江上游支流横江，北靠骆驼山，因其东南侧紧邻的万安山而得名。三国东吴时期建制，此地为休宁县的政治、经济、文化中心，是县治所在之地。至隋朝末年，安徽歙县人汪华拥兵自守号吴王，将原来黟县的郡治迁至万安镇，万安成为统辖歙、宣、杭、睦、婺、饶六州的重地，依靠水路，向西经休宁通达黟县，向东可至屯溪、杭州，万安逐渐成为皖南地区一个重要的水陆码头，并形成了以商业贸易为主的万安街。

万安街紧邻横江，横江江水因东侧古城岩在此处形成了弧形河湾，万安街主街道便沿着横江北岸延伸开来，全长1000多米。主街道以商业功能为主，至明清徽商繁盛时期，街道两侧店铺多达400余家，行业百余种，往来客商云集，万安街成为当时皖南地区最繁荣的集市之一。为了交通上的便利，主街道两侧的商铺每隔一段路会在两栋建筑山墙之间留出供人们行走的空间，逐渐演化成多条垂直于主街道的巷道，这些巷道大多不宽，与主街道共同构成了独特的鱼骨形街巷空间格局（图4-2-23）。万安街蜿蜒曲折，街中民居、古桥、溪流形成了和煦的江南水乡风貌。

(3) 渔梁村

渔梁村位于安徽省歙县徽城镇（图4-2-24），练江在村落南侧由西向东流过，江对岸是紫阳山，北临乌聊山、万路山。渔梁村受到地形，以及两端低中央高的地势影响，村落由中心向东西两端呈带形发展，呈现为两头窄中间宽的梭子形聚落布局，形似一只"鱼"，村中有千余米长的渔梁街如"鱼脊"一般穿村而过（图4-2-25）。

渔梁以商埠码头为主形成了沿江顺水的传统聚落，因渔梁坝的兴建而兴起。渔梁坝是隋朝时期于练江中修建的一道滚水石坝，位于村落南侧，是理想的航船停泊处，在陆路交通不发达的年代，渔梁村成了练江水系沿岸聚落物产集散之地，号称皖南地区通往杭州的第一大水运码头，于唐代已形成街市，商业贸易繁盛。渔梁街作为渔梁村的主骨架，两侧原有商号近百家，并衍生出十几条垂直主骨架的巷道，形成了鱼骨形态。村中民居相对集中于鱼骨中心位置，对应于练江江水拐弯之

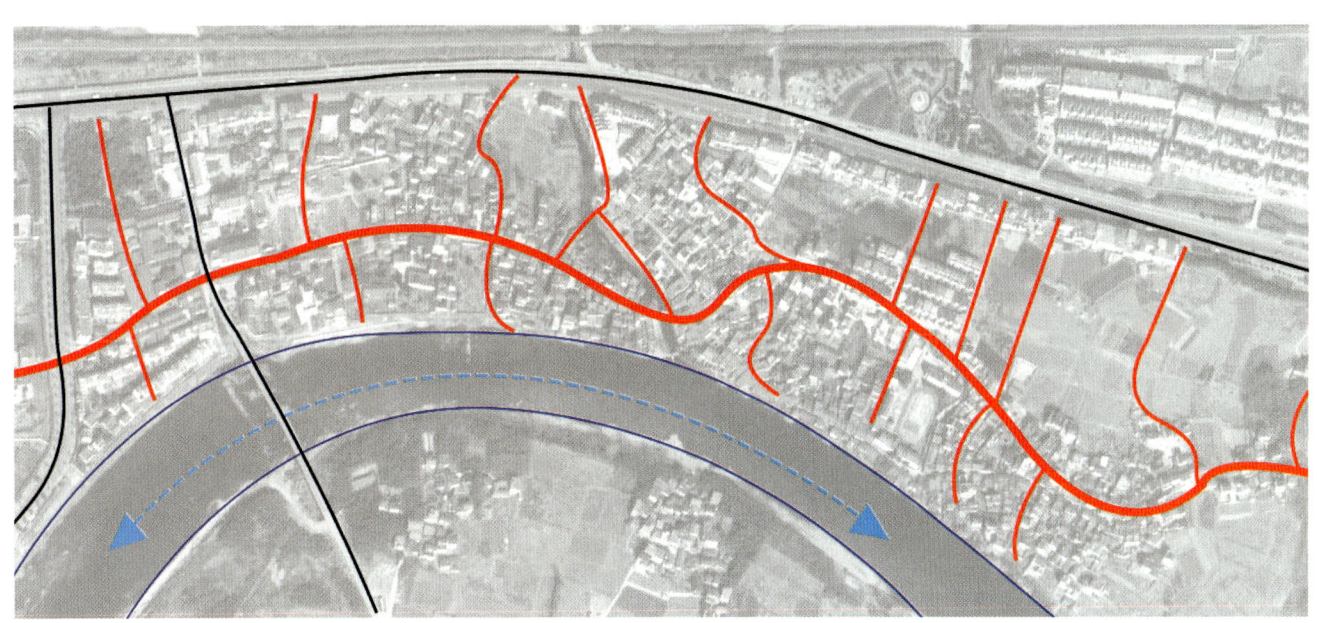

图4-2-23　万安镇鱼骨分支型内部结构形态（来源：梁楠 绘）

处，减小了汛期时村落大部分区域直接受到的洪水冲击（图4-2-26）。

2. 网格网络型

网格网络型聚落是集聚型的聚落形态之一，一般选址于地势较为平坦的区域，主要是受到人们主观意识的影响，因礼制、习惯、审美情趣或特殊需求对于聚落的整体布局进行规划。聚落初始的形态仍受到自然环境或社会形态等因素的影响，或呈线性发展，或呈方正外轮廓，之后再逐渐发展出规整的道路网格结构。这种理性的规划方式，既便于聚落内部空间的划分，也使人感到

图4-2-24 渔梁村落区位示意图（来源：薛梅 绘）

图4-2-25 渔梁村落鸟瞰图（来源：薛梅 摄）

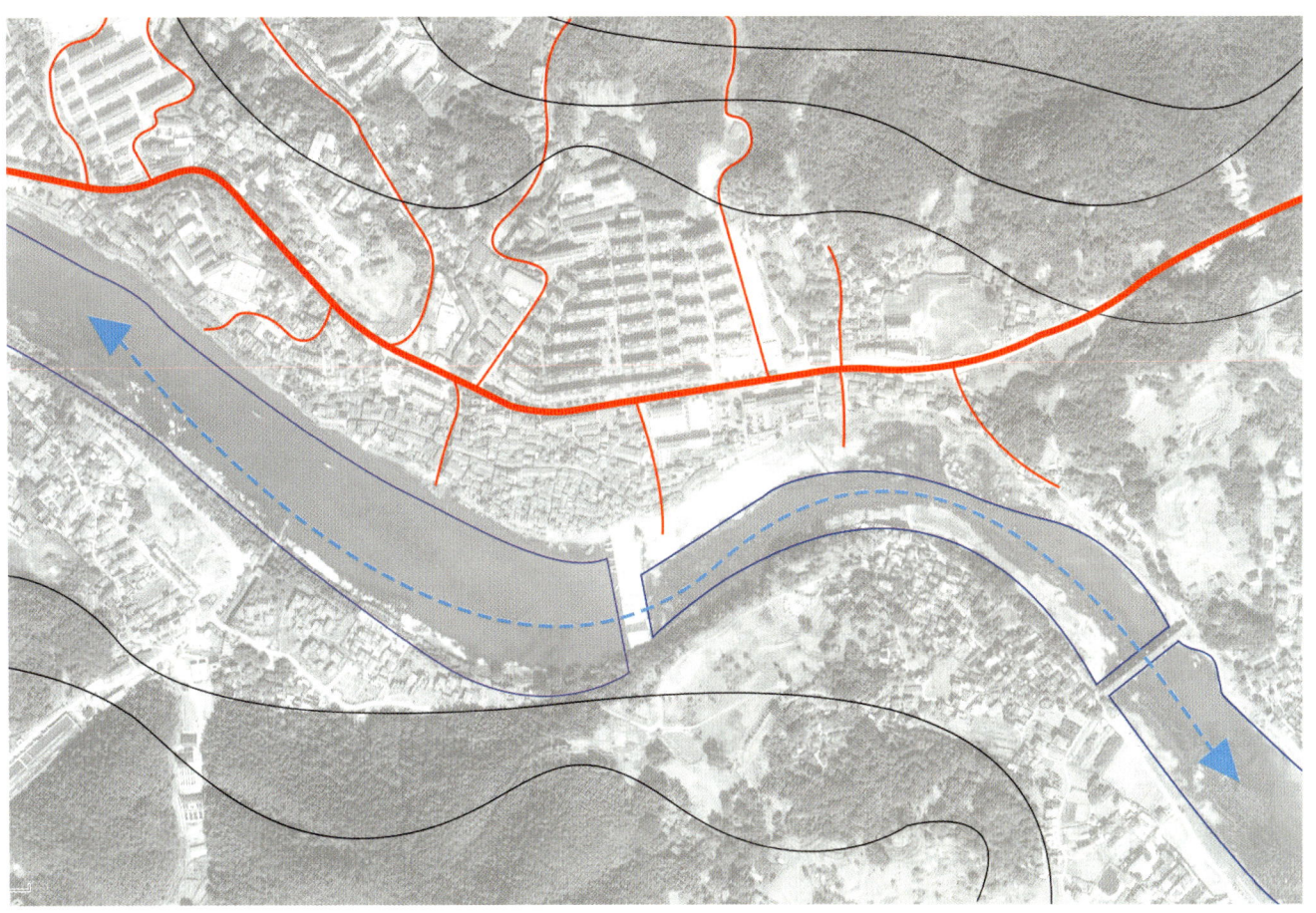

图4-2-26 渔梁村落鱼鱼骨分支型内部结构形态（来源：付晓惠 绘）

一种理性的秩序感和韵律感。

（1）"九龙攒珠"——洪家疃

洪家疃位于安徽中南部环巢湖地区，聚落原有主要居住部分位于村口清水塘西侧，平面大致呈方形，内部道路清晰地以网格形态划分聚落。洪家疃所在区域是带有缓坡的丘陵地带，房屋与道路规划规整有序。自明清聚落形成初期，洪家疃便有九条巷道，呈行列式分布，每两条巷道之间是狭长形地块用以修建村民的房屋。九条巷道的一侧都修有阳沟，与房屋中天井的阴沟相连，巷道的末端或直接或通过道路间接地与地势最低处的清水塘连通，形成一个从天井到巷道再到中心塘的排水系统。这套排水系统在雨天时其作用体现得更加明显，汇集的雨水奔流"飞"入中心塘，似九龙戏水，于是这样的一种聚落布局方式被当地人称为"九龙攒珠"。（图4-2-27）

（2）明中都城——凤阳古城

凤阳古城地处皖北，属于淮河流域丘陵地带。秦汉时期于此地设县，明初朱元璋在帝乡设中立府，将府治迁至凤凰山之阳，并以山名赐名"凤阳"。明朝时期，古城的规划严格按照典型的都城形制设计。古城选址于群山之间，北侧为马鞍山、凤凰山、盛家山，这三座山与城中三条南北向轴线呼应。中心地带是皇城，采用前朝后寝的形式，东南西北各开一门，被引山南之水汇聚而成的方形护城河环绕。皇城向外分别是禁垣、外城，以及最外围的方形城墙，设9座城门和18座水关，在城外南北方向分别设祭天地之坛。城内以由外城穿洪武门

(a) 鸟瞰图（来源：张浩 摄）

图4-2-27 洪家疃村庄

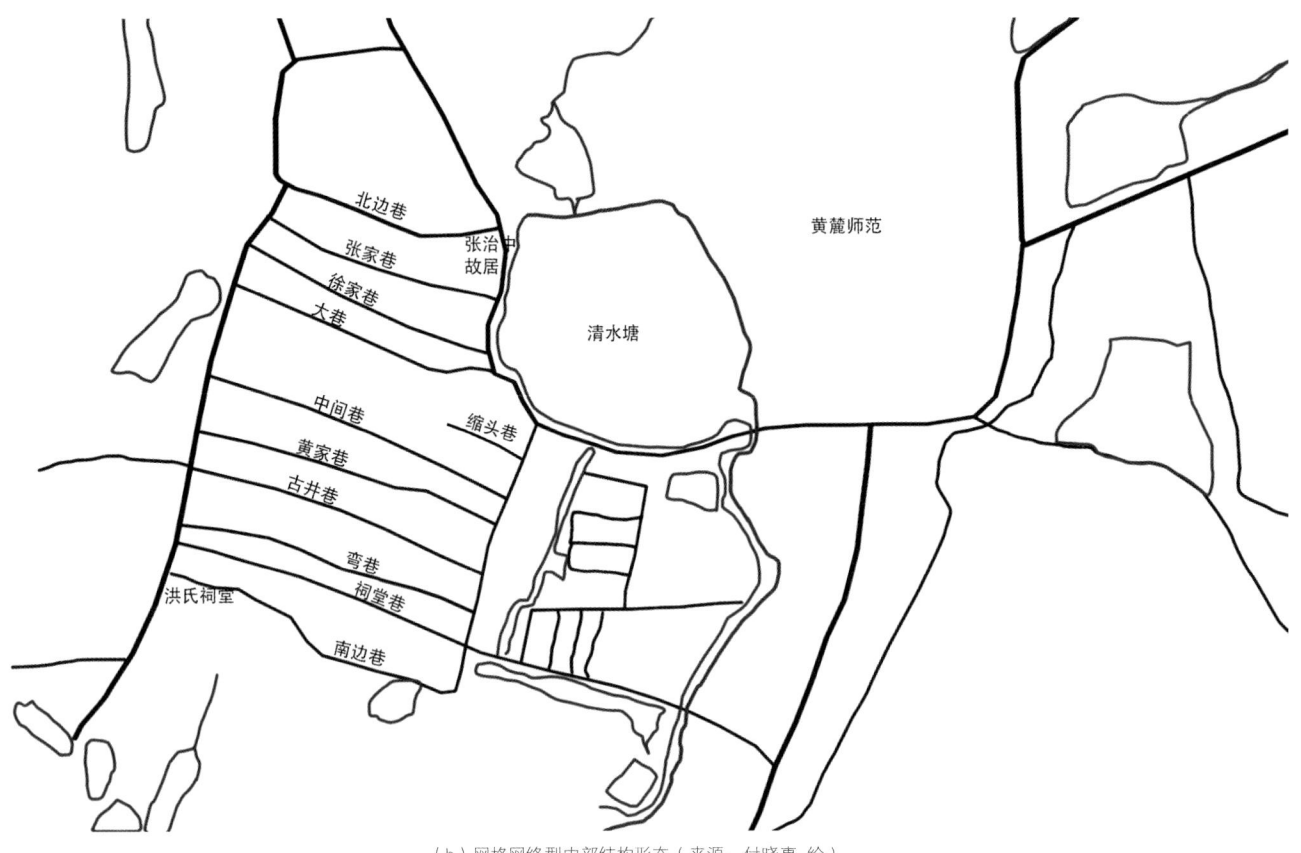

(b) 网格网络型内部结构形态（来源：付晓惠 绘）

图4-2-27 洪家疃村庄（续）

至玄武门越凤凰山直指外城正玄武门的南北轴线为主要轴线，建筑对称布局，奉天殿位于轴线的中心，象征皇权的控制，与祭祀有关的建筑则沿钟楼至鼓楼的东西向轴线布置（图4-2-28）。建成之后凤阳并未作为明皇城使用，清朝时期拆皇城外禁垣、九门、包砖城墙等，向东南方向修建凤阳府城。直至今日，古城内外建筑皆毁，仅存皇城午门、西华门及西城垣，但古城网格状布局得到延续，城内景象仍非常壮观（图4-2-29）。

(3) 中国历史文化名城——寿县古城

寿县隶属淮南市，依八公山，傍淮河与淠河，是一座有着900多年历史的古城，也是中国现今保存最完整的七座古城之一。寿县古城始建于北宋熙宁年间，据《寿州志》记载，古城平面略呈方形，城有四门，按其地理位置取名，东为宾阳门，南为通淝门，西为定湖门，北为靖淮门，四门均有瓮城，且有内外云梯与堡垒连接，城外水系环绕，北侧为淝水，西侧有尉升湖，东南两侧则是护城河。寿县古城是标准的棋盘式布局，有三街六巷七十二拐头，它的整体形态很大程度上受到了城墙的影响（图4-2-30）。寿县现存的古城墙是南宋嘉定年间建康都统许俊为抵挡金兵重修的，古城墙修建之初便决定了古城建设的范围，城墙的线性延伸自然形成边界，当"线"闭合之后就形成了聚落。城墙上的城门直接影响了城内交通的设计和布局，通过与城门之间的对应关系将城内空间进行了网格划分，不同要素在"格子"中组织起来，限定了良好的街巷空间。明清时期，因战事和防洪的需要，对寿县古城墙不断进行修葺。直到今天，寿县较好地保留了建城之初的古城格局，完整地保存了原有路网结构与空间尺度，展现了宋朝以来我

（a）局部鸟瞰图

（b）钟楼现状

图4-2-28 钟楼地段现状图（来源：张浩 摄）

图4-2-29 凤阳网格网络型内部结构形态图（来源：付晓惠 绘）

图4-2-30 寿县古城鸟瞰图（来源：张浩 摄）

国古城池雄伟浩大的传统风貌（图4-2-31）。

（4）"三朝"古都——亳州

亳州古城位于安徽西北部华北平原地带，三面与河南省接壤，并与黄河决口扇形地相连，整体地势平坦。涡河自西边流入亳州古城，从东南方向流出，西淝河从古城南侧流过。亳州古城滨河而建，在朝代更迭中逐渐形成了纵横交错的棋盘式格局，时至今日，虽城墙已拆除，但护城河依旧环绕奔流，古城区轮廓依存，基本保持了原有的格局风貌（图4-2-32）。亳州古城内及北关区许多传统民房保存较完好，延续了传统的街道布局形式——方格式路网系统，尤其是北关地区沿涡水而建，街道多顺河而行，又因商业繁华，街道较密集，有七十二条街、三十六条巷之称（图4-2-33）。亳州市在更新发展之中，采取一城两区的发展模式，北部老城北关旧区以保护为主，逐步进行更新改造，维持其传统风貌的同时适应城市新需求，南部新区以发展为主，除对重要保护文物严格把控外，加速发展、努力进取，满足现代化生产与生活的要求。

3. 辐射放射型

辐射放射型聚落体现为聚落内部空间以某一点为中心向外辐射发散的形态，其内部路网形态会呈现出具有发散式向外延伸的特性。该类型村落一般具有中心密集向周边扩张的布局特点，或沿多个方向均匀分布的形式。其山水构成较为复杂，有的是多面环山，且有水系穿过，聚落处于山间，空间发展受山体制约，有的是以某要素为核心扩散开来，核心要素通常为水塘。总体来说，辐射放射型聚落多数有沿河流、道路

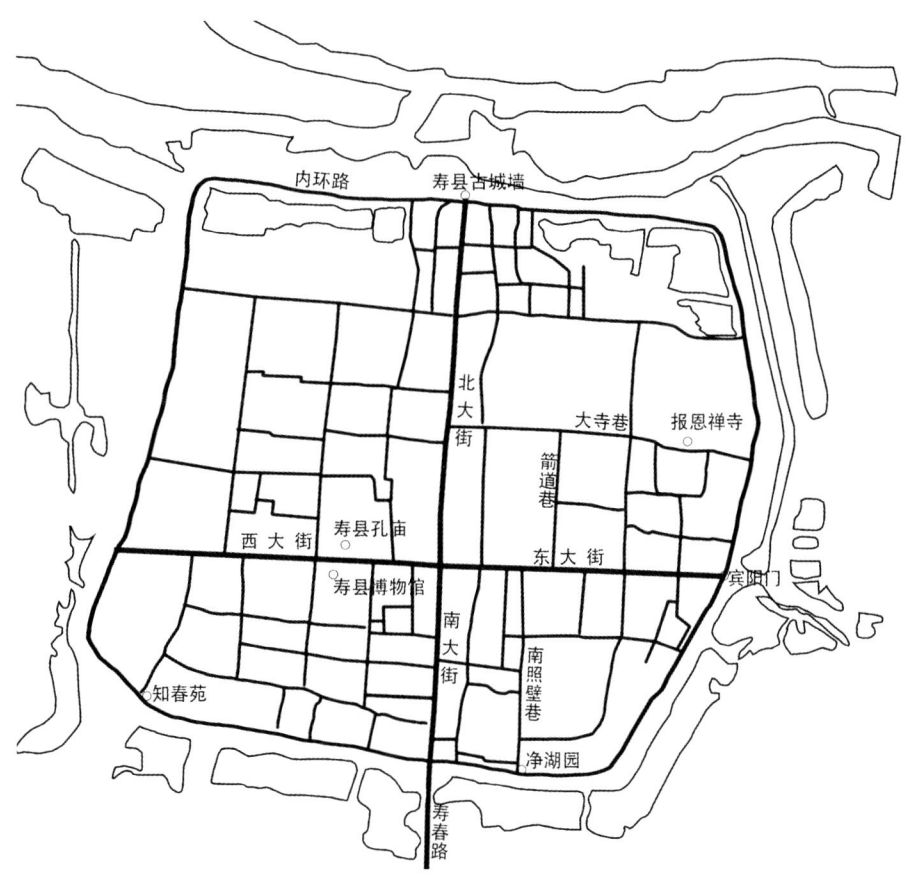

图4-2-31　寿县网格网络型内部结构形态图（来源：付晓惠 绘）

图4-2-32 亳州古城区鸟瞰图（来源：张浩 摄）

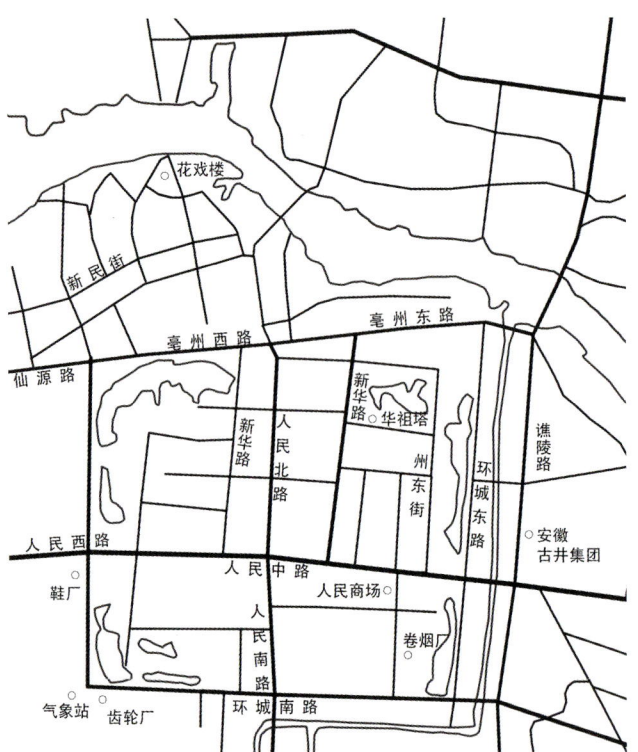

图4-2-33 亳州网格网络型内部结构形态图（来源：付晓惠 绘）

辐射展开的趋势，村落兼有良好的景观条件与建设空间。

（1）南溪古寨

南溪古寨又名金家村，位于池州市东至县花园里乡南溪村，村中居民基本为匈奴部落后裔金氏族人，村落距今已有1000多年的历史。南溪古寨坐落于崇山峻岭中的平缓之地，因其位置偏僻导致长期交通不便，处于相对封闭的隔绝状态，使得村落的原始状态完好地保存下来。

南溪古寨坐南面北，村后东、南、西三面都是高峻的大山，有"九龙戏三珠"的自然景象，村口有"双狮守天门"的两座小山和"进村三把锁"的石拱桥。数条山水汇聚成溪，呈"S"形于村落中穿流而过，徽派古民居依溪而建，向外辐射开来，青石板小路贯通九十九条巷弄，八十八条沟渠，弄弄相通，沟沟相连，外人易进难出、易守难攻（图4-2-34）。

（a）俯瞰图（来源：张浩 摄）

图4-2-34 南溪古寨村落形态

（b）八卦形内部结构形态图（来源：付晓惠 绘）

（2）三户梅

三户梅在巢湖北岸中庙镇的东部，以农业、渔业为主，由明代梅氏兄弟建立，村庄中大多是梅姓和张姓。据推测，是在明代早期或中期成立的。三户梅是由自然水塘为中心形成的，并以放射形展开村落的布局。平面布局上优雅和谐，形态上和太极双鱼图相似，其中有两个向外放射状的圆心，村落的平面布局沿着这两中心向外螺旋状发散（图4-2-35）。村落由三个部分组成：梅张、大梅、小梅。梅张村地势凹陷，整体呈盆状，于是在村内低洼处开凿一个门口塘，它是一个半月形状的池塘，塘边建设了梅式宗祠，池塘的西边有一块高地，七八条小巷道由门口塘圆心向外呈放射状布局。另外一个池塘位于门口塘的东面，称为铁耳塘，形状也呈半月，大小和门口塘相近，平面上相互垂直。大梅村则在南部的堤坝旁边，地势上相对较高，因而成了梅氏主要的聚集居住地。铁耳塘东面是小梅村，建筑仅存在数十年。因为大梅村所处地势较高，所以村子的排水系统并不能经过门口塘，因此和东部的池塘结合形成了一套独立的系统。

4. 立体阶梯型

立体阶梯型聚落指坐落在山坡上的传统聚落，随着地形的起伏呈现出阶梯状的分布形态。根据聚落与山体等高线之间的关系，可以将其分为两种：第一种是顺应山势的起伏变化，聚落平行于等高线布置，整体的弯曲走势和主要道路大体与等高线一致，而内部巷道则与等高线垂直，一般来说这类传统聚落所在山体较为平缓；第二种是聚落垂直于等高线布置，整体的走向是沿山体向上发展，山体较陡且不平整，聚落中的主要街道中设有台阶，有着非常明显的高程变化，建筑物高低错落，呈跌落状布局，给人以富有节奏感的视觉享受。

（1）五陵村

五陵村位于黄山市休宁县蓝田镇武陵山上，海拔

图4-2-35 三户梅辐射放射型内部结构形态图（来源：王惠 绘）

600多米。五陵村因洪氏和余氏两族先祖为躲避战乱迁居于此而形成，又因姓氏分为南北两个聚落，南边的是五陵自然村，主要居住的是余姓，北边凌光自然村则是洪姓聚集居住。五陵村依山就势，顺应山体而建，整体呈"品"字形布局，分三层沿等高线展开，村旁是层层叠叠的梯田，一直绵延到半山腰处，窄龙坑和下水坑涓流直下，形成两个水口的独特布局（图4-2-36）。村中街巷石板铺砌，幽静深远，因古时两县交接，现存两条古道，民居多为土墙结构，点缀有粉墙黛瓦的徽派风格建筑，古庙宇的遗址依存。时至今日，村民们将梯田改种高山菊花，每到深秋时节，漫山的梯田菊海与古村落相映生辉，风光无限。

（2）里庄村

里庄村位于黄山市休宁县陈霞乡以南，坐落于海拔1468米的五龙山主峰的山腰顶部的垭口之处，坐东朝西，南有五龙山山顶，北有白石尖山峰，处于峡谷臂弯之中，是目前华东地区海拔最高的古村落。里庄村依山而建，青石铺就的石板路平行于等高线，缓缓向上，极为平坦，只偶有几处石垒的台阶（图4-2-37）。村中建筑是粉墙黛瓦马头墙的典型徽派风格，建筑之间的石阶

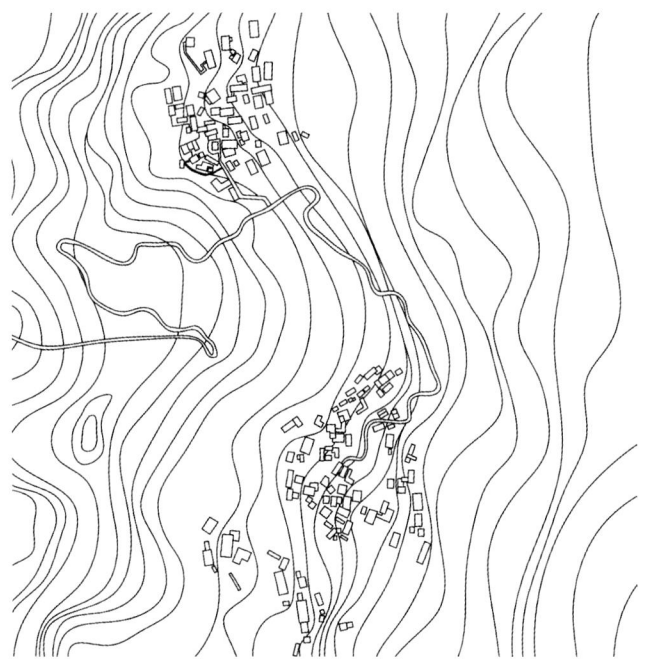

图4-2-36 五陵村阶梯型内部结构形态图（来源：王惠 绘）

图4-2-38 阳产村阶梯型内部结构形态图（来源：王惠 绘）

图4-2-37 里庄村阶梯型内部结构形态图（来源：王惠 绘）

小巷狭窄深邃。村中现存有600年历史的古树群，以及基本保存完好的休婺古道，它是自唐末以来江西通往休宁的主要官道。里庄村四周群山耸峙，被竹海包围，随处可见山泉奔流而下，沿峡谷汇聚于村前，形成了一条水流湍急的溪流，村庄流露出古朴、悠然的美好景象。

（3）阳产村

阳产村位于黄山市歙县新安江畔的深渡镇以东，坐落于阳产山的半山腰。阳产村四周群山环绕，村落顺应山体变化，垂直于等高线层层叠叠向上而建（图4-2-38），建筑根据山势向阳而建，又因交通不便，材料取自所在山峦之中，故名阳产。阳产村的建筑为土楼形式，因地面陡峭，土楼大多为面积有限的单栋形式，以青石为地基、山里的黄土筑成2~3层高墙。土楼的整体造型和内部空间分布与安徽传统民居有相似之处，但为了减少雨水对土墙的冲刷，土楼屋檐较大且伸出山墙。一排排的黄白土楼呈跌落之势，埋于青山之间，石板阶梯在错落有致的建筑之中顺势而上，共同构成了一幅富有意境的美丽画卷（图4-2-39）。

（4）万二村

万二村位于安徽省黄山市歙县昌溪乡，地处深山腹地，有近600年的历史。村落顺高山坡地之势修建，建筑耸立在用石板垒砌的山崖之上，层层列于山上，沿着等高线排列由上而下，布局井然有序。村中主街道长约1公里，拾阶而上，街巷纵横交错，连通了家家户户（图4-2-40）。村中90%的民居为明清时期所建的徽派建筑，有着"无宅不雕花"的传统，还有部分取红

图4-2-39 阳产村远景（来源：张浩 摄）

图4-2-40 万二村阶梯型内部空间形态图（来源：王惠 绘）

壤木材筑成的土屋。万二村在优美的自然景观中如一幅水墨画，悬挂在山腰，被誉为"徽州最后的原生态村落"。

二、空间内部组织的地域化差异

传统聚落从最初的一户或者几户人家，经过千百年的发展变迁，形成了今天可见的规模，这是一个受到历史、地理、人文等因素影响的，逐渐演化的漫长过程。聚落的空间形态则是这些影响因素的外在反映，包括朝代变迁带来的战争安全问题，自然环境带来的适应地形和气候问题，人文需求带来的宗族和传统文化问题等。因此，相距千里的传统聚落，可能在某种相同因素的作用下呈现出类似的空间形态，而在同一地域内的传统聚落空间形态虽然有一定程度的相似性，但又会因为其他因素使紧邻的聚落空间有着迥然不同的形态。"有迹可循"而又"千变万化"，这是传统聚落空间形态的魅力所在。安徽地区根据地理位置分为北部、中部和南部，同一区域内自然环境较为统一，各自之间又差异明显，而各区域作为一个整体在历史和人文方面具有相似性，因此综合看来皖北、皖中、皖南的传统聚落空间形态形成的原因具有一定的规律可循。

（一）皖北

皖北多平原，其地理位置特殊，属于要塞之地。因此，皖北的传统聚落屡次遭遇战争，更加侧重于防御系统，皖北的许多传统聚落都有高大威严的古城墙围绕在正方形的古城区外部。各地文化在皖北这片土地上相互碰撞，孕育出了中华文化奠基人的庄子、老子、颜回等先哲，也形成了老庄道家文化和曹魏文化，这里多崇尚"道法自然，无所不容，自然无为，与自然和谐相处"的道家思想文化，使得皖北在建造村落时，注重色彩的平和以及与周围生态环境的融合，又因民俗文化在此得到丰富的发展与传承，皖北居民自古喜爱品茶，崇尚简单安逸的生活，村落中处处可见茶楼等历史悠久的传统建筑。皖北建筑群空间形态以方形院落居多，宅院设计巧妙。

（二）皖中

皖中地处南北交界处，自古以来为各家相争的地域，多发的战事造成各地区的人在此汇聚活动，从而使得该区域深受皖南与皖北文化的熏陶，传统聚落得以融合皖南与皖北的建筑理念。

"因水成镇"是皖中传统聚落的最大特色，建筑群因讲究传统文化中的"水为上"而多分布在河道两边，街巷以水系为中轴垂直分布于两侧。建筑内部家家相通且大多在巷道一侧，街巷的道路也是通向各方，以此便于在发生战事时迅速、高效地躲避到安全的地方。又因受到皖南徽派建筑与皖北院落形式的影响，经常可以看到南方的天井与北方的合院同时出现在皖中的古民居里，形成了自己独有的空间形式。

（三）皖南

皖南因地势多丘陵且层山叠起，历来少受战事影响，人们在这里的生活相对安宁，犹如陶渊明在《桃花源记》里所形容的世外桃源般的生活，也就形成了皖南传统聚落封闭而内聚的房屋结构，在明代皖南的徽州传统聚落就已经发展得非常成熟。

皖南因势利导，在地处丘陵的地形基础上，将古村落建立在一个枕山、面水、聚合、朝阳的布局里，又将水系引入村内，坐北朝南、依山面水，形成一幅"小桥流水人家"的景致。古人居住讲究"天时、地利、人和"，受程朱理学的影响，风水是皖南传统聚落中最鲜明的特色，无论是在村落选址上讲究的山水格局抑或水口，还是天井内的太平缸，都无一例外地体现出皖南人民对美好安定生活的向往。又因长期受儒家思想的熏陶，安徽南部的建筑具有强烈的宗族意识，用于宗族议事、教化及供奉祖先牌位的祠堂是皖南传统聚落的精神核心，具有很强的宗教性与神圣性，而仕人与文人在儒家文化的教化下将皖南传统聚落中街巷设计得曲径通幽，也正是对"大隐隐于市"向往的体现。

第三节　小结

安徽传统聚落的生成和演化，主要受到内在文化内涵和功能需要的影响，从单一的、点状的、聚集的初始形态，向多元的、伸展的、疏离的方向发展。而对于聚落空间形态的研究，分别从外部总体平面形态和内部结构形态的角度入手，将传统聚落形态分为块状、线状、散漫型三种外部形态，以及鱼骨分支型、网格网络型、辐射放射型、立体阶梯型四种内部形态。从这些类型分别列出的代表性聚落可以看出，安徽省传统聚落布局形态丰富多样的主要原因在于受到安徽优越的自然条件影响，因此传统聚落空间形态在省内不同地理位置，为适应不同地形、气候、自然资源而形成的分布状态有着显著区别；而社会经济条件、历史发展与生活习惯等多种因素综合也对一些聚落的最终形态产生了不同程度的影响。

从安徽传统聚落外部和内部秩序的体现上来看，安徽省传统聚落布局形态绝非单纯地在某一种因素控制下形成的，而是自然条件、社会经济条件、历史发展与生活习惯等多种因素的综合产物。

第五章 传统聚落景观

第一节 农业景观特征

农业景观是人对场地进行改造的产物，是当地人生活方式的一种呈现和延续，受自然因素如气候、地形地貌、土壤土质等条件的影响，不同地区呈现出风貌各异并带有强烈地域色彩的景观特征。安徽省地形地貌复杂多变，气候与土壤条件较好，农产品种类繁多，例如稻田、麦田、菜地、果园、鱼塘等，形成不同层次的农业景观。徽州人自古以来秉承"天人合一"的理念，合理地将农业景观的功能性和观赏性相结合，展现出人与自然和谐共生的美好画卷。

一、农田景观

安徽省地跨长江、淮河南北地区，幅员辽阔，地形地貌主要包括淮北平原、江淮丘陵、皖南山区等，不同的地理环境呈现出了各具特色的农田景观。

（一）平原农田景观

以皖北地区为代表的平原农田景观是乡土景观的主要组成部分，聚落分散布置在农田中，聚落的空间布局形式与农田景观的关系非常密切。地势平坦、耕地密集的区域，村落多呈现相对集中的形式；在地势起伏较多，农田零散的地区，村落多呈现分散布置的形式，且规模较小。总体而言，皖北地区农田丰富，农田形状规整，林网、道路及村落相互融合，勾勒出一幅气势恢宏、安静祥和的画卷（图5-1-1）。

皖中平原主要位于安徽省中南部长江沿岸和巢湖附近，平原呈东北向，地势平缓，平均海拔约20~30米，偶有低缓丘岗和孤山分散其中，由于长江一直不断地冲蚀阶地，导致平原面积也在不断扩大，平原土地肥沃且气候温暖湿润，水体充沛，灌溉方便，为著名的水稻区。

图5-1-1 亳州市农田景观（来源：付晓惠 摄）

（二）山地丘陵农田景观

皖中部分地区为丘陵地带，加之皖南山区受自然环境条件的限制较多，地势高差大，农用地集中连片的地块较少，耕地图斑零散破碎，对农用地进行整理的难度系数较高，从而影响和制约了农用地的整体规划设计。因受自然条件的限制，可利用的土地空间有限，为了满足人们的生活需求，当地人民对土地的利用多采用精细化模式。山间盆地多开垦农田，种植水稻；地势较为平缓的丘陵地带及低山地带则开挖梯田，种植耐旱稻类并辅以豆、麦种植。然而，由于不同地区居民的耕作方式和种植作物种类的不同，山地农田和丘陵农田既有相似之处又兼具各自特色。

1. 河谷平原水田

平畈田是指成片的田地，多集中分布在山谷及盆地之中，并紧邻水体，方便灌溉，此外，有少量圩田散布其中。苏辙曾有诗"斜拥千桂铺绿水，稍分八字放遥山"用于描述此间景象。徽州平畈田与村落及水系错落交织在一起，相互依存。平畈田受生产条件、生产技术以及耕种制度的影响，多以"鱼鳞"状及"田"字形结构的形式出现，并始终延续至今（图5-1-2）。

圩田也叫作围田，是中国古代农民发明的改造低洼地、向湖争田的造田方法。南宋诗人杨万里在其《圩丁词十解》中对圩田进行了如下描述："圩者，围也，内以围田，外以于水，盖河高而田反在水下，沿堤通斗门，每门疏港以溉田，故有丰年而无水患。"徽州地区的圩田主要分布于旌德、绩溪县的水阳江流域，用于改善所在地区沿河土壤的耕作条件。

2. 山地丘陵梯田

明清时期，人口急剧增加，随之而来的是对粮食需求的增加及耕地紧张的问题，面对当前困境，当地居民将眼光放诸大量的山地，通过开垦山地的方式扩大耕地。清康熙年间的《徽州府志》中曾记载"大山之所落，力垦为田，层累而上，十余级不盈一亩"，梯田顺应地形等高线进行开垦，整体呈现阶梯状形式，受地形限制，整体狭长，灌溉条件较差，对自然条件依赖程度较高。为防止水土流失，梯田边缘多采用石块砌筑或者堆土形成约50厘米高的田埂的方式（图5-1-3）；梯田

图5-1-2　屏山村平畈田（来源：付晓惠　摄）

图5-1-3 休宁祖源村梯田（来源：付晓惠 摄）

随着山体的地势起伏程度，开垦范围灵活调整。

山坞田或山坳田则是地块面积更为狭小的梯田，多分布在狭长的山谷地带的村落与水系周边，灌溉条件与地理位置比较优越，多被当地居民用于种植开发。

二、林地景观

皖北地区林地多以散点式分布在村落及其周边地块，相对农田而言面积较小。皖北乡村林地根据形态特征可以归纳分为团状、带状和散点状三种基本类型。其中，以杨树和油桐为主的林地多采用团状分布在乡村聚落的周边；以竹林、松树林为主，散点式的多分布在聚落内部；河流沟渠及道路两侧多种植果林并以带状形式为主沿线分布。皖北林地多有植物群落积极搭配单调问题，导致其成为透风林带。此外，林带宽度较窄且网格间距宽，林带不能与沟、河、路和渠较好地结合，未形成完善的网状体系。在皖北地区，林地在涵养水源、防风护林、保持水土等生态方面发挥的作用比较薄弱，主要是起到分隔边界的作用。

皖南地区山脉众多，山地面积超过土地总面积的一半以上，植被覆盖率高，林木产品一直是当地人民重要的生活与生产物资。皖南地区人多地少，因此居民对山林的开发和利用较其他地区的自然山林而言要更充分，因此皖南地区山林有着很强的人工痕迹，容易受到地域经济和文化的影响，也塑造出了皖南地区特有的山林景观。

皖南地区居民的日常生活中对林木的利用达到了最大化，小到日常生产生活工具及器具的用料、柴草燃料、加工食物，大到房屋建材原料等。早在南宋时期，皖南地区就有历史记载经新安江水运外销杉木、松木，《新安志》记有："赤白之杉，岁联为桴，以下浙河，大抵松、杉为尤多。"明代竹木、茶叶、薪炭等进入外埠市场，林业发展兴盛，林副产品成为徽州地区的主要经济收入来源之一。

皖南地区林木种类繁多，其中以竹、杉、松居多；在经济林营造中，茶叶生产是一大特色；皖南地区聚落周边的风水林、水口林作为防护林的一种，更有其独特的文化内涵；皖南地区村落水口、庭园之内观赏植被的植物品种选取也与其山林有着密切的关联。基于风景园林学科视角下对地域景观的研究，本书从林木特征将主要从竹林、茶林、用材林、经济林类4类，并通过对这4类林木的植物种类、分布特征、林群形态以及相关内容展开论述。

（一）竹林

受亚热带湿润性季风气候影响，皖南地区空气温度较高、湿度大，适宜竹类生长，因此徽州地区遍布竹林。徽州人对竹子的利用也极其充分，使得徽州地区的景观风貌及地域文化都深受竹子的影响。

皖南地区的竹类多分布在海拔不高且排水较好的低山或者丘陵地带，竹林品种繁多，竹类有十属以上、六十余种，其中以毛竹居多，多为纯林，兼有水竹、阔叶箬竹等，分布于皖南地区山地之间；居民庭院多选用紫竹进行栽种。

在儒家文化中，竹是高洁正直的象征，在风水学中，竹寓意吉祥，有美好祝福的寓意，因此村落周边或者庭园之中常常能看到竹子的身影，被当地居民所喜爱。因此便有了《宏村八景诗》中"翠微深锁隐诸天，松竹阴森一径穿"，《徽城竹枝词》中"祠堂社屋旧人家，竹树亭台水口遮"，以及《门前植竹歌》中"前江碧水喜之玄，仍訾南山对未专。青囊授秘丛植竹，苍翠森森沙浮旋"的描写，这些文学作品中的描述也印证了当地居民有在村前、门前植竹的习俗（图5-1-4）。

作为徽州竹文化的体现和传承之一的竹雕，是徽州三雕之一，因其优美的造型和精湛的工艺，被世人所喜爱。自古以来，徽州人就有利用竹子制作各种农具、器皿，甚至建造房屋的习惯和传统，这也成为徽州独特的风情（图5-1-5）。

图5-1-4 关麓村（来源：付晓惠 摄）

图5-1-5 竹制品（来源：付晓惠 摄）

（二）茶林

茶叶是皖南地区特产之一，如祁红、松萝茶、太平猴魁、黄山毛峰、屯绿等，都是广为人知的名茶。徽州地区的茶叶种植历史最早可以追溯到南朝时期，距今约有2000多年了。徽茶的主要生产基地多集中在歙县、休宁、祁门、黄山等地。皖南地区丘陵山区树木繁茂，平均月日照总时数在110小时以下，春季气候温和，降水较多，相对湿度较高，黄红壤、黄壤透水性与保水性好，且偏酸性，这些条件均利于茶树生长。

皖南地区茶园多数分布在海拔400～800米的峡谷山地和低山丘陵，且山体坡度一般较大，茶园多根据地势沿等高线阶梯式布置，零星的乔木点缀于茶园间，因此难以实现机械作业，基本都是依靠人工种植和采摘（图5-1-6）。除大规模茶园外，当地居民也会在周边山体之中零星分布，一般规模较小，山体、茶园、村庄共同构成了徽州地区独特的茶园景观。

（三）用材林

徽州地区因其优越的自然条件盛产"楠梓竹箭"，明清时期，徽州商人将其优势充分发挥，大力经营木业，几乎垄断了江南地区的木材生意。

据《祁门县志》记载，徽州主要用材树种有广泛应用于建筑、桥梁、造船、家具等方面的杉科和柏科，如杉木、柳杉、柏木、侧柏、圆柏等；供采脂、提炼松节油、可食或供药用的松科、樟科、壳斗科、银杏科、蔷薇科等，如马尾松、黄山松、香樟、锥栗、板栗、茅栗、乌眉栲、白栎、麻栎、石栎、银杏、光叶石楠等；供日常生活及加工产品使用的云实科及漆树科等，如皂荚、黄连木等；除此之外还有含羞草科的山槐，灰木科的老鼠矢，蓝果树科的喜树，金缕梅科的枫香、枥漆，蝶形花科的黄檀、花桐木，杨柳科的杨树、河柳、旱柳，桦木科的光皮桦，胡桃科的化香、白柳，榆科的糖叶树、朴树、光叶榉等。

在众多品种当中，其中以杉、松、樟为盛。南宋诗人范成大在《骖鸾录》中有云："休宁山中宜杉，土人稀作田，多以种杉为业。杉又易生之物，故取之难穷，出山时价极贱，抵郡城已抽解不费"。由此可见，徽州自古以来就对杉、松林采用人工繁育的方式进行栽植。

图5-1-6 宣城海平茶园（来源：付晓惠 摄）

松林多分布在海拔800米以上，杉木林主要分布在海拔600米以下，马尾松林分布在海拔800米以下，通常这些林木在海拔较高处会形成纯林，在海拔较低处常与其他林木混交。人工山林多分布在小块平原和低山丘陵地区，以常绿阔叶与落叶阔叶混交林居多，林相不整齐。

（四）经济林

众多的山脉中，蕴含了丰富的资源如山果、药材、木材等，如桃、李、杏、梨、柑橘、枇杷、青梅、杨梅等水果林；获苓、木莲、黄连、杜仲、野术、生地等山地药材林；漆树、乌桕、油桐等经济林木；直接或者间接地为当地居民带来了不错的经济收入，其中不乏享誉全国的一些特色产品，如徽州漆器、三潭枇杷、歙县金桔、黟县香榧、徽州猕猴桃等，促进了徽州经济的繁荣与发展。

徽州水口园林或庭园之中也常常种植可使用或者可食用的果木，待到秋季果实成熟，各式各样丰硕的果实挂满庭园的枝头，给徽州人家平添了一份喜庆的色彩。

三、工程景观

皖南地区受地形限制，人多田少，灌溉条件比较差，居民多利用修建水利工程的方式用于农田灌溉，从而提高粮食产量，以满足人们生存需求。这些水利设施在解决皖南地区人多田少、增加粮食产量的同时，也有利于帮助居民避免水灾的危害。

皖南地区居民通常会采用大型水利工程，如堨坝、水塘、沟渠水圳，或小型提水工具如脚踏水车、高转筒车、水转高车等两种方式解决灌溉农田问题。徽州地区居民修筑堨坝塘渠的历史记载自古就有，如在东晋咸和二年鲍氏族人就曾在歙县修筑鲍南堨；梁中大通元年胡明星在黟县开凿槐渠（今县城横沟）等。随着社会不断发展，人口不断增加，明清时期水利灌溉工程数量激增、塘堨面积扩大，同时对原有水利工程进行的整修等，皖南地区水利迅速发展。

水利工程的位置和形态随着农田周边环境和地势的起伏而有所区别，灌溉系统的格局也稍有差异，基本上可以将灌溉系统归纳为河谷平原灌溉系统和丘陵灌溉系统两种类型。河谷平原盆地农田灌溉用水主要是来源于河水和水塘蓄水，由于没有足够的高差，自然条件下很难实现水源运送，因此需要借助提水工具提水后方可进入水渠灌溉农田。丘陵山坞农田灌溉用水主要是来源于山塘水库和山地渠圳，利用场地自身的高差实现自流灌溉。水库的水经由渠圳引导顺流而下，灌溉沿途的农田后，最终汇入所在地区的河流。

（一）堨坝

居民修建堨坝往往就地取材，多是利用周边地区的材料进行修建。根据所用材料的种类可以分为石灰泥浆砌石坝、沙坝、木桩沙石堨、草木堨等。古时堨坝多与水闸相结合修建，材料多选用石材或者与木材相结合的方式形成石坝、木桩沙石堨，采用栅木板壅水，抽去栅板便可泄洪排沙石，或满足船只的通行。中华人民共和国成立后，随着经济技术水平的提高，建筑材料种类增加，出现了水泥浆砌石坝，这类堨坝没有水闸，坝体连续，泄洪口高于河底，砂石无法顺利流出，坝内水位较浅（图5-1-7）。除水碓与灌溉合用堨外，一般的堨坝多为临时性构筑物，如果遭到洪水破坏，根据使用需要再建。

皖南地区山体众多，地势高低起伏较大，堨坝通常采用分级而筑的方式。在溪流之上分级筑坝，分段拦水，一方面顺应山区的地形条件，另一方面能更有效地利用水资源。如渔梁坝其下游就采用分级建筑的方式，清乾隆时期歙县郡守彭泽予修复渔梁坝时记载"去现囊中沙砾，实以方石，下流更为梯级，以杀水势"，被称为"江南第一都江堰"。

(a)渔梁堨坝

(b)呈坎堨坝

图5-1-7 堨坝（来源：付晓惠 摄）

（二）水塘

在夏秋季节，由于水量的匮乏导致皖南地区旱灾频发，当地居民通过修建水塘，用于蓄积雨水和泉水，作为旱季水源的补充，从而能有效地解决皖南地区农田灌溉的问题。皖南地区水塘根据其建造地点和灌溉农田的类型进行分类，可以总结归纳分为平塘和山塘两种形式。

平塘一般规模不大，水位较浅，通常修筑在地势平缓的地块之上。皖南地区的平塘归纳起来主要可以分为三种类型：一是利用泉眼涌水，在其四周筑埂，围合而成水塘，用于储水灌溉农田。如碧阳镇碧东村的"四眼塘"，由相邻的四个泉眼围筑而成，常年水量丰沛，现仍可用于农田灌溉。二是通过挖掘的方式，在平地筑土为堤，用于存储雨水，并与水车相配套，作为旱季水源的补充灌溉农田。如西递镇小鸡村田间的"小塘（窟）群"，水体面积大小各异。三是在山区地势较高的地块挖塘，存储雨水，利用地势高差实现自流灌溉。

山塘可以看作水库的雏形，一般规模较大，利用山体之间的空间，形成水塘，地势较高，通常可以实现自流灌溉，在雨季时节，还可用于拦蓄雨水。古时山塘多采用自制粘结材料修筑，刚度不大，难以抵御自然侵袭，比较容易被破坏。随着建造技术水平的提高，人们对皖南地区境内现存的山塘根据实际情况进行整修加固或改造。此外，水塘除了被用于农田灌溉之外，还可以用于水产养殖，在满足居民生活的需求基础上也能为当地居民创收，促进地区经济发展。明代李日华在《礼白岳记》中写道："土人工殖山利，山下开塘蓄鱼。"

（三）沟渠

皖南地区由于自然条件限制，耕地面积小且分布不集中，水利工程的规模较小，且利用率不高，为了提高其利用率将其作用充分发挥，居民常采用沟渠水圳与水利工程相互配合，以便灌溉更多的农田（图5-1-8）。

图5-1-8　泾县黄田村沟渠（来源：付晓惠 摄）

图5-1-9 屏山村水车（来源：付晓惠 摄）

在地势较高的地块上通过盘山开圳，将山涧溪泉引入水圳，流经沿途农田；在地势低洼的丘陵平畈田，通过拦水筑堨的方式抬高水位，从而将水引入水渠，用于灌溉农田。古时受技术条件限制，修建的沟渠多为临时性构筑物，在田边扒泥筑水路用于春季耕种，供下丘田通水灌溉，随着技术水平的提高，大量徽州渠圳已经被修整加固，供居民长期使用。

位于黟县宏村镇横川村的横川七圳是典型的盘山灌溉渠道。梯田多处在地势较高的山腰处，且规模较小，被人们称为"壁上挂灯盏"。古时当地居民利用盘山开圳的方式，自高而低，先后开凿了七条渠道，将山涧引入其中，用于农田灌溉，故称之"七圳"。七条渠道之中，长圳有3~4公里，短圳都有1~2公里，直到现在仍然在发挥作用。

（四）提水工具

徽州居民常用的提水灌田工具之一便是木制龙骨水车，通过使用水车将塘内水流提高数米。根据使用方式可分为手车、脚车（踏车）、牛车、水碓等，分别采用单人双手牵动、双人在架上用脚踏、牛拉转动或者借助动力装置的方式。水碓一般是利用流水的冲击力舂稻米、磨小麦。一般农户家中通常备有一种或多种水车。随着抽水机械设备的普及使用，现代化设备逐渐取代了传统的水车。皖南地区的古水车因其用料讲究、做工精细，样式精美，构成了皖南地域景观中极具特色的景观要素（图5-1-9）。

皖南地区常在河溪旁水流较急的位置安装木制或竹制转轮和竹筒，在水流的冲击下顺势而动，水流被竹筒带至高处，用于农田灌田，这便是人们常用的提水灌溉工具之一——烧车（筒车）。

除水车、筒车外，水轮粟等现代提水设施也随科技的发展广泛运用于当地农田水利灌溉之中。这些提水工具在浇灌农田的同时，也构成了皖南地区地域景观独特的元素。

第二节　传统聚落水系景观

水系是聚落形成与发展的重要资源，聚落营建选址首先考虑水系，水系提供了基本的生活用水和生产用水，水系周围良田肥沃、茂林成荫、建筑错落布局，奠定了聚落发展的基本物质基础。安徽省水系湖泊主要集中在长江流域、淮河流域、新安江水系三大部分，湖泊数量较多；巢湖为全省面积最大的湖泊，也是全国五大淡水湖之一，面积达390平方公里。由于地理水文条件的原因，安徽省内的传统聚落基本都与水系密切相关，有的聚落临水而建，有的聚落被水系直接贯穿，有的聚落四周被水系环绕。聚落水系类型多样，通常包括河湖、溪流、水库、池塘、沟渠、水圳、古井以及庭院水池等，每种类型都有其重要的景观特征与功能意义。同时水系景观是聚落空间结构中的重要组成体系，它不仅影响整体空间布局，而且长久以来与聚落的交通、生产、居民的生活方式、地域文化等方面紧密相连，因此有一定的生活生产功能、景观功能、文化功能、生态功能。本节内容主要从聚落与水系之间的布局关系、聚落水系景观类型、聚落水系景观功能等三方面对水系景观进行分析。

一、水系景观布局

安徽省地形地貌复杂多样，主要有平原、台地、丘陵、山地等类型，结合总体水系分布特征，以及聚落调研现状情况，将聚落整体与水系的关系分为三类：水系傍聚落而过、水系穿聚落而过、水系与聚落混合模式的三种类型。

（一）水系傍聚落而过

传统聚落选址之初就考虑到水源问题，因此古人建造城池、村落之时逐水而居。聚落营造在河流、溪流的一侧，利用水系冲刷而成的滩涂地、水流一侧的平坦地、水系转弯处的林地、背山面水的地段，营建聚落。这种类型的聚落多是在水系一侧，水系成了环抱聚落的天然屏障和水运交通要道。

亳州城的北关大街地段古代就是商业繁华区域，位于涡河与小洪河交叉口，两条河流水系为亳州古城聚落、北关商贸大街聚落的形成与发展提供了交通便利，也是一处较好的城市河流景观带。蚌埠怀远县河溜镇老街、亳州涡阳县义门古镇等都是商贸重镇，其形成与发展都与涡河相关。淮南寿县隐贤镇隐贤老街的西侧是淠河，隐贤老街自古也是商贸集散地，淠河是隐贤镇形成的主要原因。黄山市歙县渔梁古村落南侧是新安江上游的练江，村落在练江的转弯处，呈两端渐尖的弯曲狭叶形，形成了"S"形。按照古代相地学说，恰好形成了村落前的一条"腰带水"，为村落设置了一处自然屏障。整个村落枕山环水面屏，形成"秀水绕门蓝作带，远山当户翠为屏"的景观。歙县雄村位于浙江西侧，北至雄村大桥，南至小南海大桥，即南北侧均为以徽杭高速的跨江大桥为界，西侧以自然山脉为屏障，整个村落由道路和水系围合成纺锤状。在村落东侧沿江处修建有一条滨江步道，村南桃花项处植有各色桃树数十种，夹有紫荆，春季桃花盛开时节美不胜收；在此处隔江眺望对岸青山，颇有李白《清溪吟》中"人行明镜

（a）亳州北关大街与涡河　　　　　　　　　　　　　（b）河溜镇老街与涡河

（d）隐贤镇与沘河　　　　　　　　　　　　　　　　（e）歙县渔梁古村落与练江

图5-2-1　水系傍聚落而过（来源：张浩 摄）

中,鸟度屏风里"的意境。黄山祁门县磻村位于闪里镇文山河的一处转弯处,磻村南侧紧邻江西省浮梁县。磻村地理位置特殊,背山面水,南侧景观视野开阔,文闪河从村前流过,两岸古木苍翠,山光树影,倒映水中,风景如画,潺潺溪流水声为古老的村落增添了几分宁静(图5-2-1)。

(c)义门镇旧镇区与涡河

(f)祁门县磻村与文山河

（二）水系穿聚落而过

在群山环绕之间，大部分聚落选在山谷或者山间盆地之中，从山间而下的河流冲刷出平原地带是古聚落选址的最佳地。这些水系穿过村庄，从而形成村落的中心轴线；而村中的主要建筑诸如祠堂、私塾、府邸等都沿水系营造，从生产生活角度而言，方便居民生活用水，也将整个村落空间体系串联起来。

黄山黟县屏山村内部吉阳溪从东南方向沿着街巷形成水渠，贯穿整个村庄，在村落西南角形成水口长宁湖；水渠两侧分布民居、商铺，形成水街；这条水街是村民休息、游客游览的主要空间；水系拓宽了建筑界面之间的尺度，使得街巷空间更加开阔，增加了水景的趣味性，也满足居民洗菜、洗衣服等生活需求；并且夏季时候，水系结合风向，起到降温效应，让居民感受到凉爽、惬意。黄山徽州区唐模古村落最为有名的是其水系、水口园林，檀干溪东西向流经唐模村落，溪流两侧布置商铺、民居、祠堂，溪流上置桥、亭、阁等建筑物，便于村民休息、交通往来，其中最大的桥为高阳桥；两侧临水是石板铺筑的道路，形成水街。沿河设置长约百米的过街廊，为居民提供休息、纳凉的场所，也是建筑与水系之间的过渡空间（图5-2-2）。

（三）水系与聚落混合模式

多条水系交汇，部分水系穿过聚落，其他水系在聚落外围，因而聚落沿水系逐渐发展，最终数片小村落扩展，连接为一片大的村落，这类村落往往街巷迂回曲

图5-2-2　屏山村吉阳溪穿过聚落（来源：张浩　摄）

折，民居呈组团式发展，水流部分沿聚落而过，给人的体验感较为丰富。

黄山黟县宏村，宏村西北的碣坝为西溪，再流至村西的宏际桥前，与羊栈溪汇合于中洲。山溪水过宏村后，注入西溪，然后向南流入奇墅湖，此为天然河流形成的外水系。村落内部拦河筑坝，穿圳引流，凿湖储水形成人工内水系，水圳的走向和水系的布局，使全村居民用水距离比较适中。人工水系遍布全村，潺潺水圳，九曲十弯，绕家穿户，贯通月沼和南湖，长年流水不腐。黟县西递村位于山间盆地地带，四面环山，村落东南高、西北低。北侧有三条水系：金溪、前边溪、后边溪。三条溪流从北侧流经村落与村外，使得西递村平面布局类似船形。村内水系两侧形成水街，有商铺、祠堂等，由于西递村与皇族历史相关，因此溪流两侧的石板街道宽度相对较宽。溪流转弯和交汇的地段设置重要的建筑、景观节点；三条溪最终交汇到村口，流出水口；据说西递村落在古代是渡口，过往的船家在此停驻，此地的商贸也较为发达（图5-2-3）。

二、传统聚落水系景观类型

安徽省地形地貌丰富多样，水资源较为丰富，水系结合地形，依形就势与聚落整体相结合；中国古人强调天人合一、道法自然的哲学理念，在人居环境营造的时候就考虑到水系与聚落之间的关系，水与聚落共生协调；聚落人工水景营造过程中其形态也模仿自然之势，

（a）黟县宏村

图5-2-3　水系与聚落混合（来源：张浩 摄）

(b) 黟县西递村

图5-2-3 水系与聚落混合（续）（来源：张浩 摄）

并加入聚落文化理念，更加具有文化内涵。传统聚落水系景观分为以下几种类型：水口园林、街巷水景观、庭院内部水景观、聚落外部水景观。

（一）水口园林

《入山眼图说》中提到："凡水来处谓之天门，若来水不见源流谓之天门开；水去处谓之地户，不见水去谓之地户闭。夫水本财，门开则财来，户闭则用之不竭"。水口园林通常利用村落原有的山水资源，通过增种植物，构建凉亭、水榭、楼阁、廊桥、塔庙等方式造园，形成一个开放的公共园林空间，以便满足人们游览、休憩、交往等功能需求。

水口园林主要由水口山、水系、水口林、水口建筑物或构筑物（亭、桥、阁、牌坊等）、园林道路等元素构成。古风悠悠，丛林婆娑，道亭相依，碧波荡漾，这些独具特色的村落水口园林是我国古代环境意识的集中体现，其形成并不是巧合，而是一定地域环境整体规划的产物。

水口园林形成的原因有两方面：一方面是自然资源，大部分水口园林分布在皖南地区，皖南地区降水量较丰沛，水系河网众多，为村落的水口选址与营造提供了有利条件；另一方面是文化思想影响，古人在村落选址之前会进行堪舆相地，结合风水学说，遵循天人合一、因地制宜的思想理念。《葬书》中提到"风水之法，得水为上，藏风次之。"所以，水资源在古人眼里是重要的元素，水能够带来财旺，"上善若水，道法自然"，在村口布局水口园林能为整个聚落、家族带来兴旺。

根据相关实例调研、史料记载等，安徽省聚落水口园林结合功能要素大致可以分为交通型、游赏型、防御型几类。交通型的水口园林多是在村口的主要道路附近，在村口的河流上建设桥梁、堤坝、码头来满足交通需求，河流附近古树参天、亭台楼阁，同时供居民游憩休闲。例如，歙县渔梁坝、黟县宏村西侧入口等，都是主要的交通道路、桥梁，但都结合古树、建筑物等打造成为水口园林景观。游赏型的水口园林是指水口园林作为观赏、游憩的场所，是居民休闲纳凉的地带，例如唐模村的檀干园（图5-2-4），位于村落东侧，内部有清代建筑八角石亭、同胞翰林坊，园内的镜亭，为全园中心景点，亭四面临水，亭内有众多文人墨客石画像；此类型的水口园林多以景观营造为主，结合文化理念彰显文运昌盛、宣扬"仁义礼智"等思想，修建书院、会馆等，因此形成一处公共休闲、观赏的活动场所。防御型水口园林是指修建园林起到防卫守护的作用，采用水系作为天然屏障，聚落多面环水，使得进入村落的道路相对集中，山门狭小，流水不断，这是防卫的最佳模式，利用水口营建防卫性建筑架在小溪之上（图5-2-5）。亳州涡阳县龙台庙村，其村口章华台、古树、四周水渠形成一处水口园林（图5-2-6），入口在章华台东南侧，章华台四面环水，具有一定的防御性，此类形式也与村庄起源于兵营有一定的关系。

（二）街巷水景观

街巷是传统聚落空间中的重要组成部分，是线形的空间，具有交通组织、商业活动等功能，不同方向的街道纵横交错形成聚落整体的交通网络体系。有些水系穿

图5-2-4 唐模村的檀干园（来源：付晓惠 摄）

图5-2-5 桃源村魁星阁和廊桥(来源:付晓惠 摄)

图5-2-6 涡阳县龙台庙村章华台(来源:付晓惠 摄)

过聚落，与街巷交织形成了水街、水渠等，从而形成了聚落中特殊的街巷水景观；其主要由水街、水圳、古水井、水塘等元素构成。

1. 水街

水街是由于水系穿过聚落，导致水系两侧或者一侧的房屋后退，形成了由建筑、道路、水系而组成的水街，建筑临水一侧是商铺，后端为居住空间。此类型的水街在一些商贸集散地多有出现，对于经济的发展具有一定的推动意义；从观赏性上来说，也丰富了聚落街巷的景观层次，提供了赏景的场所。黟县屏山村吉阳溪流经村落，在南侧部分建筑临水设置商铺，形成水街，商业氛围浓厚，游客络绎不绝；唐模村的水街尺度较大，街道路面一般采用青石板铺设，宽度为5~10米，高低不一的建筑紧密地排列在河溪两侧。

2. 水圳

水圳与聚落巷道相结合，沿着巷道顺应地势穿过家家户户门口，其形态往往不拘一格，或宽或窄，形态依街巷空间的不同而变化，体现了古徽州人对于"天人合一"思想的追求：随形就势、顺其自然。水圳不仅是街头巷尾的明沟，潺潺溪水也通过水圳穿村而过，涓涓溪水，如鸣佩环，联通村落每家每户，形成了"家家门前有清泉"特有的徽州村落景观，例如宏村内部的水圳（图5-2-7）、洪家瞳村落街巷的水圳。水圳在聚落中灵活地布置，具有防火、盥洗、农业生产、生活用水等功能，同时水圳也能将雨水收纳，集中流到水塘或者河流，后期使用。

3. 古水井

水井主要为居民提供生活用水，其形式多为圆形；水井的深度、大小、数量等都取决于用水量的需求，例如皖南地区人口较少的村庄，可能只有一口水井，且

图5-2-7 宏村水圳（来源：付晓惠 摄）

深度一般，即可满足生活需要；在皖北地区，人口众多，且平原地带水资源不充沛，导致出现村落有72口水井，且深度较深。皖南地区的水井常见的有打箍井、两眼井和三眼井，但也有一种井的形式与中国传统井形态相悖，为方形，俗称大方井。水井广泛存在于街巷空间和庭院空间中，是主要的饮用和消防水源。为了取水和洗涤的便利，古水井的四周一般砌筑条石形成井台，水井一般不会在街道中心，而是靠近街道一侧，或者村口或者街道转角处，以此形成较为开阔的空间（图5-2-8）。

4. 水塘

水塘一般位于聚落的中心地带，与聚落中的重要公共建筑相邻，例如祠堂、私塾、戏台、公屋等。水塘具备生活生产用水、防火防灾等功能，也能在夏季起到小气候降温的作用。传统聚落中，水塘的选址、开凿都需要通过相地堪舆的步骤，古人讲究风水，因此村民非常重视水塘的开凿和后期的管理维护。水塘大小各有不同，根据地形、场地大小有所分别，大的有十几亩，小的不到一亩。水塘一般也与内部水圳、外部溪流

(a) 青疃镇大袁村古水井　　　　　　　　　　　　　　　(b) 屏山村水井

图5-2-8　聚落古水井（来源：付晓惠 摄）

图5-2-9　宏村南湖（来源：薛梅 摄）

相连，是连接村内外水系的纽带，因此其蓄水能力较好，多为活水。蓝天白云、水质清澈、古树参天、建筑错落有致，聚落倒影在水塘之中，形成一处山水画卷（图5-2-9、图5-2-10）。

图5-2-10 关麓村水塘（来源：薛梅 摄）

（三）庭院内部水景观

传统聚落居民注重庭院景观营造，庭院景观能够丰富景观效果，也具有实用性。在重要的公共建筑，如祠堂、私塾、书院，或者大户人家的庭院中设置水池、水井、天井、水缸等，都具有一定的功能意义，反映出居民对于水系的重视。院落水池将外部水圳的水引进云园林，或者将自然降水蓄积，形成水池景观，在水池中堆叠假山、种植水生植物，或营建鱼池，再以花卉盆景点缀其间形成幽静舒适的水院环境，水院之水给生活带来了极大便利，调节了院落小气候，使得院内冬暖夏凉。院落天井是皖南古建筑中重要的构造形式，满足建筑的采光、通风、排水等功能需求。天井具有四水归堂之意，屋顶倾斜围合，对外开敞，汇集四方之水于内。

天井底部地势较低，雨水全部汇集到天井；天井底部是青石板，青石板一侧有水沟，石板下面设置蓄水池，且通过暗渠与外界水系连接，建筑地下有众多弯弯曲曲的排水沟，曲折环绕，即使雨水量较大，也能排至屋外（图5-2-11、图5-2-12）。

（四）聚落边界水系

聚落边界水系一般是指与聚落相邻的湖泊、河流、溪流等水系。这类型水系景观是聚落的外部环境，从宏观层次来说水系是聚落的景观背景，聚落置于整体的山水风景之中。对大部分古聚落而言，水系具有景观功能；对于城池聚落而言，水系即护城河，具有防御功能。淮南寿县古城外围护城河防御，具有军事

图5-2-11 屏山村祠堂天井（来源：薛梅 摄）

图5-2-12 磻村古戏台庭院水缸（来源：薛梅 摄）

图5-2-13 寿县古城平面图（来源：谷歌地图）

功能；北城门远眺，溪流水景与远处山脉交相辉映（图5-2-13）。淮北市临涣古镇城池南侧是浍河、泡河的交界处，河流形成古镇南侧的天然屏障；并且在城池南侧营造出开阔的田园水景风光带（图5-2-14）。绩溪县龙川村四面环山，登源河从龙须山而来，村落位于河流北侧，形成船型。龙川水绕村东流，汇入登源河，形成"天口开，地户闭"的极佳风水格局，象征财运源源不竭。整个村貌成船形，如穿行在山峦和万顷碧波之间的航船，颇具龙舟出海之势，堪称风水宝地；整个村落人文景观与自然景观相结合，有意境田园风光之美。

三、传统聚落水系景观功能

水是人类社会及其历史文明存在与发展最为基本的物质资源之一，同时也是自然界一切生物生存的根本物质条件之一。水能够为生产生活提供便利，为植物生长提供营养，改善聚落小气候环境；水系蓄积雨洪、分流下渗；水系环境营造景观场所，具有典型的社会功能，为人们泛舟、垂钓、休闲提供去处；"水善万物而不争"，水系与中国传统哲学理念相关，与聚落文化价值相连。聚落水系景观功能包括以下方面：

（一）生活生产用水

首先，水源是传统聚落存在与发展的前提，聚落饮用水主要依靠地下供水。古水井是聚落最为实用和常见的利用形式。村中水井大多以公共形式供村民使用，河流穿过村庄，居民利用溪流水洗菜、洗衣服。随着聚落生活条件的提高，生活基础设施得到改善，大部分村落将井水用管道连接到厨房，或者是安装自来水管道，方便居民生活。其次，传统聚落大部分以农耕种植为主，农业生产是经济发展的重要来源，因此灌溉田地、菜园浇水、水产养殖、家禽畜养等都离不开水；部分传统聚落依靠水资源丰富的优势，种植水生植物、养殖水产，

图5-2-14 临涣古镇鸟瞰图（来源：张浩 摄）

形成聚落的特色产业，凝聚特色文化，发展经济的同时也形成富有特色的水系景观。最后，聚落水系具有泄洪排涝的功能，部分传统聚落水网密集，河流、水塘、水渠、水圳等具备一定的蓄水与排洪作用，一旦发生洪涝，能够快速排洪，避免居民遭受洪涝之灾。

（二）水运交通

古代交通运输能力较低，水路运输因其运量大、成本低的特点在古代交通运输方式中占有重要地位。粮食、布料、茶叶、器皿等都可以利用船只运送到聚落。因此，传统聚落居民利用河流运输便利，建设码头，开辟运河，布局商业集市，从而形成众多商业重镇，这也是水运交通给商业发展带来的契机。例如，西递村、涡阳义门镇的形成都与水运交通相关。

（三）防御防灾

中国古代社会政治动荡，时局多变，战火频发，人们渴望远离战祸之地，寻求世外桃源以安居。因此，传统聚落的选址既要考虑到聚落与周围环境的关系，便于生活生产，也要考虑到聚落的安全因素，这样才能保证长治久安，安居乐业。古代城池营造中，在城池外围设置护城河，进行防御；有些聚落利用天然的地形特点或人工建造水系、沟渠，形成防御之势，目的就是为了使聚落民众与水土得到安宁稳定。另外，由于传统聚落中建筑形式多采用木构架体系，容易引起火灾。村落外围、内部以及庭院中都有水系、水井、水塘等，能够起到消防、隔离火势蔓延的作用。

（四）景观营造

传统聚落中的水系类型多样，有湖泊、河流、溪流、水渠、水圳、水塘、古井等，形成不同形式的瀑布、跌水、溪流、静水等。水体自身具有极佳的观赏性，波光粼粼、潺潺流水、泉水叮咚等都有自身的特点，也可以与建筑、植物、构筑物等相结合，形成层次丰富的景观，例如水口园林，水口的营建以秀丽的自然环境为景观基础，保持天然野趣，又因地制宜，并点缀亭榭塔阁，将其融入村落景观之中，田园山水及建筑交融在一起，构成村落环境及景观的核心。聚落中多开凿水系既符合景观层次的需要，也符合人们亲水的特征。

（五）生态可持续性

水系自身具有生态作用，能够净化聚落中的部分污染物，消除聚落空气中的粉尘、净化空气，改善小气候。同时，水系也是水生物生存的场所，是乡土物种的食物资源与栖息地，是生态系统中的重要组成部分，保证其完整性与连续性。另外，水体与周围的生物形成了水体环境系统，水系植物根系微生物活动可将水中的污染物质分解，使得水质得到净化。利用水体对空气的调节作用可以促进人居生态环境的改善，厅堂天井的主要目的是调节室内微气候，营造舒适的居住环境。北方庭院中可在园中摆放鱼缸、荷花缸等，增强水景，起到降温作用。村落的水口园林、水街、水渠等都能引风通风，排除湿热，改善空气质量，从而村落的水系景观更加丰富，功能也多样化。

（六）文化内涵价值

聚落水系景观具有一定的文化功能。首先，聚落依托水系而营造，古人选址之时，水系的来龙去脉会仔细调研，必须符合选址的基本原则，因此这其中就具有一定的文化意义。其次，水系流经村落，与村落的祠堂、公屋、书院、私塾等公共建筑相互联系，形成了聚落公共空间场所，构筑了聚落历史文化空间。一些古井、溪流、水池的名称，或者来源都有一定的文化故事，千百年来聚落居民代代相传，早已经形成了村落的文化思想。水口园林的选址布局遵循中国风水理念，水口是村落规划的重点，"入山首观水口"，水口处应收紧，满足人们繁荣兴旺的美好愿望，同时秀丽多姿的空间环境，促进了文化发展与繁荣。

第三节　公共建筑景观

一、祠堂

祠堂，作为传统聚落中最为重要的公共性建筑景观，其建设规模、形制等级都高于其他建筑形式。祠堂作为村落内宗教法治的重要空间载体，不仅为宗族内部的管理、自治和教化提供了神圣的权力场所，同时对村民对本族的认同感和凝聚力起到了良好的促进作用。祠堂的选址布局一般分布于村落的主要交通干道旁边或村落的公共中心集聚点。宗祠在村落空间的具体布局主要存在两种情况，一种是随着村落发展和民居的扩张，宗祠逐渐向村落中心推移，最终有可能发展为村落的中心，也有的直接由祖先住宅改造而成；另一种是村落发达之后进行宗祠重建，自然就保留在村口位置。

（一）龙川胡氏宗祠

龙川胡氏宗祠，位于安徽省绩溪县瀛洲乡，始建于明代嘉靖二十五年（1546年），属于胡氏家族祭祀祖先、议决族内大事的公共场所。祠堂坐北朝南，占地1564平方米，建筑面积为1146平方米。宗祠建筑平面长宽比例为2∶1，遵循严谨的中心对称式。其空间设计观念代表着徽派所有建筑类型平面布局的设计法则，与《园冶·相地》中"得景随形"相得益彰（图5-3-1）。

图5-3-1 绩溪龙川胡氏宗祠（来源：王惠 摄）

图5-3-2 南屏叶氏宗祠（来源：王惠 摄）

图5-3-3 呈坎罗东舒祠（来源：王惠 摄）

（二）南屏叶氏宗祠

南屏叶氏宗祠，又称叙秩堂，始建于明成化年间，建筑占地约1000平方米，主入口立面宏伟庄重，屋顶形式由飞檐起翘的双重屋檐组成。根据森严的宗教等级制度，空间布局分为上、中、下三进大厅。下厅为族人举办活动击鼓奏乐的场所；中厅是祀堂，为宗族举行祭祀仪式或重大活动的正厅；上厅与中厅相连，是放置本族各家祖宗牌位的三间二层建筑，也是供村落内族人瞻仰祭拜祖先的重要场所。在叙秩堂门口保留着一对雕刻精美的大石鼓，还有4根托着雕刻古鼎宝瓶类的祭器额枋的大石柱，如此庄重的布局、精美的石雕足以呈现出早期村民们生活的富庶安详（图5-3-2）。

（三）呈坎罗东舒祠

位于呈坎村内的罗东舒祠，是明代中后期砖木结构建筑。祠堂规模宏大，营造精细。罗东舒祠坐西朝东，建筑平面布局共四进四院，各个不同功能的建筑物依轴线对称分布。祠堂色彩依旧的彩绘和精美的木雕，也极具文物价值（图5-3-3）。

（四）涡阳袁氏祠堂

涡阳袁氏宗祠位于涡阳县青疃镇大袁庄，据1983年《青疃区志》记载，袁氏旧宅"计正堂九驾五间，东西厢房各三间，东偏为厨室，二门过道一间，周以内垣，二门外东西房各三间，大门三间，左右为门房，东西侧门二间，堂后仓房十一间，东西房各三间，周以外垣，西侧门外，开井泉一眼"。一条穿过村中的小河，把几处宅院，连成一个整体。兴盛时，有花有草，有亭有榭，繁简相间，错落有致，"把江南水乡的建筑格局，活生生地搬到了皖北平原"。现如今，祠堂只存22间房屋主体建筑，高大威风，是涡阳县仅存的比较完整的祠堂（图5-3-4）。

（五）东至南溪古寨金氏祠堂

金氏祠堂位于池州市东至县花园乡南溪村，南溪古寨是深藏于山区的匈奴人后裔生活的山寨。金氏宗祠位于南溪古寨的核心区域，门楣高大，山墙耸立，天井庭院较宽，两旁有花鸟麒麟浮屠座厢，后厅是祖宗牌位，内悬"南溪鲲化"等匾额，占地面积1200平方米，共前后三进（图5-3-5）。明清时期，金氏是该地的名门望族，有不少人在朝廷为官。祠堂内有99根柱子落地，柱子上的雕刻隐隐有龙的形状。金氏宗祠是南溪古寨村民祭祀天神的地方，每年农历八月十三，该地保留着全寨祭祀天神的习俗。无论是祭祀还是招待贵宾，主位都是坐南朝北，北面为大，表示朝向他们的家乡。

（六）查济光裕堂

查济二甲祠，即祈公祠，是为纪念祈宝公而建，又名光裕堂，是查济现存最完整的一座祠堂。二甲祠位于村落中部，坐北朝南，建筑面积1100平方米。大门左侧有"仁让坊"以及两座巨大的牌坊基石。二甲祠原建于明嘉靖四十四年（1565年），清康熙年间重修。二甲祠采用五凤重檐式，即五凤楼式门楼。门楼下精雕"空城计"等戏文图案，门墙下有白石雕花墙裙。三级石阶，上设汉白玉护栏，两侧各有一方上马石。因位于"瑞凝午道"，祠堂内出了"救驾王"查之恺，故门庭上曾悬有"诰封荣禄大夫"的竖匾，甚为显赫。门庭极为狭长，形成一个灰空间。在进入厅堂大门两侧设有抱鼓石，上有两根阀阅，反映了该祠的等级非同一般。二甲祠中，完美地展现着徽式建筑中"三雕"的精湛技艺，飞檐木雕、柱础石雕与高大的门头砖雕尤为精彩。查济古镇里古宅的门坊、墙裙、柱础上、窗棂和门楣上，都有精美的雕饰（图5-3-6）。

图5-3-4　涡阳袁氏祠堂远景（来源：王惠 摄）

图5-3-5　东至南溪古寨金氏祠堂近景（来源：侯琪玮 摄）

图5-3-6　查济光裕堂近景（来源：侯琪玮 摄）

二、书院

书院，是中国独有的大型传统公共教育场所，相对规模较小的教育形式还有社学、私塾、义塾等，根据举办机构的不同，常有官办和民间两种，是中国传统文化有序发展的摇篮。书院多置于望族大村，为区域共有，选址一般坐落于村头或村落主要公共集中场地。继南宋歙县紫阳书院创建之后，徽州各县书院纷纷崛起，至明清时期走向巅峰，成为中国当时四大书院兴盛中心之一。徽州素有尚文重教的传统，理学的昌盛推进了书院的建设，书院也因此成为区域文化教育水平发达的重要表征。古徽州不仅富甲海内，其文风昌盛、儒风独茂同样闻名遐迩，有"东南邹鲁"之誉。

（一）歙县雄村竹山书院

竹山书院位于黄山市歙县雄村乡雄村桃花坝上，占地面积约2000平方米，总建筑面积为1218平方米。竹山书院整个建筑布局形式分为讲堂和园林两大部分。讲堂为合院建筑，有堂、斋、廊等建筑。园林位于讲堂之北，采用园中园布局，并以借景手法将竹山景致纳入园中（图5-3-7）。

（二）宏村南湖书院

南湖书院位于安徽省黟县的南湖北畔，是一座具有传统徽派风格的古书院，占地约6000平方米（图5-3-8）。一湖碧水位于书院前，连栋楼舍接着书院，书院黛瓦粉墙，与碧水蓝天交相辉映。书院远涉的志道堂是讲学的地方；文昌阁供奉孔子牌位，学生在这里对孔子瞻仰膜拜；会文阁是学生读四书五经的场所；启蒙阁是启蒙读书之处；望湖楼是闲时观景休息之地；祇园是内苑。

三、寺庙

寺庙是我国佛教文化建筑代表形式之一，主要是祭祀天地日月山川祖先社稷的建筑，在安徽古村落中也不乏可见此种祭祀性建筑。寺庙的选址常见于村落周边附近山中，既可以便于村民在节日祭拜，又可以保证平日里的静谧环境。

（一）寿县文庙

寿县古城西大街中段，有一座坐北朝南的宏伟古建筑群，这就是俗称"黉学"的文庙。文庙，是祭祀孔子

图5-3-7　歙县雄村竹山书院近景（来源：侯琪玮 摄）

图5-3-8　宏村南湖书院志道堂（来源：侯琪玮 摄）

的地方。据《寿州志》记载：此建筑始建于唐，元代由城东南隅移建于此。占地面积达2万平方米，有坊、阁、殿堂等大小建筑物30处。（图5-3-9）

饱经沧桑的文庙，虽占地面积有所减少，但主要建筑物如大成殿、明伦堂等至今基本保存完好。特别是近年来经国家拨款维修，面貌一新，接待四方游客。第一进院前是牌楼式的"泮宫""快睹""仰高"三坊，斗栱飞檐，古色古香。第二进院正是半月形的"泮池"，常被人称为"状元桥"。人们总爱扶栏登桥，俯视碧水游鱼。池北中轴线上为"戟门"，东耳房为名宦祠，西耳房为乡贤祠。由戟门进入第三进院，即来到孔庙的正殿——大成殿，殿面阔五间，深三间，是簧学主体建筑，气势磅礴，雄伟壮观。大成殿两侧有配庑，是放置从祀牌位之所。大殿前是1米高的石块月台，台周护以雕花石栏，台左、右是两株参天银杏树，把大殿点缀得更加肃穆。从大殿左、右两则之"外堂""入室"二门即进入第四进大院，明伦堂居最后。现为县文化馆所在地。

图5-3-9 寿县文庙近景（来源：侯琪玮 摄）

（二）赖山清真寺

赖山清真寺位于淮南市谢家集区李郢孜镇赖山村，始建于明万历八年（1580年），坐西朝东，为硬山式建筑，占地面积约2000平方米，由门楼和一进院落组成（图5-3-10）。该寺庙建筑风格融合了南北地域文化特征，并呈现出浓郁的地方建筑特色，纹饰在中国传统的基础上略带伊斯兰教的文化表征，是安徽省内寺庙群中外文化交融集中体现的代表作。

（a）赖山清真寺院落鸟瞰图

（三）义门清真寺

义门清真寺位于涡阳县义门镇，占地3600平方米。因水灾、战乱被毁，民国17年（1928年）重建，为回族同胞礼拜专用建筑。义门清真寺是义门全体回族人民宗教活动的场所，同时也是回族人民学习和协商

（b）赖山清真寺入口门楼

图5-3-10 赖山清真寺（来源：侯琪玮 摄）

的场所。建筑形式较为简单，礼拜大殿5间（正殿），重梁起架，明柱走廊，花格门窗，立于80厘米高的崇台上，房屋高大宽敞明亮。南北讲堂各5间，北讲堂东端前有古皂夹树一株，树下有无字石碑一块，碑长2.5米，宽90厘米。前有大门两重，前大门两间，清代建筑，砖瓦结构，上覆灰色小瓦，龙纹脊饰。二道大门为新建，楼房式二间二层，其砖雕无论是从刀刻技法还是它的烧制水平在当时都达到了很高的水平，集中体现了当地地域文化与宗教环境之间的和谐共融（图5-3-11）。

（四）姥山圣妃庙

姥山圣妃庙位于巢湖北岸，由于距合肥、巢县各45公里，又称"中庙"。圣妃庙坐落在姥山山腰处，望湖而建，祭祀主湖女神，始建于晋朝。寺庙建筑坐北朝南，横崎湖岸（图5-3-12）。中国原佛教协会会长赵朴初老先生曾游历此地，对其景致风物赞誉有加。今日，圣妃庙香客如云，热闹非凡。

四、戏楼

安徽戏曲种类繁多，因所处地域环境及背景文化的不同，戏种也不尽相同。其中，比较有名的黄梅戏，是中国五大剧种之一，还有泗州戏、庐剧、徽剧等。戏楼，又称戏台，是供戏曲演出的场地。在不同的历史时期，此种演艺建筑有着不同的样式、特点和建造规模。形态各异的戏楼构成了传统戏曲演出空间，形成了中国人特有的戏楼戏剧观演场所。

（一）亳州花戏楼

亳州花戏楼位于安徽省亳州城北隅咸宁街，花戏楼路的最北边，始建于清顺治十三年（1656年）。戏楼坐南面北，舞台前伸，形如"凸"状，四方翼角，加之屋

（a）义门清真寺入口门楼

（b）义门清真寺留存建筑

图5-3-11 义门清真寺（来源：侯琪玮 摄）

图5-3-12 中庙姥山圣妃庙近景（来源：梁楠 摄）

面琉璃铺饰，金碧辉煌（图5-3-13）。舞台结构由六根立柱支撑，正中屏风透雕二龙戏珠。柱间有大枋，枋之面外皆镶大木透雕，雕刻工艺立体精美，给人以较强的真实感。

（二）响肠镇方氏宗祠内戏楼

方氏宗祠位于安徽省安庆市岳西县响肠镇响肠村。清康熙九年（1670年）的家族祠堂建筑，属于家族祭祀祖先和先贤的场所。坐南朝北，三进两天井。一进祠门，面阔三间，大门位于明间进深二分之一处，形成前门廊后过厅格局。大门背面二层为戏台，面向中厅，单檐歇山顶，台口矮栏，三面敞开，左右看楼相接（图5-3-14）。二进中厅面阔三间，五架抬梁前轩后双步结构。三进神堂面阔三间，左右厢房各一间。左包屋已毁，右包屋尚存。方式宗祠附属谱馆一座，与主祠相对，且为同期建筑，两进二层四合院。清光绪八年（1882年）在祠基左侧增建了三层六角"惜字亭"，在祠基南侧增设了"谱馆"。附属部分还有脚屋、系马场等。整体布局严谨，内部结构古朴典雅，具有较高的研究价值。该祠自建至今，先后进行了五次维修，现在"栋宇重光扬紫气，华堂俎豆溢馨香"。现在，祠堂内的戏台在节日的时候，还会有戏剧表演，以供乡民的娱乐休闲所用。现在它除了供游人参观外，还是老年活动中心。

（三）祁门古戏台群

祁门古戏台群位于皖赣交界的安徽祁门县，多集中在祁门西乡的新安乡、闪里镇境内，其中新安乡有8座，闪里镇有3座。祁门古戏台是古祠堂的有机组成部分之一，一般建于祠堂内部，与祠堂共外墙和屋顶。其独特的建筑形制为徽州仅有，在研究徽州古建筑类型学占有一席之地。

戏台搭建在祠堂前进，与享堂、寝堂相对，每逢演戏，即开享堂隔门，祖宗牌位正对戏台，后人与祖

图5-3-13 亳州花戏楼近景（来源：梁楠 摄）

（a）方氏宗祠戏楼近景

（b）方氏宗祠戏楼内景

图5-3-14 响肠镇方氏宗祠内戏楼（来源：梁楠 摄）

图5-3-15 会源堂古戏台近景（来源：李心莹、李茜 绘）

图5-3-16 新安古戏台近景（来源：张艺鸣、李茜 绘）

宗共赏同乐。戏台分为固定式和活动式两种形式。固定式即戏台基部以砖石筑城外框，里面用木柱支撑，覆木板形成台面，也称"万年台"；活动式又叫"可拆卸式"，戏台基部全以木柱支撑，台枋相连，粗榫卯结构，上覆台板即成戏台。在结构处理上看，戏台采用干阑式，左右对称布局，平面分前、后台。前台三开间，中为明间演出区，开间较大，次间为文、武场乐间，稍间为廻廊。从建筑本身上说，祁门古戏台充分展示了徽派建筑的艺术魅力，整个戏台组合完美、空间合理，既讲究传统建筑的严谨均衡，又不失因势而为的灵活，集实用性与艺术性于一体；从工艺设计上讲，戏台巧夺天工，不论是整体设计，还是局部构思，都独具匠心，精巧绝伦。甚至蕴藏着许多科学道理，如戏台顶端的藻井同时具有防火、扩音及装饰等多种功能，堪称一绝。戏台装饰风格各异，有的雍容华贵，三雕镂云裁月，鬼斧神工；有的朴实无华，质朴不事雕琢，简约大方。充分展示了古徽州人博大精深的智慧和精湛高超的技艺。

1. 会源堂古戏台

会源堂古戏台位于祁门县闪里镇坑口村东，坐北朝南，文闪河于祠前成一泓清潭。整体建筑总面积600平方米，由戏台、享堂、寝堂三部分组成。其中，戏台坐南朝北，台前基础以砖石砌成，台面以木桩支撑，上铺台板，为固定式。台前设有石雕栏板，两侧有楼梯与观戏楼相连。戏台正中央顶部有穹形藻井，整体梁架结构为穿斗式和硬山搁檩式，两侧观戏楼前檐柱为方形石柱，柱台上设有菱形斗栱（图5-3-15）。

2. 新安古戏台

新安古戏台位于祁门县新安乡新安村新安组，坐西北朝东南，原系祠宇。整个建筑原由戏台、边廊、前天井、享堂、后天井、耳门、寝堂等组成，后进部分现已毁（图5-3-16）。新安古戏台为徽州传统戏台做法布设，基本保存完好，其建筑方式在祁门古戏台中独树一帜，采用过街楼的做法，跨街而立，整个戏台架空于下面人行道路之上，可随时拆设。顶部两披水屋盖，抬梁穿斗构架，少许木雕，天井为卵石地坪，外观朴素大方，是徽州目前保存较完整的古戏台之一。

五、茶楼

中国悠久的茶文化融合了儒、道、释诸家的思想精髓，而茶馆是以营业为目的、供客人饮茶的场所。

(a)临涣古镇南阁茶楼近景　　　　　　　　　　　　　(b)临涣古镇南阁茶楼内景

图5-3-17　临涣古镇南阁茶楼（来源：梁楠 摄）

皖北地区的临涣茶馆将中华民族的茶文化演变发展成其独具特色的皖北茶文化，同时印证着古镇的发展历史。

临涣古镇，位于安徽省淮北市濉溪县南部，坐落在浍河北岸。临涣茶馆大都近水临街，多依家舍而设。南阁茶楼位于临涣古镇古街之中，建筑形式为仿制的明清建筑，共有三层建筑，青砖粉墙、重梁飞椽、小样黛瓦。建筑细部体现出细微的处理方式，在大梁的内侧下面置一拱梁，与大梁的走向并行，穿过墙壁，伸出墙外。内侧用一圆柱形立柱撑住主梁；该茶楼楼顶处建有一亭，供品茶的人们登高远眺古镇的美景（图5-3-17）。

第四节　街巷景观特征

扬·盖尔在《交往与空间》一书中对街道场景描述得活灵活现，游人、孩子及当地居民在街道空间里自得其乐，街道承载着人们的各种活动，为人们提供了各种可能性，是人们重要的生活场所之一。空间是由各个界面围合形成的，从而形成相对的内外之分。连续出现的建筑外部空间共同构成了街道或者巷道的垂直界面，明确了街道或者巷道的边界条件。建筑的内部空间与外部空间是相互依存、互相作用，因此在对街巷空间进行研究时，不能脱离对建筑内部空间的研究，应从整体的角度进行分析。

一、街巷空间尺度

长江、淮河两大水系将安徽分割为皖北地区、皖中地区和皖南地区，各具特色的地域文化对传统聚落形态及风貌产生了深远的影响。

（一）皖北地区

近年来，我国城市化进程的速度不断加快，城市面貌随之而变，与往日形象有了很大的区别。城市要发展，内部在不断更新，用地在不断向周边地区扩张，伴随的是大量建筑被拆毁，大量建筑拔地而起，同时地域发展不平衡和经济重心转移造成了城市空间结构变化，这些对传统建筑及街巷的发展和保护带来了巨大的冲击。老街不再是往日繁华景象，取而代之的是老旧破败的象征，街道失去了往日的活力和生机，传统街区的生存环境不断恶化。随着社会的发展和经济水平的提高，人们对古建筑的保护意识不断提高，传统建筑及街道不再是落后的遗存问题，而是代表着城市发展的根源，是人们对以往生活的追忆和寄托，是体现地域文化的重要载体，也是世代居住于此的居民的温暖港湾。

芦原信义在《外部空间设计》及《街道的美学》中提到：街巷的空间感受主要取决于街巷的宽度D与两侧建筑外墙的高度H的比值，随着比值的变化，空间感受也会随之变化。当$D/H<1$时，空间感受比较狭小，且数值越小，感受越明显；当$D/H>1$时，空间感受逐渐远离；当$1<D/H<2$时，街巷尺度比例恰当，空间感受舒适宜人；当$D/H>2$时，空间感受宽阔，且数值越大，感觉越明显。

位于淮北市濉溪县老城区的溪石板街是一条典型的皖北地区传统街巷（图5-4-1）。濉溪县因古濉河和溪河在此交汇而得名，水路交通曾是其重要的交通方式，对濉溪县的整体空间结构产生了重要的影响。石板街位于古濉河的西岸，老街与呈南北走向的古濉河相垂直，整体呈东西走向，整体形式为向北部凸起的弧线。溪石板街两侧连续分布着单层商铺店面，店铺的外檐高度在3.4～4.3米之间，街道最窄处大约为4米，最宽处不足7米，街道平均宽度大约为5.3米，街道宽度与两侧建筑高度比值在1.2～1.6之间，即$1<D/H<2$，街巷尺度比例恰当，空间感受舒适宜人。

石板街整条街道宽度及方向根据实际情况不断变化，街道蜿蜒曲折，与街道两侧鳞次栉比的店铺一起，空间层次丰富，形成自身独特的节奏和韵味，趣味性十足。濉溪石板街空间界面连续且变化丰富，能够很好地满足商业街道的使用需求，是典型的中国传统商业街区，空间界面连续性及曲折性的特点，同时也体现了商业街的特色。

（二）皖中地区

被长江与淮河两大水系包围的皖中地区位于安徽省中部，同时也是安徽省的政治、经济、文化中心。作为皖中地区重要水体之一的巢湖，因周边物产资源丰富，伴随着明朝时期大量移民的迁入，很多地方也渐渐形成

（a）濉溪老街1

（b）濉溪老街2

图5-4-1 淮北市濉溪老街（来源：梁楠 摄）

图5-4-2 洪家疃航拍图（来源：张浩 摄）

了以宗族为纽带的移民村落，共同孕育出了具有悠久历史和深厚文化底蕴的以巢湖为核心的江淮文化，其中以"九龙攒珠"为代表性的村落形态及特征保留至今。

"九龙攒珠"村落具有"攒"和"聚"两大特征。村庄的下水系统以沿着巷道方式向塘聚集，数条巷道围绕水塘而建，以塘为中心，聚落的布局和建筑朝向都呈明显的向心性。村落整体地势呈现四周高、中间低的趋势，雨水顺着巷道两侧的水圳源源不断地流向中心水塘，以巷为"龙"，以塘为"珠"，这也是"九龙攒珠"的由来。

村落的传统空间形式虽没有固定的形制可以遵循，但其有机体内的要素不断地适应自然、顺应地理，通过各种方式的有机契合最终形成一种形散而神不散的村落脉络。洪家疃便是典型代表，地处巢湖北岸，西黄山南麓。村落整体布局为正方形，巷道呈东西走向且互相平行，地势较平缓，略向东南倾斜。村落整体四周高起，中心水塘略低（图5-4-2）。村落在巷道规划上大多呈平行排列，形状简练，类似方格状的古代城市布局。

连绵的建筑构成了街巷，并通过街巷相互组织起来，并与水体相连，街巷、建筑、水体三者共同构建出一个有机整体。街巷是居民的重要活动场所，通过不同的街巷空间，构成了主次分明、张弛有度的线性空间（图5-4-3）。洪家疃整体空间布局以中心塘为核心，作为村落内主要的街道正巷围绕水塘呈环形布置，将宅间巷道和中心水塘连接到一起。正巷宽度一般大约2米，是村落的主要街道，街道两侧零散分布着一些

（a）洪家疃街道1　　　　　　　　　　　　　　　　　　　（b）洪家疃街道2

图5-4-3　洪家疃街道（来源：薛梅　摄）

店铺，满足居民日常生活需求。宅间小巷是村落构成的主要交通体系，是居民日常出行的必经之路，民居沿着巷道依次布置，出入口面向小巷开启。小巷宽度一般较窄，约有1米，仅能供两人通行，直通中心塘的水圳位于巷道两端，利用地形的高差将水汇入中心塘内。位于村落边界处的巷道的尽头设有山门，整个村落内有2～3处山门，其余皆封闭，一方面保障了村落整体安全和独立性，另一方面也体现出了封建社会的内敛性。

（三）皖南地区

芜湖古城位于皖南沿江平原的芜湖市东南部，占地面积约30公顷。古城至今仍基本保持着明清时期的格局及建筑风貌。作为芜湖城市发源地，它拥有丰厚的历史积淀，经历了徽商文化与多重文化的交融与沉淀，最终形成了独特的青弋江文化，同时也见证了城市的发展与变化。

芜湖古城建制完整，是典型的城池格局，整体布局具有明显的防卫特征，纵横交错分布的街道及大量曲折狭窄的丁字路，形成了古城的基本骨架。古城内有八条重要的街道，分别是南正街、花街、十字街、米市街、薪市街、东内街、儒林街、城隍街。得益于水运商贸的发展，古城内留存了大量商业街巷，形成于明万历三年（1575年）的"十里长街"便是典型代表之一，曾有"市声若潮，至夜不休"的盛景，形成了以长街为代表的商贸中心。保存相对完整的"三条巷子"之一的"堂子巷"，历史悠久，已有300余年的历史。在明、清和民国时期，堂子巷街区是高门富户居住区，现两侧民居多为典型的徽派建筑（图5-4-4）。

通过对芜湖古城现存主要街巷空间进行整理与分析，其街道与两侧建筑的高宽比H/D为1；巷弄空间的宽度与两侧建筑的高宽比H/D在2～2.5之间（图5-4-5）。

皖南山区传统聚落的街巷空间受地形影响，多为狭长的带状形式，整体曲折离奇、高低错落。街巷整体结构等级分明，纵横交错，可以分为主巷、支巷和小巷。主巷贯穿整个村落，巷道宽度通常为2.5～5米，两侧多为两层高建筑，檐口到地面5～6米，街巷空间的高宽比H/D大约是1～2，空间尺度相对比较开阔，功能较为复杂，包含商业及生活功能。支巷宽度通常为1.5米左右，两侧多为建筑山墙，高宽比H/D为5～10之间，空间感受狭长。支巷主要承担交通功能，空间丰富，与居

图5-4-4 芜湖古城与堂子巷（来源：薛梅 摄）

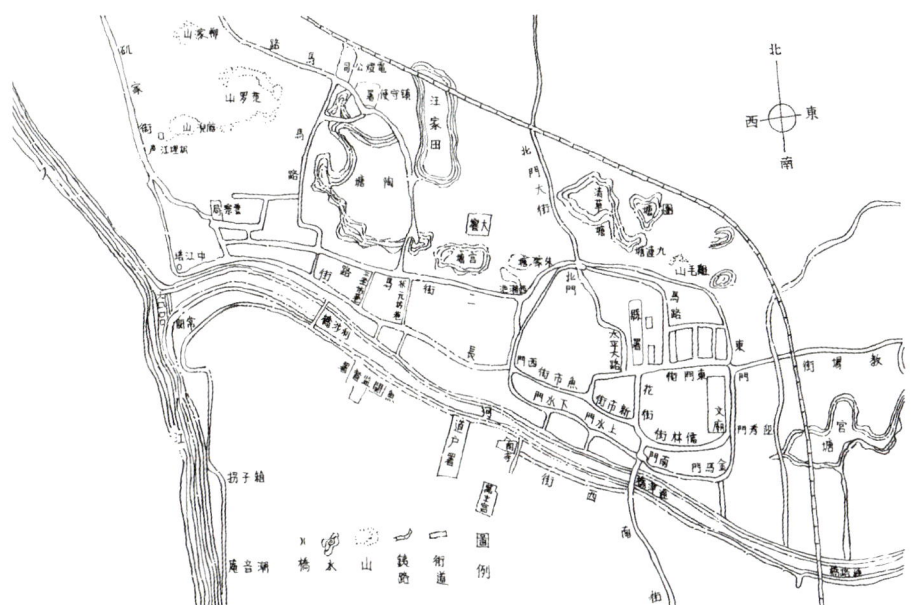

（a）清末芜湖城厢图

（b）堂子巷鸟瞰图

（c）堂子巷入口

（d）堂子巷14号陆宅

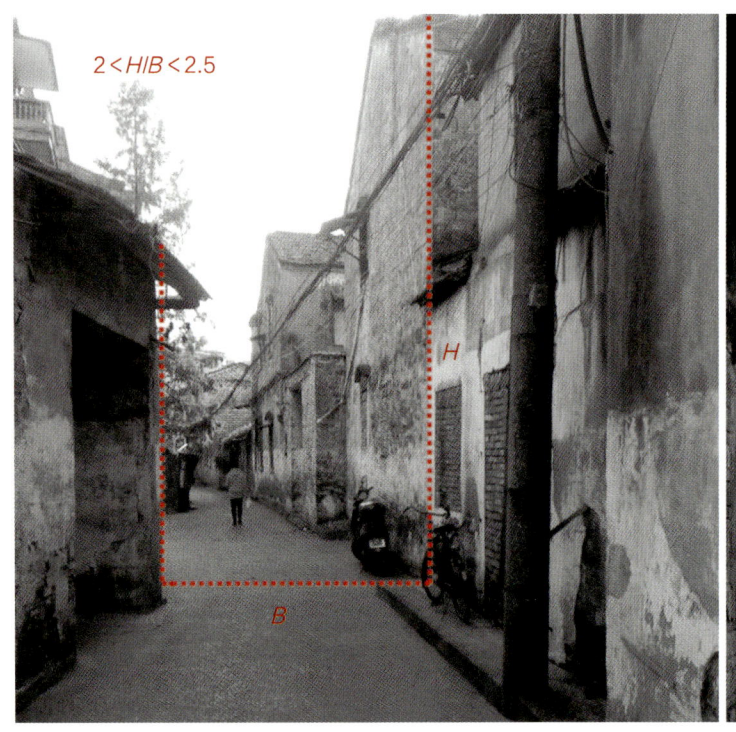

(a)淳良里高宽比　　　　　　　　　　　　　　　(b)南关街高宽比

图5-4-5　芜湖古城街巷高宽比（来源：薛梅　摄）

民的日常生活联系最为密切，作为通向各住户的要道，将聚落内的民居建筑联系起来，路口交叉节点处常常尺度放大，满足停留功能。民居建筑之间会形成尺度狭小的、只能够满足暂时通行的需求，空间狭窄。街巷将整个聚落以主巷—支巷—小巷的方式联系起来，构成一个有机整体。街巷空间高低曲直，变化丰富。

皖南地区的街巷空间尺度宜人，是聚落的重要公共活动空间，承载着当地居民的日常生活及社交活动功能。街巷交叉口的空间尺度较大，交叉口形式多为"人"字形、"丁"字形与"十"字形，形成一个个小的场所，供居民活动（图5-4-6）。

二、界面

空间是由各个界面围合而成的，根据构成界面的位置可以将其分为底界面、侧界面与顶界面。地面及附属设施等要素组成的底界面是承载空间活动的基础底面；作为内外空间分隔界面的侧界面主要由建筑外立面及丰富的环境要素组成；由天际线以及建筑上部外轮廓构成街巷的顶界面，其形式受侧界面影响较大。

（一）底界面

底部界面承载着村落空间中各种行为活动，同时人们的活动行为也受底部界面形式的影响。底界面通常是基于自然条件的基础上进行适当的人为改造利用而形成，包括面层和高差的处理，以及布置各类设施等以便满足人们的活动需求。

街巷空间的"底界面"包括台阶、坡道或坡坎、沟渠、宅院墙基和交叉节点空间等地面要素。街巷的主要功能之一为交通功能，通常街巷的底界面多采用耐磨材料，就地取材，常见的铺装材料有石板、卵石、水泥、砌块等（图5-4-7）。材料并不完全统一，且新旧程度

(a) 屏山村主街   (b) 屏山村小巷

图5-4-6 皖南地区典型街巷空间（来源：付晓惠 摄）

(a) 西递石板路   (b) 宏村石板与卵石相结合的路面

图5-4-7 不同地面铺装材料的街巷（来源：付晓惠 摄）

各异，颜色不尽相同，规格尺寸参差不齐，构成了街巷特有的景观特色。皖南地区的街巷多采用石板铺装，并沿街巷的走向错缝布置，当遇到街巷的交叉口、节点或者建筑入口处时，为了强调和限定空间常会改变铺设方式。

（二）侧界面

街巷空间的侧界面则由建筑及周边的环境要素构成，它包括建筑的平面外轮廓和建筑的外立面形式。根据界面形态的历史风格，传统聚落街巷侧界面可分为：

（a）呈坎村明清时期建筑1　　　　　　　　　　（b）呈坎村明清时期建筑2

图5-4-8　呈坎村（来源：王惠 摄）

（a）寿县隐贤老街店铺民居1　　　　　　　　　　（b）寿县隐贤老街店铺民居2

图5-4-9　寿县隐贤老街（来源：王惠 摄）

1. 传统建筑

皖南地区部分聚落保护相对较好，明清时期建筑风貌得以延续，典型代表性传统聚落如呈坎村。20世纪80年代，呈坎村拥有清代建筑300多处，明代建筑36处，但由于保护工作开展的不够及时，如今呈坎村现存明清建筑不足100处，但纵观黄山市地区，呈坎村的古建筑拥有量总数仍居首位（图5-4-8），其中位于呈坎村的贞靖罗东舒祠（明代），建筑形式复杂，装饰华美，彰显出当年的辉煌历史。皖北地区代表性建筑如淮南市寿县隐贤镇一处老街保存完好的千年古庵、明清时期店铺民居等（图5-4-9）。

2. 仿造传统建筑风格的建筑

以皖南地区为例，20世纪80年代涌现出一批模仿

（a）屏山新建建筑1

（b）屏山新建建筑2

图5-4-10 屏山新建建筑（来源：王惠 摄）

徽州古民居风格的新建筑，通过提取徽州古民居的构成要素和符号，从而与传统古民居建筑建立一定的联系（图5-4-10）。

3. 中华人民共和国成立后修建的建筑

在这一时期，传统建筑被视为封建社会制度的象征和残余，人们基本完全抛弃了地方传统民居的形式，建筑功能主要以满足人们居住为主，房子多为单层或两层；建筑形式上简化一切艺术手法和装饰做法，如山墙取消马头墙的形式，门窗构造形式简单，建筑材料多采用黏土砖，外部涂刷涂料或者不做任何处理；同时受到经济发展水平的制约，建筑更新及新建的规模都比较小。如蚌埠市怀远县河溜镇老街两侧建筑大多数为后期自建，建筑形式及风格各异（图5-4-11）。

（三）顶界面

顶界面的构成要素丰富，不同的要素之间进行组合，使得空间变化多样。典型的皖南地区街巷顶界面就是由屋檐及封火山墙的错落组合形成层层叠叠、高低起伏变化丰富的村落景观天际线；建筑外部轮廓与远处的山体虚实结合，构建出一幅虚实交错的画面；或由于街巷尺度狭窄的小巷与两侧屋檐形成的"一线天"（图5-4-12）。

（a）河溜镇老街两侧建筑1　　　　　　　　　（b）河溜镇老街两侧建筑2

图5-4-11　河溜镇老街建筑（来源：王惠 摄）

（a）屏山巷道1　　　　　　　　　（b）屏山巷道2

图5-4-12　屏山巷道（来源：梁楠 摄）

（四）界面相互之间的关系

不同的底界面、侧界面以及顶界面通过相互组合共同构成了丰富多变的街巷空间。街巷界面在面对所处环境的具体条件，不断实时变化，从而构成了街巷特有的韵律和节奏，也体现出了街巷空间格局的复杂性和多样性。底界面通过改变铺装方式、行进方向等不同的处理手法对街巷空间进行界定与识别。侧界面通过临街建筑和周边环境要素完成室内外空间的分隔，构成了街巷空间的连续界面，进而影响村落的整体风貌。顶界面以天空为背景，建筑及环境要素的上部轮廓如檐口、马头墙、屋顶形态、树木、山体等形成了顶界面中的天际线边缘轮廓，决定和影响着人们的视看范围和空间感受。

第五节 其他景观

传统聚落景观是在自然环境之中人类社会的经济形态与自然物质形态协调一致而呈现出的一种新型生态环境，结合聚落内部的多种场所构成要素，着重反映聚落内居民的生产与生活改造方式，体现传统聚落的地域文化特征与淳朴人文关怀。

一、牌坊与牌楼

牌坊是一种集礼制性与纪念性于一体、建筑与雕刻艺术于一身的独特建筑形式。每一座牌坊都有着深刻的文化内涵和特定功能，用于旌表功绩、节孝、善举和宣扬教化，其种类多样，有标志坊、官禄坊、科举坊、尚义坊、节烈坊和百岁坊等。牌坊历史悠久，其显著的符号和功能意义，对于村民们的意义是巨大的，直接反映的是本村或族群的家族荣耀与历史渊源。

在安徽省内，绝大多数的牌坊分布于皖南徽州地区，少数分散在皖中与皖西区域。此类宗法性建筑的选址一般布置在村口、路口或祠堂前，村口或路口牌坊，因远离民居等建筑而视野开阔，更能凸显牌坊的气势，让人肃然起敬；而祠堂与牌坊的建筑组合形式，则可营造出更为浓厚的宗法氛围。

（一）棠樾牌坊群

棠樾牌坊群位于安徽歙县郑村镇棠樾村东大道上，与棠樾村相互毗邻，其整体排列与布局上具有统一与协调特征。7座成群的石牌坊群赫然耸立于村口，依次横跨入村道路之上，沿道路有序排列，整体气势恢宏不凡。主题鲜明的牌坊诠释着徽州聚落家族的荣誉体系——"忠、孝、节、义"。其中，三座明坊有鲍灿坊、慈孝里坊、鲍象贤尚书坊，分别旌表明弘治年间孝子鲍灿、宋末处士鲍宗岩、鲍寿孙父子以及兵部左侍郎鲍象贤。四座清坊分别为鲍文龄妻节孝坊、鲍漱芳父子乐善好施坊、鲍父渊节孝坊、鲍运昌孝子坊。牌坊群的主体建筑结构基本一致，皆为冲天柱式，粗大的梁柱平琢浑磨，大小枋额均不加纹饰，唯挑檐下的拱板、月梁上的绦环与雀替镂刻有精致的花纹图案（图5-5-1）。

（二）西递胡文光刺史牌坊

西递胡文光刺史牌坊，作为西递的标志性建筑，屹立于村口广场处，其建筑形式为明代常见的楼阁式（图5-5-2）。胡文光刺史牌坊高12.3米，宽9.95米，其结构形式特征为——三间、四柱、五楼，使用当地的"黟县青"大理石进行精细雕筑并堆砌而成，在牌坊的整体设计中，最为突出的是采用典型徽派特色的浮

图5-5-1 棠樾牌坊群远景（来源：周嫣然、李茜 绘）

图5-5-2 西递胡文光刺史牌坊近景（来源：梁楠 摄）

雕、透雕、圆雕等工艺装饰制作出各种图案，石刻技艺出众，让人流连忘返。

（三）歙县贞白里坊

歙县贞白里坊是为纪念"贞白先生"郑千龄而修建，伫立于安徽歙县丰乐河北岸的郑村镇内，是一座高8米、宽5.7米的高大牌坊。该牌坊的建筑形式相较于其他牌坊来看，结构相对简约，主要由二柱、一间和三楼式组成，建筑材料使用白砂石进行雕砌（图5-5-3）。贞白里坊的历史文学价值较高，在牌坊二楼横匾区域篆刻着翰林国史院编修程文《贞白里铭》，而在牌坊一楼书写着篆书"贞白里"，这是由西夏遗民余阙所写，其年代之久远，为传统聚落留下了重要的物质财富。

图5-5-3　歙县贞白里坊（来源：张艺鸣、李茜 绘）

（四）牌楼

牌楼，与牌坊类似，中国传统建筑之一。最早见于周朝，最初是用于旌表节孝的纪念物，后来在园林、寺观、宫苑、陵墓和街道均有建造。一般来说，牌楼作为装饰性建筑，可以增加主体建筑的气势；或为表彰、纪念某人或某事，作为街巷区域的分界标志等。

从形式上分，牌楼只有两类：一类叫"冲天式"，也叫"柱出头"式，顾名思义，牌楼的间柱是高出明楼楼顶的；另一类是"不出头"式，这类牌楼的最高峰是明楼的正脊。如果分得再细一些，可以每座牌楼的间数和楼数的多少为依据。无论柱出头或不出头，均有"一间二柱""三间四柱""五间六柱"等形式。顶上的楼数，则有一楼、三楼、五楼、七楼、九楼等形式。牌楼由以下几部分组成：第一个叫作基座。由于牌楼整体的重量都承重在立柱上面，为了立柱的稳固性，要有基座来固定。第二，有立柱。牌楼是靠几根柱子立起来的，这个柱子要想立得住，就要有夹杆石。然后有坊梁，即坊额，题字的地方。

从结构上分，中国的牌楼可分为六类：

第一类是木牌楼。这类牌楼数量最多，基础以下（地下部分）用柏木桩（现代用水泥浇铸），称地丁。基础以上各根柱子的下部用"夹杆石"包住，外面再束以铁箍。如果是不出头式，则柱子的顶端以"灯笼榫"直达檐楼的正心行（檩）鳅，与檐楼斗栱连接，上下一气。所以柱上不另有坐斗，拱翘等都插入榫内。街巷木牌楼顶部出檐甚短，做成悬山或庑殿式。每根柱端耸出脊外，柱顶覆以云罐（也叫毗卢帽）以防风雨侵木柱。楼顶所用之瓦，亦因其作用和地点不同而相异。内廷各坊之顶用各色琉璃瓦，街巷诸坊多用黑色布瓦。

第二类是琉璃牌楼。这类牌楼多用于佛寺建筑群内。经初步调查，北京仅有三间四柱七楼的一种。它的结构是，在石基础上筑砌6~8尺的砖壁，壁内安喇叭柱、万年枋为骨架。砖壁上辟圆券门三个，壁下为青、白石须弥座，座上雕刻着各种风格的艺术图案。壁上的柱、枋、雀替、花板、揩柱、龙凤板、明楼、次楼、夹楼、边楼等均与木坊相似。不同的是，这种坊用黄、绿二色琉璃砖嵌砌壁面，远远望去威严壮观。

第三类是石牌楼。这类牌楼以景园、街道、陵墓前为多。从结构上看繁简不一，有的极简单，只有一间二柱，无明楼。复杂的有五间六柱十一楼者。由于本身的结构特点，有的虽为三间四柱式，却只有花板而无明楼。石坊的明楼比较复杂，浮雕镂刻亦极有特色。如果石质坚细，不仅浮雕生动，而且其精细的图案历经数百年也不泯没。

第四类是水泥牌楼。这是近代建筑技术的产物，其数量随着社会的发展逐渐增多，但大多数是用于古牌楼的搬迁和加固工程。

第五类是彩牌楼。这是一种临时性的装饰物，多用于大会、庙市、集市的入口处，会期一过即拆除。一般用杉杆、竹竿、木板搭成。顶部安装五彩电灯泡，一眼望去，色彩缤纷。随着时光的流逝，许多牌楼已不存在，但是，有些牌楼由于历史悠久，影响很大，地名和遗址犹存。

第六类是铜制牌坊。由中国工艺美术大师朱炳仁设计创建中国第一座铜牌坊，高6.1米、宽7米，重近百吨，牌坊雕有莲花等图案，在普陀山进香古道妙庄严路入口处，琉璃的翘角，精致的铜艺，栩栩如生的龙狮、仙鹤雕刻，牌坊一面由中国佛教协会会长传印题"慈航普度"，另一面由原国家宗教局局长叶小文题词"妙庄古道"；牌坊一面由国学大师文怀沙撰联"雅颂声共梵音齐远，云和月随法鼓偕宣"；另一面由西泠印社书法家、该牌坊设计建造者朱炳仁撰联"庄严六时苦心苦行尽佛心，妙理三乘古道古来是觉道"。该铜牌坊的落成，不仅为普陀山风景区增添了一个精品景点，还掀开了千年古香道妙庄严路重修工程的序幕。铜制不易损坏，更具视觉效果，也有益于传世保存。

在安徽地域范围内，牌楼的建造形式多为石质牌楼以及少量的砖、木牌楼，多集中于徽州区域。牌楼的风格独特，工艺精湛，历经风雨而屹立依旧，是保留至今的珍贵历史文化遗产。作为安徽区域内的典型建筑代表，学术界多将有无檐顶作为牌楼与牌坊的区别，或是明确牌楼是牌坊的复杂化艺术形式等，虽然两者在制式上略有差别，但两者的形式、功能与现实意义基本一致。其装饰的形态多样，融合了雕刻、绘画、书法等多种艺术形式，记录与反映出当世的风俗与文化环境，具有较高的艺术价值，蕴含着深厚的历史积淀和文化内涵。

二、古亭

亭是我国极富特色的一种建筑形式，样式丰富，造型多变，在安徽省内，亭也凸显出其独有的建筑艺术风格。亭根据其实际功能和作用，可细分为凉亭、路亭、驿亭、观景亭等；且亭的屋顶形式最具标志性，有单檐、有重檐；有四角、有八角；有歇山顶、硬山顶和庑殿顶，形式多样，逐渐构成了传统聚落空间中重要的景观节点。

唐模沙堤亭

沙堤亭位于安徽省歙县唐模村内，建于清康熙年间。作为村内的标志性建筑，站在东面进村的路上，可看见"沙堤"二字，以表欢迎；出村时在亭子西面看见"云路"二字寄托从此将平步青云、步步高升的美好愿望，这都蕴含着古村落村民们质朴的民风与情义。这座亭子为八角亭，上下三层，中空，一层周边有回廊（图5-5-4），便于村民与行人的休息交流。沙堤亭与周边的古树共同伫立于村口，形成唐模村水口的典型标志形式。

图5-5-4 唐模沙堤亭近景（来源：张艺鸣、李茜 绘）

图5-5-5 渔梁狮子桥近景（来源：祁鑫雨、李茜 绘）

三、古桥

桥是一种常见的连通河流两岸地区的交通设施，它的存在不仅仅是一个公共通道，作为水域上方的重要交通节点，其自身的建筑形式也成为重要的景观节点。桥的建造不仅满足基本交通的需要，还要体现工程形式的精美与坚固。在河网交织、山体连绵的安徽省内，桥把零散的村落结构紧密地联系起来，拉近了村民们的通勤距离。从桥的外形结构来看，形式灵活多变，有简单的石板桥、石拱桥，也有与廊、亭、屋组合形成廊桥、亭桥、屋桥等复杂形式，此类桥梁的附加景观功能更显突出。

石拱桥简单易建，在水系充沛的皖南区域，每隔一定距离便可看见一座石拱桥。此类桥梁体量虽小，俯拾皆是，但其作用不可小觑，连通着村民们日常生活的节奏方式。石拱桥的功用，不仅体现在用途、结构之上，更多的是传达出传统聚落的村民们独特的审美价值观，过去文人常用"长虹""彩虹"来形容拱桥，可见当时人们对于拱桥形式美的赞叹与欣赏。

（一）石拱桥——渔梁狮子桥

狮子桥位于安徽歙县渔梁村，始建于唐代，其建筑形式为单孔石拱桥，通长5米，宽3米，高7米，结构形式简单明了，桥下的小溪向南汇入练江。桥上建敞廊，过桥街道都穿廊而过（图5-5-5）。狮子桥上设有土地庙，相传，每年农历二月初二，渔梁当地人迎福德之神拜于此庙，祈求来年风调雨顺、家顺和安，故土地庙香火不断。狮子桥体量虽小但功能齐全，有限的空间内，赋予当地人对美好生活的期望，这正是传统聚落中物质空间与精神文化巧妙结合的精髓之处。

（二）廊桥——唐模高阳桥

歙县唐模的高阳桥是典型的廊桥形式，在皖南徽州地区颇为常见。廊原指檐下的部分，用于为人遮阳避雨，提供歇脚休憩之地。而在桥上建廊则是结合廊与桥两者的功能用途，既可帮助村民们穿过河流，又为村民们提供休息、交流的场所，同时丰富了桥梁的层次与美感。

高阳桥位于唐模古镇境内，地处黄山脚下，始建于唐，距今有1000多年的历史。古镇境内有一条檀干溪穿流而过，溪上横跨数十座桥，大多为常见的石板桥、石拱桥，高阳桥位于河流中部，其规格、形式都略胜于其他桥梁一筹。高阳桥分为两部分组成：下部是双拱石桥，上部是木质结构的五间瓦屋，屋顶飞檐起翘。外形像屋，内部实为通畅的廊道，也是休闲的茶社（图5-5-6）。廊道两边形式不一，东边是实体砖墙，西边是带窗的槛墙，明间隔扇，外有一步露台，可站其之上观赏古镇风光。为保证桥梁长期的安全，在桥体两旁不远处，设有水坝用来减缓水流对桥身的冲击，集中体现出当时工人们在工程建造中的大智慧。

（三）亭廊桥——三河古镇鹊渚廊桥

鹊渚廊桥位于合肥市三河古镇内，距今已有1500多年的历史，因三河古称鹊渚而得名，是典型的亭廊桥的代表作之一。其原本是座木桥，现在所见的鹊渚廊桥是于1982年原址重建的。

鹊渚廊桥整体尺度适中，形态温婉柔美，其建筑形式是单孔圆弧弓形石拱桥。桥梁跨度尺寸约为20米，桥面宽度约为3米，桥面上由两排对称的立柱撑起飞檐起翘的亭廊，内部设有舒适的美人靠供游人观景休息之用（图5-5-7）。

（四）亭桥——呈坎村环秀桥

呈坎村东绕村流过的潨川河，河上架着一座时代遗产廊桥，即环秀桥。桥西跨上置一亭，即环秀亭。环秀桥的建筑形式是三孔、二墩的砖石平桥，桥面由九块石板平铺而成，石墩在桥板下采用增加受力面积的手法，均匀分散桥上负重对于桥面的集中受力情况。环秀亭安置在桥西头，独树一帜，联通桥梁与进村的石板路。环秀亭的建筑形式为四柱穿斗的木质结构，直梁简洁，双坡瓦顶，从立体形式空间中丰富了桥梁的构图要素与图底层次（图5-5-8）。

（五）查济红楼桥

查济洪公祠面前的红楼桥，是一座非常漂亮的拱桥，也是游人非常喜爱的观赏风景的地方。红楼桥为

图5-5-6　唐模高阳桥近景（来源：周嫣然、李茜 绘）

图5-5-7　三河古镇鹊渚廊桥近景（来源：梁楠 摄）

高拱桥，始建于明朝，清嘉庆年间重修，长8米，宽5米，拱高10米。因南右侧曾建有一座小红楼而得名。桥上藤蔓攀附生长垂坠而下，春夏之际满目翠绿，于是又得了一个"一帘幽梦"的美名（图5-5-9）。

四、古塔

塔是我国具有特定形式与风格的传统建筑，因其常与佛教、道教文化相融合，自身具有祈求文运昌盛等功用。事实上，塔在安徽古村落并不是非常普遍的景观要素，通常在那些财力雄厚的旺姓大村方可见到。

（一）潜口西递文峰塔

文峰塔位于安徽省潜口镇西递村内，西临丰乐河，始建于明嘉靖二十三年（1544年）。文峰塔历时十五载方才建成，样式参照当时绍兴大禅寺塔、南京报恩寺塔、泗州塔。砖塔共有七层八面，总高66米，是徽州塔群中最高之作（图5-5-10）。塔的底径为8米，逐层向内渐收，而塔檐由底层外伸1.5米，向上逐层加长，直至第七层共伸出3米之余，这样方使塔的上层檐水直滴至地，避免各层塔檐被积水剥蚀，既可延长文峰塔的实际寿命，又能保证塔身独有的美观形式，此种一举两得的构造方式成为徽州古塔之奇构。

（二）碧山云门塔

黟县碧山村的云门塔，塔建于1782年，坐落于村南漳水西岸。整体结构分为五层，高36.4米，径5.28米，内部为空心式，由折转阶梯进行垂直连接，是典型的宋式六角形制。古塔的砖砌斗拱上有飞檐翘角，一座座小铁马悬挂在翘角上，让人过目难忘（图5-5-11）。

（三）歙县长庆寺塔

长庆寺塔，位于黄山市歙县城西练江南岸。该塔建

图5-5-8 呈坎村环秀桥近景（来源：李茜 摄）

图5-5-9 查济村红楼桥近景（来源：李茜 摄）

图5-5-10 潜口西递文峰塔远景（来源：赵怡君、李茜 绘）

图5-5-11 碧山云门塔远景（来源：徐慧琳、李茜 绘）

图5-5-12 歙县长庆寺塔远景（来源：祁鑫雨、李茜 绘）

图5-5-13 唐模槐荫树近景（来源：赵怡君、李茜 绘）

于北宋重和二年（1119年），因伫立于长庆寺旁，方得名为长庆寺塔。长庆寺塔作为当地的标志性建筑，其结构形式为楼阁式方形塔，塔身高约23米，底层周长约为21米，底部须弥座共有五层。塔身材质均为砖砌，第一层较高，自下而上逐层递减。第二层以上墙面中间均隐出窗券，各隅砌出半隐半露的方形角倚柱，墙面绘佛像彩色图案。每层檐口用砖叠涩挑出，间以五层斜角牙子。飞檐翼角下，悬铁制风铃（图5-5-12）。长庆寺塔的建造规格相对较高，建筑细部思虑周全，设计精美，着实是不可多得的地标性建筑物。

五、古树

树在中国传统村落中被赋予特殊的角色，常见于村落口头、水口区域，是村落内部重要的自然环境景观，不仅为村落内村民提供了重要的休憩聊天的集中场所，更是以"点"的形式构建了村落内部景观的整体秩序和园林情调。若是遇到百年以上的古树，其对于村落内居民的意义是非凡的。

（一）唐模槐荫树

唐模槐荫树，于1992年因拍摄电视剧黄梅戏《天仙配》而得名，实际上是香樟树。因电视剧情的潜移默化，使这棵400多年的老樟树也变成了情侣们美好意愿的化身，吸引了众多善男信女特意来此，为自己求得良好姻缘，从此便有了"天下第一媒树"的美誉（图5-5-13）。

（二）桃源千年罗汉松、五门樟

沿着曲折的小巷，穿行在干净整洁的桃源古村，一座座古祠堂、20多棵千年古树、错落有致的古民居，让人应接不暇。桃源村这株罗汉松高16米，树径最大处170厘米，枝干发达，松针繁密，至今已有1000多年的历史（图5-5-14）。

(a) 桃源千年罗汉松近景　　　　　　　　　　　　　　(b) 桃源五门樟近景

图5-5-14　桃源罗汉松、五门樟（来源：李茜 摄）

第六节　小结

作为历史文化重要载体之一的安徽传统聚落，在其景观营造上体现了"天人合一"的思想，是人和自然和谐相处的典范，折射出了浓郁的地域特色，因人因异，变化丰富，其设计理念及营造手法值得我们不断研究和学习。

以传统文化为根基而形成的传统聚落景观具有独特的个性特征，本章分别从农业景观特征，聚落水系景观特征，牌坊、亭、桥、塔、古树景观特征，公共建筑空间景观特征及街巷景观特征等几个方面进行阐述，总结传统聚落景观的特征、形成因素及构成要素，对传统聚落景观特征开展进行总结归纳。

随着非遗保护和旅游业的不断兴起和发展，传统聚落景观因拥有丰富多彩的地域历史文化资源，吸引着大量国内外游客造访安徽。通过对安徽传统聚落的类型、景观特征和空间布局及形式等方面的探讨，有利于传统聚落环境的保护与发展，同时也有利于促进聚落景观品质的改善和提升，实现传统聚落的可持续发展，对我国新农村建设、美丽中国建设等也有十分重要的指导意义。

第六章

传统聚落的保护传承与发展创新

第一节 传统聚落的价值

一、历史价值

安徽文化灿烂，历史悠久，其传统聚落更是历史的长期积淀、深度凝练的文化遗产，其中不乏许多值得珍藏的人文生态，许多带有地域特色的历史记忆，高超精湛的建筑哲学和特定时间内才会展现出的社会发展轨迹。在安徽鼎盛时期的历史文化和人文记忆都是传统聚落所表现出来的具体现象，而这也都可以称为安徽历史起源、发展、兴衰及复兴的重要展示平台。安徽悠久的历史创造了独特且永恒的历史资源，在徽州主体区域的今黄山市三区四县目前拥有世界文化与自然遗产黄山1处，世界文化遗产皖南古村落1处（2村），国家历史名城、名镇、名村、名街21处（其中黄山市19处），全国重点文物保护单位31处，不可移动文物8032处，仅黄山市就有民间文学、戏曲、民间传统技艺、民俗和医药等非遗项目1325项，其中列入世界非遗名录2项（传统木结构营造技艺，2009；珠算，2013），国家级非遗名录16项，有国家级非遗传承人20人。

二、文化价值

我们可以把传统聚落看作安徽特有文化进行传播、表达的重要平台，这对于新时代文化来说是格外重要的摇篮，承载了自尊、自强和自立的文化特色，这对于当时的精神家园构建有着重要、积极的影响作用，对于和谐社会的文化建设也有着很重要的推动作用，更促进了从文化自信到文化自觉的进步完善。自明代中期开始，安徽也进入了快速发展时期，不仅经济有明显提升，科技和军队更是进入新的发展阶段，这几方面的发展进一步促进了教育文化的进步和发达，在科技、教育、文化、建筑、医学、学术、传统技艺和印刷等各个领域，产生了较为突出的影响力和推动力，并进一步促成了安徽文化的整合和形成，使得安徽文化具有了丰富的内涵和厚重的文化底蕴。安徽省传统聚落作为安徽文化高度凝结、长期沉淀而成的产物，作为安徽文化传承与发展的重要窗口，具有较高的文化价值。

三、社会价值

传统聚落的社会关系网络主要由宗族关系构成，受地缘性的影响颇深，自古以来形成的宗法制度强调宗族血缘结构的重要性，形成一个亲缘共同体的格局。形成的这种社会格局维持和强化了乡村社会的稳定，宗族血缘关系也体现在宗教性、自固性、社会性、司法性、保护性、经济性及文化性等功能上，甚至制定的宗规民约与修编的族谱都对现代社会关系有着重要的启示意义，这也是传统聚落的社会价值所在。

四、技术价值

传统聚落的技术价值主要体现在建筑设计、建筑营造、建筑结构及建筑施工这几方面，独树一帜的徽派建筑、兼容并蓄的皖西南大屋等都是典型的建筑风格的代表，传统建筑作为传统文化的表现载体，两者相通相融，相互影响，可以说越为丰富的文化影响下的建筑，其风貌、形态、形制、结构、元素等就越为复杂多变、丰富多彩。因此，安徽建筑在其文化影响下呈现出独特的技艺与精湛的技术，让建筑技艺的传承发展显得尤为重要，传统聚落作为传统建筑群为主体的组合产物，具有较高的技术价值。

五、经济价值

当今社会的转型包括传统聚落的传统资源形态转化成产业资本，也表现在对自然、传统和文化的理性回归方面。安徽省的传统聚落对于产业的促进效果比较明显，还能通过这样的方式进一步推动经济发展。受到影响的产业主要有：休闲养生、体验传承、访学观光、文物博览等，这些产业的发展和整合对于推进社会主义核心价值观也有着很有利的积极意义。正因如此，安徽省传统聚落为传统资源转换为现代经济提供了重要的基础条件，具有较高的经济价值。

六、美学价值

传统聚落具有较强的独特性，这就使得它具有能够更真实向外表达的属性，不仅能表达人的自然空间还能表达人与自然的和谐需求，可以看作一种别具特色的文化名片，表达了现代人深刻而失落的历史记忆和浓浓的乡愁。而安徽省也因为传统聚落的独特建筑风格、原真的山水格局、自由的聚落肌理及浓厚的乡风民俗共同体现了当代传统聚落的美学价值。

第二节　传统聚落保护与发展的原则及策略

一、传统聚落保护发展的原则

传统聚落作为活态的文化遗产，承载了大量的历史记忆、人文生态、建筑哲学和社会发展轨迹。传统聚落应立足自身资源与优势，深入挖掘聚落的文化与生态等多重价值资源，探索传承新途径、新办法，针对不同聚落特点提出差异化的保护发展路径，实现传统聚落多层面、多维度的保护模式，持续激发传统聚落活力。乡村振兴战略创造了传统村落保护发展的历史性机遇，明确了传统村落未来发展方向，为传统村落的发展提供新动能的同时，也对传统村落的保护发展工作提出了更高的要求与目标。要清楚认识到保护的目的是为了最高限度发展，而发展的目的是为了最大限度地保护，二者并不矛盾，是一个辩证统一的整体。当下，应当积极处理好保护与发展的关系，坚持"规划先行、统筹指导、整体保护、兼顾发展、活态传承、合理利用、政府引导、村民参与"的保护发展原则指导传统聚落的保护发展工作。

二、传统聚落保护发展的策略

（一）自然景观保护与发展的策略

要着重优化整体村落的空间及形态，尤其是整个聚落的格局等。对于传统聚落而言，原始空间的维持和优化是更需要重视的部分，对于村落中的重要组成元素，比如常见的建筑群体、景观、农田等诸多公共空间等都被看作可以维持和推动空间形态、格局进行进一步演化的动力，而只有良好地保护好村落中的原始风貌，才能更好地促进村落空间形态与优化，这对于村落的发展和升级也有着极为重要的积极影响。村落的布局对于考古研究和古建筑研究也有着极为重要的意义，因为它们能够很真实地反映和展示出古代人民的伟大智慧和文化底蕴，具有独特性与稀缺性。每个传统聚落都有着不同的特色，其表现在选址格局、空间形态、特殊的地貌或者不可复制的自然环境方面，但是这部分的村落也应该保持着原有的地貌特征继续发展，而不能随意破坏和打乱，但是依然可以借助已有优势展开不同的行业发展，比如进行休闲养生、度假体验、摄影游赏或户外运动等旅游产业，能够带给人别具一格的旅游体验，也能更好地展现人文精神。

对于原有的生态环境和景观特色要进行良好的保护或者复原。因为村域环境本身也是整个乡村环境中尤为重要的一部分，更是会对整片环境都产生影响的重要因素，因此更需要保持原有的生态环境和自然景观，对于传统村落的塑造和环境保护来说，这样才是更有利的。和城市不同，传统聚落所具有的许多功能是城市不能比拟的，比如景观功能和生态功能等，都是非常珍贵且稀有。其地理优势与景观资源也造就了村落独特的山水格局，能够满足现代人"望得见山，看得见水，记得住乡愁"的内心需求。

（二）人工景观保护与发展的策略

对人工景观的面积和规模进行合理控制，真正实现建筑格局的秩序化和合理化。传统建筑的规模有着自己的影响力，也能对传统建筑产生一定控制力，能够进一步防止被新建建筑破坏原有建筑的整体风格和规模，因为这样的破坏并不会带来更美的景观，只会破坏建筑格局的原有秩序，同时也会减弱传统聚落对外界的吸引力。

建筑营造技艺的传承在保护发展传统建筑中发挥着重要的作用，是历代相传与营建实践中逐渐形成的艺术瑰宝。但是虽然如此，传统建筑依然也有着自己的弊端，比如其结构。传统建筑因为受制于时代发展原因，所以大部分建筑结构皆为砖木为主，而这一类的结构在经受长期的风雨侵蚀后极其容易腐烂，甚至会有部分面发生断裂等危险问题，所以能够更好地保护和继承传统建筑工艺，对于保护传统建筑来说有着重大意义。

突出地域建筑文化，更新建筑空间功能。传统建筑文化里沉淀着历史上人民对于古代建筑的文化积累，是在历代实践中所总结出来的物质精神财富，能够很好地代表某地区，更能展现出当时该地区在建筑方面的造诣，无论是色彩、结构还是技艺，都是能够吸引世人的点睛之笔，他们可以让人真切地感受和学习到不同文化所带来的不同风格，形成较强的文化冲击，并融入深刻的文化内涵。而更好地掌握和学习古代建筑风格，更有利于推动现代建筑风格的发展和建筑文化的进步、积累，增强建筑的形式多样化和实用意义。

（三）人文景观保护与发展的策略

对于优秀的非遗文化和民俗等势必要进行良好的继承与发扬。要将这样的历史珍宝不断延续发展下去，这正是村落能够历经千年依然辉煌夺目的最大动力，更深刻地影响着每个村民的内心和精神，还寄托了数代古人对于后辈的美好希冀。当然文化的创造和形成本身都需要很长时间的累积和发展，如果中途被迫中断，那么整个文化的延续性也会受到重大影响。要恰到好处地发挥出传统文化的特色，并将其进行创造性的合理解读和调整，进而满足现代人的理解方式和接收方式，不能只是简单地翻译和罗列，而要加入真正地内涵进行展示，认识内在价值是关键，得到社会各界的重视与关注，才能达到激活人心、永续传承的效果。

延续聚落的生产生活，合理利用丰富的物产资源。传统聚落的生产和生活保证了古代人民基本实现了自给自足的生产力，这对于传统聚落能够得以发展和延续有着重要意义。而古代的生产生活中多表现出的村落特色主要有其特色物产、商业集市、服装服饰、美食美味等，这些都使得当时的生产工艺和生产工具不断被人们使用和改进，进一步得到继承，这也有力地推动了传统村落的生产关系完整发展。在后续发展阶段，可以借助村落里的民俗特征打造以"民俗博物馆""民俗美食街""民间艺术剧院""生活加工场"等产业形式供游人参观体验，将更真实的民俗展现给游客，并通过这样的方式对古代民俗进行宣传推广。与此同时，还可以借助整体区位的优势和便利的交通，将古村落民俗与互联网强强融合，打造出本地特有的品牌特色，进行特产营销或者艺术品远销等，要将传统聚落中的民俗文化价值发挥得淋漓尽致，深入挖掘其经济价值和现代意义，借以传承革新。

第三节　传统聚落保护与发展的模式及管理机制

一、传统聚落保护与发展的模式

（一）政府主导模式

由政府主导管理，提供政策及资金支持，建设相关旅游基础设施，进行文化旅游宣传的一种保护发展模式。

（二）外来资本介入模式

由政府招商引资，外来社会资本介入，以公司或单位的形式对传统建筑进行统一建设、管理、营利的一种保护发展模式。

（三）合作社模式

政府给予一定程度的支持，由村民组或村干部联合成立合作社，共同出资建设管理的一种保护发展模式。

（四）村民自营模式

由每家每户村民个人自发将自家的传统建筑进行建设改造，政府在一定程度进行管控，与外来资本无关的一种保护发展模式。

（五）智力推动模式

由政府招商引智，引入外界知名的专家、教授、学者、名人等带领规划、设计，研究团队驻村，利用先进的专业知识和科学理论对聚落进行规划改造，通过智力改变乡村，以学术研讨、学术沙龙、写生基地、专题讲堂及学术会议等主要功能的研学设施，让现代科学融入乡村环境。

（六）多方合作模式

由政府、公司及村民等多方进行协调、沟通及合作，其中政府是主导者，公司是运营者，村民是参与者，一起共同管理建设的一种保护发展模式。

二、传统聚落保护与发展的管理机制体系

（一）管理机制

1. 建议成立传统聚落保护与发展管理委员会，组织制定传统聚落文化保护区的各项相关政策，具体负责行政与资金筹措和管理及设计与修缮的审批、指导、监督。

2. 鼓励成立民间保护利用协会，增加村民和社会各界对传统聚落的保护意识。

3. 制定《传统聚落保护管理办法》：公布核心保护区的范围，核心保护区是属于严格保护的区域，在此范围内各种修建活动需在规划、文物等有关部门严格审批下进行，较大的修建活动和环境变化应通过专家论证评审通过。

（二）决策机制

传统聚落的建设规划管理必须纳入县一级规划管理范围。聚落的一切建设活动须经县、镇（乡）管理机构

审核后，保护区内建设项目应报市级规划行政主管部门备案。

（三）协调机制

1. 针对有利于古村发展的人口政策、土地住房政策、税收政策等，规定严格的奖励和惩罚的措施。
2. 制定文物保护的普及教育计划，积极扶持民间保护组织，鼓励全体居民参与保护。
3. 建立古建筑保护档案，按规划对古建筑实行分类分级保护，设立保护标志，实行挂牌保护。

（四）监督机制

1. 各级传统聚落应设置保护标志，未经批准不得对传统聚落进行迁并。三部门建立传统聚落动态监测信息系统，收录聚落基本情况、建设项目等信息，对传统聚落的保护状况和规划实施进行跟踪监测。
2. 进一步加强相关监督工作，对于违法制度或者因为工作不到位而造成珍贵资源被破坏的，进行严格处罚及批评；对于在活动中对传统建筑等资源造成破坏或者损坏的单位和个人，发出严重警告，其中情节较为严重的交予相关部门依法处理。

（五）资金保障机制

1. 创造条件设立传统聚落保护专项资金，并将这部分资金全部投入于对传统聚落的保护、宣传等日常工作上。同时积极拓展多方面的筹资渠道，如争取各项贷款、社会捐赠以及通过项目对口向上争取专项资金支持等，逐步形成良性运营。
2. 充分利用各类产业政策，要对需要拆迁的建筑进行分期计划和合理整治规划，并且要充分安排好每个阶段的资金使用计划，同时还要注意有关保护措施的和文化挖掘方面的资金投入、人力投入等，要将计划做在动工前面，充分利用各方面的政策保证工作能够有秩序、有规划地按时完成。
3. 按照"保护、利用、效益"原则，走市场化发展之路，在保护规划的指导下，鼓励吸引社会投资。

第四节 传统聚落保护与发展的实践

一、芜湖市西河古镇

（一）古镇简介

西河古镇位于安徽省芜湖市芜湖县南，处于宣城、南陵、芜湖三地交界处，东濒青弋江水，西北与高兴、沈公行政村接壤，呈不规则长方形，面积约0.33平方公里，地处偏僻，人文闭塞。现有幸福、跃进、汤家棚三个居委会，822户，2278人。西河为江南水乡古镇，相传有600多年悠久历史，房屋店铺建于圩建两侧，因逐年防汛加固堤埂，故屋基低于路面1.5米左右，街心青石路面，曲折蜿蜒约1200米，街道南北走向，宽窄不匀，一般为2~3米，两旁店铺门面飞檐对峙，窗户比街心低得多；沿河一侧旧宅，墙高陡峭，基部麻石驳砌，拔地数丈，削壁耸立，汛期任凭水冲浪击。外河沿岸青石护坡，人可以通行，内侧房屋店铺多为数进串联，从街心踏青石台阶下，步入室内，可延伸十余米。此外，上街头外侧有章家巷、土地巷、下街头外侧有徐会兰巷、江东巷、中街内侧有芮家巷，均为老街横连，通往沈公圩内，也可通向沿河水运埠头，显得古朴衰老（图6-4-1、图6-4-2）。

据记载，早在明朝隆庆年间，水路交通方便，往

图6-4-1 西河古镇远景鸟瞰图(来源:张浩 摄)

图6-4-2 西河古镇老街鸟瞰图(来源:张浩 摄)

来船只常泊于此歇宿，已成为山区竹、木、柴、炭销售集散地，来自下游的粮商在此设点收购粮食，商业市场非常热闹。据了解，当时镇上有浴池四家，茶馆三家，杂货店四十多家，不少店铺前店后坊，上近王家村下到八面佛都是住宅区，河沿一带都有房屋；明万历年间，兵乱，房屋店铺焚毁严重，人民流离，集镇经济萧条。西河，沉淀着古老的文化遗存，这些历史的印记包括文物、商贸、民俗艺术、饮食等遗存，犹如一颗颗明珠，在历史长河的打磨中，闪耀着璀璨光华。粉墙黛瓦的徽派建筑，蜿蜒幽邃的青石板路，古色古香的老商铺……历史建筑遗存比比皆是。西河以堤临青弋江为特色，形成了芜湖地区独有的自然"十八景"（如水印西河、橹声船影、渔歌唱晚、雨巷倩影、陶塘野趣、红色踪迹等十数影）和各类建筑"十五景"（如万年台、八面佛、礼堂、长龙木桥、关门口、文昌廊等）。

西河古镇2014年入选第三批中国传统村落名录，西河管委会进行了西河古镇历史街区保护概念性规划。

（二）古镇历史文化价值与现状存在问题

1. 历史文化特色与价值

西河古镇是芜湖县乡镇组成的重要部分，有着悠久的历史意义，走在西河老街蜿蜒曲折、凹凸不平的石板上，两侧依然可以看到米行、药店、酱坊等很多店铺的老字号遗迹，无不见证着西河古镇昔日的繁华，享有小上海之美誉。因此，具有极高的历史价值。西河古镇因水成镇，河街并行，西河古镇界定的城镇空间格局独特。保存有古万年台、文昌阁、吕祖庙等遗址，古镇整体风貌基本完整，具有一定规模，有较高的历史原真性。

2. 存在问题

（1）文物古迹保护有待加强

西河古镇内现有文物保护对象基本都是单体保护。对古镇内格局风貌保存好的历史建筑认识不足，应根据古镇保护规划确定有价值的历史建筑为控制保护建筑或文物保护单位。

（2）传统民居毁损严重

西河古镇内风貌保存较好的传统民居建筑质量较差，长期缺乏维护，年久失修，加上水患、潮湿等因素影响，普遍存在安全隐患（图6-4-3）。

（3）古镇内建筑风貌不尽协调

西河古镇内沿河更新的新建筑有蔓延趋势，建筑高度大多超过2层，建筑风貌与古镇整体风貌不相协调。

（4）废置建筑需拆改更新功能

西河古镇内现有废置建筑，其建筑体量大，与古镇风貌不相协调，与古镇长远的保护与发展要求不相适应，要按照古镇保护规划有序更新置换（图6-4-4）。

（5）古镇旅游服务功能有待加强

西河古镇具有较高的旅游观光价值，但缺乏必要的旅游服务设施如社会公共停车场、旅馆、美食小吃等，对未来旅游发展有影响。古镇要通过历史文化资源的进一步挖掘，完善旅游服务功能的配套，使之与珩琅山风景区形成资源互补。

（三）规划目的与要求

本次进行芜湖县西河古镇历史街区保护概念规划，规划范围指镇域历史的保护区域。古镇历史文化街区为规划核心区域，规划范围为东南至青弋江及河沟水系边，西北至西河镇建成区外围约200米处，总用地范围约52公顷。本次保护规划着眼于对西河古镇历史资源的挖掘、历史格局的保护、历史遗迹的修缮、历史环境的整治、历史风貌的引导和历史文化的传承。

（四）规划定位

西河古镇定位——影响深远的历史人文，格局独特的水乡西河古镇，适宜人居的生活城镇，永续发展的旅

图6-4-3　西河古镇保护规划实施前老街现状图（来源：西河管委会 摄）

游新镇。将西河古镇建设成为集观光、休闲、度假、美食、节事活动等多种产品为一体，能适应多层次游客需求的旅游目的地。

保护纲领——保护西河古镇风貌，整治历史环境，延续历史文脉，重现西河古镇价值（图6-4-5、图6-4-6）。

（1）保护以西河古镇跃进街为核心的古镇整体空间格局和历史风貌，使其成为江南水乡城镇的典范。

（2）整治历史环境，完善基础设施，优化人居环境，使其成为适宜人居的生活城镇。

（3）合理利用古镇历史文化资源，贯彻可持续发展和旅游兴镇战略，使其成为独具特色的旅游新城镇。

（五）西河古镇保护层次、对象及重点

1. 保护层次

实行分层次保护与分级保护，建立西河古镇历史文化街区整体风貌和历史环境要素两个保护层次。划定历史文化街区保护范围进行整体风貌的保护。

2. 保护对象

（1）恢复镇中古万年台、文昌阁、吕祖庙等遗址以及保护修缮富有特色的景点和人文故居。

（2）保护古镇一般传统民居以及各类乡土建筑遗产。保护西河老街与历史形态紧密关联的地形地貌和河

图6-4-4 西河古镇保护规划实施前镇区现状图（来源：西河管委会 摄）

湖水系、传统轴线、街巷、重要公共建筑及公共空间的布局等情况。

（3）保护并恢复反映历史风貌的古墙、古驳岸、古庙、古殿、古井、牌坊、戏台、围墙、石阶、铺地、驳岸、古树名木等历史环境要素。

（4）保护传统文化及非物质文化遗产，包括方言、民间文学、传统表演艺术、传统技艺、礼仪节庆等民俗、传统体育和游艺等。

（5）完善基础设施、公共安全设施和公共服务设施现状。

图6-4-5 西河古镇保护规划总平面图（来源：西河管委会 绘）

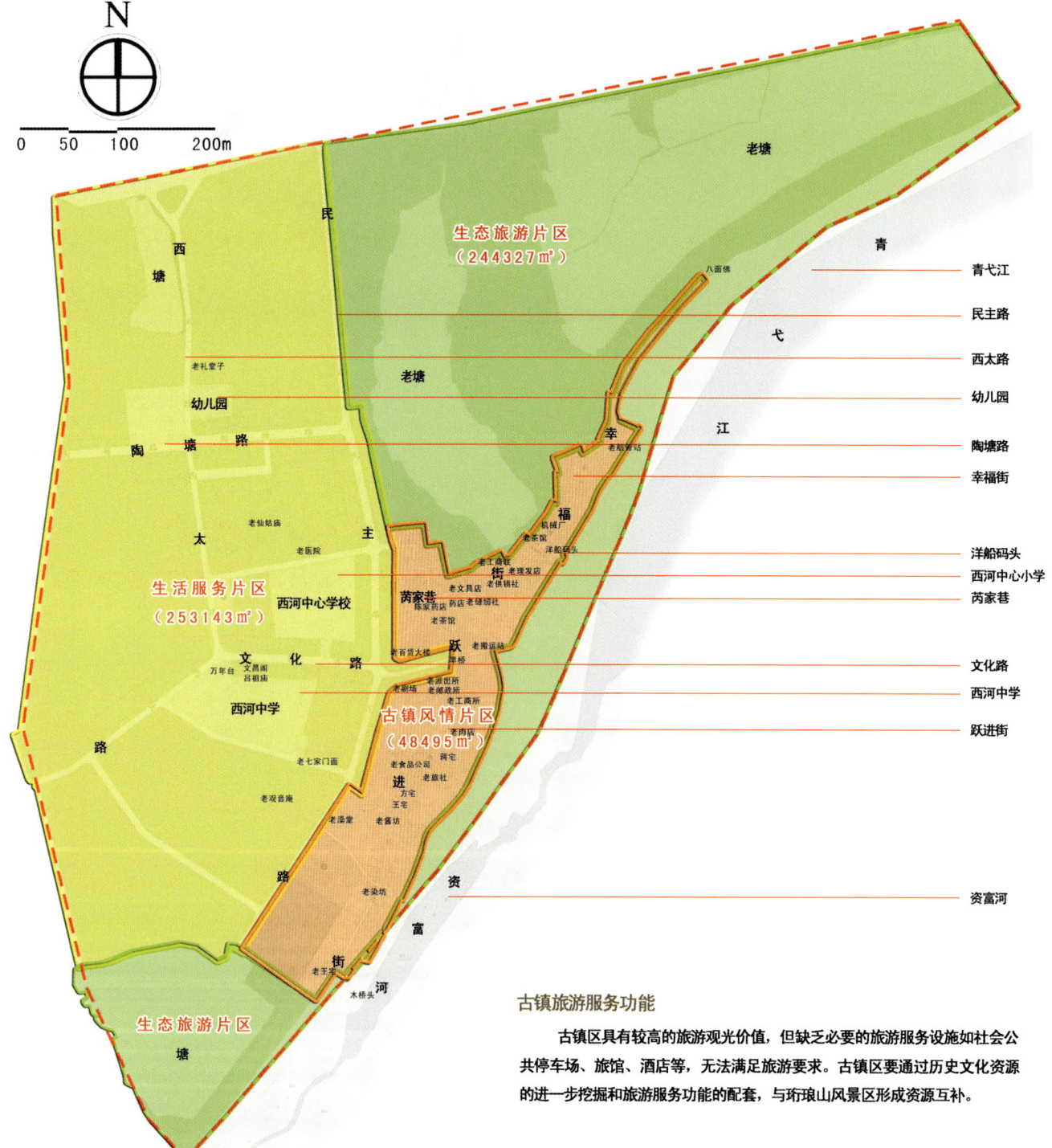

古镇旅游服务功能

古镇区具有较高的旅游观光价值，但缺乏必要的旅游服务设施如社会公共停车场、旅馆、酒店等，无法满足旅游要求。古镇区要通过历史文化资源的进一步挖掘和旅游服务功能的配套，与琅琊山风景区形成资源互补。

图6-4-6 西河古镇保护规划功能分区图（来源：西河管委会 绘）

（6）加强管理机构、规则制度建设，科学规划并实施、确保维护资金。

3. 保护重点

保护西河老街街区的空间格局；保护集艺斋、精墨堂、照堂等历史建筑；保护芮家巷、幸福街、跃进街三条古街巷；保护人文历史环境要素。

4. 保护目标

保护西河古镇整体空间格局和历史风貌，延续与其相互依存的自然景观和环境；完善基础设施配套，优化人居环境；合理利用街区历史文化资源，使其成为保持西河传统居住文脉、彰显地域建筑特色、兼具旅游服务职能。

（六）西河古镇历史文化遗存保护与利用

1. 西河古镇功能发展定位

延续西河古镇历史文脉，挖掘西河文化精髓，整合西河古镇区域发展，塑造西河古镇区内以古镇游览为主，集民居文化展示、特色餐饮、休闲旅游等为一体的具有浓厚西河传统地域文化特色的历史文化街区。

2. 空间格局的保护

（1）修补西河古镇主要街巷的破损界面，延续街巷的传统特色，同时保证西河古镇街巷两侧错落有致，两侧建筑色彩以清砖灰瓦的冷灰色调为主。

（2）芮家巷、幸福街、跃进街定位为传统生活街道，体现街区生活文化特征，加强对于生活场景的塑造；民主路定位为对外服务街道，延续西河传统商业风貌特色，整治改造现状沿街界面，并对沿街界面加以修复。

（3）西河古镇街巷及沿街建筑的整治修复按照原址（按照街巷原址、院落原址、建筑原址三级递进原则）修复的原则进行，建筑高度不得高于原有建筑的高度。

3. 西河古镇环境风貌的保护

（1）完善西河古镇的入口配套设施，提升入口形象，塑造入口通道和入口景观节点。

（2）修补芮家巷、幸福街、跃进街主要街巷内部主要景观视廊的界面以及其他保护、历史建筑周边地区的空间肌理，引入文化展示和公益服务职能。

（3）近期整治改造古街周边的现代建筑，远期更新西太路、文化路作为街区旅游配套设施，其建筑风格、体量、色彩以及材料选用需与西河古镇风貌相协调。

（4）占用西河古镇空间的电线杆、变压器、电话转换器等设施在有条件的情况下入地或移位。

4. 建（构）筑遗产的保护与整治模式

结合规划区现有建筑遗存的年代、风貌、质量、层数以及其历史功能综合确定每栋建筑的保护与整治模式，分为以下五类：修缮、修复、整治、改造、拆除。

5. 西河古镇传统民居的保护

依据西河传统风貌和空间格局的保护要求，挖掘西河传统民居建筑的文化内涵，充分考虑现实状况、功能调整以及后期可操作性，在综合评估各类现状传统民居的基础上，提出不同的保护措施。其中，注重加强对西河古镇组成传统民居风貌的元素的分析，主要包括：门窗、屋面、外墙、栏杆、雕花、外表粉刷和色彩等。传统民居的整治需要抓住这些元素的特征，依据不同等级的保护规定，对建筑进行整治。

6. 文化遗产的保护与利用

（1）物质文化遗产的保护与利用。本着"挖掘历史遗迹、保护文化遗产、延续街区文脉、合理利用"的原则，体现西河文化价值、社会价值以及经济价值，促进保护与发展的良性循环。在保障文物安全和不改变文物原状、修缮破损部分、整治周边环境的前提下，予以合理利用。依据历史建筑的价值综合评估，结合西河古镇保护需求，对镇内历史建筑（包括保护建筑）重点引入为旅游配套服务设施，如博物馆、手工艺品展示中心、西河特色美食以及旅馆等旅游要素功能。

（2）非物质文化遗产保护与利用。节庆习俗的保护与传承结合规划与旅游，于重大节日（如春节、元宵节、中秋节等）在西河古镇中开展特色民俗活动，使西河古镇逐步成为展示西河民俗文化的中心。民间商业习俗的保护与传承，对规划区内原有商业老字号进行保护与传承。结合规划，将跃进街逐步恢复为传统商业文化街，为传统商业老字号的传承提供平台。在幸福街布置传统美食店，对传统特色小吃进行保护与传承，使之作为旅游配套服务点。

（七）建筑风貌保护

1. 建筑风貌评价与质量评价

将西河古镇内的建筑风貌分为四类：

一类是指文物保护单位、保存较好的历史建筑（即规划保护建筑）；二类是包含那些历史建筑、采用传统建筑形式能较好体现地方特色风貌的建筑；三类包含风貌破坏严重的历史建筑、尚能和古镇风貌协调的一般建筑；四类包含与风貌、环境不协调的一般建筑和棚户简屋（图6-4-7）。

将西河古镇内的建筑质量分为四类：

一类是指结构完好，设施基本配套的建筑；二类是指结构基本完好，设施配套不全，需要小修的建筑；三类是指结构较差，需要采取措施大修的建筑；四类是指结构破损的危房，无法修理，需要拆除的建筑（图6-4-8）。

2. 建筑年代现状

根据现有建筑基本情况，将西河古镇内的建筑年代分为四类：

一类：清代时期的建筑占10%；
二类：民国时期的建筑占40%；
三类：20世纪50～80年代的建筑占30%；
四类：20世纪80年代以后的建筑占20%。

3. 建筑保护整治模式

本着保护西河古镇建筑风貌和空间格局的原则，参考《历史文化名城保护规划规范》中对建筑保护与整治模式的规定，考虑西河古镇现状以及可操作性，对古镇内的建筑单体提出修缮、改善、保留、整修及拆除等五项保护与整治措施。

4. 基于建筑风貌保护的分区保护措施

基于对西河古镇建筑单体的分类保护情况，将建筑本身及其周边地带划分为核心保护区、建设控制区、风貌协调区三个分区（图6-4-9）。

（1）核心保护区

核心保护区的划定。将特色建筑集中分布或具有较高文化价值的区域划定为西河古镇核心保护区，范围划定在保证保护对象空间和风貌完整性的基础上，坚持以宜小不宜大的原则，客观反映具有历史价值的风貌特征。

西河古镇核心保护区的保护目标与控制要求。西河古镇核心保护区是西河镇风貌的精华所在，反映了城市发展特定历史阶段的建筑特色和社会背景，有着独特的艺术价值和极高的文化价值。因此，应当把西河古街作为西河镇风貌保护区保护与更新的重点核心保护区域。

对西河古镇的保护：应以西河古镇原有风貌和相关的商业、文化与旅游功能的强化相结合为目标，原则上不得新建建筑，重点在于对传统历史建筑和街区的复原及原样保存，也包括对旧建筑的更新改造。

对历史建筑的保护：西河古镇内有些历史价值和文化价值较高的建筑和老字号商铺，应及时对这些建筑进行清查，并加以严格的保护。历史建筑不得拆除，重点

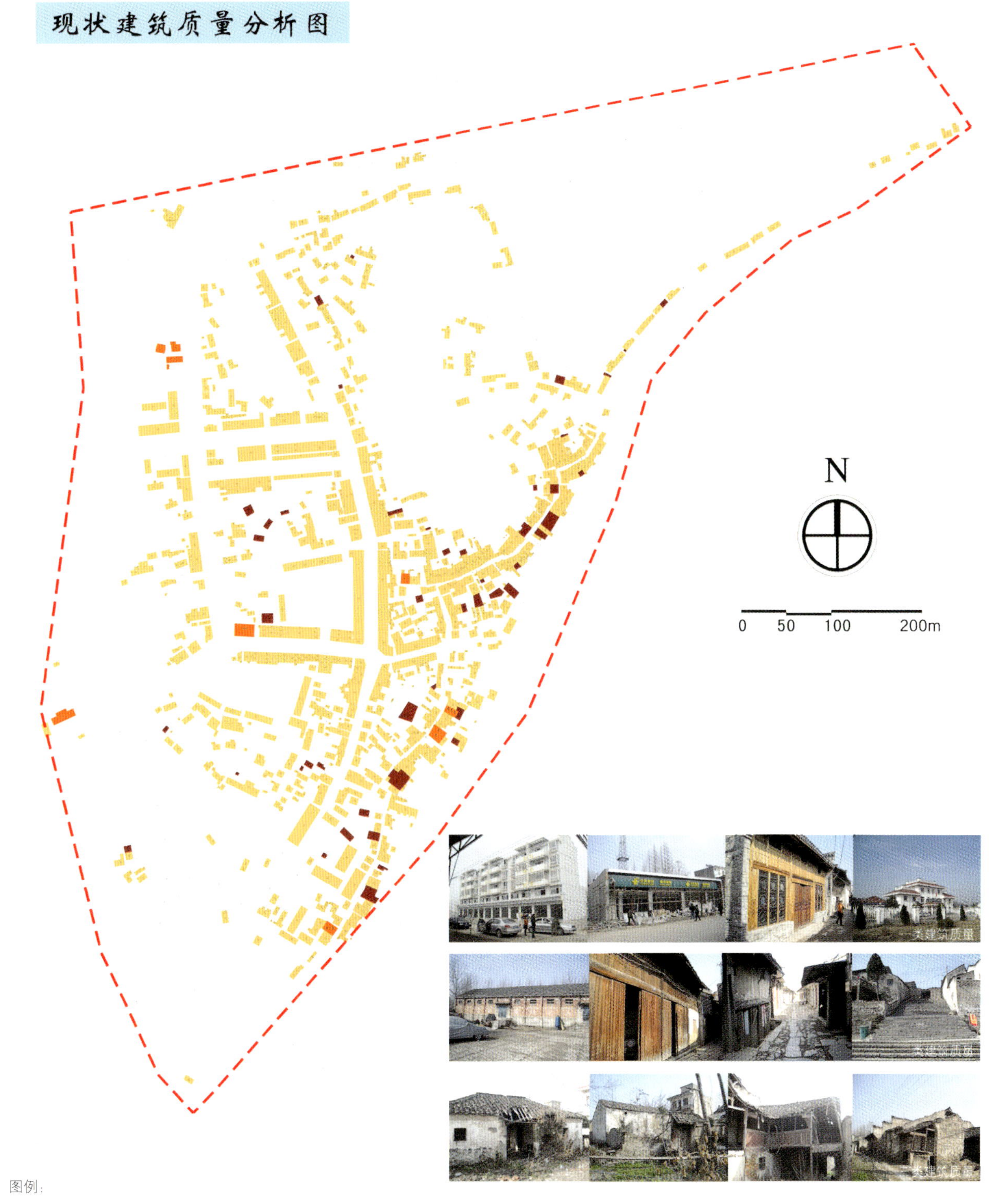

现状建筑质量分析图

图例：

■ 一类建筑质量：指较好的建筑质量，这类建筑结构完好，设施齐备，只需简单修缮就可使用。以新建建筑为主。

■ 二类建筑质量：指一般的建筑质量，这类建筑结构有损，设施也不完善，需经较大修缮方能使用。大多为原有历史建筑，包括部分较晚建造的建筑。

■ 三类建筑质量：指较差的建筑质量，这类建筑结构被严重损坏，已接近危房，存在安全隐患，房屋内设施缺乏，有碍生活或开展其他活动。

图6-4-7 西河古镇现状建筑质量分析图（来源：西河管委会 绘）

| 现状建筑风貌评价图 |

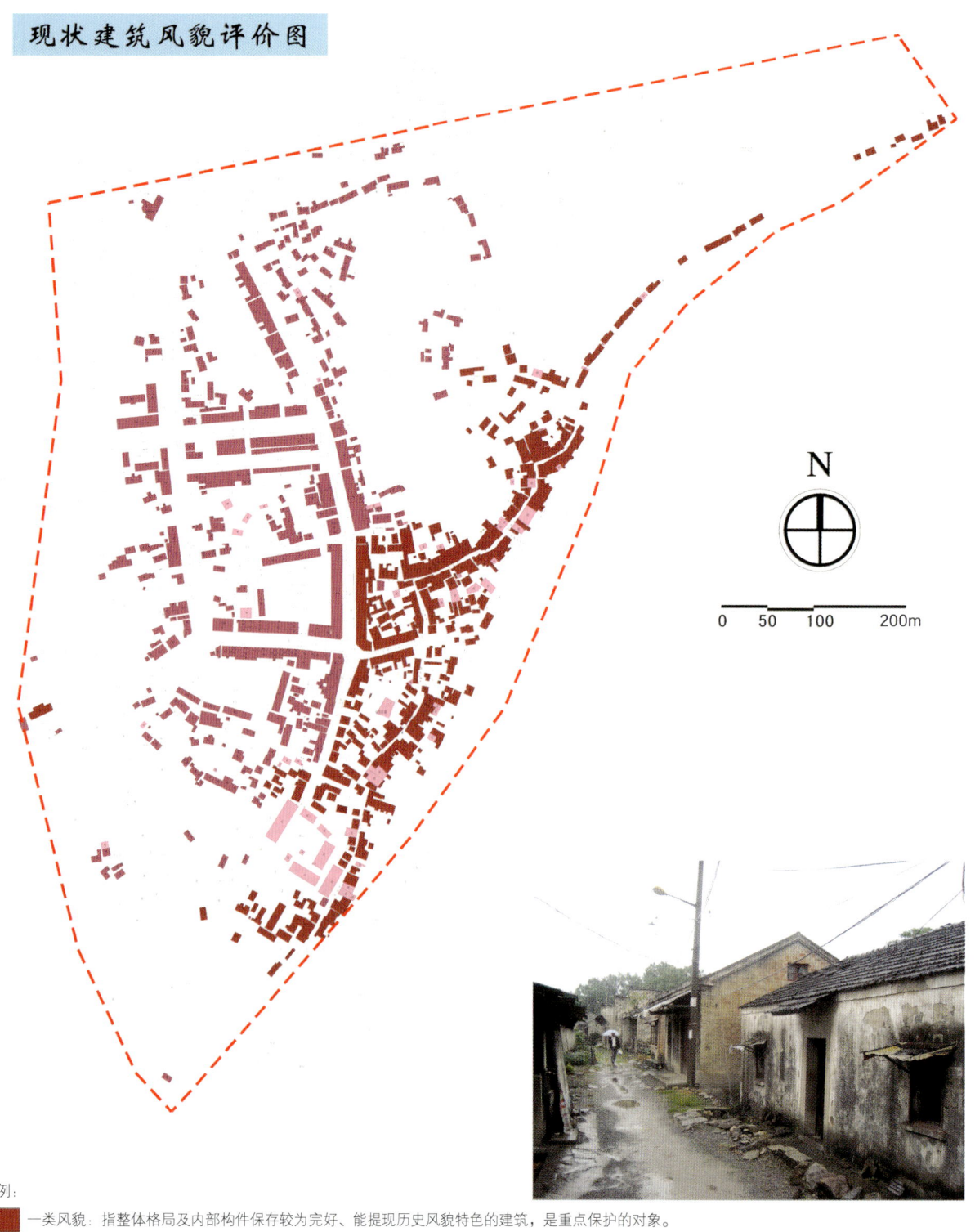

图例：

■ 一类风貌：指整体格局及内部构件保存较为完好、能体现历史风貌特色的建筑，是重点保护的对象。

■ 二类风貌：指格局尚存但外观或内部已经过较大改动，或部分被改动而剩余部分保存完好的建筑。此类建筑经修复后仍能体现地段的历史风貌和特色。

■ 三类风貌：指已有较大毁坏或改建、原有格局以破坏或与地段历史风貌迥异的建筑。

图6-4-8 西河古镇现状建筑风貌评价图（来源：西河管委会 绘）

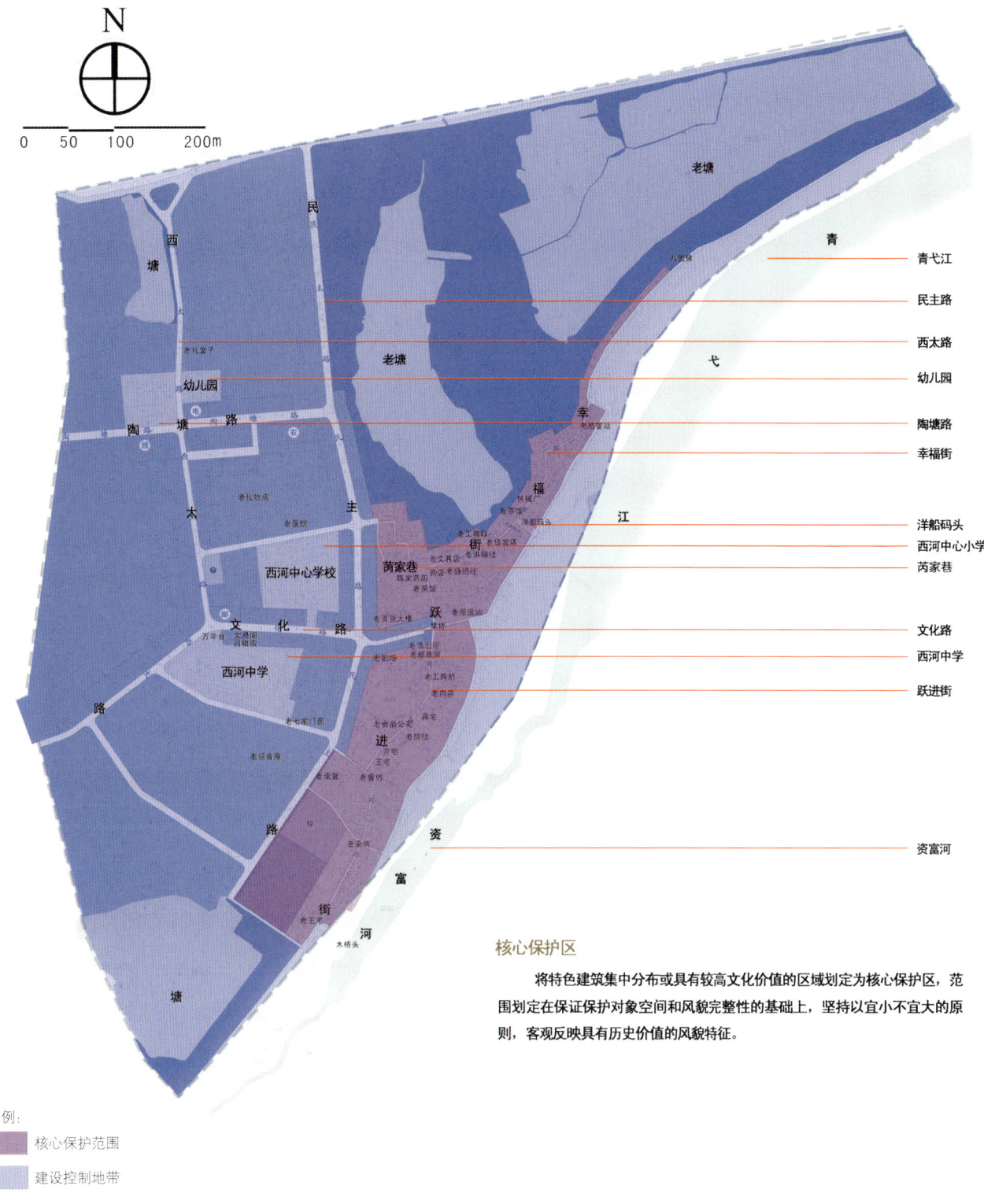

图6-4-9 西河古镇核心保护范围和建设控制地带图（来源：西河管委会 绘）

保护其外立面，包括体量、形式、建筑风格、材料、色彩与建筑装饰等。对后人不合理改造的地方，可恢复其原貌。

对其他建筑的保护：西河古镇内的其他建筑与历史建筑紧密联系，对这些建筑要保护建筑原有的立面风格、材料、细部装饰，对后人不合理的改造可按原貌恢复，或按照与西河古镇整体风貌相协调的原则进行整饰。要保持沿街建筑的轮廓线、建筑尺度、体量与比例。违章建筑、临时建筑必须拆除。对不符合整体风貌的建筑要予以适当改造。

（2）建设控制区

建设控制区的划分。将西河古镇外围具有传统空间尺度的历史街区作为建设控制区，该区的范围划定不仅要着眼于现状，更要考虑保护与控制区域的未来发展，应采用宜大不宜小的原则，以空间拓展而不仅仅以建筑风貌作为划定依据，为保护实施提供弹性的发展与平衡空间。

建设控制区的保护目标与控制措施。该区作为核心保护区的有效过渡，应控制保护区风貌道路现有空间尺度和景观特征，保护道路两侧具有保护价值的建筑，保持道路两侧原有建筑界面的高度和尺度，使历史风貌区最大程度保留原有风貌特色。

应保持原有的建筑风格，建筑的尺度、体量、材料与色彩应保持原有的特色。新建、改建建筑应与街区整体风貌相协调。对与街区整体风貌不协调的建筑进行改造。对街区内原有建筑风貌特色较明显、具有保留价值的建筑必须加以保护，重点保护其外貌，建筑风格、尺度、材料与色彩应保持原状，不协调的附属物应予整治。对质量较差的可适当改造。违章建筑和临时搭建应予以清理。该区内可根据实际情况，进行部分拆迁重建。新建建筑必须控制原有风貌特色，其体量、尺度、材料、色彩与建筑风格应以目前街区整体风格相协调。

新建建筑应不超过现有建筑总量和建筑高度。区内以降低建筑密度、增加绿地面积为原则，严格控制区内建设活动，拆除破坏特色建筑景观的较差质量建筑，确保传统风貌区环境质量。

（3）风貌协调区

风貌协调区的划分。将规划区内除西河古镇核心保护区和建设控制区以外的区域划定为环境协调区。该区违章建筑较多，一些建筑质量较差，原有风貌受影响和破坏的程度较大，但作为规划区的背景地区，应在不破坏旧城风貌的前提下，进行建筑的新建和更新。

风貌协调区的改造目标。由于风貌协调区内改建、新建的建筑较多，新旧建筑交错，很多建筑的艺术价值和历史价值一般。但风貌协调区也反映了西河古镇的发展过程，其保护和改造以保持原有街道的空间格局和城市肌理为主要目标。风貌协调区内，可根据历史风貌保护区的整体发展需求，进行拆迁重建，达到强化历史风貌保护区的文化特色、中心功能、改善区内居住环境的目的。规划区内除个别多层建筑外，一般建筑可拆除重建。新建和更新建筑应在建筑尺度、风格及环境要素方面要与风貌保护区的整体风貌特色相协调。

（八）公共活动空间规划

保护并强化以西河古镇街巷空间以及井台为主要的点状公共活动场地，结合西河街区环境的整治建设西河街区开放空间，增加部分绿地，提高西河街区的公共活动空间品质，完善西河街区的公共开放空间系统。

1. 入口空间

强化西河历史街区的入口标志空间，保护西河古镇街区外部的标志性景观，并设立入口标志。

2. 井台空间

西河古镇采用青砖硬化井台，设置少量休息座椅，塑造井台公共活动空间。

3. 街巷空间

严格保护西河传统特色街巷的空间格局、尺度、界面，禁止进行改变西河建筑物高度、性质、建筑外观等任何破坏西河街巷空间界面连续性、改变西河街巷空间尺度的建设活动。禁止在西河古街两侧建设大体量建筑或不协调的建筑形式。西河古镇内部禁止破墙开店，保持其宁静亲切的居住生活氛围。

整治西河古镇街巷。在保持现有空间格局、尺度、界面的基础上，整治街巷环境，采取插建、改造障碍建筑、拆除临时违章搭建等措施修补街巷空间格局、尺度、界面。

在延续原有西河街巷空间尺度、连续界面的基础上，新开的巷弄两侧建筑高度与巷弄宽度之比控制在1∶1~1∶2之间，并服从整体风貌保护要求，其两侧原有建筑应尽可能保留；新建建筑必须符合形态、高度等风貌保护要求。

沿西河主要街巷开设商业设施应严格遵从用地规划的要求，对商业建筑店招、门窗、雨棚及地面管线均应做出统一规定，鼓励特色经营。

鼓励西河古镇街巷的绿化树种种植以及街巷转角环境整治（图6-4-10、图6-4-11）。

图6-4-10　西河古镇老街改造后现状图（来源：西河管委会 绘）

图6-4-11 西河古镇民俗文化活动场景图（来源：西河管委会 绘）

（九）交通组织规划

1. 交通规划原则

（1）加强交叉口交通管制，重视周边支路网的改造建设，缓解西河古镇空间尺度，突出文化历史氛围。

（2）西河镇内新开的街巷应不破坏西河古镇的整体风貌，遵循原有的空间脉络和空间尺度。

2. 路网规划

（1）西河古镇外围路网：环西河镇形成"井"状的道路网。

（2）西河古镇内部交通路网：芮家巷、跃进街、幸福街均为巷弄道路，仅作为步行道（图6-4-12）。

3. 停车设施规划

西河古镇区内采用集中与分散相结合的原则，布置小型停车设施，集中设置二处停车场，其中一处位于民主路南侧，下一处位于西太路东侧，其余位置不设集中停车设施。

4. 交通组织

旅游线路交通组织：西河古镇内主要游览主线芮家巷、跃进街、幸福街，通过它们分别接入各街巷游览点形成连续舒适的步行空间。

居民出行交通组织：西河古镇内居民出行以换乘接驳方式为主，居民所乘载的机动车均停靠于西河古镇保护范围外，步行进入居所。

民主路建议调整为分时管制路段，以缓解城镇交通对于西河古镇造成冲击，破坏西河古镇原有风貌。

（十）规划实施管理措施

为落实保护规划，保护好古镇，促使其健康发展，必须在保护规划编制完成后及时实施和后续管理工作。这是一项复杂而艰巨的工作，从某种意义上讲，规划实

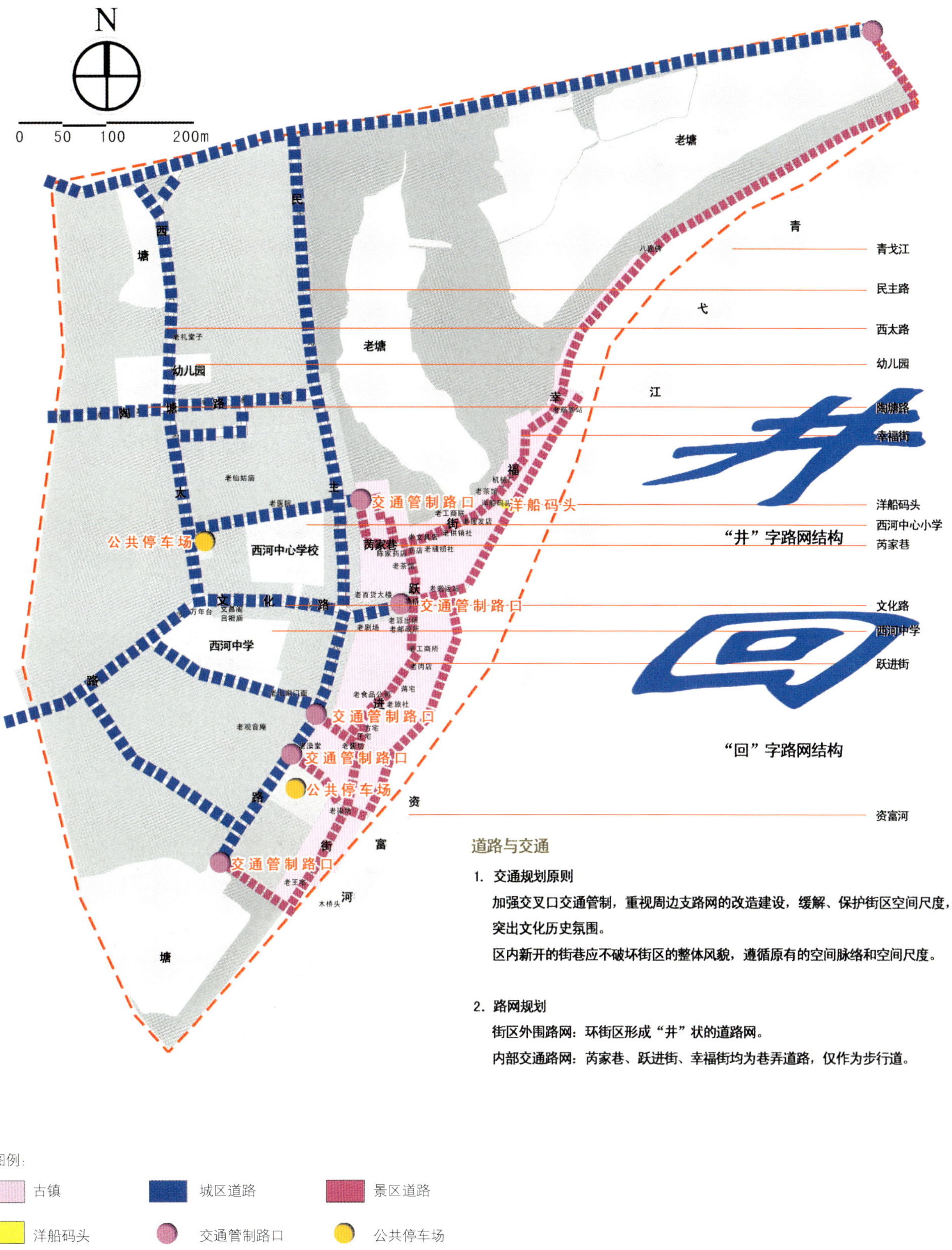

道路与交通

1. 交通规划原则

   加强交叉口交通管制，重视周边支路网的改造建设，缓解、保护街区空间尺度，突出文化历史氛围。

   区内新开的街巷应不破坏街区的整体风貌，遵循原有的空间脉络和空间尺度。

2. 路网规划

   街区外围路网：环街区形成"井"状的道路网。

   内部交通路网：芮家巷、跃进街、幸福街均为巷弄道路，仅作为步行道。

图例：
- 古镇
- 城区道路
- 景区道路
- 洋船码头
- 交通管制路口
- 公共停车场

图6-4-12 西河古镇道路交通系统规划图（来源：西河管委会 绘）

施及后续管理是古镇保护的真正开始。

1. 规划实施管理措施

（1）政府及相关职能部门负责古镇区的保护工作，并把保护工作纳入国民经济和社会发展计划。

（2）城市规划行政主管部门和文物行政主管部门依据各自职责，负责古镇的保护、管理和监督工作。

（3）发改委、建委、国土、财政、环境保护、旅游、水务、交通、公安等部门，依据各自职责，共同做好古镇区的保护工作。

（4）任何单位和个人有权检举、控告和制止破坏、损坏古镇的行为。

（5）鼓励公众参与古镇的保护工作。

（6）在古镇内的土地利用和各项建设必须符合保护规划的要求。

（7）古镇保护区和建设控制地带内的国有土地使用权在出让前，应当征求城市规划行政主管部门和文物行政主管部门的意见。建设项目的选址及设计方案须先征得规划部门的同意。

（8）对西河古镇的保护、管理等重大问题进行论证，提出意见，并协调、监督保护规划的实施。

2. 保护与整治政策建议

（1）文化遗产保护为全民责任，通过多种途径和形式，树立和强化全民保护意识。鼓励热爱文化遗产保护的公民居住在古镇。

（2）正确处理政府意见、专家意见、居民意见三者的关系，促进形成政府理性执政、专家中肯建议、居民广泛参与的良好局面。

（3）古镇的保护是公益性行为，而非开发性行为。政府应是古镇保护的主要责任者和社会经济效益的重要受益者。

（4）资金方面应采用多种模式，开辟多种资金来源，在法律允许的范围内运用市场运作的方法解决部分资金和文化遗产的合理利用问题。

（5）要制定古镇拆迁的特殊政策，既保护最广大人民群众的基本利益不受损害，又有利于古镇保护实施的整体利益。

（6）鼓励小规模、渐进式的保护与整治方式。政府设立专门贷款或补贴，鼓励在符合保护规划的前提下的业主自修，对凡无力自修和对历史建筑置之不理的业主，则由政府收购或置换房产。

二、黄山市休宁县汪村镇石屋坑村

（一）村落简介

石屋坑村隶属休宁县汪村镇，位于休宁县西南部，距政府所在地7.5公里，距县城73.5公里。全村72户，户籍人口235人，常住人口192人，人均年收入9600元。主导产业为农、林、茶，农产品包括冷水鱼、野菜等多种野生物种。石屋坑村村域面积3.9平方公里，村庄耕地面积132亩，山林面积2820亩（图6-4-13）。石屋坑村属暖温带向亚热带的过渡性气候，这里的降水量比较大，雨水充足，自然环境状态极佳，生态环境循环完整。平均海拔470米，年平均降水1758毫米，全年日照1810小时，年平均气温13.9℃，以东南风向主导风向，森林覆盖率达96.5%。主要的生产产业是茶业、渔业和林业，三者的收入基本可以占到村落全部收入的73%左右。

2014年度，石屋坑村被国家住建部、文化部、财政部三部委评为"中国第三批传统古村落"。2015年休宁县人民政府、黄山市城市建筑勘察设计院（以下简称"黄山城建院"）共同完成了休宁县汪村镇石屋坑村传统村落保护发展规划。

图6-4-13 石屋坑村全景图（来源：黄山市城市建设勘察设计院 摄）

（二）村落选址与格局

石屋坑地处皖赣边界六股尖北麓，周围围绕着许多山脉，也有许多湿地水脉，可谓是一个有山有水的宝地。此地区属于盆地地形，四周都有山脉，坐西南面东北。村庄以张、胡姓为主，整体是一个被山脉、植被所环绕的自然村落。而村名"石屋坑"的来源则是因为村民们曾经凿石开山，并且在砌墙的时候垒了许多石头，并且凭借过硬的技术和万众努力的毅力，将令人叫绝的精美石房子硬生生地建筑在了陡峭的崖壁上，这样的鬼斧神工确实是世间少有，建筑风格也是别具特色。

村庄内流淌着三条河流，犹如村庄流动的血液，将村庄分割成几个片区。平鼻岭古道和石屋坑至岭脚的古道从村庄东部的生态茶园上穿越，沿着山的走向，通向了另外一边。村子里面的建筑风格以古朴为主，布局十分简单干净，但是雕饰方面却能十分精致古雅，蕴藏着文化气息。古建筑的房屋构建形式很简单，以砖木为主，风格非常稳重、简约，其中比较传统的双坡屋顶尤为巧妙，半掩半露地藏于山墙之后，而山墙则具有很强的防火功能，也被称为"防火墙"，这些为古代居民提高了抵御灾害能力。为了增加其美观性和线条构造，防火墙的形状和样子并不单一，有许多种样式，每种样式都各有特色，风格十分突出。这样的精美程度不仅仅表现在对防火墙的装饰上，每个墙头也没被落下，都被精心雕饰为马头形状，并且装饰了许多精美的纹饰，最常见的就是卷草和如意类，别有一番风味。从高处向这边看来，会看到许多高高低低的马头墙在这片壮丽的建筑群中错落起伏，再加上不远处层峦叠嶂的深绿色山脉，配上粉墙白影，在蓝天绿水之中相互映衬，优美动人（图6-4-14）。

图6-4-14 石屋坑村聚落选址与布局示意图（来源：黄山市城市建设勘察设计院 绘）

（三）村落主要资源要素

石屋坑村资源要素构成表　　　　　　表6-4-1

山环境	周边所有自然山体、生态环境和动、植物活动环境
水环境	酒王锅河、小源河、大溪河和葛藤坞溪
其他形胜	水口古枫树林、古红豆杉、古板栗树、古红楠、古天竺桂林等
形态格局	保留至今的鱼骨状街巷形态
历史建筑	明、清、民国时期14幢古民居
历史构筑	五猖庙、红军古道、平鼻岭古道、古冷水鱼池、古埠头
古树名木	古枫树林、古红豆杉、古板栗树、古红楠、古天竺桂林等古树群
古道	平鼻岭古道、石屋坑至岭脚古道
传统农业	高山茶园种植、冷水鱼养殖
非物质文化	舞板龙、养山蜂、制作传统食物等
地方特产	冷水鱼、高山茶、干菜、野菜、土鸡等
节庆习俗	春节、元宵节、端午节、中秋节、重阳节等
奇闻掌故	朝天锅传说、鲤鱼背传说、凤凰石传说等

（四）村落价值表现

这里确实保存了大量的、风格独特的历史村落原貌和村落空间布局，而且还留存了非常完整的布置格局等多种物质文化遗产，以及许多珍贵的非物质文化遗产，比如舞板龙和养山蜂等。这些历史珍贵资源的红色教育意义重大，并且具有极为珍贵的历史价值、文化价值、科学价值和经济价值等。

1. 历史价值

我们可以从石屋坑村的街巷布局和整体建筑风格中看出传统徽州传统民用居住建筑的风格特点，从选址到水系、山林等方方面面都格外讲究，对周易里的风水理论格外看重，更对大自然有着极高的敬重之意，可以说皖、浙、赣省委旧址对于研究石屋坑村有着巨大的历史意义（图6-4-15～图6-4-17）。

2. 文化价值

石屋坑村历史建筑、历史街巷较为完整，水动力传统制茶工艺依然保存着，红色历史事件较多，对红色文化的研究具有重大价值（图6-4-18、图6-4-19）。

3. 艺术价值

当时村民为了建筑自己的家园，充分发挥了自身的艺术天赋，对建筑进行了极富艺术性的创作，所以我们可以看到，所有庭院建筑都有着自己的风格。可见，当地居民在原本居住房屋最基本的基础上，进行了许多装饰和创造，比如有的庭院开凿了水池和鱼塘，有的设置了精美的漏窗，还有雅致的盆景绿植等，都有着很高的艺术价值。

4. 科学价值

由于石屋坑村地处皖南山区，是一个相对比较贫困

图6-4-15　石屋坑村水系与道路分布示意图（来源：黄山市城市建设勘察设计院 绘）

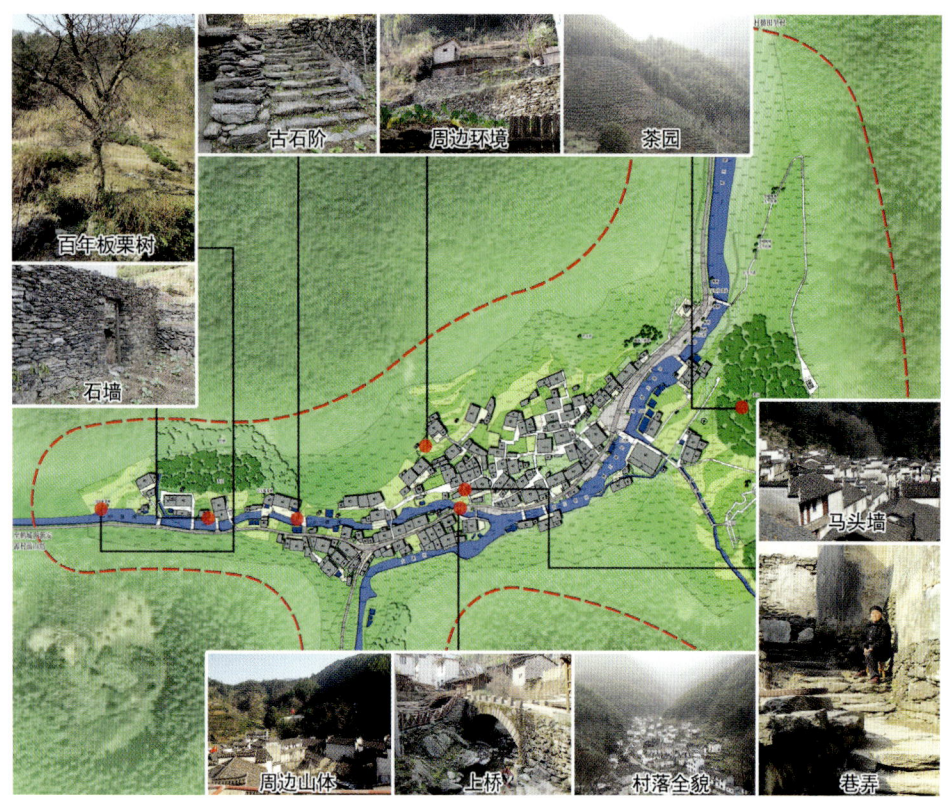

图6-4-16 石屋坑村历史格局与自然环境分析图（来源：黄山市城市建设勘察设计院 绘）

图6-4-17 石屋坑村构筑物、古树分布图（来源：黄山市城市建设勘察设计院 绘）

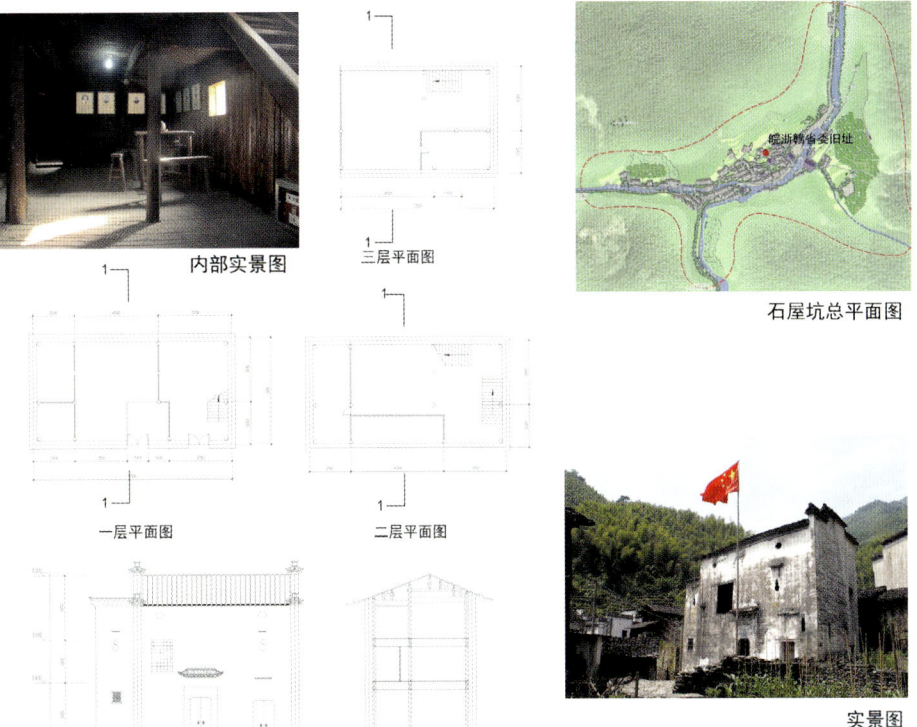

图6-4-18 皖、浙、赣省委旧址建筑图（来源：黄山市城市建设勘察设计院 绘）

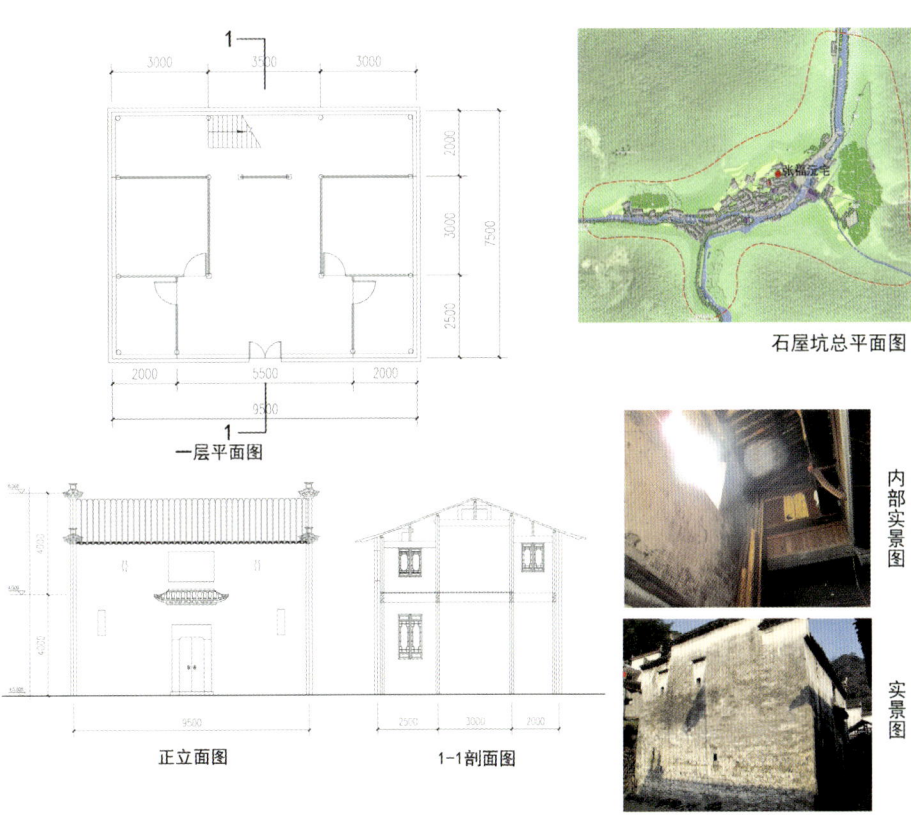

图6-4-19 张福沅宅传统建筑图（来源：黄山市城市建设勘察设计院 绘）

的地区，房屋的构建形式以树皮屋为主，但是也具有很高的科学价值，有利于进行更深层次的研究。

5. 社会价值

1935年4月，皖南红军独立团和地方游击队按省委要求以石屋坑为常驻地，这一行为对于当地的国民党反动派和原本猖獗的土豪劣绅来说是十分沉重的打击，但是这也进一步促使皖南革命快速发展。革命总归需要付出和牺牲，独立团以生命为惨重代价，为革命的顺利推进谱写了一抹沉重而鲜红的壮歌，这对于我国的发展和革命教育有着很大影响，更具有十分重要的模范教育意义。

6. 经济价值

石屋坑作为黄山市革命教育基地和其高山冷水鱼产业的发展给石屋坑的村民带来了巨大的经济效益。

（五）村落分类保护措施

1. 自然环境空间保护

要对石屋坑村周边的自然生态环境进行高度保护，无论是人文景观还是自然景观都需要严格保护，绝对禁止一切不合理的滥砍滥伐活动和有可能对周边自然环境造成破坏的一切人为活动。避免对主要景观视点和向四周眺望的视觉空间产生突兀之感，保证其与周围水系空间视觉走廊的通透。

2. 格局与整体风貌保护

对于已有的街巷格局和空间布局都要进行保护，包括周边的自然水系特征、传统石屋坑村与周边和谐的自然边界线等，都需要被列入保护选项内。

但是对空间格局等进行保护时需要遵守以下几项原则：保护街巷与水系的空间关系，明确基本空间尺度、空间界面整体特色及建筑等构成元素的形式、色彩质感和建筑高度、形态等控制要求。从景观意向的整体性、独特性、观赏性角度，确定主要景观视廊、识别标志、重要区域和节点景观等的保护和控制要求。

3. 建筑保护与整治措施

保护是对需要保护的项目、资源、建筑等以及周边的自然环境等进行科学合理的调查、鉴定、挖掘、改善等活动。保护的本身并不是一味地修缮或者探索，而是对于建立在对古建筑的尊重上进行合理的学习研究。修缮，对古村落内质量较好且保存历史风貌的建筑采用"洗脸"的方式保存。将历年来添加于建筑面上的覆盖物清洗掉，保持原样，让原有的历史信息重新显露出来，要更真实地反映历史问题和历史遗存。保留，针对质量较好，与古村落历史风貌无冲突的非保护的一般建构筑物，通常会选取保留的形式。而整治和改造，则是对于历史建筑中保存比较完好的部分建筑，在解决与周围环境有所冲突时采用的手段（图6-4-20）。

4. 历史环境要素保护

（1）院落空间保护对策

庭院和花园重点保护，不得作其他用途；适当保留部分菜园地，以体现传统村落气息；结合古建筑利用，将部分低洼地恢复成庭院园林和花园；空闲地应研究其与古建筑的关系，可以保存对园林或者花园进行恢复修整，也可以使用乡村适合的绿化方式进行整治修缮。

（2）水系水体的保护

要保护村子内部的自然水系，对于水系的自然走向、宽度和流经地区都要进行合理保护，对于水系周围的环境特色和空间风格也要有所加持。要对河道水系沿岸的各项现存资源进行保护，无论是古树还是埠头等，都要按照传统的样式，运用传统材料进行修复和完善。

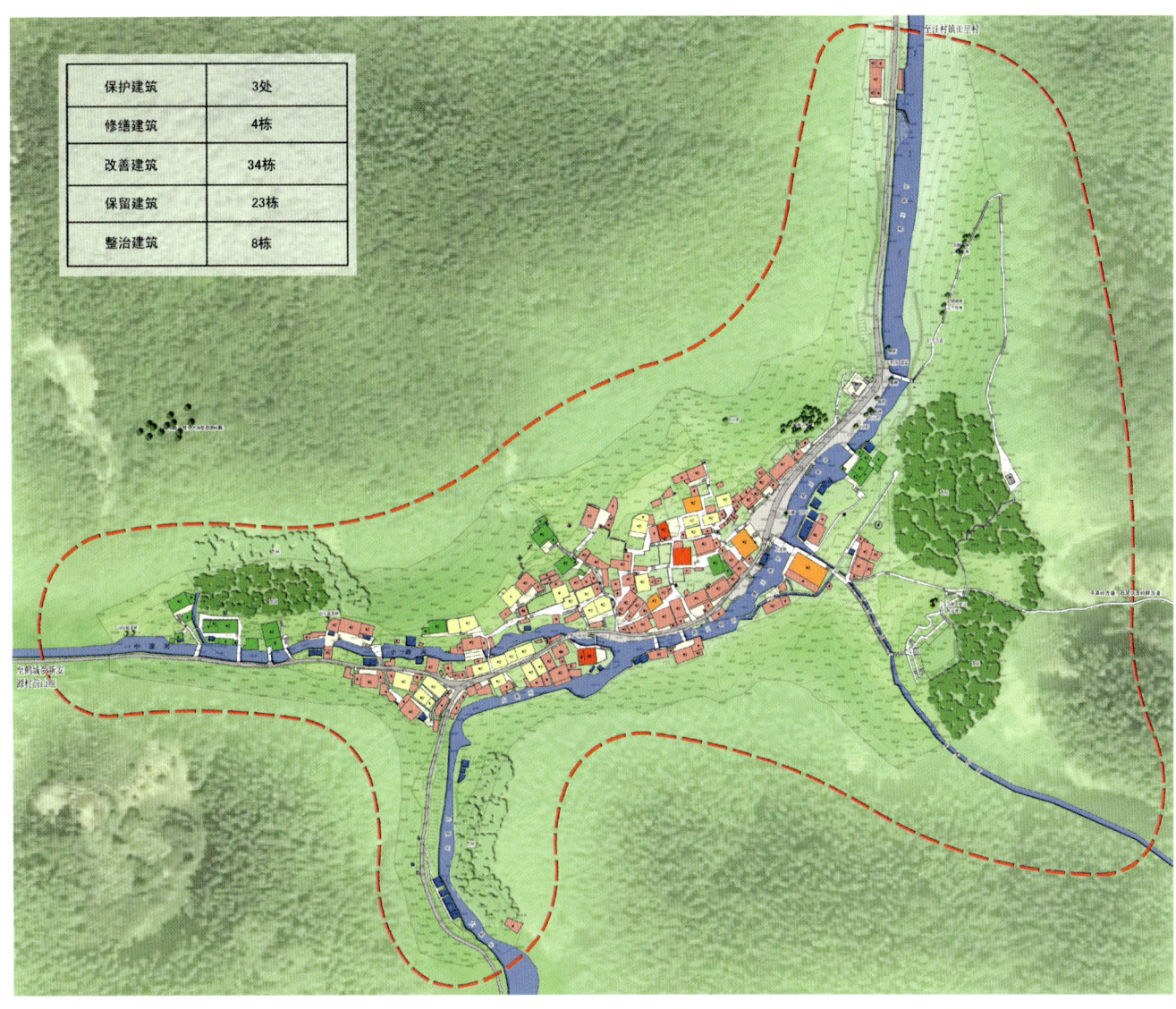

图6-4-20 石屋坑村建筑保护和整治方式分析图（来源：黄山市城市建设勘察设计院 绘）

如果不得已需要拆除河道两侧的珍贵历史建筑，也要以保护为主，对于水系要加以保护和修缮，以改善水体质量为主，严禁向河道里排放污水、丢掷废弃物等，所有空间都应该合理公开，不能封闭。

（3）古树名木的保护

古树名木是非常珍贵稀有的文物，因为它们是活着的、有生命力的，所有对古树的保护有着十分深远的意义，它们是古村落历史发展的一部分。拆除古树周边不协调的建筑，通过除虫、施肥、浇水、修剪等方式对古树进行保护管理，也可以采用传统和新科技的有机整治措施。

5. 非物质文化遗产保护措施

保护内容包括舞板龙、养山蜂、制作传统食物等；保护利用方式及措施包括深入挖掘非物质文化遗产内涵，积极引导投资，建立非物质文化遗产展示平台，健全展示体系；重视对原住民的保护，延续和传承民俗文化特色。

（六）村落发展规划

1. 传统村落发展定位

机遇，随着石屋坑红色旅游的发展和国家对传统村落的重视，以及黄山市、休宁县对革命教育基地的重视，势必带动石屋坑的发展。挑战，如何在红色旅游中带动其他产业的发展，保持石屋坑旅游的持续发展。

结合村庄非物质文化遗产、村庄的旅游资源，将石屋坑村打造成集红色革命教育、传统制茶工艺展示、农家接待、住宿、古道体验为一体的红色主题旅游胜地。

宣传口号：皖浙赣井冈山——石屋坑。

2. 发展目标

通过对村庄性质的定位，结合周围的各种文化遗产资源特色，综合考虑村庄的历史发展、留下的历史建筑和非物质文化遗产等，然后统一在科学技术的保护下，进行整合调整，突出特色的同时发挥良好的优势，并且调理风貌特征，逐渐优化整体布局，配套设施，改观环境，彰显特色，提升人居品质（图6-4-21）。

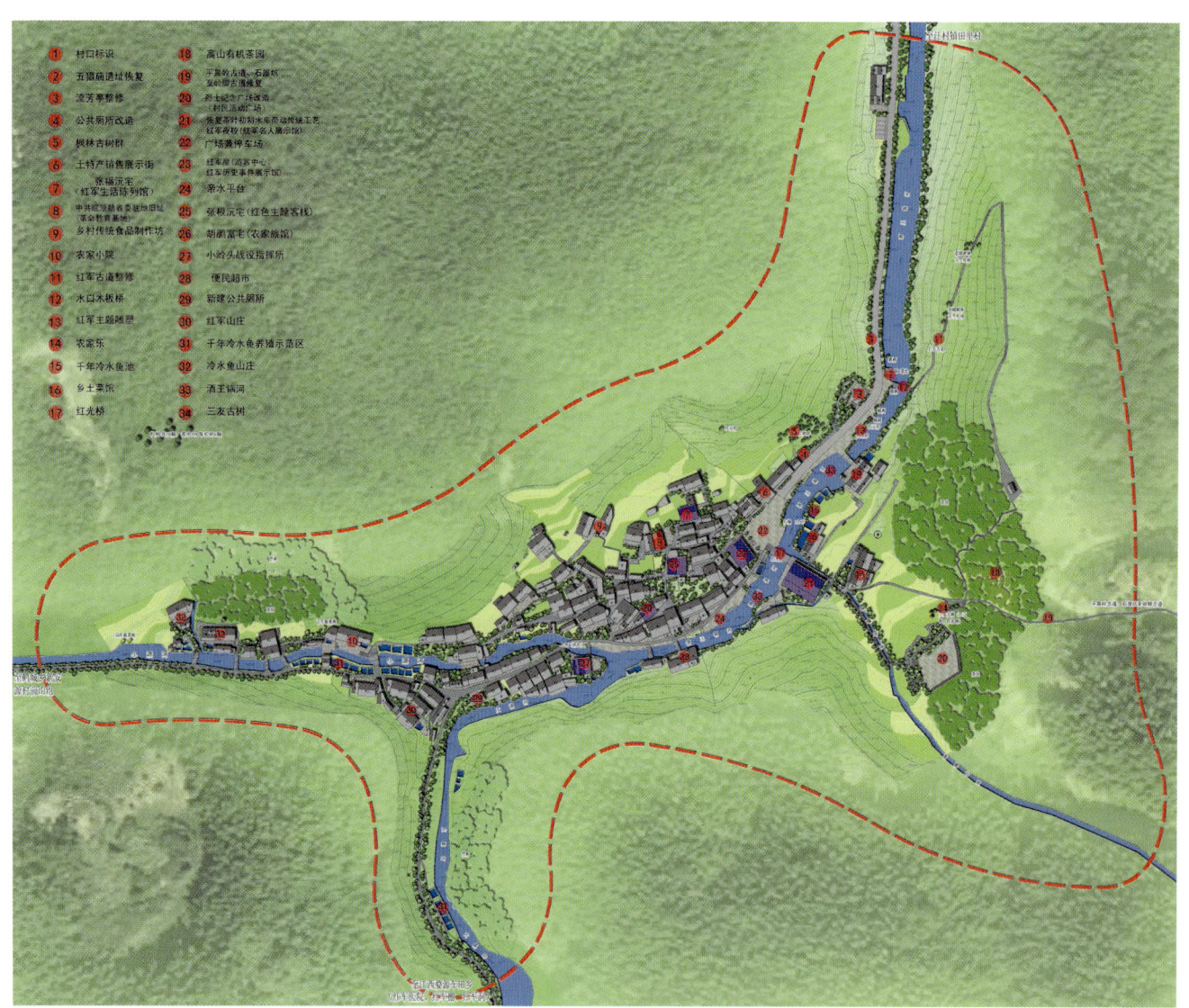

图6-4-21　石屋坑村落保护发展规划总平面图（来源：黄山市城市建设勘察设计院 绘）

3. 人居环境布局

对生态与环境进行规划的目的是为了更合理地协调人与环境的关系，从而达到生态系统的真正平衡，进一步创造出更适合人类生存、动植物生长的舒适环境。而保护生态平衡作为生态环境的基本准则，更需要得到人们的重视和合理调整。而更详细的保护措施有很多种，比如对于周边的植被、水系等多种自然形态要予以保护；对于周边自然环境中的生物也要进行保护；尤其对于生态植被要进行严格治理保护，取消和严禁各类砍伐活动；对于新建设的村务也应该尽可能按照规划进行展开；要结合地形因素，合理利用自然坡向，不可以通过平整山地的方式修改地貌，要尽可能保护地貌原特征进行建设活动。

4. 展示利用布局

以红色主题教育、平鼻岭古道、村内历史建筑和周边古树群作为集中展示区，集非物质文化遗产传承、红色革命教育、古道游览、冷水鱼品尝、茶园观光体验等为一体。

规划将现有的景点加以梳理、整合、串联，同时在游线上设置不同类型的景点，丰富游览内容。文化体验，通过皖、浙、赣省委旧址、红军屋、红军夜校、小岭头战役指挥所、平鼻岭古道、红军古道等文化的展示，使游客感受徽州文化和红色旅游文化。休闲，结合冷水鱼养殖产业设置沿河休闲步道。民居建筑活化利用，农家乐（乡村客栈）、展示馆，打造旅游业态；规划适当开发地方特色商店、地方小吃店及古色古香的传统商业业态，并加强安全卫生管理。

5. 建设控制通则

所有的文物建筑高度都需要在保持原有高度的前提下进行，禁止任何文物建筑高度超过最低标准，如果存在超过的情况就应该进行拆除；同时对于文物建筑周围的建筑控制地区，要对建筑的层数进行控制，普通标准为二层，文物建筑的檐口高度应该在7米以内。所有的历史建筑都应该尽可能地保持原本的高度，后期修缮时要避免过多的后期装饰和增加构件。如果出现周边20米左右的范围内存在超过其高度的建筑，一般处理方式应该是降低层高或拆除。

在石屋坑村力的核心保护区里，要尽量将建筑的高度控制在1～2层的坡屋顶建筑，一层建筑的檐口不应超过4米；二层建筑的高度不应超过7米，对于建筑高度要进行严格把控，避免危险。要对岭上传统街巷的建筑高度进行严格把控，并将街巷两旁的建筑轮廓进行合理规划保持。在石屋坑村的整体建筑地带以内，大多数情况下，建筑控高多为三层，建筑檐口高度不超过9米（图6-4-22）。

6. 道路与交通设施

（1）传统街巷保护与整治

保护街巷肌理——保持街巷与水系结构形态和街巷空间的尺度的变化、开合及走向等。

保持空间尺度——特别是保持传统街巷之间的尺度比例关系，除特别规定外，现有主街和支巷均保持现状宽度，并注意庭院空间的处理。

保持空间构成——道路两侧院墙、绿化维持现状，原有地形、石阶、古树保留使用。

沿街立面整饬——采用传统的马头墙等做法，小青瓦、坡屋面、石础、墙体以木、块石、青砖为主要材料，建筑以2～3层为主，坡屋顶形式。

路面维护修复——传统街巷在进行铺地选料的时候，要尽量选取传统块石进行铺垫，确保风格格调统一，如果是新修道路则尽量选取麻石进行铺垫，以保证协调，尽量避免后期的选料不合适而导致的风格冲突。

街巷设施——主要街巷每隔20～30米设置传统形

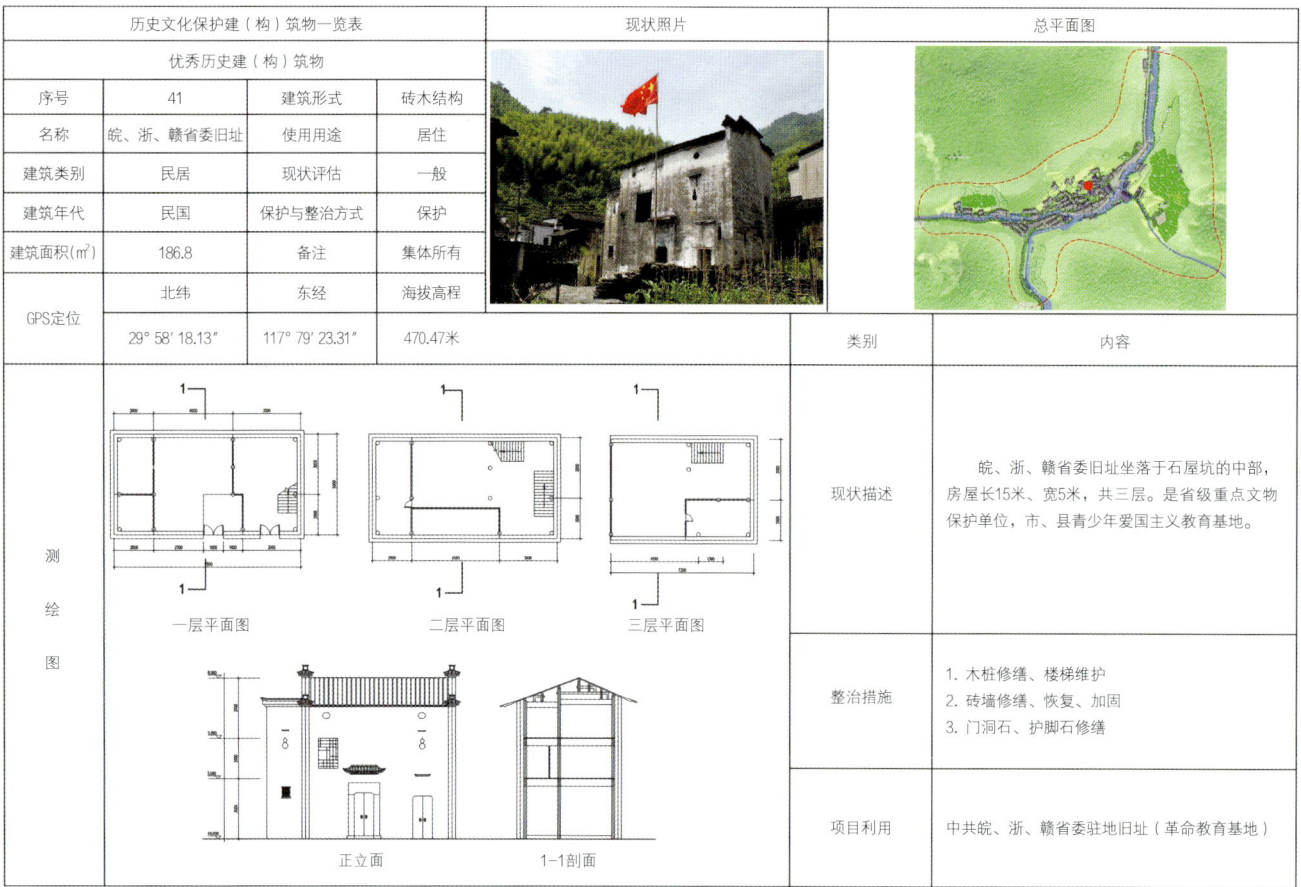

图6-4-22 石屋坑村重点建筑保护利用图（来源：黄山市城市建设勘察设计院 绘）

式路灯一盏，路灯风格应该主要选取挂壁式为主，路口增设一盏；街巷设有完整的垃圾收集系统，注意与环境的协调及与文化的融合；所有街巷设施均以自然简朴的木、砖、石等材料为主，色彩的搭配和形式风格应与其他环境的协调并巧妙融合文化内涵，减少视觉冲突（图6-4-23、图6-4-24）。

（2）道路与交通设施

古村落内的街巷是历史建筑和历史风貌维持的基础。对保存完整、内涵丰富、特色鲜明和对石屋坑历史风貌特征起着重要作用的传统街巷的空间尺度予以保持。古村落的道路系统要保持和延续原有道路格局；对富有特色的街巷，应保持原有的空间尺度，并在此基础上采用传统的路面材料及铺砌方式进行整修。道路及路口的拓宽改造，其断面形式及拓宽尺度应充分考虑历史街道原有空间特征。

三、安庆市太湖县蔡畈村

（一）村落简介

蔡畈隶属于太湖县汤泉乡，在汤泉乡的东南部，紧邻集镇。汤泉乡地处大别山南麓，花亭湖之滨，东与寺前镇接壤，西与牛镇为邻，南邻花亭湖，北与岳西县相接，区位条件相当优越。随着太湖县旅游业和花亭湖国家级旅游区的发展，汤泉乡独特的区位优势将会显现。蔡畈距离汤泉乡集镇仅8公里，虽然汤泉乡离太湖县县城相对较远，但有赤百公路穿境而过，东西分别与寺

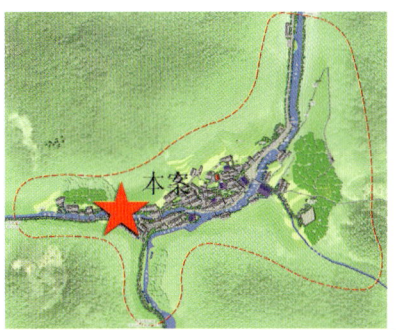

整治措施：

- "四清"（清垃圾、清污水、清杂物、清污泥）；"四改"（改水、改厕、改厨、改圈）。
- 完善基础设施（电力电讯管线下地、村内街巷道路、雨污水管道下埋）。
- 建筑材料：根据徽州民居特点结合现代建筑风格，充分挖掘利用乡土材料（瓦片、青砖、土砖）提升风貌。
- 建筑色彩：采用传统徽派建筑色系黑白灰，并融入原木色丰富其业态。
- 窗：采用青砖装饰效果，内窗采用木制花窗。
- 栏杆：采用木质花格栏杆，替换原来的不锈钢栏杆，与建筑风貌形成统一协调的关系。
- 院墙：采用乡土材料替换原来的白墙。
- 小品：采用旗帜、灯笼、农具、伴廊增添乡村气息。
- 绿化：增绿添绿。

现状：

√生活及建筑垃圾乱堆乱放；
√建筑风貌不统一；
√电力电信落后且不完善；
√空间结构散落；
√村落内绿化量低；
√传统村落文化气息衰败。

农家小院：采用农具、石鼓等人文元素，打造皖南第一小院。

图6-4-23　石屋坑村建筑整治效果图（来源：黄山市城市建设勘察设计院 绘）

前、牛镇贯通，距离太湖县城66公里。水路主要有机动柴油船和汽艇与太湖大坝来往，但是对比之下，水路比陆路便捷许多，从时间角度来看，用时也更短。太湖县的地理位置也比较优越，在对外交通联系方面也十分方便。西边即武汉市，距离近230公里，南边连接南昌市，约220公里的距离，北边距离合肥市210公里左右。

蔡畈居民以"殷"姓，据殷氏家谱载：自元末蔡畈有居民在此居住，本姓"蔡"，后因乏嗣，由殷姓外甥继嗣。殷姓自元末明初从江西瓦屑坝迁到太湖，与蔡畈有姻亲，到殷姓第七代仲玠公时，仲玠公以蔡姓外甥份继嗣于蔡姓舅舅。到明成化八年（1472年）开始，才复姓回"殷"。至殷氏第十三代呈禧公（1655～1680年）时，生活较富裕，开始建房置办产业。呈禧公故居于清康熙十八年（1679年）建成，是由殷姓自己在蔡畈建的首座宅第，位于蔡畈建筑群的西端，迄今328年。下堂心及其周边的民居于清康熙二十八年（1689年）建成。维甲公（1699～1783年）公私塾馆（维甲

图6-4-24 石屋坑村景观整治效果图（来源：黄山市城市建设勘察设计院 绘）

故居）于雍正二年（1724年）建成。乾隆十七年（1752年）中堂心建成。上堂心（六龙堂），于乾隆五十六年（1791年）始建，历经两年完工，这座规模宏大的建筑，实现了上、中、下三个堂心一条通道，东西连贯的格局，这一时期完善了这三个堂心周边的民居建设。殷良弼故居于乾隆五十八年（1793年）前后建成。建殷氏宗祠于嘉庆七年（1802年）始建，历经两年建成，并相继完成祠堂周边民居建设。殷翠和故居于同治九年（1870年）建成。1663~1870年，蔡畈古民居的建筑格局完成。自嘉庆中期以后没有大规模的建设，至清末民初，因人口有所增长，陆续添置了一些普通民居建筑。中华人民共和国成立后进行过多次维修和改建。

2012年，蔡畈被安徽省政府认定为省级"文物保护单位"；被国家住建部、文化部、财政部三部委评为"中国第一批传统古村落"（图6-4-25、图6-4-26）。

图6-4-25 蔡畈村全景图（远景）（来源：张浩 摄）

图6-4-26 蔡畈村全景图（近景）（来源：张浩 摄）

（二）村落选址与格局

蔡畈村，地处花亭湖畔群山中，"畈"的意思就是小块的田地，蔡畈的原意就是姓蔡家的田地，指的就是山区的一小块平坦地。村庄背靠来龙山，面对大金山，从大金山上可以直接望到花亭湖，旁边的农民新村背靠的是凤形山，对着羊角尖，龙山凤山连成一体。从蔡畈水库和周边山谷的水溪汇合起来形成永兴河环绕着村庄。村庄后面的来龙山是天柱山山脉之尾，祖辈们也称为"来龙岗"，所以蔡畈也叫"龙岗"。曾有人认定此地定会人文辈出，永续墨香。至今，蔡畈人秉承祖训，书延世泽。

村庄与外界通过村村通公路相连，入口为村庄水口，古树参天，树下是村庄祖坟地，历史上水口处还有一座土地庙，在"文化大革命"时期已经被毁坏，现今只存遗址。村落的古道就是村落的主要街道，沿河而上，入村道路旁边有一口常年不干涸的古井。古道西侧为上、中、下堂心连成一体的蔡畈古民居群，只有从各个堂心的大门才能进入古民居群，河道西侧为殷良弼故居。

蔡畈整个村庄"负阴抱阳"，真正实现了各项元素的协调共处，这也进一步体现了人与天、地的生态理念，而且每个村落的形态基本都呈现船形，从正门进入内部以后几乎都像迷宫一样错乱复杂，这也体现出古典村落对于防御理念的防范意识，村庄祠堂由殷氏宗祠—蔡畈分祠—堂心支祠三个等级构成，村民的日常生活都以堂心支祠为中心展开，这样的生活方式也体现出了在村落布局中宗法制度的文化内涵（图6-4-27）。

图6-4-27　蔡畈村鸟瞰图（来源：张浩 摄）

（三）村落主要资源要素

蔡畈村资源要素构成表　　　表6-4-2

村落选址与自然景观要素	山川	来龙山、大金山、凤形山、羊角尖
	河流	永兴河
村落传统格局要素	村落形态	船型、古代防御形村落
	村落格局	殷氏宗祠—蔡畈分祠—堂心支祠三个等级构成，堂心进入内部巷弄，村民围绕着各自堂心支祠生活
传统建筑	省保单位	蔡畈古建筑群（下堂心、中堂心、上堂心、呈禧公故居、浴春公故居、维甲公故居、殷良弼故居、殷翠和故居、殷氏宗祠）
	历史建筑	殷醒华宅、殷旺民宅、殷来华宅、殷松元宅、殷张保宅、殷菁华宅等
	传统风貌建筑	殷少成宅、殷少全宅、殷少为宅、殷永松宅、殷时耀宅、殷仿乔宅等
历史环境要素	古巷、古街道	蔡畈水街、堂心内部古巷弄
	古井	神井、维甲公故居屋后古井
	古桥	平石桥7座
	古树名木	古樟树、枫树（水口林）
非物质文化要素	诗书文化	赛诗台、农民诗书大赛、农民诗歌作品：殷阮东　平乐·欢呼大金山通车、殷响东　乡子·农家乐、殷文闯　咏大金山、殷赏臣　多少楼台烟雨中
	风土民俗文化	饮食上采用"海"碗、"重阳节"
	宗族文化	保留着殷氏宗祠、蔡畈分祠、唐心支祠完整的宗族文化载体，完整地保存着殷氏家族谱
	山村农耕文化	传统的山区农耕方式
村域传统资源	大别山区自然环境	山区梯田、花亭湖

蔡畈的历史环境要素充分反映了古代山区劳动人民质朴的生活观念，多以实际功能用途为主要目的，受到徽文化的影响，体现了因地制宜、充分利用自然环境的生态理念（图6-4-28）。蔡畈传统建筑是以当地土砖、木、石、青瓦为主要建筑材料，以堂心为中心集聚的朴素、实用的山地建筑，适应当地地貌环境，表现了"天人合一"的建筑理念（图6-4-29、图6-4-30）。诗书文化是蔡畈的标志性文化，非物质文化离不开蔡畈古民居的载体，通过蔡畈村民活态传承（图6-4-31）。

（四）村落价值表现

蔡畈传统村落地属亚徽州文化圈，受到传统徽派建筑特征的影响，结合大别山区花亭湖畔的特定地理环境，充分运用当地土、石、木等建筑材料，形成独特的皖西南建筑风貌，具有很强的聚落性、防御性，融入了深厚的儒家思想、宗法制度等文化内涵，体现了人与人、人与社会、人与自然的和谐关系，形成了枕山面水的船形村落。

1. 历史价值

蔡畈本地现存古建筑将近90多处，有明清时期的

| 古樟树 | 古道 | 古井 | 古街巷 |
| 古桥 | 古桥 | 古井 | 古埠头 |

图6-4-28 蔡畈村古井、古道、古树资源（来源：黄山市城市建设勘察设计院 绘）

| 全村概貌 | 堂屋入口 | 下堂心内部 |
| 刘屋组民居 | 康熙年间老砖 | 殷良弼故居 |

图6-4-29 蔡畈村古建筑资源（来源：黄山市城市建设勘察设计院 绘）

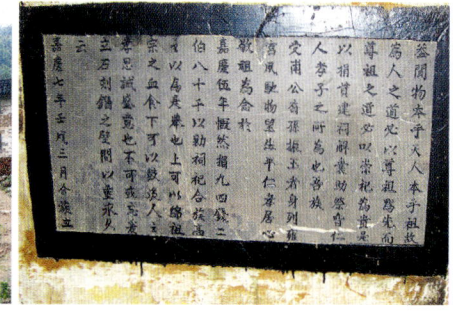

祠堂整体风貌　　　　　　　　祠堂立面　　　　　　　　　祠堂内碑记

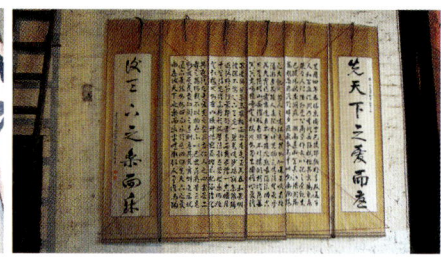

祠堂内灵芝　　　　　　　　祠堂内部匾额　　　　　　　　祠堂内楹联

图6-4-30　蔡畈村古祠堂资源（来源：黄山市城市建设勘察设计院 绘）

农民书法大赛　　　　　赛诗台　　　　　安徽省摄影基地挂牌仪式　　　　传统石磨

殷式宗谱

书法作品　　　宗族文化

蔡家畈是个书香、风雅之乡，村中多为殷姓人家，世代以耕读传家，村中名人多从事教育事业。

村中的殷氏宗祠是太湖境内保持较完整的徽派建筑，历史上曾遭遇火灾，后经族人捐资得以恢复，从一世祖受三公起在此繁衍生息，殷氏子孙众多，宗族文化源远流长。

村里还有"赛诗台"，经常举行赛诗活动，将诗作贴在台上，雅俗共赏。虽然村中居民文化程度不高，但其所作书法、对联等，却有大家风度，有很多民间的艺术家。

地方特色文化：1. 诗歌、书画文化；
　　　　　　　2. 宗族文化；
　　　　　　　3. 山村农耕文化。

农耕文化

山村梯田

图6-4-31　蔡畈村地方特色文化资源（来源：黄山市城市建设勘察设计院 绘）

桥段、戏楼、祀堂等多种类型，这些建筑都非常完整地保持了地方传统的古代文化，这些风格特殊的建筑也为皖西南地区的民居建筑和民俗风情以及区域文化等方面的研究提供了更为真实且可查找研究的历史标本和历史依据。

2. 艺术价值

蔡畈民居的土木建筑采取的建筑方式多为寨式，基本构造是外为砖墙，下石上土，内架为木，四水归中的村落布局，天井、堂心、架式、三雕则源自本土文化特征，天井、堂心分别体现了一定的精神格局。"上有天井，通天接气；下有堂，四水归一"，传统的宗法思想毫无保留地表现在建筑艺术中，这也是文化艺术风格在建筑等实物上的直接体现（图6-4-32）。

3. 文化价值

蔡畈建筑所体现出来的风格是十分具有代表性的、精湛的皖西南独有的民居风格特色，每个村庄的形状和形态布局都很特别，而且保存状态良好，整体景致美观秀气。这里的居民有着尊崇儒术的风俗习惯，比较看中教化，所以当地的文化风气十分繁盛，这也从侧面体现了明清时期程朱理学的封建伦理文化、聚族而居的宗法文化、村落建设中的风水文化、村落传统的诗书文化，以及建筑雕刻与绘画艺术的文化现象，这些文化无一不给当地古村落增加和赋予了浓厚的文化艺术价值。

4. 科学价值

蔡畈传统村落地处皖西南大别山区内，广大的劳动人民进过长时间的探索，总结出独特的建造工艺和传承

上堂厅入口

上堂心：亦名六龙堂，建于乾隆五十六年（1791年）。二进三开间，置一个天井，大门前有约10平方米的天井，东、西、南三面为民居房。面宽6.25米，进深17.5米，建筑面积109.38平方米。青砖小灰瓦砖木结构，一级齐檐马头墙。内部结构为驼梁、立柱穿枋，有14根立柱；二进为齐檐木雕纱格墙；一进门额上挂"六龙堂"木雕匾额，二进门额上挂"荣增五豆"木雕匾额。建筑整体保存状况好。

下堂厅内部照

赛诗台

上堂心平面图

图6-4-32　蔡畈村重点建筑分析图（上堂心）（来源：黄山市城市建设勘察设计院 绘）

方式。蔡畈民居基本采用土质的砖墙,只有堂心和祠堂采用青砖,这与当地的生产环境十分有关,同时以堂心为核心的聚落建筑不仅是宗族文化的体现,也有山区防御性的科学价值。

5. 社会价值

从蔡畈村的生成和发展过程来看,其相对稳定、和谐的村落空间结构是经过长期发展和演变而形成的,蔡畈古民居所体现的生态精神及人文精神,也是我们现今的城市和村镇环境中非常缺乏的意向精神基础。

(五)保护现状与存在问题

蔡畈村现存90%以上的建筑是古建筑,保留了较多的古建筑遗产。就目前现状而言,根据我们的调查分析,蔡畈传统村落整体上在以下几个方面存在问题:

1. 村落整体风貌环境不协调

随着我国改革开放的展开和推动发展,人们对于物质生活的需求开始逐渐提升,并且随着经济发展水平的提高而得到了一定程度上的改善,村民对原住老宅在光线、通风通水、道路交通上提出了不同程度的要求,尤其是木结构住宅年久失修,这个契机也导致一些村民主动想要采用更新兴、潮流的材料进行建筑,当然也有很多居民选择了在原址重新建筑。这个风气在当时就很流行,后来也一直延续着,直至今日。这个趋势在20世纪80年代左右真正进入了火热阶段,纵观现在所建住宅,大多为三开间两层楼,由于地皮紧张,大多数村民在建新宅时已不自觉地取消小院落而向高度上发展,部分民居已建有三层并设有阳台,墙体粘贴瓷砖,也有不少居民跟随当时比较潮流的西洋风格,建造出来的建筑风格不洋不土。土屋古民居中土墙黛瓦等形式特点在新建的一些住宅中已不多见,显现的反而是那些混凝土楼板带阳台、墙体贴瓷砖的所谓现代新式建筑,这些建筑散布于村落各处,大小高低不一。这样的风格和当地的传统建筑风格有着极大的反差,造成了一定程度上的视觉不协调感,是整体建筑群落中的一大败笔。

2000年后,加上各级政府的重视,古村里的乱搭乱建之风得到一定程度的扼制。近几年建成的一些建筑虽然采用了一些古民居符号,但是与具有深刻内涵、古朴高雅的清代古民居风貌协调方面还是不尽如人意。根据我们调查,在所有中华人民共和国成立后所建民宅中有31幢需进行了不同程度上的改造整理,如拆除阳台和墙体瓷砖,在屋顶加盖青瓦,以期与整体古建筑风貌相协调。

2. 古建筑现状保护形势严峻

(1)古建筑保护现状

通过入户调查,对村庄所有建筑、空间和环境进行全面了解,分析汇总如下:

①建筑年代(表6-4-3)

村内古建筑多为清代建筑,还有一部分20世纪80年代后建的土房子以及2000年以后建设的现代建筑。

蔡畈村建筑建造时间与数量　　　　　表6-4-3

建筑年代	建筑数量(幢)	比例(%)
清代建筑(1644~1911年)	70	46.3
20世纪50~80年代(1949~1979年)	9	6
20世纪80年代以后(1979年以后)	71	46.7
总计	150	100

古建筑群为清代建筑,1985年左右是蔡畈村的建房高峰,2008年建设农民新村

②建筑层数（表6-4-4）

蔡畈村建筑层高比　　　　　　　　　　　　表6-4-4

建筑层数	建筑数量（幢）	比例（%）
一层	7	4.7
二层	138	92
三层	5	3.3
总计	150	100

以二层建筑为主，近几年以来出现了少量三层建筑，主要分布在蔡畈村沿公路旁

③建筑质量（表6-4-5）

从建筑结构质量和使用状况，大致分为三类：即质量较好的、质量一般的和质量较差的。清代留存下来的历史建筑为木结构，土砖墙，室内阴暗，缺乏必要的生活设施，但是主体结构完整，建筑质量一般。20世纪80年代开始，村民大量建房，因为交通不便，大多就地取材，受建筑材料、建造技术和财力限制，所建房屋大部分还是土砖墙，木结构，质量一般。

21世纪之交，交通的改善使得一些新的建筑材料能便捷地运输到村里，翻建的住宅因而多选择砖混结构，室内的配套设施也有所改善，属质量较好的房屋类型。这类建筑在群体布局上缺乏统一规划，建筑形式现代，空间造型随意，体量大，虽然为数不多，但对村落风貌影响较大。

蔡畈村建筑质量　　　　　　　　　　　　表6-4-5

质量等级	建筑数量（幢）	比例（%）
好	62	41.3
一般	85	56.7
差	3	2
总计	150	100

（2）结论

①清代特色古民居有不同程度的残损

蔡畈村在清代有许多特色鲜明的古建筑，其中不乏被用作民宅而使用的古建筑。由于蔡畈村整体经济发展滞后，这些民宅虽有修补，但相对整体保护而言，仍然只是杯水车薪。虽然村民对古建筑的价值认识有所提升，以及政府的提倡及所作的努力，但还存在一部分古建筑民居被村民用作猪圈、牛栏使用，但是这些建筑于清代的八十多幢楼宇，却只有很小的一部分得到了政府的投资修复，其他更多的古建筑则呈现出不同程度的墙体开裂、倾斜、屋顶渗漏等现象。也有一部分建筑因为长期无人居住，又或者是因为产权而产生纠纷等诸多原因的影响下，只被村民当作堆放柴火、稻草的场所，长期无人看管。

②古建筑有受白蚁危害的现象

由于现存古建筑大多已存世数百余年，且所有古建筑基本都是由砖木结构所构建的，这类木头特别容易遭受白蚁的侵袭。根据我们调查，在蔡畈现存的古建筑中

均不同程度地受到白蚁危害，如不尽快采取得力措施进行有效防治，白蚁危害面必将进一步扩大。

3. 街巷格局和肌理受到破坏

蔡畈传统村落的街巷格局整体保存都相对比较良好。但还是难免会遭受到村落内部的人为破坏和自然损坏，所以有一些内部的空间构造和历史建筑有一定破损。后期因为村内有一些新建的住宅使整体村落平面布局结构发生变化，从而导致了室内外建筑风格不统一、不和谐情况的出现，这样的情况对街巷的肌理有着很大程度的破坏。

4. 基础设施落后

历经数百年的沧桑变化和经济的衰落以及人为的破坏，使得蔡畈古人留下的村落基础设施日益不堪重负，也不能适应日益提高的生活居住要求。普遍存在的问题，主要表现在下述几个方面：

（1）道路

村中道路和圳渠系统需进行清理整改。作为古建筑群一部分的村中石板路和圳渠系统，都非常引人瞩目，而且也具有非常高的科学研究价值、历史价值以及审美价值。这些路面早已铺就使用，最早可追溯到清代时期，所以经过几个世纪的踩踏使用，道路出现了正常的自然磨损，其中也不乏少数的人为破坏存在，这就导致了将近一半以上的路面石板已被毁掉，其他的路面也出现了诸多情况，比如凹凸不平、断裂等现象，甚至还有一些破损比较严重的路面出现了积水的情况，部分路段为了修缮，选用了水泥路面填补，而这进一步导致了村中道路与整体古建筑不协调适应的局面，这部分需要进行二次整改调整：一是补铺已被毁掉的路面石板；二是整理更换已断裂破碎的石板；三是铲除水泥路面，重新铺上石板，再现古村风貌。

街巷道路宽度多在1~2米之间，这样的路面宽度给村落消防带来较大的问题，也难以适应不断提高的生活水平的要求。

（2）给水排水和古水利水系

蔡畈村中的圳渠系统早在清代就已形成并至今且仍在发挥作用，近年来虽多次作疏浚，但由于多系小打小敲，圳渠系统仍有多处淤塞。作为排水沟，则多处于干涸状态。往昔作为饮用水源的圳渠的功能已经丧失。而更值得我们重视的一点是由于圳渠淤塞，排水受阻，部分水段已成为一潭死水，形成路段街面的水污渠，影响了整体的环境卫生，就本村圳渠系统而言，亟须从源头控制水源，以保持源头水源清洁，并且对村中圳渠清淤进行疏通清理，以达到水流流畅、进出畅通无阻的目的，并且进一步保证整个渠道水源的水体自净功能。

（3）电力电信

电力、电信已进行了一定的改造，但是部分地段电力、电信线路依然较为混乱，这就埋下了一定的隐患，很容易发生火灾等危险情况，而且诸多杂乱的接线也导致了视觉的污染，对于视觉有很强的冲击感，并不美观。

5. 居住环境较差

古建筑居住环境质量相对较差，缺乏完善的给排水设施，房屋年久失修，密度大，阴暗潮湿，传统的民居建筑已不适应现代生活的要求。

（六）各类文化遗产的保护与整治措施

1. 建筑保护与整治措施

对蔡畈村落建筑进行调研分类，结合建筑分类和保护模式，主要情况如表6-4-6：

蔡畈村建筑等级分析表 表6-4-6

建筑等级		建筑数量（幢）	比例（%）
文保单位		60	40
历史建筑		17	11.3
传统风貌建筑		32	21.3
其他建筑	与传统风貌相协调	7	4.7
	与传统风貌不协调	34	22.7
总计		150	100

对传统风貌建筑和其他建筑采取改善、保留、整治改造等措施。保留主要是指蔡畈村近年建设的，虽在材料、尺度上与传统风貌稍有不适应，但只要对外貌、色彩适当进行立面调整。整治改造，指其他建筑中近年建设的一些与蔡畈村整体风貌不符合、严重影响景观视觉效果的建筑。对其进行整体整治改造，必要的时候进行拆除（图6-4-33）。

新建筑控制要求。总体要求建筑高度控制二层高度为主，严格限制三层高度建筑。允许采用新结构，现代施工工艺，但建筑体量、风格、比例等要求与整体风貌协调，外墙色彩按"黑、白、灰"控制，禁止使用瓷砖、马赛克、彩色石子等现代外装饰材料。同时还应满足相关层次的控制要求。

2. 村庄历史环境要素的保护与整治措施

整治古村落建筑环境，对村内道路及巷道进行修整，采用原材料——麻石进行有规则的铺设。重点修建街巷、祠堂、广场。村内主要道路以及各条巷道按原样恢复保留，对石板路进行整改修缮，逐步修复原有围墙庭院，清理垃圾杂草，保护水体免遭污染，保持水体清洁卫生，清理溪内淤物，整修溪渠。

（1）保护性措施

保持空间尺度——除特别规定外，原有传统街巷和便道均保持现状宽度，保持土屋民居体量小的特点，并注意庭院空间的处理。

沿河立面整治——采用传统的建筑做法，立面以小青瓦、坡屋面、土砖墙为主。墙体以土砖、木料、石块为主要材料，建筑以1~2层为主，坡屋顶，底层可设披檐，出檐0.9~1.2米。

道路铺面修复——传统街巷铺地采用传统麻石铺砌，新修道路亦采用麻石或青石铺砌。

起路名编门号——所有道路街巷须根据村落历史文化典故确定路名，所有院落住宅根据所在道路街巷编号。

道路标志——道路街巷入口设置明显标志。标志根据道路特点、尺度采用石板或木板，简述路名由来及立意。

街巷设施——主要道路每隔20~30米设置传统形式路灯一盏，路口增设一盏；街巷设有完整的垃圾收集系统，注意与环境的协调及与文化的融合。

（2）禁止性措施

所有架空线路一律埋地；禁止出挑阳台和遮雨篷，以免破坏街巷景观；街巷上禁止随处晾晒衣物，以免破坏街巷景观；外墙的颜色主要以土墙为主，禁止使用瓷砖、马赛克、彩色石等。适时增加防雷设施，减少雷击的可能。

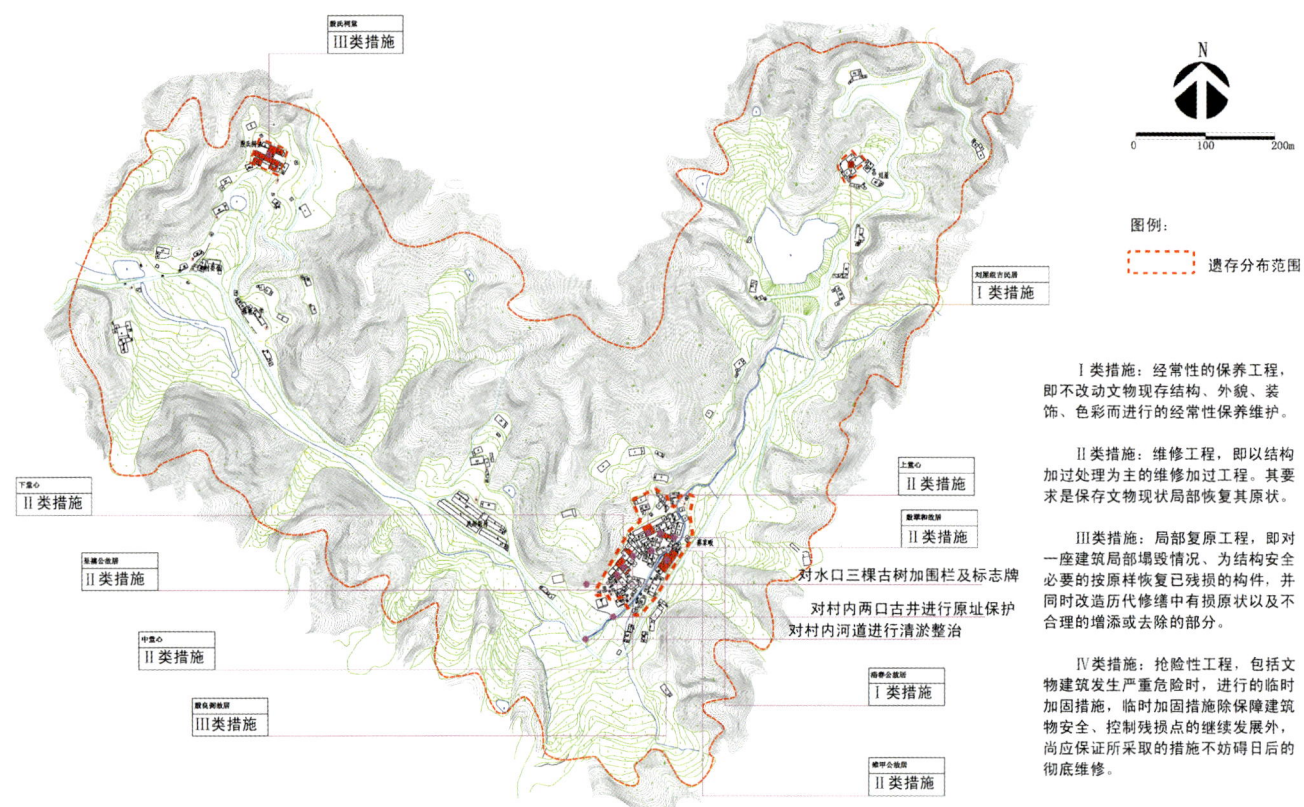

图6-4-33 蔡畈村文物保护措施图（来源：黄山市城市建设勘察设计院 绘）

3. 非物质文化遗产保护措施

（1）保护内容

诗书文化、土屋文化、风水文化、节庆习俗、对联、地方小吃等文化系列，都是传统村落非物质文化遗产的重要内容，它们应该和传统村落物质文化一样，需要进一步加强保护、传承和宣传。

（2）保护利用方式及措施

保护非物质文化遗产的传承人，并且加强扶持政策，进行更大规模的资金投入，同时也要对非物质文化遗产进行统一的整理和保护。为了更好地宣传推广，要加强对非物质文化遗产的宣传强度，并且对相关人才进行培训组织，保证珍贵的非物质文化遗产绝不消失。

4. 村落整体风貌控制措施

（1）院落空间保护与整治

庭院，硬质铺地为主，以花池、花台、花木盆景、景墙漏窗、水池等构成；花园，以观赏树木和经济树木为主，有院墙维护；菜园，以种菜为主，简易园墙（低矮围墙、篱笆等）围护。

保护对策：庭院和花园重点保护，不得作其他用途；适当保留部分菜园地，以体现农村气息；结合古建筑利用，将部分菜园地恢复成庭院园林和花园；空闲地应研究其与古建筑的关系，也可以根据实际情况对一些庭院和花园进行修复，或者用其他的绿化方式进行美化整治。

（2）街巷空间保护与整治

①一类风貌街巷。这类主要是历史建筑相对集中的

区域，而且整体街巷空间完整良好，路面完整，方便车辆行人。这里应该要维持好整体的空间肌理，不可随便对街巷的高度、边界等进行改变，任何的拓宽、改道和取直行为都不可取，即使是建筑高度也不可以随意进行调整，同时还要维护、维修历史街巷传统铺筑方式；对于其他细节也要进行统一的协调整理，比如建筑墙面、阶梯、水沟以及路灯和开放空间等。

②二类风貌街巷。沿线有一定数量的历史建筑，街巷空间风貌基本完整，石材铺筑路面基本完好的一般街巷。

③三类风貌街巷。沿线历史建筑较少，街巷空间为现代风貌或风貌不完整，路面为砂石土路或水泥沥青路。

（3）河道水系保护与整治

保持永兴河河道自然线形走向、宽度，保持现有的风貌特色及空间尺度。河道蓝线的划定要遵守原定的界限划定，严格遵守原有的驳岸和码头等分布格局。

（七）村落发展规划

1. 村落发展定位

目前蔡畈村农村经济以第一产业为主，农田、山地资源相对较为丰富，规划充分利用蔡畈村优越的山地资源，进一步调整优化整体结构，加强各种经济建设，比如特色山货、家禽养殖以及农牧业的创新发展等，推动农村集体经济的发展创造，提升产业升级进步。

农业——近年来，蔡畈村以农业发展、农民增收致富、村级经济增长为目标，要采取更有价值意义的措施和方针对当地的环境进行改善和调整，进一步提高服务质量，发展好农业，达到更好的效益。

工业——为保持良好的生态环境，规划不考虑发展工业。

旅游业——蔡畈村紧邻汤泉乡集镇，花亭湖水库隔山相望，本村拥有深厚的文化底蕴，优美的自然生态环境，规划应充分利用区位优势和文化山水环境，重点发展乡村旅游业，如古村落观光、乡村休闲等。

定位：蔡畈村发展要做好特色农业，服务于旅游业，促进特色农业（图6-4-34）。

2. 蔡畈村发展优劣势分析

（1）发展优势

地方政府高度重视旅游开发；美好乡村建设与旅游开发协调发展；蔡畈村风景优雅、资源丰富、有山有水有建筑，可谓旅游资源丰裕，而且因为特有的历史属性和自然属性，使得多种风格相得益彰。蔡畈村有安徽省文物保护单位——蔡畈古建筑群，深厚的诗书文化，优美的生态环境，原始风貌的山村风光、古井、古巷、古树、古祠堂等，这些是极具旅游吸引力的旅游资源，村中的茶叶制作、诗歌书法比赛等都是很好的体验旅游资源。

（2）发展劣势

交通不便，可进入性有待加强；村落环境状况较差；旅游开发处于原始阶段，现状虽然有一些江苏南京的学生来村中写生和少量游客，但是，蔡畈村的旅游承载能力仍然处于原始阶段，不具备接待能力。

3. 村庄人居环境整治

（1）农房整治：村庄因破旧已无人居住的房屋和危房以及20世纪80年代修建的木结构房屋，对于这类房屋应该首先按照程序进行鉴定，得出真实报告后再按照流程申请批为危房，最后按计划开始进行整治修缮。

（2）农房外墙整治：整治的原则是古村落范围内的农房要按规划推荐的农房形式整治以便使村庄的农房有较为统一的建筑风格。剩余的村民也可以在征求村民的意愿后进行合理整治、调整，以便达成合理的农房制改造。常见的处理措施主要有，屋顶处理成坡屋顶，前

图6-4-34 蔡畈村保护发展规划图（来源：黄山市城市建设勘察设计院 绘）

后挑檐，小青瓦盖面。墙身以当地土墙为主，房屋四周都要做散水和屋檐沟。窗框部分均以花格窗进行装饰（图6-4-35）。

（3）新房建设：必须坚持"一户一宅"的合理住房制度。这么做也是为了能够更好地保证村庄整体结构趋于合理水平，蔡畈区域内的散落居民点为整体拆迁点。

（4）村容村貌整治

道路绿化：全乡道路两侧都应该对道路两侧的空地进行合理地绿化，可以选择当地盛产的植物，减少运输成本。

村庄绿化：建议充分利用宅间空地，农户房前屋后、路旁、村庄周围都可以进行植物种。无论是经济作物还是观赏类植物都很有种植价值，具体可以根据实际情况进行选择。

环境净化：大力治理临棚乱搭、墙面乱画、禽畜乱跑等"八乱"现象。通过这样的方式对环境进行有规划、有针对性的整治。

庭院美化：要引导和倡导所有农户对庭院进行合理硬化，比如可以在园内修建精美的花园、花池等，不仅可以种植、观赏使得环境更美观，还可以增加庭院的景致。如果庭院面积较大的话，也可以引导农户进行瓜架或者葡萄架的搭建，真正实现"四季常绿，四季常香"。

4. 道路系统规划

（1）规划原则

村级道路以通畅为原则，适当考虑街景要求，也可

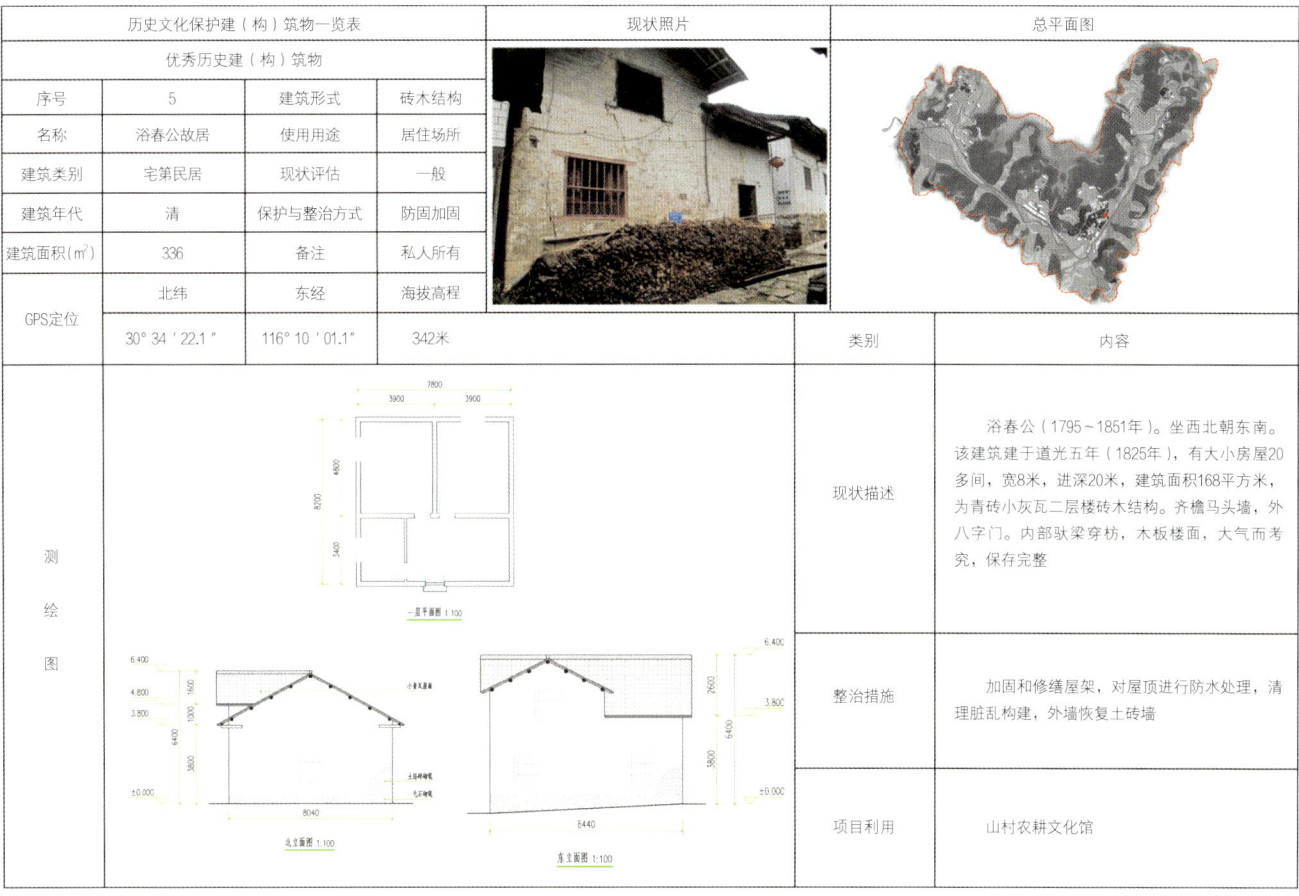

图6-4-35 蔡畈村重点建筑保护利用图（来源：黄山市城市建设勘察设计院 绘）

以选取更为自由的形式进行整理布局规划。根据蔡畈发展需要，规划"一线一环"交通网络。"一线"指村村通公路的线状路线结构；"两环"指环殷氏祠堂组和蔡畈组两条环村的环状游线网络。

（2）道路及停车场规划

①主要道路——规划路面6米，道路纵坡控制在0.3%～4%，横坡控制在1%～3%，路面材质采用沥青混凝土路面。

②次要道路——规划路面3～4米，尽量形成环线满足消防需要，可采用块石、沙石、水泥路面。

③支路（游览步道）——规划路面1.5～2.5米，根据村落内部街巷现状，梳理交通，为村民和游客提供宅间道路通行，采用砖铺、卵石等铺装路面。

④停车采用村口停车场集中停车以及村组入口广场分散式停车两种方式。

四、亳州市涡阳县义门古镇

（一）古镇简介

义门镇位于安徽亳州市涡阳县西北部漳河与涡河交汇处，古镇依河而建。距离亳州市中心和涡阳县城分别为29公里和20公里，是亳州市涡河经济带上重要的节点，是涡阳对接谯城的"西大门"，是涡阳县域的次中心（图6-4-36）。

义门镇是座古老的集镇，历史悠久，人才荟萃，素有"伯俞故里、中国苔干之乡"的誉称。远在春秋战国

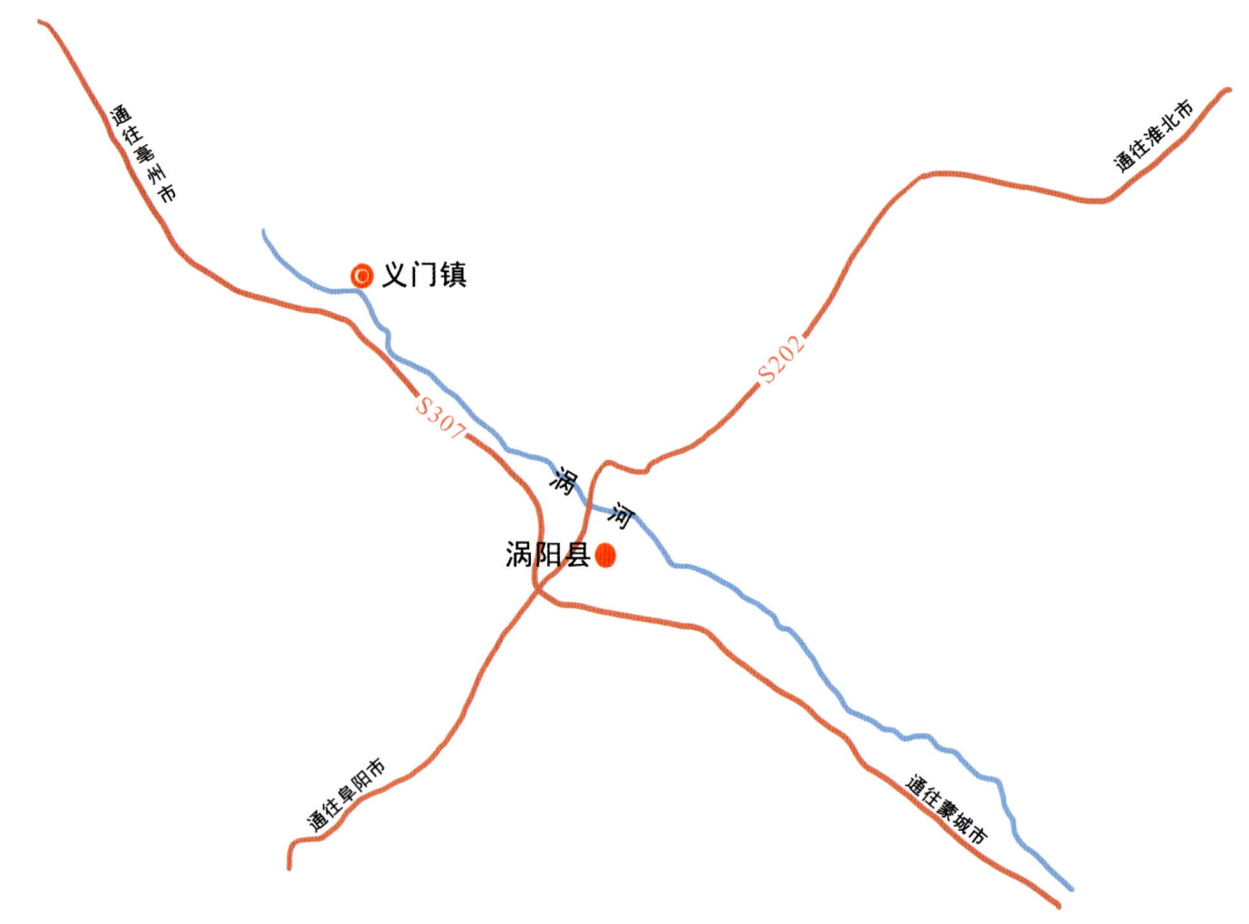

图6-4-36 涡河县义门古镇交通区位示意图（来源：安徽涡河文旅集团 绘）

时代，义门为楚国要塞，隶属城父，楚灵王曾戍边至此。唐代时建县制名为真源县，大将郭子仪曾在此驻军布防。从古代至解放战争结束，义门都是军事战略重地，每逢战火必殃及义门。据《亳州志》记载："义门唐时为真源县"，唐天宝十年（公元751年），安禄山血洗真源县，县衙仅剩一仪门，因此改真源为"仪门"。涡阳建县时，将"仪"改为"义"。古时，镇上庙宇林立，名胜众多，四周城墙高一丈五尺，设城门九个，镇区范围内，有大小庙宇72座，故称"庙集"。清朝末年义门还有九门、五桥、30座庙宇，经历多次战火和"文化大革命"、大炼钢铁年代，因此义门的很多古建筑和文物都被损坏殆尽，仅有一座清真寺被完整地保留下来（图6-4-37）。

1948年设义门区，归涡阳县管辖（此时涡阳县隶属于阜阳地区），全区所辖范围一镇六乡；1979年，建区划社，全区呈葫芦形，共辖五社一镇；1992年，撤区并镇被批准为副县级建制镇。人口：8.9万，其中：镇区人口2.2万，回民1.8万。今以土特产——贡菜干为龙头带动农、工、商、运、建、服各业蓬勃发展而著称于世，被国家命名为"中国苔干之乡""药材基地"。

本次规划是义门古镇旅游总体规划，在新时代文旅融合背景下，引导古镇旅游开发，促进义门古镇社会、经济、文化的繁荣和发展（图6-4-38）。

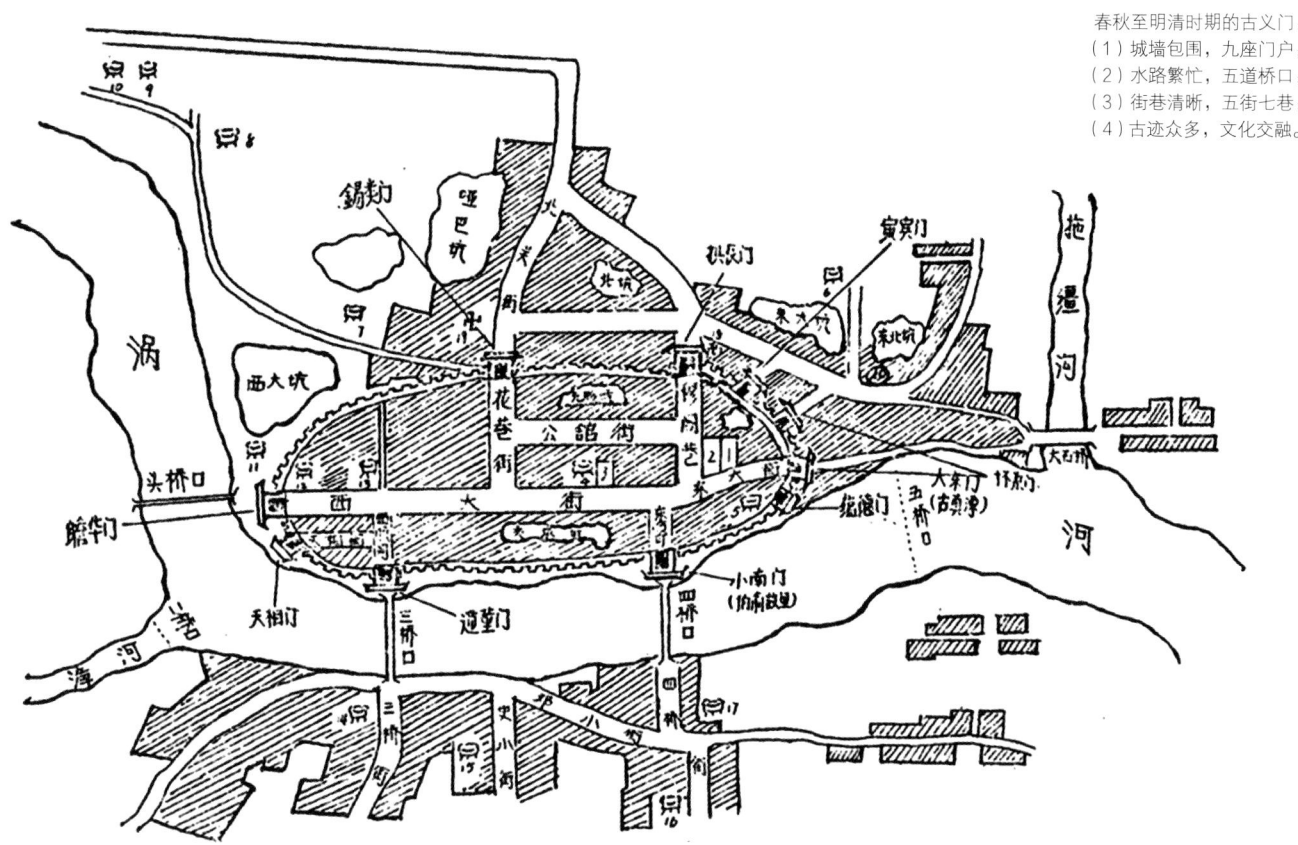

春秋至明清时期的古义门：
（1）城墙包围，九座门户；
（2）水路繁忙，五道桥口；
（3）街巷清晰，五街七巷；
（4）古迹众多，文化交融。

1. 义学　2. 文衙门　3. 武衙门　4. 火神阁　5. 土地庙　6. 天齐庙　7. 关帝庙　8. 龙兴大寺　9. 三官庙　10. 孝祠　11. 龙王庙
12. 灶君庙　13. 关帝庙　14. 袁阁　15. 瘟神庙　16. 南庙　17. 邓家庙　18. 天主教堂　19. 清真寺

图6-4-37　1949年前义门古镇平面图（来源：安徽涡河文旅集团 绘）

（二）古镇旅游资源现状分析

义门古镇的旅游资源丰富（表6-4-7、图6-4-39），但等级不高，品质一般，缺乏对周边游客的吸引力，亟须新鲜的、高品质的旅游项目支持。

（三）基础现状分析

1. 现状存在的问题

（1）管理运营机构缺失，未形成科学合理的管理体系

义门古镇景区未成立景区运营管理公司，缺乏统一有效的运营管理机构。当前义门古镇景区隶属涡阳县义门镇政府管辖，景区范围内街道、河道、寺庙等资源存在多头管理、管理秩序交叉的问题，未结合市场需求开展建设及运营，经营目标、组织架构、制度流程缺失，未形成科学的运营管理体系。

（2）运营范围和运营资产不明，无法进行市场化运营

当前义门古镇景区运营范围不明确，管理边界不清晰。未对各类运营资产（土地、房屋等）进行有效整合并完成对所有权、经营权、管理权的界定，市场化主体未明确，无法开展市场化运营。

（3）集镇氛围浓厚，与景区运营规范相距较大

义门古镇为开放式区域，缺乏旅游化打造，未按照

义门古镇主要旅游资源信息表　　　　表6-4-7

主类	亚类	基本类型	资源单体
A地文景观	AA自然景观综合体	AAD滩地型景观	涡河河滩
B水域景观	BA河段	BAA观光游憩河段	涡河、漳河
C生物景观	CA植被景观	CAB独树与丛树	义门清真寺皂荚树
		CCD花卉地	千亩牡丹园
D天象与气候	DA光现象	DAA太空景象观赏地	涡河落日余晖
E建筑与设施	EA人文景观综合体	EAB军事遗址与古战场	捻军会盟遗址、新四军联络站
		EAD建设工程与生产地	源和堂中药材种植加工基地
		EAE文化活动场所	民俗文化公园
		EAF康体游乐休闲度假地	伯俞广场、义门古镇郊野公园、白龙潭公园
		EAG宗教与祭祀活动场所	清真寺
		EAI纪念地与纪念活动场所	泣杖祠
	EB实用建筑与核心设施	EBE桥梁	一桥
		EBH港口、渡口与码头	古码头
		EBJ陵墓	曾营革命烈士陵园
		EBK景观农田	义门堂农业示范园、千亩梨园
	EC景观与小品建筑	ECL水井	清真寺古井
F历史遗迹	FA物质类文化遗存	FAA建筑遗迹	张乐行就义处、楚灵王墓、白龙王庙遗址
	FB非物质类文化遗存	FBA民间文学艺术	老子传说故事
		FBB民间习俗	回族伊斯兰风情、涡阳苔干制作技艺、熏牛肉制作、义门羊肉汤
		FBD传统演艺	棒鼓舞、大班会、雄风狮子舞
		FBE传统医药	华佗夹脊穴灸法
		FBF传统体育赛事	斗鸡表演赛
G旅游购品	GA农业产品	GAA种植业产品及制品	白芍、白术、菊花茶、藏红花、苔干食品系列
		GAC畜牧业产品与制品	义门熏牛肉、番羊腿
		GAD水产品及制品	糖酥鱼
		GAE养殖业产品与制品	芙蓉鸡
		GCF金石器	金银器
H人文活动	HA人事活动记录	HAA地方人物	老子、韩伯俞、张巡、张乐行
		HAB地方事件	伯俞泣杖、老子讲学
	HB岁时节令	HBA宗教活动与庙会	农历四月初八民俗庙会
		HBC现代节庆	春节"红红火火过大年"民俗展演活动、全球美食体验官"打卡义门"特色美食节、"棒鼓舞"踩街表演、儒林杜文艺演出
8主类	15亚类	36基本类型	55单体类型

图6-4-38 古镇景区总体规划范围（来源：安徽涡河文旅集团 绘）

景区运营规范开展各项工作，现场管理混乱，原住民各类生活习惯缺乏有效引导，具体问题如下：

交通组织混乱。景区整体交通秩序混乱，存在严重的安全隐患，如停车场位于涡河沿岸。

游客组织缺失。未从景区运营角度制订游客组织方案，未科学合理设计景区游览线路，游客接待服务体系缺失。

环境卫生差。景区沿线区域、主街道区域、河道区域环境卫生差，垃圾桶随意摆放，厕所卫生极差；沿河道区域原住民饲养家禽，垃圾堆放情况普遍。

场地秩序混乱。建筑材料沿街堆放、施工场地未作围挡；原住民生活秩序与景区运营秩序交叉。

安全管理缺失。景区缺乏安全管理机构、安全人员、安全管理制度以及各安全应急预案；安全设施设备不完善，沿河安全防护栏、安全警示类标识缺失等。

商业管理缺失。景区内商业管理缺失，原住民占道经营、出店经营现象严重，未明码标价；店铺卫生状况差，销售产品缺乏特色；各类店招、广告灯箱与景观不协调。

（4）定位主题不明，各项建设缺乏方向

义门古镇虽然为安徽十大古镇之一，但遗留古建筑不多，古镇风貌不明显，目前以行政集镇的形式存在。上位城镇规划对该区域更多的是从城市用地等方面提出要求，但该区域仍未有明确的发展定位，导致各项目建

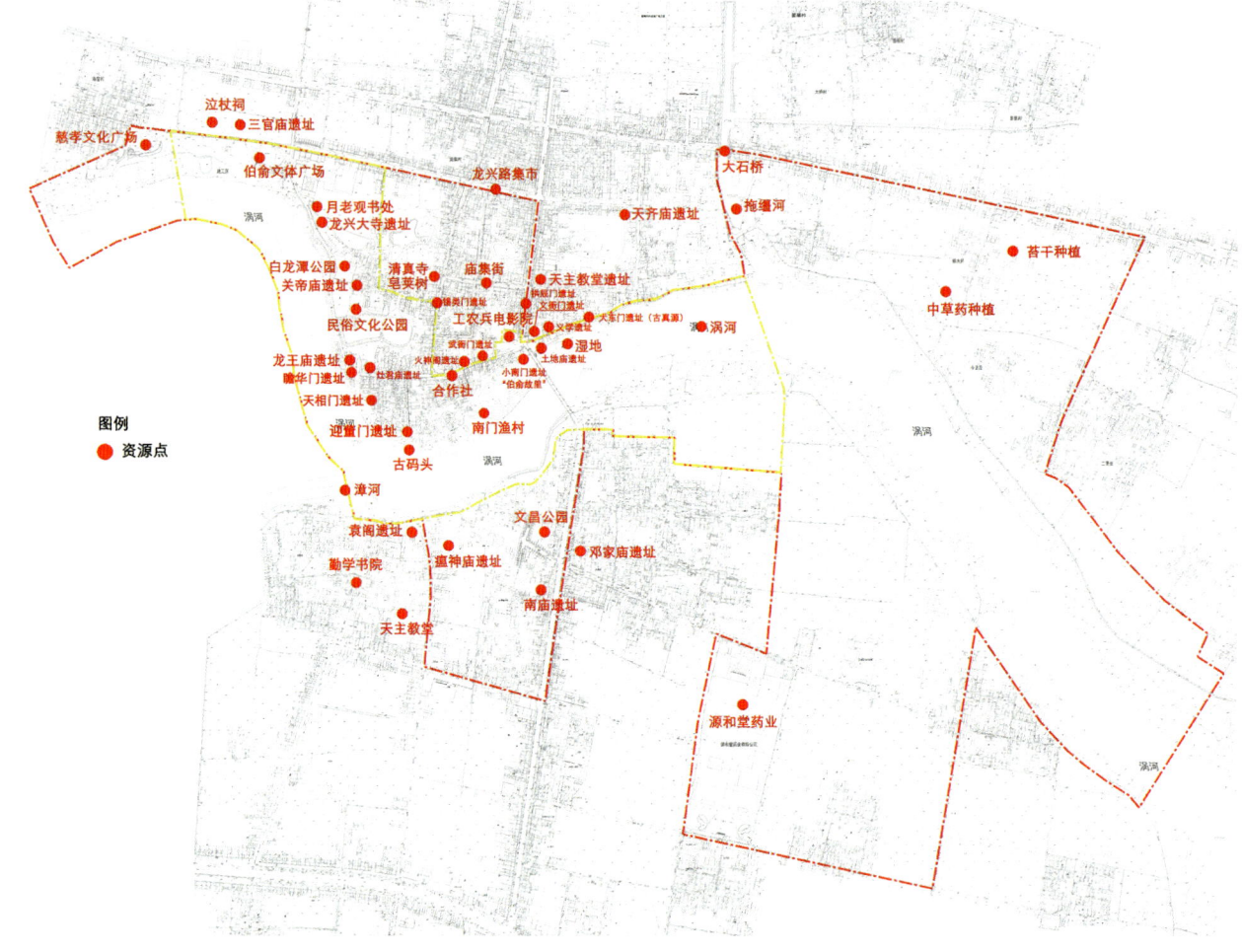

图6-4-39 义门古镇旅游资源分布（来源：安徽涡河文旅集团 绘）

设缺乏方向。如建筑立面改造仅停留在表面，改造形式较为单一，并未考虑改造之后的用途或改造的主题方向。

（5）基础设施较为落后，景观风貌较差

管线杂乱，污水排放未纳入统一的城市管网，整体景观风貌较差。涡河沿线仍可见污水乱排，涡河是规划区最佳的自然景观资源，如何更好地利用涡河发展旅游是本规划重点考虑的问题。

（6）与国家AAAAA级旅游景区标准差距较大

对照国家文化和旅游部发布的《旅游景区质量等级的划分与评定》中"细则一：服务质量与环境质量评分细则"，对涡阳义门古镇景区进行对标评分，目前景区现状得分417分，距离国家AAAA级景区达标（850分）差距为433分，距离国家AAAAA级景区达标（950分）差距为533分。

2. 义门古镇发展面临的困境

义门古镇目前主要面临着资源、文化、现代生活方式等方面的困境（图6-4-40）。

（1）资源闲置

古镇内有大量老宅，由于长期没人居住，已经破败荒废；土地基本闲置，目前已调成建设用地，由此带来城镇发展空心化问题：新镇与老镇协调发展、传统业态是否可持续性问题。

—— 资源闲置

古镇内有大量老宅，由于长期没人居住，已然破败荒废；土地基本闲置，目前已调成建设用地，由此带来城镇发展空心化问题：新镇与老镇协调发展、传统业态是否可持续性问题。

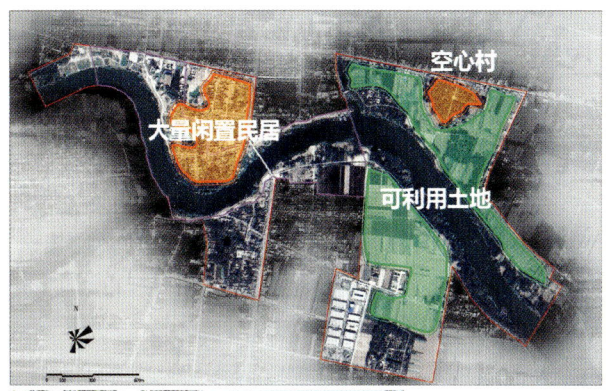

—— 文化凋零

由于缺少对古镇的保护意识，许多传统民居在古镇发展中消失，清真寺周围环境风貌差，非遗项目面临断层。新的文化尚未被创造，老的文化面临消失危机。

传统民居基本消失，新的建筑都是典型的现代乡村民宅

历史遗迹成孤岛，周边环境破坏殆尽

非遗项目和民间技艺正面临断层，失传的严峻局面

图6-4-40　义门古镇面临的资源与文化困境（来源：安徽涡河文旅集团 绘）

（2）文化凋零

由于缺少对古镇的保护意识，许多传统民居在古镇发展中消失，清真寺周围环境风貌差，非物质文化遗产项目面临断层。新的文化尚未被创造，传统文化面临消失的危机。传统民居基本消失，新的建筑都是典型的现代乡村民宅。历史遗迹成孤岛，周边环境破坏殆尽，非物质文化遗产项目和民间技艺正面临断层、失传的严峻局面。

（3）现代化生活方式尚未形成

义门古镇以"苔干、药材"两大支柱产业为支撑，产业结构单一，居民文化匮乏、社交圈封闭，古镇丰富的文化资源与当地居民单调、枯燥的现实生活形成了巨大的反差。

（四）总体规划思路

1. 破题思路

在文化和旅游融合发展背景下，以国家AAAAA级旅游景区创建为抓手，实现义门千年古镇的经济、文化、社会及风貌复兴。

（1）经济复兴。通过旅游业发展，融合第一、第二、第三产业，打造商业贸易与经济活动高度繁荣的古镇，实现从因药而兴到融旅而兴的历史进程。

（2）文化复兴。做好对传统文化的传承、发展、创新工作，提升文化在义门古镇发展和复兴中的影响力，将义门古镇建设成为中国优秀传统文化、红色文化、社会主义先进文化融合荟萃的文化名镇。

（3）社会复兴。塑造出一种既立足于历史沉淀又适应现代化需求的全新社会生活方式，构建具有活力的商业形态，有人情的邻里关系，有内涵的文化娱乐，有责任的人地和谐小镇空间。

（4）风貌复兴：复兴古镇物质空间环境，对影响古镇历史风貌的建筑、环境、街道等进行整合、改造和修复，将义门古镇建设成为具有优越城镇环境、充满生机的旅游胜地，实现古镇风貌、人文风貌的复兴。

2. 发展模式设计

义门古镇现代化程度较低，既是一个城镇空间，也是一个乡村空间。在新时代文旅融合背景下，义门古镇可以旅游发展为引导，以国家AAAAA级旅游景区创建为抓手，以千年文化积淀为内涵，进行城镇发展模式的设计和现代化建设，从而带动社会、经济、文化的繁荣和发展，实现义门古镇的复兴。

（1）文化场景再现。以文化街区为线，以体验性场馆为点构建古镇文化记忆空间。结合街区改造，合理布置博物馆、图书馆、小剧场、非物质文化遗产工作室等文化体验空间，实现优秀传统文化的传承、发展和创新。结合古镇文化，义门古镇可设计义门博物馆、亳州美食博物馆、义门药乡博物馆、手工非遗博物馆、康养博物馆、老子学官、义门书屋、张乐行纪念馆、古镇剧场、咖啡茶屋等。

（2）美食体验升级。通过对亳州美食文化的开发，引入老字号，创新美食体验方式，以美食聚集、手艺传承、老字号、老工艺的新型体验为主，把义门古镇打造成皖北美食的活态博物馆，树立区域品牌形象。系统梳理古镇街区，结合现状空间特性，合理确定"美食街""药市街""庙集街"等街区空间，"美食街"亦可分段落、分主题进行设计和打造。

（3）生态空间营造。严格保护涡河两岸生态环境，融入老子文化、名人文化，对沿线进行环境整治、景观构建、活动设计，结合游客中心、游船码头的建设，开发水上游乐、水岸休闲等活动，建设主客共享的滨水户外休闲活动空间。

（4）产业平台搭建。基于义门古镇药商庞大的群体，拓展中药材种植基地、药食街、中药康养产品研发等项目，打造义门药商回归和发展的平台。

（5）最终发展模式为：企业运营、居民参与、主客共享。

未来的义门古镇将是一个主客共享的生活小镇，本地人可以享受更为美丽、便捷、舒适的生活环境，外地人亦可参与和共享当地人的生活方式。美食、休闲活动、住宿业、手工业、文创业、康养药市将是义门古镇未来主要的发展业态。立足运营，结合义门古镇的实际情况，划定统一运营区，并做好征收安置工作、招商工作、管理运营工作。对义门古镇现有的商户进行统计，确定改造建筑的数量和形式。点状改造以点带面，实现商户和当地居民的共同发展；对美食街商户进行质量和服务统一管理，精细化设计生产和销售模式。

3. 总体定位与发展目标

总体定位：以"美食+康养+研学+优秀传统文化体验"为核心的区域性旅游目的地。

在文旅融合大背景下，以建设"皖北文化旅游核心景区"战略和全域旅游创建工作为契机，以中国优秀传统文化、红色文化、社会主义先进文化为资源特色，采用"旅游立镇"战略，吃玩一体化，把消费体验、文化体验结合起来，以吃带动产业发展，打造集美食餐饮、文化体验、健康养生、艺术创意、教育研学、绿色农业于一体的全国知名区域性旅游目的地。

发展目标：传承、发展、创新优秀传统文化的小镇（全国示范性研学基地）、主客共享的生活小镇，国家AAAAA级旅游景区（图6-4-41、图6-4-42）。

图6-4-41 义门古镇景区规划鸟瞰图（来源：安徽涡河文旅集团 绘）

（五）功能分区

1. 功能分区

将古镇规划为古镇旅游区、产业发展区及城镇发展区（图6-4-43）。

（1）古镇旅游区

在新时代文旅融合背景下，遵循旅游立镇战略，以国家AAAAA级旅游景区创建为抓手，以中国优秀传统文化、红色文化、社会主义先进文化为内涵，进行古镇旅游发展模式的设计和现代化建设，从而带动社会、经济、文化的繁荣和发展，实现义门古镇的复兴。

（2）产业发展区

依托义门现代中药种植、研发及中药康养文化旅游产业等，建设中药生产培育基地、医药科研创新基地、养生文化旅游基地，构建集中药"种植、加工、交易、康养"于一体的创新产业平台、产城融合发展示范区。在产业发展上重点打造上下游产业集群，发挥全复合中药生态产业链的综合优势，带来客观的经济效益，进一步产生附加的生态效益和景观效益，助力具有产业支撑、人文支撑、配套支撑的中药养生小镇的建设。

（3）城镇发展区

从城镇发展角度看，义门古镇具有较好的区位条件、综合交通条件和用地建设条件，工业、商贸经济明显，发展势头良好，未来要加强镇区基础设施与公共服务设施的建设，做好新社区的建设、老社区的完善工作。努力改善城镇面貌，创造优美而有特色的城镇景观，提高城镇生活的质量。进一步提高城镇化、工业化水平，努力改善义门古镇的投资环境，完善各类基础设

图6-4-42 义门古镇景区规划总平面图（来源：安徽涡河文旅集团 绘）

施，吸引生产要素集聚，壮大经济实力。

2. 功能规划结构

整体形成"一心、一廊、三区"的规划结构：

一心：结合小镇客厅打造游客服务综合体。

一廊：规划沿涡河形成的涡河生态文化走廊。

三区：核心旅游发展区、城镇功能配套区、中药养生特色小镇区。

（六）项目策划

主要对旅游服务综合体、核心旅游发展区、中药养生特色小镇区、涡河生态文化走廊及城镇功能配套区进

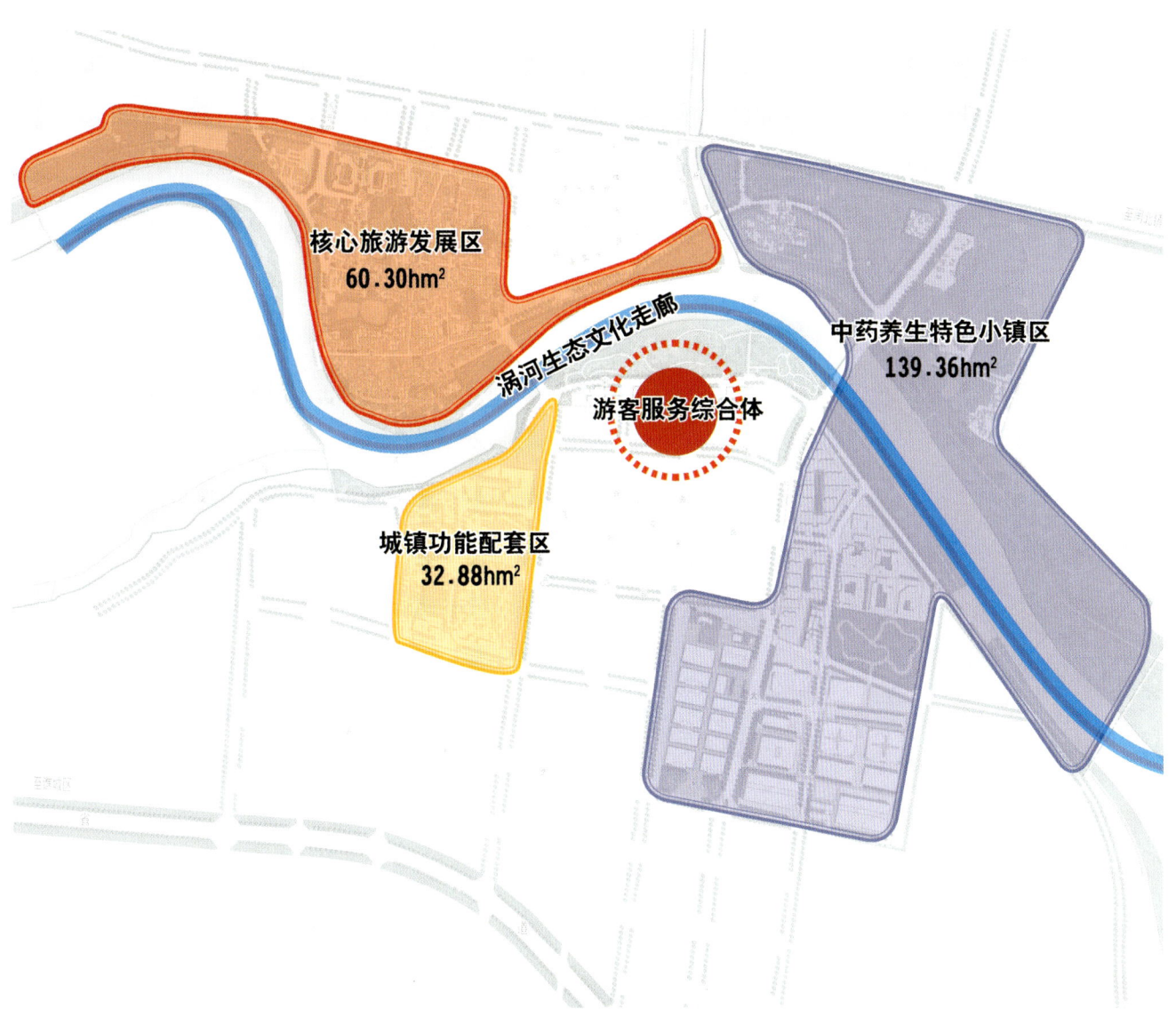

图6-4-43 义门古镇景区规划功能分区（来源：安徽涡河文旅集团 绘）

行项目策划与构思。

1. 旅游服务综合体

区域范围为曲涡路与环河南路交叉口及涡河沿岸部分区域，资源特色以涡河景观为主。项目构想：该区块紧靠涡河，西北部为义门古镇核心区，区位优势明显。规划结合康养小镇客厅功能，设游客中心、停车场、酒店、码头等项目，打造集旅游集散、娱乐购物、文化体验、休闲度假、文化交流为一体的综合服务中心，作为游客感知古镇形象的第一印象区。

旅游服务综合体功能定位为旅游集散、商贸购物、休闲度假。其中，重点项目包括游客中心、停车场、滨水酒店、游船码头、义门特产展销中心、公交首末站、职工之家等。

2. 核心旅游发展区

区域范围为义门古镇AAAA级景区创建范围及其他部分镇区范围，具有清真寺、非物质文化遗产、文物

图6-4-44 核心旅游发展区总体规划图（来源：安徽涡河文旅集团 绘）

保护单位、传统地方小吃、特色文化等资源特色。项目构想：以美食为主要吸引物，以中医药文化、非遗文化为内涵，系统梳理古镇街区，确定"美食街""药市街""庙集街"等主题街区，布置博物馆、图书馆、小剧坊、民间手工艺人工作室等文化体验空间，打造主客共享的生活小镇（图6-4-44）。

核心旅游发展区功能定位为美食体验、中药康养、文化感知、民宿度假、研学旅行。其中，重点项目包括：美食街、药市街、庙集街、古镇民宿集群、古镇文创公园、白龙潭文化公园、韩伯愈文化公园、白龙宫、颐生园等（图6-4-45）。

3. 中药养生特色小镇区

区域范围为涡河以西、义门产业园以北，义门中药养生特色小镇创建范围。项目构想：依托名贵中药材种植基地，发挥源和堂、颐生堂等龙头企业的示范带动作用，拓展中药材种植面积，设置中药展销街、中药研学中心等项目，推动中药与养生、旅游深度融合，打造义门药商回归和发展平台、中医药养生体验基地。

中药养生特色小镇区功能定位为种植繁育、加工研发、康体养生、观光休闲、商贸物流。其中，重点项目包括：源和堂中药研学中心、中药展销街、香草花田、老子躬耕园、林下土屋、物流基地、研发基地、货运码头。

4. 城镇功能配套区

区域范围为涡河南岸、四桥村区域。项目构想：以

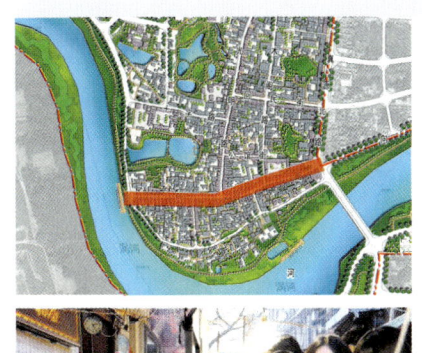

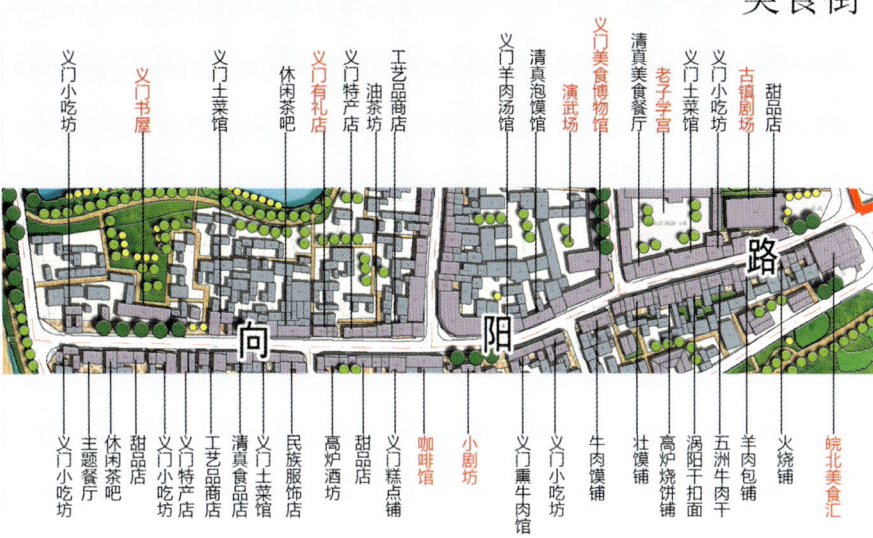

图6-4-45 古镇核心区美食街项目分布（来源：安徽涡河文旅集团 绘）

市政设施、旅游服务设施建设为重点，优化四桥村城镇风貌，构建包括商贸购物、民宿客栈、生态居住、行政办公等高品质的古镇服务配套体系，满足义门古镇本地居民及旅游人群深度消费需求，建成具有旅游示范性的城镇休闲区。

城镇功能配套区功能定位为商贸购物、餐饮住宿。其中，重点项目包括行政办公、医疗卫生、生态居住、商贸服务。

5. 涡河生态文化走廊

区域范围为涡河两岸，打造涡河水域景观。项目构想：严格保护涡河两岸生态环境，融入老子文化、名人文化、民俗文化等义门古镇特色文化，对沿线进行环境整治、景观构建、活动设计，结合游船码头、亲水驿站的建设，开发水上游乐、水岸休闲等活动，建设主客共享的滨水户外休闲活动空间（图6-4-46）。

涡河生态文化走廊功能定位为滨水休闲、文化体验。其中，重点项目包括古码头、涡河游船、滨河栈道、亲水驿站，重点景观节点包括上善若水、义门访古、伯瑜泣杖、义门望族、百草花海、阡陌埂道等。

（七）交通规划

1. 外部交通规划

规划外部道路形成"两纵两横"的路网框架结构（图6-4-47）。

（1）省道：现状307省道位于义门集镇区南侧，西至谯城区，东抵涡阳县城，是义门镇对外联系的主要交通要道。

（2）县道：县道真源大道与苔乡路作为贯穿规划区东西与南北方向的重要联通道路，真源大道南部与307省道相接，将构成规划区与周边地区对外联系交通要道。

（3）航道：涡河水域自东向西流淌，为三级水运航道，历史悠久且给规划区生态环境、物流以及旅游等诸多方面带来便利。规划把沿涡河两岸建成文化旅游带和生态建设示范带。

（4）主干路：规划拟建南北向仙源大道，北至牌坊

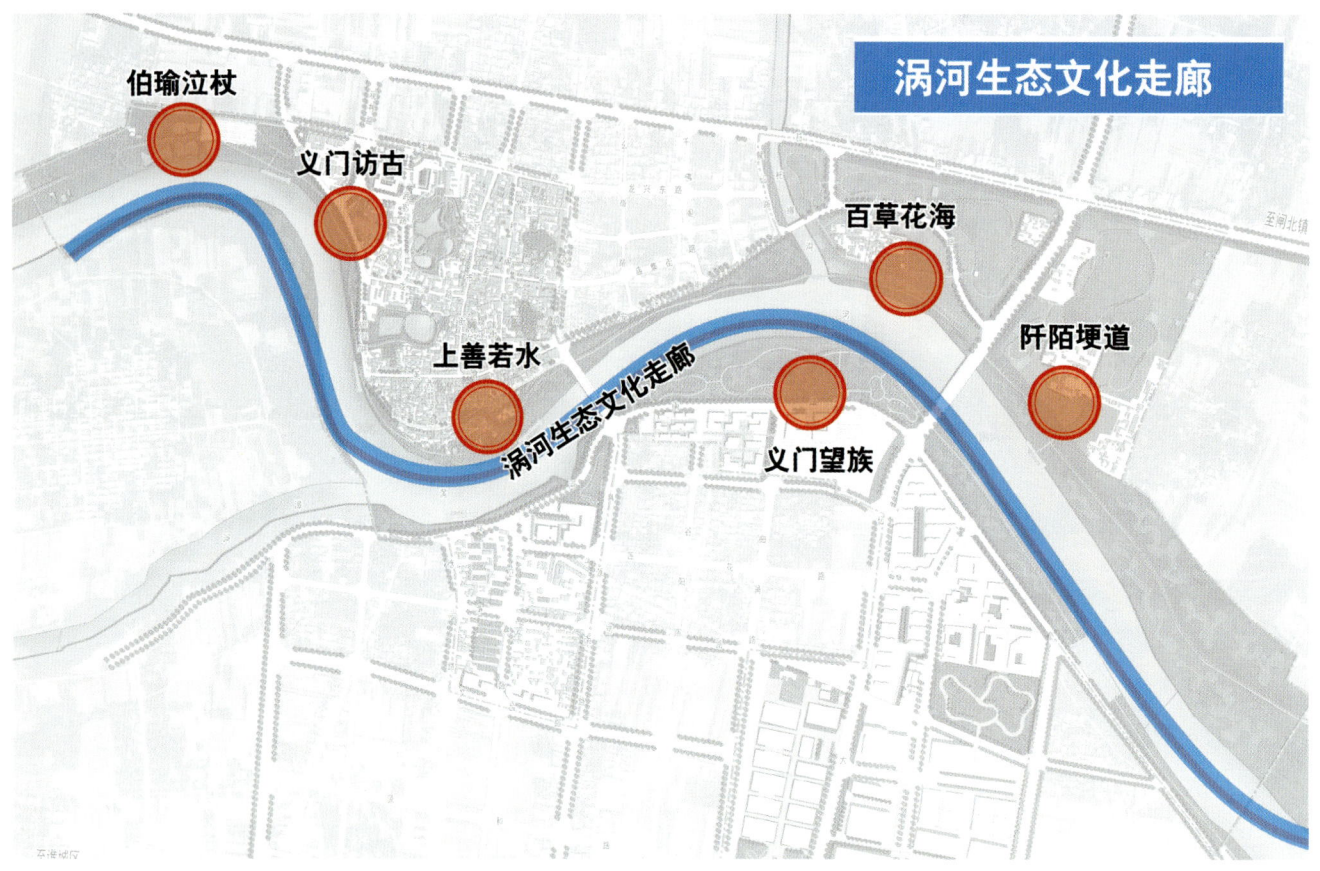

图6-4-46 涡河生态文化走廊项目分布（来源：安徽涡河文旅集团 绘）

镇，南接307省道，规划仙源大道作为未来义门镇城镇发展的主干路。

（5）码头：保留并改造原有古码头1处，新设2个以旅游体验功能为主的新码头，为规划区的水上休闲旅游项目服务，现状1处货运码头在建。

（6）客运站点：现状真源南路东侧1处公交首末站在建；规划在环河南路北侧新建游客中心，包括交通换乘、信息咨询、救援服务、投诉处理、票务服务、导游服务、商品购物、产品订购、旅游咨询等功能。

2. 内部交通规划（图6-4-48）

（1）旅游主干路：规划拟建南北向仙源大道，北至牌坊镇，南接307省道，规划仙源大道作为未来义门镇城镇发展的主干路。

（2）旅游次干路：次干道沿着涡河两侧，着重串联规划区东西方向的交通以及连接次入口和307省道。

（3）旅游支路：连接规划区内部交通，形成通达有序的集镇网状旅游支路交通体系。

（4）主入口：规划主入口结合新建游客中心设置，景区主入口位于仙源大道与环河南路交叉口，是进入义门景区的第一形象节点。

（5）次入口：规划设置1处次入口，位于伯瑜文化公园北侧。

（6）停车场：规划共设置13个停车场，车位共1472个，其中小车位1425个、大巴停车位38个、公交停车位9个。

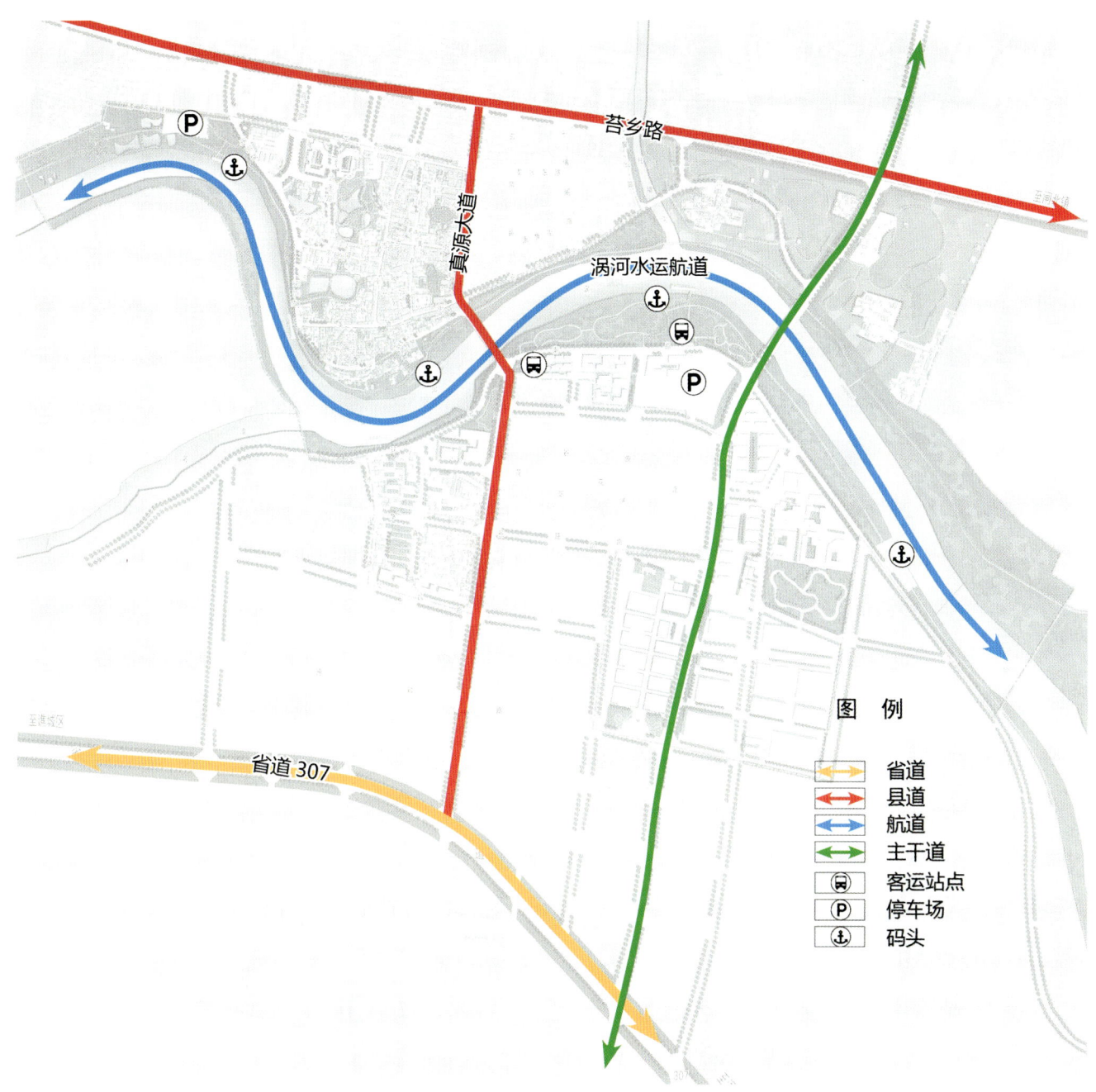

图6-4-47 义门古镇景区外部交通规划（来源：安徽涡河文旅集团 绘）

3. 内部路网功能（图6-4-49）

（1）机非混行道路：规划机非混行道路，对外实行封闭管理，内部居民使用凭证进入古镇。

（2）机非混行道路：规划机非混行道路为一块板断面形式，中间为机动车道路，两侧为自行车道和人行通道。原则上对外部机非混行道路不做具体要求，如遇节假日等客流量较为密集的时段，对外部进行分段管控、引流等手段，保证路面交通的通达有序。

（3）人行步道：规划对古镇内部实行限制机动车进入手段，形成安全、舒适、具有特色的内部步行游览空间。

图6-4-48 义门古镇景区内部交通规划（来源：安徽涡河文旅集团 绘）

图6-4-49 义门古镇景区内部路网功能（来源：安徽涡河文旅集团 绘）

（4）滨水步道：规划贯通两侧滨水道路，形成涡河两岸特色亲水慢行走廊。

（八）景观建筑风貌提升规划

1. 景观提升规划

总体景观形成"一带、三区、多点"的规划结构：一带：规划沿涡河形成的涡河生态景观带。三区：古镇景观风貌区、康养景观风貌区、美丽集镇风貌区。多点：美食文化广场、小水塘（船帮文化）、天相门形象入口、清真寺、药市街形象入口、庙集街形象入口、古镇剧场北侧（休憩广场）、古镇剧场东侧广场、古码头、步行桥改造、滨水绿化提升、老子躬耕园等景观节点（图6-4-50）。

(a) 老子躬耕园景观效果图

(b) 滨河景观效果图

图6-4-50 义门古镇景区景观提升改造（来源：安徽涡河文旅集团 绘）

2. 建筑提升规划

总体风格：总体采取中原民居风格改造方案，同时兼顾新中式风格的一些特点。建筑力求简洁大方，具有一定的细部表现，丰富里面构成要素（图6-4-51）。

建筑色彩：做好新老建筑的自然过渡，总体运用黑白灰的传统建筑色彩关系。

建筑材料：基本以真石漆、仿面砖涂料、仿木金属构件和底层石材饰面为主。建筑造型基本保留原有形体关系，局部增加一些构件来丰富建筑点线面的构成。

外立面：以木梁承重，以夯土外立面、青砖、青石；立面细节多用雕砖或镂空瓦片来装饰。这种做法完美体现了中原地区典型的风格。

屋面：屋面为小式瓦作，屋檐加飞椽；以堂屋为中心，以雕梁画栋装饰屋顶、檐口见长。

门头：对沿街建筑门门头进行中原风貌特色化营造，强调入口形象界面。

楼梯：楼梯大多数采用青石铺面，以木构件作为扶手，有些楼梯扶手面还采用青砖、黄土、瓦片等砌护墙，展现出中原风貌建筑的特色所在；且楼梯位置一般都为庭院边角且紧挨建筑直转而上。

（九）运营模式

1. 模式设计

总体模式：企业运营+居民参与+主客共享。

国资公司负责义门古镇的投资、营运、招商、管理等方面工作；采用给予居民补贴的方式，由企业控制业态结构，吸引本地居民参与，企业与居民盈利分成；企业承包商铺经营权，将商铺出租给个人，居民拥有产权，可继续在房屋居住；企业将民居回收，居民另外安置。

2. 用地政策

有效落实旅游重点项目新增建设用地；支持使用未利用地、废弃地等土地建设旅游项目；多种方式供应建设用地；明确旅游新业态用地政策；积极支持利用荒地、荒坡、荒滩、垃圾场、废弃矿山和可以开发利用的石漠化土地等开发旅游项目。

3. 人才保障

创建完善人才培育基地建设工程，促进专项人才智力平台建设。

政策扶持引入高级旅游人才。制定出一套切实可行的人才吸引计划和优惠政策，并在薪酬待遇及福利上给予一定的优惠与倾斜。针对高端旅游人才的户籍迁移、子女就学、配偶随迁、医保社保的接续、职称评定、住房安装等方面的困境，亟须及时出台配套政策解决这些问题，切实解除引进人才的后顾之忧。录用旅游、外语、经济、营销、环保、园林、艺术、烹饪等专业优秀毕业生来义门古镇工作，通过公开招聘，选录有经验的在职人员到旅游管理工作岗位上任职。创建完善人才培育基地建设工程，促进专项人才智力平台建设。

加强本地村民培训。开办免费培训机构，引导村民上课，使村民具有一技之长，为其就业搭建平台，快速实现城镇农村富余劳动力向技能型人才转变，实现农民不离乡，不离土，就地"就业化"。整合工会、党校、人社、教育、农业、扶贫和科技等扶持资金，针对乡村旅游从业人员免费开展服务、礼仪、厨艺等技能方面培训。

定期开展培训和技能大赛。加强对旅游从业人员，尤其是导游和一线服务人员的专业技能和职业道德培训，提高其综合素质和服务水平，举办义门旅游饭店服务技能大赛等。

(a)清真寺效果图

(b)小剧场效果图

图6-4-51 义门古镇景区建筑提升改造（来源：安徽涡河文旅集团 绘）

4. 资金保障

有序增加旅游发展专项资金，拓展旅游融资渠道。设立不少于2000万元旅游发展专项资金，并建立逐年增长的机制，重点用于旅游基础设施、旅游公共服务设施、资源环境保护，以及规划、培训等。

激发旅游平台公司的行业凝聚力与引领作用，创新旅游众筹模式。深化涉旅融资体制改革，拓宽旅游企业融资渠道，促进义门旅游向高层次发展。

放宽旅游融资审批，扩大金融信贷投放规模；放宽旅游融资行业准入标准，扩大民营资本投资领域；推进基础设施和公用事业领域市场化改革，鼓励社会资本以多种形式进入义门古镇旅游建设。

推进金融机构与旅游企业对接与合作，鼓励旅游企业上市或通过债券、彩票等方式融资；商业性景区依托景区经营权和门票收入等质押贷款。

充分吸纳民间资本，鼓励和支持包括外商、个体、私营在内的各种经济成分兴办旅游经济实体；通过PPP模式、BOT模式、TOT模式进行融资。

附 录

附录一 安徽省国家级传统村落名录

批次	省份	村落
第一批	安徽省	安庆市太湖县汤泉乡金鹰村蔡畈古民居
第一批	安徽省	安庆市太湖县汤泉乡龙潭寨古民居
第一批	安徽省	池州市东至县花园乡南溪古寨
第一批	安徽省	池州市贵池区墩上街道渚湖姜村
第一批	安徽省	池州市贵池区棠溪镇石门高村
第一批	安徽省	黄山市黄山区永丰乡永丰村
第一批	安徽省	黄山市徽州区呈坎镇呈坎村
第一批	安徽省	黄山市徽州区呈坎镇灵山村
第一批	安徽省	黄山市徽州区潜口镇潜口村
第一批	安徽省	黄山市徽州区潜口镇唐模村
第一批	安徽省	黄山市祁门县闪里镇坑口村
第一批	安徽省	黄山市歙县徽城镇渔梁村
第一批	安徽省	黄山市歙县郑村镇棠樾村
第一批	安徽省	黄山市休宁县商山镇黄村
第一批	安徽省	黄山市休宁县万安镇万安老街
第一批	安徽省	黄山市黟县碧阳镇关麓村
第一批	安徽省	黄山市黟县碧阳镇南屏村
第一批	安徽省	黄山市黟县宏村镇宏村
第一批	安徽省	黄山市黟县宏村镇卢村
第一批	安徽省	黄山市黟县宏村镇屏山村
第一批	安徽省	黄山市黟县西递镇西递村
第一批	安徽省	宣城市绩溪县瀛洲镇龙川村

续表

批次	省份	村落
第一批	安徽省	宣城市泾县榔桥镇黄田村
第一批	安徽省	宣城市泾县桃花潭镇查济村
第一批	安徽省	宣城市旌德县白地镇江村
第二批	安徽省	安庆市宿松县柳坪乡大地村
第二批	安徽省	安庆市宿松县趾凤乡团林村
第二批	安徽省	安庆市岳西县响肠镇响肠村
第二批	安徽省	安庆市岳西县响肠镇请水寨村
第二批	安徽省	黄山市歙县深渡镇阳产村
第二批	安徽省	黄山市歙县深渡镇漳潭村
第二批	安徽省	黄山市歙县深渡镇漳岭山村
第二批	安徽省	黄山市歙县北岸镇瞻淇村
第二批	安徽省	黄山市歙县许村镇许村村
第二批	安徽省	黄山市歙县雄村乡卖花渔村
第二批	安徽省	黄山市歙县雄村乡雄村村
第二批	安徽省	黄山市休宁县溪口镇花桥村木梨硔
第二批	安徽省	黄山市休宁县陈霞乡里庄村
第二批	安徽省	黄山市黟县碧阳镇碧山村
第二批	安徽省	黄山市黟县碧阳镇古筑村
第二批	安徽省	黄山市黟县碧阳镇古黄村
第二批	安徽省	黄山市黟县碧阳镇石亭村
第二批	安徽省	黄山市黟县碧阳镇马道村麻田街
第二批	安徽省	黄山市黟县宏村镇塔川村
第二批	安徽省	黄山市黟县宏村镇秀里村
第二批	安徽省	黄山市黟县宏村镇下梓坑村
第二批	安徽省	黄山市黟县宏村镇龙川村
第二批	安徽省	黄山市黟县渔亭镇团结村
第二批	安徽省	黄山市黟县西递镇石印村珠坑
第二批	安徽省	黄山市黟县西递镇叶村村利源
第二批	安徽省	黄山市黟县柯村乡翠林村

续表

批次	省份	村落
第二批	安徽省	黄山市黟县柯村乡竹柯村
第二批	安徽省	黄山市黟县美溪乡美坑村
第二批	安徽省	黄山市黟县宏谭乡竹溪村
第二批	安徽省	黄山市祁门县历口镇历溪村
第二批	安徽省	黄山市祁门县历口镇环砂村
第二批	安徽省	六安市舒城县晓天镇晓天街道居委会中大街
第二批	安徽省	池州市贵池区唐田镇沙山嘴文化村
第二批	安徽省	池州市东至县东流镇菊江村东流老街
第二批	安徽省	池州市东至县龙泉镇观桥村
第二批	安徽省	池州市东至县龙泉镇老屋村
第二批	安徽省	池州市石台县大演乡严家古村
第二批	安徽省	池州市青阳县陵阳镇所村
第二批	安徽省	宣城市绩溪县瀛洲镇仁里村
第二批	安徽省	宣城市宁国市胡乐镇胡乐村
第三批	安徽省	合肥市巢湖市黄麓镇洪疃村
第三批	安徽省	芜湖市芜湖县红杨镇西河老街
第三批	安徽省	铜陵市铜陵县钟鸣镇龙潭肖村
第三批	安徽省	铜陵市铜陵县东联乡水浒村赵氏戏楼村
第三批	安徽省	安庆市岳西县店前镇店前村
第三批	安徽省	安庆市桐城市双港镇练潭村
第三批	安徽省	黄山市黄山区仙源镇龙山村
第三批	安徽省	黄山市黄山区焦村镇郭村
第三批	安徽省	黄山市黄山区三口镇湘潭村
第三批	安徽省	黄山市黄山区新丰乡盛洪村
第三批	安徽省	黄山市徽州区西溪南镇琶塘村
第三批	安徽省	黄山市徽州区西溪南镇西溪南村
第三批	安徽省	黄山市歙县霞坑镇石潭村
第三批	安徽省	黄山市歙县三阳乡叶村
第三批	安徽省	黄山市歙县深渡镇凤池村

续表

批次	省份	村落
第三批	安徽省	黄山市歙县深渡镇深渡老街
第三批	安徽省	黄山市歙县北岸镇北岸村
第三批	安徽省	黄山市休宁县海阳镇万全村
第三批	安徽省	黄山市休宁县海阳镇溪头村
第三批	安徽省	黄山市休宁县溪口镇祖源村
第三批	安徽省	黄山市休宁县流口镇流口村
第三批	安徽省	黄山市休宁县汪村镇岭脚村
第三批	安徽省	黄山市休宁县汪村镇石屋坑村
第三批	安徽省	黄山市休宁县白际乡项山村
第三批	安徽省	黄山市休宁县鹤城乡右龙村
第三批	安徽省	黄山市黟县碧阳镇余光村
第三批	安徽省	黄山市黟县宏村镇际村
第三批	安徽省	黄山市黟县美溪乡兰湖村
第三批	安徽省	黄山市祁门县溶口乡奇岭村
第三批	安徽省	黄山市祁门县渚口乡大北村
第三批	安徽省	黄山市祁门县渚口乡渚口村
第三批	安徽省	滁州市天长市铜城镇龙岗村
第三批	安徽省	六安市金寨县汤家汇镇上畈村朱家湾
第三批	安徽省	六安市金寨县汤家汇镇瓦屋基村宴湾
第三批	安徽省	六安市金寨县果子园乡姚冲村姜湾
第三批	安徽省	池州市石台县七都镇高路亭村
第三批	安徽省	池州市石台县横渡镇琏溪村
第三批	安徽省	池州市石台县仙寓镇南源村
第三批	安徽省	池州市石台县仙寓镇河东村
第三批	安徽省	池州市石台县大演乡泮巷村
第三批	安徽省	宣城市广德县柏垫镇前程村月克冲村
第三批	安徽省	宣城市泾县茂林镇奎峰村
第三批	安徽省	宣城市泾县云岭镇章渡村
第三批	安徽省	宣城市绩溪县上庄镇上庄村

续表

批次	省份	村落
第三批	安徽省	宣城市绩溪县伏岭镇湖村
第三批	安徽省	宣城市旌德县蔡家桥镇朱旺村
第四批	安徽省	马鞍山市含山县运漕镇蓼花洲村
第四批	安徽省	铜陵市郊区大通镇和悦村
第四批	安徽省	安庆市潜山县官庄镇官庄村
第四批	安徽省	安庆市宿松县趾凤乡吴河村
第四批	安徽省	安庆市岳西县黄尾镇马元村
第四批	安徽省	黄山市徽州区潜口镇蜀源村
第四批	安徽省	黄山市徽州区西溪南镇竦塘村
第四批	安徽省	黄山市歙县北岸镇白杨村
第四批	安徽省	黄山市歙县杞梓里镇杞梓里村
第四批	安徽省	黄山市歙县杞梓里镇苏村
第四批	安徽省	黄山市歙县杞梓里镇滩培村
第四批	安徽省	黄山市歙县霞坑镇萌坑村
第四批	安徽省	黄山市歙县岔口镇祝筒坦村
第四批	安徽省	黄山市歙县岔口镇庐山村
第四批	安徽省	黄山市歙县坑口乡柔川村
第四批	安徽省	黄山市歙县上丰乡蕃村
第四批	安徽省	黄山市歙县昌溪乡沧山源村
第四批	安徽省	黄山市歙县森村乡黄备村
第四批	安徽省	黄山市休宁县蓝田镇枧潭村
第四批	安徽省	黄山市休宁县蓝田镇五陵村
第四批	安徽省	黄山市休宁县鹤城乡樟源里村
第四批	安徽省	黄山市黟县碧阳镇柏山立川村
第四批	安徽省	黄山市黟县碧阳镇赤岭村
第四批	安徽省	黄山市黟县宏村镇江村
第四批	安徽省	黄山市黟县宏村镇横断村
第四批	安徽省	黄山市黟县渔亭镇桃源村青岭山
第四批	安徽省	黄山市黟县西递镇霭峰上村

续表

批次	省份	村落
第四批	安徽省	黄山市祁门县芦溪乡芦溪村
第四批	安徽省	黄山市祁门县新安乡珠林自然村
第四批	安徽省	六安市裕安区独山镇蔬菜村
第四批	安徽省	六安市金寨县汤家汇镇斗林村李家湾
第四批	安徽省	池州市青阳县陵阳镇上章村
第四批	安徽省	池州市青阳县酉华镇宋冲村
第四批	安徽省	宣城市宣州区水东镇七岭村
第四批	安徽省	宣城市宣州区水东镇东胜村小胡村
第四批	安徽省	宣城市泾县桃花潭镇桃花潭村
第四批	安徽省	宣城市泾县桃花潭镇厚岸村
第四批	安徽省	宣城市泾县桃花潭镇宝峰村
第四批	安徽省	宣城市泾县桃花潭镇龙潭村
第四批	安徽省	宣城市泾县茂林镇潘村村
第四批	安徽省	宣城市泾县榔桥镇溪头村
第四批	安徽省	宣城市泾县琴溪镇马头村
第四批	安徽省	宣城市泾县黄村镇九峰村
第四批	安徽省	宣城市宁国市港口镇山门村
第四批	安徽省	宣城市宁国市霞西镇白茂村
第四批	安徽省	宣城市绩溪县上庄镇石家村
第四批	安徽省	宣城市绩溪县上庄镇宅坦村
第四批	安徽省	宣城市绩溪县伏岭镇伏岭村
第四批	安徽省	宣城市绩溪县家朋乡尚村
第四批	安徽省	宣城市绩溪县家朋乡霞水村
第四批	安徽省	宣城市旌德县蔡家桥镇乔亭村
第四批	安徽省	宣城市旌德县俞村镇仕川村
第五批	安徽省	合肥市巢湖市柘皋镇北闸老街
第五批	安徽省	合肥市巢湖市烔炀镇烔炀老街
第五批	安徽省	合肥市巢湖市黄麓镇张疃村
第五批	安徽省	淮南市寿县隐贤镇隐贤老街

续表

批次	省份	村落
第五批	安徽省	铜陵市郊区铜山镇南泉村岭上吴村
第五批	安徽省	铜陵市枞阳县陈瑶湖镇水圩村
第五批	安徽省	铜陵市义安区天门镇板桥村江村
第五批	安徽省	安庆市潜山市黄泥镇黄泥村
第五批	安徽省	安庆市潜山市龙潭乡万涧村
第五批	安徽省	安庆市潜山市龙潭乡龙潭村
第五批	安徽省	安庆市岳西县五河镇李凹村
第五批	安徽省	安庆市岳西县青天乡青天村
第五批	安徽省	安庆市桐城市唐湾镇唐湾村
第五批	安徽省	黄山市黄山区甘棠镇庄里村
第五批	安徽省	黄山市黄山区仙源镇水东村
第五批	安徽省	黄山市黄山区汤口镇芳村
第五批	安徽省	黄山市黄山区三口镇联中村
第五批	安徽省	黄山市黄山区乌石镇长芦村
第五批	安徽省	黄山市徽州区岩寺镇洪坑村
第五批	安徽省	黄山市徽州区富溪乡光明村
第五批	安徽省	黄山市徽州区富溪乡碣石村
第五批	安徽省	黄山市歙县徽城镇就田村
第五批	安徽省	黄山市歙县深渡镇棉溪村
第五批	安徽省	黄山市歙县深渡镇洪济村
第五批	安徽省	黄山市歙县深渡镇三源村
第五批	安徽省	黄山市歙县深渡镇定潭村
第五批	安徽省	黄山市歙县深渡镇绵潭村
第五批	安徽省	黄山市歙县深渡镇九砂村
第五批	安徽省	黄山市歙县深渡镇安梅村
第五批	安徽省	黄山市歙县深渡镇下产村
第五批	安徽省	黄山市歙县北岸镇显村
第五批	安徽省	黄山市歙县北岸镇五渡村
第五批	安徽省	黄山市歙县北岸镇大阜村

续表

批次	省份	村落
第五批	安徽省	黄山市歙县北岸镇长坑村
第五批	安徽省	黄山市歙县北岸镇槐棠村
第五批	安徽省	黄山市歙县北岸镇高山村
第五批	安徽省	黄山市歙县北岸镇留村
第五批	安徽省	黄山市歙县北岸镇堨田村
第五批	安徽省	黄山市歙县富堨镇三田村
第五批	安徽省	黄山市歙县富堨镇高金村
第五批	安徽省	黄山市歙县富堨镇富堨村
第五批	安徽省	黄山市歙县富堨镇仁里村
第五批	安徽省	黄山市歙县郑村镇稠墅村
第五批	安徽省	黄山市歙县郑村镇郑村
第五批	安徽省	黄山市歙县郑村镇潭渡村
第五批	安徽省	黄山市歙县桂林镇西坑村
第五批	安徽省	黄山市歙县桂林镇双河村
第五批	安徽省	黄山市歙县许村镇箬岭村
第五批	安徽省	黄山市歙县许村镇环泉村
第五批	安徽省	黄山市歙县许村镇金村
第五批	安徽省	黄山市歙县许村镇沙塍村
第五批	安徽省	黄山市歙县许村镇姚家村
第五批	安徽省	黄山市歙县许村镇东山村
第五批	安徽省	黄山市歙县溪头镇汪岔村
第五批	安徽省	黄山市歙县溪头镇金锅岭村
第五批	安徽省	黄山市歙县溪头镇竹园村
第五批	安徽省	黄山市歙县溪头镇竦坑村
第五批	安徽省	黄山市歙县溪头镇桃岭村
第五批	安徽省	黄山市歙县溪头镇晔岔村
第五批	安徽省	黄山市歙县溪头镇蓝田村
第五批	安徽省	黄山市歙县溪头镇汪满田村
第五批	安徽省	黄山市歙县杞梓里镇铜山村

续表

批次	省份	村落
第五批	安徽省	黄山市歙县杞梓里镇大备坑村
第五批	安徽省	黄山市歙县杞梓里镇上坑村
第五批	安徽省	黄山市歙县杞梓里镇齐武村
第五批	安徽省	黄山市歙县杞梓里镇外磻村
第五批	安徽省	黄山市歙县杞梓里镇车田村
第五批	安徽省	黄山市歙县杞梓里镇唐里村
第五批	安徽省	黄山市歙县杞梓里镇磻溪村
第五批	安徽省	黄山市歙县杞梓里镇坡山村
第五批	安徽省	黄山市歙县杞梓里镇金竹村
第五批	安徽省	黄山市歙县杞梓里镇水竹坑村
第五批	安徽省	黄山市歙县杞梓里镇英坑村
第五批	安徽省	黄山市歙县霞坑镇鸿飞村
第五批	安徽省	黄山市歙县霞坑镇洪琴村
第五批	安徽省	黄山市歙县霞坑镇里方村
第五批	安徽省	黄山市歙县霞坑镇北山村
第五批	安徽省	黄山市歙县霞坑镇士川村
第五批	安徽省	黄山市歙县霞坑镇方村头村
第五批	安徽省	黄山市歙县霞坑镇察坑村
第五批	安徽省	黄山市歙县霞坑镇科村
第五批	安徽省	黄山市歙县霞坑镇水川村
第五批	安徽省	黄山市歙县霞坑镇溪上村
第五批	安徽省	黄山市歙县岔口镇茶园坪村
第五批	安徽省	黄山市歙县岔口镇庙前村
第五批	安徽省	黄山市歙县岔口镇岭里村
第五批	安徽省	黄山市歙县岔口镇井潭村
第五批	安徽省	黄山市歙县岔口镇金村
第五批	安徽省	黄山市歙县岔口镇益州村
第五批	安徽省	黄山市歙县岔口镇岔口村
第五批	安徽省	黄山市歙县岔口镇高演村

续表

批次	省份	村落
第五批	安徽省	黄山市歙县街口镇街口村
第五批	安徽省	黄山市歙县坑口乡汪村
第五批	安徽省	黄山市歙县坑口乡瀹坑村
第五批	安徽省	黄山市歙县坑口乡瀹潭村
第五批	安徽省	黄山市歙县坑口乡瀹岭坞村
第五批	安徽省	黄山市歙县雄村镇义成村
第五批	安徽省	黄山市歙县雄村镇浦口村
第五批	安徽省	黄山市歙县雄村镇航步村
第五批	安徽省	黄山市歙县雄村镇庄源村
第五批	安徽省	黄山市歙县上丰乡上丰村
第五批	安徽省	黄山市歙县上丰乡屯田村
第五批	安徽省	黄山市歙县上丰乡赵村
第五批	安徽省	黄山市歙县上丰乡里溪村
第五批	安徽省	黄山市歙县上丰乡杨家坦村
第五批	安徽省	黄山市歙县昌溪乡万二村
第五批	安徽省	黄山市歙县昌溪乡昌溪村
第五批	安徽省	黄山市歙县昌溪乡关山村
第五批	安徽省	黄山市歙县武阳乡武阳村
第五批	安徽省	黄山市歙县武阳乡梅川村
第五批	安徽省	黄山市歙县武阳乡约里村
第五批	安徽省	黄山市歙县武阳乡峰山村
第五批	安徽省	黄山市歙县三阳镇三阳村
第五批	安徽省	黄山市歙县三阳镇崇山村
第五批	安徽省	黄山市歙县三阳镇竹铺村
第五批	安徽省	黄山市歙县三阳镇竹源村
第五批	安徽省	黄山市歙县三阳镇岭脚村
第五批	安徽省	黄山市歙县三阳镇中村
第五批	安徽省	黄山市歙县三阳镇荷花形村
第五批	安徽省	黄山市歙县三阳镇外南庄村

续表

批次	省份	村落
第五批	安徽省	黄山市歙县三阳镇英川村
第五批	安徽省	黄山市歙县三阳镇慈坑村
第五批	安徽省	黄山市歙县金川乡金川村
第五批	安徽省	黄山市歙县金川乡柏川村
第五批	安徽省	黄山市歙县金川乡山郭村
第五批	安徽省	黄山市歙县小川乡田庄村
第五批	安徽省	黄山市歙县小川乡盘苏村
第五批	安徽省	黄山市歙县小川乡西坡村
第五批	安徽省	黄山市歙县新溪口乡太平村
第五批	安徽省	黄山市歙县璜田乡六联村
第五批	安徽省	黄山市歙县璜田乡璜田村
第五批	安徽省	黄山市歙县璜田乡蜈蚣岭村
第五批	安徽省	黄山市歙县璜田乡源头村
第五批	安徽省	黄山市歙县璜田乡天堂村
第五批	安徽省	黄山市歙县森村乡绍村
第五批	安徽省	黄山市歙县森村乡渔岸村
第五批	安徽省	黄山市歙县森村乡满田村
第五批	安徽省	黄山市歙县森村乡鸡川村
第五批	安徽省	黄山市歙县森村乡皋径村
第五批	安徽省	黄山市歙县森村乡隐里村
第五批	安徽省	黄山市歙县绍濂乡坑口村
第五批	安徽省	黄山市歙县石门乡青峰村
第五批	安徽省	黄山市休宁县五城镇月潭村
第五批	安徽省	黄山市休宁县五城镇五城村
第五批	安徽省	黄山市休宁县蓝田镇前川村
第五批	安徽省	黄山市休宁县蓝田镇秋洪川村
第五批	安徽省	黄山市休宁县溪口镇小坑村
第五批	安徽省	黄山市休宁县溪口镇源头村
第五批	安徽省	黄山市休宁县流口镇茗洲村

续表

批次	省份	村落
第五批	安徽省	黄山市休宁县流口镇泉坑村
第五批	安徽省	黄山市休宁县汪村镇左源村
第五批	安徽省	黄山市休宁县汪村镇广源村
第五批	安徽省	黄山市休宁县汪村镇麻田村
第五批	安徽省	黄山市休宁县汪村镇大连村
第五批	安徽省	黄山市休宁县商山镇双桥村
第五批	安徽省	黄山市休宁县山斗乡金源村
第五批	安徽省	黄山市休宁县板桥乡杨林湾村
第五批	安徽省	黄山市休宁县板桥乡梓坞村
第五批	安徽省	黄山市休宁县鹤城乡高坑村
第五批	安徽省	黄山市休宁县榆村乡富溪村
第五批	安徽省	黄山市黟县碧阳镇光村
第五批	安徽省	黄山市黟县碧阳镇南门村
第五批	安徽省	黄山市黟县碧阳镇郭门村
第五批	安徽省	黄山市黟县碧阳镇西街村
第五批	安徽省	黄山市黟县宏村镇万村
第五批	安徽省	黄山市黟县宏村镇蜀里村
第五批	安徽省	黄山市黟县宏村镇蓬厦村
第五批	安徽省	黄山市黟县宏村镇历舍村
第五批	安徽省	黄山市黟县西递镇燕川村
第五批	安徽省	黄山市黟县柯村镇东坑村
第五批	安徽省	黄山市黟县宏潭乡佘溪上村
第五批	安徽省	黄山市黟县宏潭乡宏潭村
第五批	安徽省	黄山市黟县洪星乡奕村
第五批	安徽省	黄山市祁门县祁山镇六都村
第五批	安徽省	黄山市祁门县历口镇彭龙村
第五批	安徽省	黄山市祁门县历口镇许村村
第五批	安徽省	黄山市祁门县历口镇武陵村
第五批	安徽省	黄山市祁门县闪里镇文堂村

续表

批次	省份	村落
第五批	安徽省	黄山市祁门县闪里镇桃源村
第五批	安徽省	黄山市祁门县安凌镇广联村
第五批	安徽省	黄山市祁门县新安镇高塘村
第五批	安徽省	黄山市祁门县新安镇炼丹石村
第五批	安徽省	黄山市祁门县柏溪乡柏溪村
第五批	安徽省	黄山市祁门县祁红乡塘坑头村
第五批	安徽省	黄山市祁门县芦溪乡奇口村
第五批	安徽省	黄山市祁门县芦溪乡查湾村
第五批	安徽省	黄山市祁门县古溪乡黄龙口村
第五批	安徽省	黄山市祁门县箬坑乡伦坑村
第五批	安徽省	黄山市祁门县箬坑乡下汪村
第五批	安徽省	黄山市祁门县箬坑乡马山村
第五批	安徽省	六安市金安区毛坦厂镇浸堰村
第五批	安徽省	六安市金寨县天堂寨镇前畈村
第五批	安徽省	池州市贵池区墩上街道茅坦村
第五批	安徽省	池州市贵池区梅街镇刘街村
第五批	安徽省	池州市东至县尧渡镇尚合村阳山村
第五批	安徽省	池州市东至县尧渡镇高岭村胡村
第五批	安徽省	池州市东至县木塔乡木塔村木塔口村
第五批	安徽省	池州市石台县仙寓镇奇峰村
第五批	安徽省	池州市青阳县陵阳镇陵阳村
第五批	安徽省	宣城市郎溪县飞鲤镇裴村
第五批	安徽省	宣城市广德县四合乡宏霞村遐嵩林村
第五批	安徽省	宣城市广德县四合乡耿村村大耿村
第五批	安徽省	宣城市泾县茂林镇茂林村
第五批	安徽省	宣城市泾县榔桥镇涌溪村
第五批	安徽省	宣城市泾县榔桥镇浙溪村
第五批	安徽省	宣城市泾县榔桥镇乌溪村
第五批	安徽省	宣城市泾县榔桥镇西阳村

续表

批次	省份	村落
第五批	安徽省	宣城市泾县榔桥镇双河村
第五批	安徽省	宣城市泾县琴溪镇赤滩村
第五批	安徽省	宣城市泾县云岭镇郭峰村冰山村
第五批	安徽省	宣城市泾县云岭镇中村
第五批	安徽省	宣城市泾县云岭镇靠山村
第五批	安徽省	宣城市泾县黄村镇安吴村
第五批	安徽省	宣城市泾县丁家桥镇后山村
第五批	安徽省	宣城市泾县丁家桥镇小岭村
第五批	安徽省	宣城市绩溪县临溪镇孔灵村
第五批	安徽省	宣城市绩溪县长安镇镇头村
第五批	安徽省	宣城市绩溪县长安镇浩寨村冯村
第五批	安徽省	宣城市绩溪县长安镇庄团村
第五批	安徽省	宣城市绩溪县长安镇坦头村
第五批	安徽省	宣城市绩溪县上庄镇旺川村
第五批	安徽省	宣城市绩溪县扬溪镇石门村
第五批	安徽省	宣城市绩溪县伏岭镇西川村
第五批	安徽省	宣城市绩溪县伏岭镇水村
第五批	安徽省	宣城市绩溪县伏岭镇北村
第五批	安徽省	宣城市绩溪县伏岭镇江南村
第五批	安徽省	宣城市绩溪县伏岭镇胡家村
第五批	安徽省	宣城市绩溪县瀛洲镇瀛洲村汪村
第五批	安徽省	宣城市绩溪县板桥头乡蜀马村
第五批	安徽省	宣城市绩溪县家朋乡磡头村
第五批	安徽省	宣城市绩溪县家朋乡松木岭村
第五批	安徽省	宣城市绩溪县家朋乡鱼龙山村
第五批	安徽省	宣城市旌德县庙首镇庙首村
第五批	安徽省	宣城市宁国市仙霞镇仙霞村
第五批	安徽省	宣城市宁国市云梯畲族乡千秋畲族村

附录二 安徽省千年古镇、千年古村落名录

批次	省份	古镇、古村落
第一批	安徽省	合肥市庐江县金牛镇
第一批	安徽省	合肥市长丰县吴山镇
第一批	安徽省	亳州市谯城区城父镇
第一批	安徽省	亳州市涡阳县曹市镇
第一批	安徽省	马鞍山市含山县运漕镇
第一批	安徽省	马鞍山市和县乌江镇
第一批	安徽省	宣城市宣州区水阳镇
第一批	安徽省	池州市东至县东流镇
第一批	安徽省	池州市青阳县陵阳镇
第一批	安徽省	黄山市徽州区岩寺镇
第一批	安徽省	黄山市歙县许村镇
第一批	安徽省	合肥市庐江县龙桥镇黄屯老街
第一批	安徽省	池州市贵池区棠溪镇石门高村
第一批	安徽省	池州市东至县花园乡南溪村
第一批	安徽省	池州市石台县大演乡严家村
第一批	安徽省	池州市青阳县九华乡老田村
第一批	安徽省	黄山市徽州区潜口镇唐模村
第一批	安徽省	黄山市徽州区呈坎镇呈坎村
第一批	安徽省	黄山市徽州区呈坎镇灵山村
第一批	安徽省	黄山市歙县徽城镇渔梁村
第一批	安徽省	黄山市歙县郑村镇棠樾村
第二批	安徽省	合肥市长丰县庄墓镇
第二批	安徽省	合肥市长丰县下塘镇
第二批	安徽省	合肥市肥东县梁园镇
第二批	安徽省	合肥市肥东县店埠镇
第二批	安徽省	合肥市肥西县三河镇
第二批	安徽省	合肥市庐江县矾山镇
第二批	安徽省	合肥市庐江县罗河镇
第二批	安徽省	合肥市巢湖市柘皋镇

续表

批次	省份	古镇、古村落
第二批	安徽省	合肥市巢湖市炯炀镇
第二批	安徽省	亳州市蒙城县小涧镇
第二批	安徽省	亳州市涡阳县义门镇
第二批	安徽省	马鞍山含山县环峰镇
第二批	安徽省	马鞍山和县历阳镇
第二批	安徽省	宣城市宣州区水东镇
第二批	安徽省	池州市青阳县九华镇
第二批	安徽省	黄山市徽州区潜口镇
第二批	安徽省	黄山市徽州区西溪南镇
第二批	安徽省	合肥市长丰县陶楼乡古城村
第二批	安徽省	合肥市长丰县义井乡车王集村
第二批	安徽省	合肥市肥西县三河镇二龙街
第二批	安徽省	合肥市巢湖市炯炀镇唐嘴村
第二批	安徽省	池州市青阳县陵阳镇所村
第二批	安徽省	池州市青阳县陵阳镇谢村
第二批	安徽省	池州市东至县木塔乡荣兴村黎痕古街
第二批	安徽省	黄山市徽州区潜口镇蜀源村
第二批	安徽省	黄山市徽州区西溪南镇西溪南村
第二批	安徽省	黄山市徽州区潜口镇潜口村
第二批	安徽省	黄山市屯溪区屯光镇南溪南村
第二批	安徽省	黄山市屯溪区屯光镇篁墩村
第三批	安徽省	淮北市濉溪县临涣镇
第三批	安徽省	马鞍山市博望区丹阳镇
第三批	安徽省	合肥市肥东县撮镇
第三批	安徽省	合肥市肥东县元疃镇
第三批	安徽省	合肥市巢湖市夏阁镇
第三批	安徽省	合肥市庐江县汤池镇
第三批	安徽省	宿州市埇桥区大泽乡镇
第三批	安徽省	宿州市埇桥区符离镇

续表

批次	省份	古镇、古村落
第三批	安徽省	宿州市萧县白土镇
第三批	安徽省	宿州市泗县泗城镇
第三批	安徽省	淮南市寿县隐贤镇
第三批	安徽省	淮南市寿县瓦埠镇
第三批	安徽省	淮南市寿县正阳关镇
第三批	安徽省	滁州市南谯区乌衣镇
第三批	安徽省	滁州市定远县炉桥镇
第三批	安徽省	滁州市凤阳县临淮关镇
第三批	安徽省	安庆市怀宁县石牌镇
第三批	安徽省	黄山市黟县西递镇
第三批	安徽省	黄山市黟县宏村镇
第三批	安徽省	黄山市黟县渔亭镇
第三批	安徽省	宿州市萧县杜楼镇鞭打芦花车牛返村
第三批	安徽省	宿州市泗县山头镇潼城村
第三批	安徽省	黄山市黟县西递镇西递村
第三批	安徽省	黄山市黟县宏村镇宏村
第三批	安徽省	黄山市黟县宏村镇屏山村
第三批	安徽省	黄山市黟县碧阳镇关麓村
第三批	安徽省	黄山市黟县碧阳镇南屏村
第四批	安徽省	宿州市埇桥区蕲县镇
第四批	安徽省	宿州市灵璧县灵城镇
第四批	安徽省	宿州市灵璧县朝阳镇
第四批	安徽省	宿州市灵璧县渔沟镇
第四批	安徽省	蚌埠市怀远县龙亢镇
第四批	安徽省	阜阳市临泉县艾亭镇
第四批	安徽省	阜阳市临泉县杨桥镇
第四批	安徽省	阜阳市临泉县鲖城镇
第四批	安徽省	阜阳市颍上县慎城镇
第四批	安徽省	阜阳市界首市大黄镇

续表

批次	省份	古镇、古村落
第四批	安徽省	阜阳市界首市田营镇
第四批	安徽省	阜阳市界首市光武镇
第四批	安徽省	芜湖市南陵县弋江镇
第四批	安徽省	芜湖市无为县开城镇
第四批	安徽省	芜湖市无为县襄安镇
第四批	安徽省	芜湖市繁昌县荻港镇
第四批	安徽省	安庆市桐城市孔城镇
第四批	安徽省	宿州市灵璧县虞姬乡虞姬村
第四批	安徽省	宿州市灵璧县高楼镇潼郡村
第四批	安徽省	蚌埠市固镇县城关镇谷阳城社区
第四批	安徽省	阜阳市界首市光武镇尹城子村
第四批	安徽省	池州市贵池区里山街道元四村
第五批	安徽省	合肥市肥东县长临河镇
第五批	安徽省	亳州市蒙城县坛城镇
第五批	安徽省	亳州市利辛县阚疃镇
第五批	安徽省	宿州市埇桥区夹沟镇
第五批	安徽省	宿州市砀山县周寨镇
第五批	安徽省	宿州市萧县丁里镇
第五批	安徽省	阜阳市临泉县长官镇
第五批	安徽省	阜阳市太和县倪邱镇
第五批	安徽省	阜阳市阜南县焦陂镇
第五批	安徽省	六安市金安区毛坦厂镇
第五批	安徽省	铜陵市郊区大通镇
第五批	安徽省	淮北市濉溪县百善镇柳孜村
第五批	安徽省	宿州市埇桥区夹沟镇五柳村
第五批	安徽省	宿州市砀山县李庄镇吴庙村
第五批	安徽省	宿州市萧县祖楼镇相山庙村
第五批	安徽省	宿州市灵璧县灵城镇皇庙社区
第五批	安徽省	阜阳市颍上县新集镇永兴集

续表

批次	省份	古镇、古村落
第五批	安徽省	阜阳市颍上县半岗镇徐郢村
第五批	安徽省	阜阳市太和县官集镇东殿村
第五批	安徽省	六安市舒城县干汊河镇七门堰村
第六批	安徽省	合肥市肥东县古城镇
第六批	安徽省	淮北市濉溪县百善镇
第六批	安徽省	宿州市萧县龙城镇
第六批	安徽省	滁州市天长市铜城镇
第六批	安徽省	六安市霍邱县临水镇
第六批	安徽省	六安市金寨县长岭乡
第六批	安徽省	六安市舒城县汤池镇
第六批	安徽省	池州市贵池区殷汇镇
第六批	安徽省	合肥市肥东县石塘镇龙城
第六批	安徽省	合肥市长丰县下塘镇蝴蝶像村
第六批	安徽省	宿州市埇桥区曹村镇闵祠村
第六批	安徽省	宿州市萧县杜楼镇红庙村
第六批	安徽省	宿州市萧县白土镇绥舆里村
第六批	安徽省	宿州市萧县白土镇朱陈村
第六批	安徽省	宿州市萧县孙圩子乡程蒋山村
第六批	安徽省	六安市霍山县上土市镇铜锣寨村
第六批	安徽省	池州市贵池区杏花村
第六批	安徽省	安庆市大观区山口乡山口镇村

附录三　安徽省世界遗产地、历史文化名城（名镇、名村、街区）名录

类别	数量	批准年份	批次	市	县	名称
世界文化遗产地	2	1990		黄山市		黄山
		2000		黄山市	黟县	皖南古村落"西递、宏村"
国家级历史文化名城	7	1986	第二批	黄山市		歙县
				六安市		寿县
				亳州市		亳州
		2005	国函〔2005〕28号	安庆市		安庆
		2007	国函〔2007〕29号	宣城市		绩溪
		2021	国函〔2021〕64号	黄山市		黟县
			国函〔2021〕113号	安庆市		桐城
中国历史文化名镇	11	2007	第三批	六安市		毛坦厂镇
				合肥市	肥西县	三河镇
		2008	第四批	宣城市	宣州区	水东镇
				黄山市	休宁县	万安镇
				黄山市	歙县	许村镇
		2014	第六批	宣城市	泾县	桃花潭镇
				黄山市	徽州区	西溪南镇
				铜陵市	郊区	大通镇
		2019	第七批	六安市	裕安区	苏埠镇
				池州市	东至县	东流镇
				池州市	青阳县	陵阳镇
中国历史文化名村	24	2003	第一批	黄山市	黟县	西递
				黄山市	黟县	宏村
		2005	第二批	宣城市	旌德县	江村
				黄山市	歙县	渔梁村
		2007	第三批	黄山市	歙县	棠樾村
				黄山市	徽州区	唐模村
				黄山市	黟县	屏山村

续表

类别	数量	批准年份	批次	市	县	名称
中国历史文化名村	24	2008	第四批	黄山市	徽州区	呈坎村
				黄山市	黟县	南屏村
				宣城市	泾县	查济村
		2010	第五批	黄山市	黟县	关麓村
				黄山市	休宁县	黄村
		2014	第六批	宣城市	泾县	榔桥镇黄田村
				宣城市	绩溪县	瀛洲镇龙川村
				黄山市	歙县	雄村乡雄村
				滁州市	天长市	铜城镇龙岗村
				黄山市	徽州区	呈坎镇灵山村
				黄山市	祁门县	闪里镇坑口村
				黄山市	黟县	宏村镇卢村
		2019	第七批	黄山市	歙县	瞻淇村
				黄山市	歙县	昌溪乡昌溪村
				池州市	贵池区	棠溪镇石门高村
				宣城市	绩溪县	上庄镇石家村
				宣城市	绩溪县	家朋乡磡头村
省级历史文化名城	10	1989	第一批	黄山市		黟县
				安庆市		桐城
		1990	增补	滁州市		凤阳
		1996	第二批	安庆市		潜山
				亳州市		涡阳
				亳州市		蒙城
				马鞍山市		和县
				宣城市		宣州（宣城）
				池州市		贵池（池州）
		2019		滁州市		滁州

续表

类别	数量	批准年份	批次	市	县	名称
省级历史文化名镇	12	2006	第三批	淮北市	濉溪县	临涣古镇
				安庆市	岳西县	响肠镇
				黄山市	徽州区	潜口镇
				安庆市	桐城市	孔城镇
				亳州市	谯城区	城父镇
		2010	第四批	池州市	九华山风景区	九华镇
				池州市	青阳县	陵阳镇
				宣城市	郎溪县	梅渚镇
				宣城市	宁国市	胡乐镇
				六安市	寿县	正阳关镇
				六安市	裕安区	苏埠镇
				六安市	裕安区	独山镇
省级历史文化名村	25	2006	第三批	宣城市	绩溪县	龙川村（原大坑口）—湖村—石勘头
				宣城市	绩溪县	上庄—冯村（2006由历史文化保护区更名）
				蚌埠市	固镇县	垓下村
				合肥市	肥东县	瑶岗村
				蚌埠市		蚌山孙家圩子村
				黄山市	休宁县	右龙村
				黄山市	绩溪县	石家村
				合肥市	肥西县	小井庄村
				黄山市	歙县	昌溪村
				黄山市	歙县	瞻淇村
				蚌埠市	龙子湖区	长淮卫村
				合肥市	肥西县	启明村—新光村—鸽子笼村
				滁州市	凤阳县	小岗村

续表

类别	数量	批准年份	批次	市	县	名称
省级历史文化名村	25	2010	第四批	黄山市	黄山区	永丰乡永丰村
				黄山市	祁门县	历口镇历溪村
				黄山市	祁门县	芦溪乡芦溪村
				宣城市	广德县	卢村乡甘溪村
				宣城市	宣州区	水东镇东胜小胡村
				宣城市	郎溪县	姚村乡姚村
				池州市	东至县	花园乡南溪古寨村
				池州市	青阳县	陵阳镇所村村
				池州市	贵池区	棠溪镇石门高村
				池州市	九华山风景区	九华乡老田吴村
				池州市	贵池区	墩上街道渚湖姜村
				淮南市	谢家集区	李郢孜镇赖山村
历史文化街区	6	2006				黄山市屯溪区屯溪老街、东至县东流古街、五河县城关镇顺河街
		2009				桐城市东大街、胜利街、南大街

索引

聚落名称	地点	现存主体聚落形成年代	类型	规模（面积等）	户数/人口	民族	级别	页码
石屋坑村	黄山市休宁县	明代	乡村聚落	村域3.9平方公里	72/235	汉族	第三批国家级传统村落	226
蔡畈村	安庆市太湖县	清代	乡村聚落	88公顷	466/1562	汉族	第一批国家级传统村落	236
洪家疃村	巢湖市黄麓镇	明代	乡村聚落	村域2.85平方公里	216/781	汉族	第三批国家级传统村落	070
杞梓里村	歙县杞梓里镇	元代以前	乡村聚落	村域18.5平方公里	1598/4859	汉族	第四批国家级传统村落	—
黄备村	黄山市歙县森村乡	元代以前	乡村聚落	村域7.15平方公里	480/1640	汉族	第四批国家级传统村落	—
龙潭肖村	铜陵市钟鸣镇	明代	乡村聚落	村域0.11平方公里	153/538	汉族	第三批国家级传统村落	—
姜湾	六安市金寨县	清代	乡村聚落	村域0.3平方公里	32/143	汉族	第三批国家级传统村落	063
蓼花洲	马鞍山市运漕镇	元代以前	城镇聚落	村域2平方公里	1230/4310	汉族	第四批国家级传统村落	—

参考文献

[1] 安徽省地方志编纂委员会. 安徽省志. 民族宗教志[M]. 北京：方志出版社，1997.
[2] 安徽省地方志编纂委员会. 安徽省志. 农业志[M]. 北京：方志出版社，1998.
[3] 安徽省地方志编纂委员会. 安徽省志. 建置沿革志[M]. 北京：方志出版社，1999.
[4] 陆勤毅，李修松. 安徽通史. 先秦卷[M]. 合肥：安徽人民出版社，2011.
[5] 陆勤毅，李修松. 安徽通史. 秦汉魏晋南北朝卷[M]. 合肥：安徽人民出版社，2011.
[6] 陆勤毅，李修松. 安徽通史. 隋唐五代卷[M]. 合肥：安徽人民出版社，2011.
[7] 陆勤毅，李修松. 安徽通史. 宋金元卷[M]. 合肥：安徽人民出版社，2011.
[8] 陆勤毅，李修松. 安徽通史. 明代卷[M]. 合肥：安徽人民出版社，2011.
[9] 陆勤毅，李修松. 安徽通史. 清代卷[M]. 合肥：安徽人民出版社，2011.
[10] 陆勤毅，李修松. 安徽通史. 民国卷[M]. 合肥：安徽人民出版社，2011.
[11] 刘沛林. 古村落：和谐的人聚空间[M]. 上海：生活·读书·新知三联书店，1997.
[12] 吴晓勤. 世界文化遗产：皖南古村落规划保护方案保护方法研究[M]. 北京：中国建筑工业出版社，2002.
[13] 许骥. 徽州传统村落社会[M]. 上海：复旦大学出版社，2013.
[14] 冯淑华. 传统村落文化生态空间演化论[M]. 北京：科学出版社，2011.
[15] 周建明. 中国传统村落：保护与发展[M]. 北京：中国建筑工业出版社，2014.
[16] 倪琪，王玉. 中国徽州地区传统村落空间结构的演变[M]. 北京：中国建筑工业出版社，2015.
[17] 段进，揭明浩. 世界文化遗产宏村古村落空间解析[M]. 南京：东南大学出版社，2009.
[18] 张国硕. 中原先秦城市防御文化研究[M]. 北京：社会科学文献出版社，2014.
[19] 聂聆. 徽州古村落景观基因识别及图谱构建[D]. 合肥：安徽农业大学，2015.
[20] 辛福森. 徽州传统村落景观的基本特征和基因识别研究[D]. 芜湖：安徽师范大学，2012.
[21] 江春雪. 安徽省传统村落地理研究[D]. 长沙：湖南师范大学，2016.
[22] 吴思芸. 安徽古村落空间环境的保护与传承研究[D]. 芜湖：安徽工程大学，2017.
[23] 洪步庭. 基于GIS技术的农村居民点空间演变特征及其影响因素研究[D]. 成都：四川师范大学，2014.
[24] 朱雷. 另类徽州建筑——歙县阳产土楼空间解析[D]. 合肥：合肥工业大学，2016.
[25] 王卫国. 传统聚落和建筑空间形态的保护与更新研究——以安徽省西溪南村为例[D]. 深圳：深圳大学，2017.
[26] 王韡. 徽州传统聚落生成环境研究[D]. 上海：同济大学，2005.
[27] 周虹宇. 皖南与皖中地域建筑风貌解析与传承方略研究[D]. 合肥：合肥工业大学，2016.
[28] 付卫平. 安徽广义地域建筑形态解析[D]. 合肥：合肥工业大学，2014.
[29] 钱周平. 徽州传统聚落秩序化空间营造理念及其传承[D]. 合肥：安徽建筑大学，2013.
[30] 周亚玮. 徽州古村落布局与地形的关系研究[D]. 北京：北京林业大学，2015.
[31] 李琴. 传统村落水系环境的保护与利用[M]. 北京：中国建筑工业出版社，2018.

［32］陈倩. 中国传统文化与水景观设计［D］. 昆明：昆明理工大学，2006.

［33］何秋爽. 徽州"水口园林"造园元素的生态性在现代景观设计中的应用与研究［D］. 北京：北京服装学院，2018.

［34］王婷. 徽州古村落的水口文化研究［D］. 合肥：安徽大学，2014.

［35］王家骏. 徽州传统聚落水景观品质提升研究［D］. 合肥：安徽建筑大学，2017.

［36］刘妹荣，关欣，李巧云. 山地丘陵地区乡村聚落的空间分布特征［J］. 水土保持研究，2014，21（4）：119-122.

［37］代婷婷，许铭，徐雁南. 乡村聚落时空分布特征及驱动因素分析——以安徽黟县为例［J］. 南京林业大学学报，2018，42（5）：155-162.

［38］王乃举，王塞，陈晓华. 安徽传，村落空间格局分异度［J］. 安徽师范大学学报，2018，41（1）：55-61.

［39］邹利林，王占岐，王建英. 山区农村居民点空间布局与优化［J］. 中国土地科学，2012，26（9）：71-77.

［40］姚梦园，晏实江，吴艳兰. 基于房屋基面数据的安徽省金寨县居民点空间分布特征分析［J］. 水土保持通报，2017，37（1）：143-148.

［41］谈家胜. 宗族社会与地域文明——以安徽贵池南山刘氏宗族为例［J］. 东南文化，2011，6.

［42］周晓光. 新安理学与徽州宗族社会［J］. 安徽师范大学学报，2001，2.

［43］武晓颖，周圆圆. 皖北地区传统古村落保护发展研究［J］. 市场周刊，2018，8.

［44］张晓桐. 新型城镇化背景下的古村落保护与开发研究——以皖南西递古村落为例［D］. 昆明：云南大学，2016，5.

［45］葛剑雄. 从历史地理看徽商的兴衰［J］. 安徽史学，2004，10.

［46］唐力行. 论徽商与封建宗族势力［J］. 历史研究，1986，4.

［47］王月疏. 明清徽商在长江中下游的经营活动研究［D］. 陕西师范大学，2017，5.

［48］张博. 肥西三河古镇的旅游发展战略研究［D］. 合肥：合肥工业大学，2010，10.

［49］罗冰. 皖江流域历史佛教地理研究［D］. 合肥：安徽大学，2018，5.

［50］李静. 性别 空间 肥东洋蛇灯的人类学研究［D］. 合肥：安徽大学，2014，6.

［51］张运思. 基于空间价值观的传统聚落保护与更新研究［D］. 北京：北京建筑大学，2013，6.

［52］张扬. 古村镇旅游开发研究策略与宣传推广——以肥西三河为例［J］. 度假旅游，2018，8.

［53］胡文君. 旅游发展中的传统聚落特色风貌提升策略研究［D］. 合肥：合肥工业大学，2017，4.

［54］金丽. 徽州传统聚落文化生活景观特质及保护研究［D］. 合肥：安徽建筑大学，2018，5.

［55］刘奇琦. 农耕时期徽州村落商业文化研究——以呈坎村和灵山村为例［D］. 上海：华东师范大学，2018，5.

［56］王绚. 传统堡寨聚落防御性空间探析［J］. 建筑师，2003（04）：64-70.

［57］夏圣雪，傅蓉蓉，严欢. 防御考量下的聚落空间应答［J］. 山西建筑，2016，42（28）：15-16.

［58］乔梁. 天堂寨地区乡土山地民居研究［D］. 合肥：合肥工业大学，2013，4.

［59］李红琳. 东北地域渔猎民族传统聚居空间研究［D］. 哈尔滨：哈尔滨工业大学，2018.

［60］易山明. 清代安徽邮驿研究（1667-1911年）［D］. 合肥：安徽大学，2017，5.

［61］殷春梅. 采石作为古战场的原因及其对马鞍山地区的影响［J］. 合肥：安徽工业大学学报（社会科学版），2012，29（06）：63-65.

［62］张国硕. 中原先秦城市防御文化研究［M］. 北京：社会科学文献出版社，2014，7：4.

［63］李卓冉，孙得东，连洪燕，王桂林. 明中都皇故城遗址公园概念性规划设计［J］. 低温建筑技术，2015（7）：17-19.

［64］傅贵，凌杰. 一个鲜为人知的古都城——中都城［J］. 城市规划通讯，1996（21）.

［65］赵蕊，吴秀利，胡凯丽，杨亚茹，邱传波. 小城镇传统商业街建筑立面改造研究———以安徽凤阳古花铺廊街为例［J］. 长江大学学报，2015，12（3）：30-15.

［66］杨诗. 古徽州传统聚落空间网络形成演化过程分析［D］. 合肥：安徽建筑大学，2019.

［67］车晓敏. 徽州传统民居建筑内部空间形态更新研究［D］. 西安：西安建筑科技大学, 2015, 5.
［68］董世宇. 徽州古村落物质空间研究［D］. 长沙：湖南大学, 2012, 5.
［69］马可莉. 古徽州传统聚落空间网络要素及其结构特征研究［D］. 合肥：安徽建筑大学, 2018, 5.
［70］束东东. 黟县古村落景观研究初探［D］. 北京：北京林业大学, 2011, 5.
［71］罗来平. 新安江上一明珠——历史文化名村呈坎［J］. 规划师, 1995, 3.
［72］张佳玮, 周圆圆. 呈坎村街巷空间认知研究［D］. 合肥：合肥工业大学, 2017, 3.
［73］吴小宝. 三河古镇传统街巷空间形态研究［D］. 合肥：合肥工业大学, 2012, 4.
［74］赵弼皇. 巢湖中庙姥山岛渔村景观综合整治项目实践研究［D］. 合肥：安徽建筑大学, 2016, 6.
［75］张靖华. "九龙攒珠"与江西移民者的开拓——巢湖北岸移民村落考察报告［J］. 农业考古, 2008, 8.
［76］张梓楠. 皖中地区"九龙攒珠"类村落空间形态及特征研究［D］. 合肥：安徽建筑大学, 2018, 5.
［77］张靖华. 巢湖北岸黄麓地区历史文化资源的发掘与利用［J］. 巢湖学院学报, 2018, 5.
［78］王大伟. 徽州聚落地域形态自组织演进研究［D］. 合肥：合肥工业大学, 2010, 4.
［79］蔡思琼. 中国古村落 安徽呈坎风水文化探源［J］. 乾元国学, 2016, 2.
［80］钱云, 杨雪. 凤阳山水城市特色塑造策略研究［J］. 工业建筑, 2018（10）：70-75, 63.
［81］李虹. 浅谈安徽古塔［J］. 东南文化, 1991（02）：178-181.
［82］郑雅婧. 徽州传统聚落乡土景观特征研究与借鉴［D］. 合肥：安徽建筑大学, 2015.
［83］朱晗. 徽州地区地域景观研究［D］. 北京：北京林业大学, 2014.
［84］彭一刚. 传统村落聚落景观分析［M］. 北京：中国建筑工业出版社, 1990.
［85］（清）黄之隽. 乾隆江南通志［M］. 扬州：江苏广陵书社, 2010.
［86］安徽省徽州地区地方志编纂委员会编. 徽州地区简志［M］. 合肥：黄山书社, 1989.
［87］陈志华, 李秋香, 楼庆西等. 关麓村［M］. 北京：清华大学出版社, 2010.
［88］扬·盖尔. 交往与空间［M］. 何人可, 译. 北京：中国建筑工业出版社, 2002.
［89］周振兴. 明清徽州民居街巷空间的保护与传承［D］. 北京：北京林业大学, 2012：5.
［90］林菁, 王向荣. 自然的含义［J］. 中国园林, 2007（01）：6-15.
［91］（日）芦原义信. 街道的美学［M］. 尹培桐, 译. 北京：百苑文艺出版社, 2006.
［92］许勇. 交往空间——徽州传统聚落空间研究［D］. 南京：南京林业大学, 2008.
［93］段进, 龚恺. 世界文化遗产西递古村落空间解析［M］. 南京：东南大学出版社, 2006.
［94］陆林, 凌善金, 焦华富. 徽州村落［M］. 合肥：安徽人民出版社, 2004.
［95］中华人民共和国住房和城乡建设部. 中国传统民居类型全集［M］. 北京：中国建筑工业出版社, 2014.

后记

传统聚落形成于农业社会，其含有丰富的历史信息，能够反映过去时代的历史文化、社会经济状况、生产生活方式、社会关系等，通过宗祠、寺庙、民居、牌坊、茶楼、碑刻、古亭、古桥、古树、古井等物质载体进行传承，与之相伴的还存有风俗习惯、礼仪文化等人文信息。

本书所指的传统聚落主要是保留了较长的历史沿革，以农耕经济为主，受现代村镇建设影响较小的传统聚落，其行政级别主要在县城以下（包括县城区），例如县城区、乡、镇、村等，较多地保留传统生活方式、社会关系、民族习惯、宗教信仰、建筑风格及聚落布局特色，体现出较传统的、原生态的聚落生活景观。安徽省传统聚落分布较广、数量众多、种类丰富，包含府衙驻地、军事要塞的城市聚落，驿站渡口、商贸云集的商业古镇，山清水秀、农耕为主的乡村聚落，皖江文化、淮河文化以及徽州文化对安徽聚落的起源与发展产生了重要影响。

皖南地区的乡村聚落是徽州文化背景下传统聚落的典范，因此本书的重点在于调研、测绘、考证安徽省具有代表性的乡村聚落，也涉及部分重点且保存较好的城镇聚落。本书对安徽省传统聚落进行分类、归纳、解析，试图对传统聚落文化背景、空间结构、景观特征等方面进行再诠释，揭示空间的深层逻辑和反映物质空间和社会行为相互作用的内在机制，解读安徽省传承发展效果较好的聚落案例，希望通过传统聚落的研究，找到传承传统聚落的方式与途径，提炼出具有历史传承性和地域文化的设计方法，为传统聚落在现代社会生活语境下的更新与发展提供理论依据和案例参考。

安徽省的传统聚落资源较为丰富。截至2019年6月，安徽省国家级传统村落共计400个，至2021年安徽省国家级、省级历史文化名城名镇名村89个，至2018年底，安徽省省民政厅颁布的千年古镇、千年古村分别为84个、53个。安徽省省级传统村落第一批、第二批、第三批共计754个。同时，各级政府都在出台传统聚落保护与发展相关的政策，统筹考虑谋划传统聚落发展利用保护，将与文化旅游、农业、宣传等部门深度合作，因地制宜发展乡村旅游、休闲农业等，在乡村振兴的背景下使得产业发展和传统聚落保护得以互动，相互促进。这对传统聚落历史文化遗存传承与保护具有重要的意义。

本书从最初确定研究对象、到研究内容与研究方法不断调整修改、到实践案例的选择与调研，离不开课题组全体成员的团结与努力、理解与包容。课题组在接受任务后，先后近50余次进入皖南、皖北、皖西、皖中地区进行实地调研、测绘工作，开展了大量的文字、数据、航拍和图片采集工作，尤其在2018年深秋时节、2019年初数九寒冬、2019年酷暑夏日，课题组集中团队赴皖南、皖北和皖西等地区调研传统聚落，虽跋山涉水，但也乐在其中。2017~2019年安徽工程大学建筑工程学院建筑学专业

《古建筑测绘与写生》课程的教学内容紧密地围绕课题开展教学工作，安徽工程大学艺术学院部分硕士研究生积极参与课题的调研与资料整理等工作，充分发挥了"以研促教、以研促学、教学相长"的目的，最终形成了丰富的测绘与调研成果，为本课题研究提供了丰富的基础资料。本书的研究是课题组近二十年来在皖南村落、徽州民居研究成果的部分体现，也是课题组未来继续挖掘与传承地域文化的研究方向。

本课题也得到了相关科研项目的支持，包括："中国传统聚落在现代社会生活语境下的发展策略研究（21BG109）""皖南地区代表性古村落历史文化的数字化仿真实现""现代审美语境下中国古村落传承与发展研究""安徽古村落在现代审美语境下的环境设计研究"等，在此一并感谢项目主管单位及项目组成员。

本书中第六章的传统聚落保护与发展的案例由相关单位提供，它们是芜湖市湾沚区红杨镇西河管委会提供的《芜湖西河古镇历史街区保护概念规划》，黄山市城市建筑勘察设计院提供的《黄山市休宁县汪村镇石屋坑村保护规划》《安庆市太湖县汤泉乡金鹰村蔡畈古民居规划》，安徽涡河文化旅游集团提供的《义门古镇景区旅游总体规划（2019~2030年）》。感谢这三家合作单位为本书提供的案例资料和无私帮助。

本课题得以完成和出版成书，主要归功于课题组各成员的辛勤付出和团结协作。课题研究过程中得到了安徽工程大学、芜湖市人民政府、芜湖市住房和城乡建设局、芜湖市湾沚区人民政府、芜湖市湾沚区红杨镇西河管委会、民盟芜湖市委员会、淮北市人民政府、淮北市文化旅游体育局、亳州市人民政府、亳州市文化旅游体育局、安徽涡河文旅集团、祁门县人民政府、祁门县文化旅游体育局、黄山市城市建筑勘察设计院、民盟淮南市委员会、寿州古城保护管理委员会、黟县屏山村委会和相关部门、同行、友人的大力支持和配合，在此对有关领导、专家和个人致以衷心的感谢，感谢他们不辞辛苦和课题组一同进行调研，奔波于大街小巷、田野沟壑，使课题顺利完成。感谢安徽建筑大学储金龙教授完成本书的审稿工作。同时也对中国建筑工业出版社的工作人员表示感谢，感谢大家的辛勤劳作。

本书的出版旨在与关心并从事安徽省传统聚落研究的政府、组织和同行共同分享，以期抛砖引玉，启发思路促进学术交流。然而安徽省传统聚落自然与人文资源丰富、历史沿革久远，本书中无法将每个聚落的历史文化、现状信息完全表述清晰完整，只能择取重点内容加以叙述，又因学识、时间和经验有限，书中难免有疏漏之处，恳请各位学者批评指正！

谢谢！

图书在版编目（CIP）数据

中国传统聚落保护研究丛书. 安徽聚落 / 陆峰著. — 北京：中国建筑工业出版社，2021.12
ISBN 978-7-112-26922-8

Ⅰ.①中… Ⅱ.①陆… Ⅲ.①乡村地理—聚落地理—研究—安徽 Ⅳ.①K928.5

中国版本图书馆CIP数据核字（2021）第248799号

传统聚落是我国传统文化的重要组成部分，对传统聚落的系统研究和记录是保护和传承文化遗产，强化国家共同记忆，留住共有精神家园的重要工作。本书通过田野调查、文献分析、理论研究与实证分析结合，从聚落的起源与发展、安徽省传统聚落的类型、空间特征、景观特征以及传统聚落的保护与发展几个方面进行详尽地阐述，并总结出安徽传统聚落的基本特征、保护与发展原则以及发展模式。力图推动传统聚落的相关理论研究，弘扬安徽省优秀的传统文化。本书可供建筑、城乡规划、风景园林、人文地理、文物保护等相关专业的读者及文化旅游爱好者阅读参考。

责任编辑：张 华 胡永旭 唐 旭 吴 绫 贺 伟
文字编辑：李东禧 孙 硕
书籍设计：付金红 李永晶
责任校对：王 烨

扫一扫
观看本卷聚落视频资源

中国传统聚落保护研究丛书
安徽聚落
陆峰 著

*
中国建筑工业出版社出版、发行（北京海淀三里河路9号）
各地新华书店、建筑书店经销
北京锋尚制版有限公司制版
天津图文方嘉印刷有限公司印刷

*
开本：889毫米×1194毫米 1/16 印张：21 插页：7 字数：548千字
2022年12月第一版 2022年12月第一次印刷
定价：**248.00元**（含视频资源）
ISBN 978-7-112-26922-8
（36762）

版权所有 翻印必究
如有印装质量问题，可寄本社图书出版中心退换
（邮政编码100037）